权威·前沿·原创

皮书系列为
“十二五”“十三五”国家重点图书出版规划项目

BLUE BOOK

智库成果出版与传播平台

粤港澳大湾区蓝皮书
BLUE BOOK OF GUANGDONG-HONG KONG-MACAO GREATER BAY AREA

粤港澳大湾区旅游业发展报告（2020）

REPORT ON TOURIST INDUSTRY OF GUANGDONG-HONG KONG-MACAO GREATER BAY AREA IN CHINA (2020)

主　编／徐红罡　保继刚

社会科学文献出版社
SOCIAL SCIENCES ACADEMIC PRESS (CHINA)

图书在版编目（CIP）数据

粤港澳大湾区旅游业发展报告. 2020 / 徐红罡，保继刚主编. -- 北京：社会科学文献出版社，2020.12
（粤港澳大湾区蓝皮书）
ISBN 978-7-5201-6386-6

Ⅰ. ①粤… Ⅱ. ①徐… ②保… Ⅲ. ①地方旅游业-旅游业发展-研究报告-广东、香港、澳门-2020 Ⅳ. ①F592.765

中国版本图书馆 CIP 数据核字（2020）第 264648 号

粤港澳大湾区蓝皮书
粤港澳大湾区旅游业发展报告（2020）

主　　编 / 徐红罡　保继刚

出 版 人 / 王利民
组稿编辑 / 宋月华
责任编辑 / 韩莹莹　范　迎

出　　版 / 社会科学文献出版社 · 人文分社（010）59367215
地址：北京市北三环中路甲 29 号院华龙大厦　邮编：100029
网址：www.ssap.com.cn
发　　行 / 市场营销中心（010）59367081　59367083
印　　装 / 天津千鹤文化传播有限公司

规　　格 / 开　本：787mm × 1092mm　1/16
印　张：24　字　数：396 千字
版　　次 / 2020 年 12 月第 1 版　2020 年 12 月第 1 次印刷
书　　号 / ISBN 978-7-5201-6386-6
定　　价 / 148.00 元

《粤港澳大湾区旅游业发展报告》
编　委　会

主　编　徐红罡　保继刚

参与编写人员名单

总报告撰稿人

徐红罡　中山大学旅游学院院长、教授

王玉婷　中山大学旅游学院博士研究生

专题报告撰稿人（以专题报告出现先后为序）

徐红罡　王玉婷　曾国军　朱明洋　Dioko Leonardo (Don)

Kirillova Ksenia　宋海岩　蔺碧晗　赵　莹　谢可可

罗秋菊　陈伟雄　周　勇　杨惠君　饶　勇　孙九霞

梁增贤　张骁鸣　梁莞彤　刘怡欣　刘　逸　蒲雪茹

任连萍　John Ap　周　勇　张朝枝　胡　婷　保继刚

黄业坚　黄国琼　伍丽珊　朴志娜

主要编撰者简介

徐红罡 中山大学旅游学院院长、教授、博士研究生导师。先后在北京大学获得学士、亚洲理工学院（Asian Institute of Technology，简称 AIT）获得硕士和博士学位。主要从事旅游可持续发展、旅游系统分析等方面的研究。国际旅游研究院会士（Fellow of the International Academy for the Study of Tourism）。国际地理联合会旅游地理专业委员会副主席，中国旅游地理专业委员会副主任，多个旅游界顶级国际期刊编委成员。

保继刚 中山大学教授，博士研究生导师，教育部长江学者特聘教授。研究专长为旅游地理、旅游可持续发展、主题公园、旅游规划。现任联合国世界旅游组织旅游可持续发展观测点管理与监测中心主任，联合国世界旅游组织专家委员会委员，中山大学旅游发展与规划研究中心主任，中国旅游协会副会长、旅游教育分会会长，国际旅游研究院第二副主席。主持国家自然科学基金6项，出版学术著作10余部，发表论文200余篇。

摘　要

由香港、澳门两个特别行政区和广东省广州、深圳、珠海、佛山、惠州、东莞、中山、江门、肇庆9个珠三角城市组成的粤港澳大湾区，是中国开放程度最高、经济活力最强的区域之一，在国家发展大局中具有重要战略地位。2019年2月18日，中共中央、国务院印发《粤港澳大湾区发展规划纲要》。按照该规划纲要，宜居宜业宜游的优质生活圈是粤港澳大湾区建设的一项重要目标任务，大力发展文化、旅游、休闲、康养和相关的教育事业就成为粤港澳大湾区宜居宜业宜游的优质生活圈建设的重要抓手。为此，由中山大学、香港理工大学和澳门旅游学院发起的粤港澳大湾区旅游研究联盟将研究大湾区旅游发展作为重要使命，组织长期从事相关研究的专家对该规划纲要中提出的重要问题开展研究，特别研究了区域合作的进展，撰写了本蓝皮书。全书由以下五个部分组成：第一部分是总报告，重点阐述了粤港澳大湾区旅游业发展特点、粤港澳大湾区旅游业区域互动协作发展进程，以及面临的挑战。第二部分是市场需求篇，重点探讨了粤港澳大湾区旅游目的地的形象，分析了游客在粤港澳大湾区的流动，并预测了2020~2024年粤港澳大湾区旅游需求。第三部分是产品共建篇，重点针对该规划纲要中提出的会展旅游、游艇邮轮和海岛旅游产品进行研究，同时选择了大湾区具有突出优势的主题公园产品，以及旅游创意活动和赛事开展研究。这些研究表明大湾区的旅游产品丰富，会展旅游和主题公园等都市旅游产品具有竞争力，邮轮与游艇旅游也有了发展，但是海岛、海洋旅游的潜力还没有得到充分的发挥，是下一步的重点。第四部分是政策支撑篇，未来大湾区旅游的可持续发展，依赖技术、人才、遗产资源和规划的保障，研究发现大湾区的高等旅游教育是优势，粤港澳三地也非常重视文化遗产的保护与开发和旅游规划的编制，但是三地在这几个方面的合作还有待进一步加强，总体来看，大湾区智慧旅游没有得到充分的发展。第五部分是区域篇，对大湾区旅游的三个核心城市广州、澳门和香港城市旅游发展的特点、存在的问题展开了分析，并提出未来的创新路径。

关键词： 大湾区　旅游发展　旅游合作　区域旅游目的地

目 录

Ⅰ 总报告

Ⅱ 市场需求篇

Ⅲ 产品共建篇

Ⅳ　政策支撑篇

Ⅴ　区域篇

皮书数据库阅读**使用指南**

总 报 告

General Report

B.1
2019年粤港澳大湾区旅游业发展报告

徐红罡　王玉婷*

摘　要： 粤港澳大湾区是旅游业高度发达的地区，在全球旅游产业链中占据重要位置。近10年来，粤港澳大湾区入境旅游人次逐年攀升，广东省9市旅游收入稳步上升，港澳旅游收入存在波动。2019年，粤港澳大湾区旅游发展和三地互联互通取得重大突破。在政策规划方面，《粤港澳大湾区发展规划纲要》将打造“宜居宜业宜游的优质生活圈”确定为大湾区五大战略定位之一。在硬件设施方面，广深港高铁、港珠澳大桥、南沙大桥等的开通促进了粤港澳大湾区旅游业的区域一体化发展。在旅游产品方面，大湾区城市间在逐步进行旅游资源整合，开发“一程多站”式旅游产品。但与此同时，粤港澳大湾区旅游发展也存在跨体制的旅游协作难度大、区域内部

* 徐红罡，博士，中山大学旅游学院院长，教授，研究方向为旅游可持续发展、旅游系统分析等；王玉婷，中山大学旅游学院博士研究生，研究方向为流动性、健康旅游。

旅游发展不平衡、海洋海岛旅游发展不足等问题。《粤港澳大湾区发展规划纲要》发布后，粤港澳大湾区文化和旅游交流合作、文化和旅游融合发展将得到进一步推进，海洋旅游等特色产品将得到大力的发展。

关键词： 粤港澳大湾区　湾区旅游　区域旅游合作　文化和旅游融合发展

一　粤港澳大湾区概况和报告简介

粤港澳大湾区是指由广东省的9个城市（广州、深圳、珠海、东莞、佛山、惠州、江门、中山、肇庆）以及香港、澳门两个特别行政区组成的世界级城市群。粤港澳大湾区土地面积共计5.65万平方公里，常住人口约7000万，2019年经济总量突破11万亿元。从人口和经济总量讲，粤港澳大湾区是世界上最大的湾区经济之一。粤港澳大湾区地处中国沿海开放前沿，以泛珠三角区域为广阔发展腹地，在“一带一路”建设中具有重要地位。

与旧金山湾区、纽约湾区、东京湾区相比（见表1），粤港澳大湾区的人口最多，面积最大，但人均GDP远低于其他三个湾区，说明粤港澳大湾区的经济发展仍有巨大的提升空间。特别是在产业结构方面，粤港澳大湾区第三产业比重最低。粤港澳大湾区内部各城市产业发展结构有所不同，其中，港澳第三产业发达，佛山、惠州、江门、东莞、中山、珠海等内地城市以第二产业为主导。

表1　世界主要湾区指标比较（2019年）

指标	粤港澳大湾区	旧金山湾区	纽约湾区	东京湾区
面积(平方公里)	56094	17887	21479	36899
人口(万人)	7265	775	1930	4428
GDP(亿美元)	16792.6	9465.9[1]	17723.2[1]	19767.8[2]
GDP实质增长(%)	4.4	6.8[1]	1.6[1]	2.7[2]
人均GDP(美元)	23116	122093[1]	91812[1]	44855[2]

续表

指标	粤港澳大湾区	旧金山湾区	纽约湾区	东京湾区
机场旅客量(万人次)	22317.9	8603.2	13997.2	12778.7
机场货运及航空邮件量(万吨)	811.5	121.6	232.7	328.1
港口货柜吞吐量(万标箱)	6789.1	254.7	747.0	749.0[1]
第三产业占 GDP 比重(%)	66.2	71.6[*1]	82.9[*1]	74.5[2]

注：1. 2018 年数据；2. 2017 年数据；* 估计数据。

资料来源：香港贸易发展局经贸研究，https：//research. hktdc. com/sc/article/MzYzMDE5NzQ5。

旅游业是粤港澳大湾区城市发展的产业支撑之一，旅游产品的生产与消费能够促进区域内部发展。发展旅游能够创造就业机会，振兴城镇和村庄，促进经济多样化。与此同时，旅游开发也可为粤港澳大湾区居民提供休闲游憩空间。从需求角度而言，粤港澳大湾区内旅游发展潜力较大。根据休闲绿皮书《2018～2019 年中国休闲发展报告》，粤港澳大湾区是中国休闲消费最旺盛、最前沿之地（伍策、赵雪彤，2019）。香港、澳门与珠三角 9 市文化同源、人缘相亲、民俗相近、优势互补。2019 年 2 月，中共中央、国务院印发了《粤港澳大湾区发展规划纲要》，肯定了粤港澳三地在休闲旅游领域成效显著的合作以及多层次、全方位的合作格局，并提出要打造宜居宜业宜游的优质生活圈，建设粤港澳大湾区世界级旅游目的地。这标志着粤港澳区域旅游合作随着区域社会经济发展格局的再定位，进入深度融合发展阶段。

为进一步掌握粤港澳大湾区旅游发展与合作现状，促进区域旅游规范化、可持续发展，本报告在系统全面的资料收集和梳理基础上，对粤港澳大湾区旅游业发展的现状和问题进行分析，特别关注粤港澳大湾区的旅游合作进展。本报告主要分为六个部分。第一部分是粤港澳大湾区情况和旅游业的发展定位。第二部分介绍数据类型和来源，以及收集和分析的方法。第三部分是研究发现，首先分析粤港澳大湾区发展的历史沿革和旅游合作历程，然后分析粤港澳大湾区旅游业发展现状。第四部分从设施、产品、教育、技术等方面阐述粤港澳大湾区区域旅游合作的情况。第五部分基于现状诊断粤港澳大湾区旅游业发展面临的挑战。最后一部分是结论，并根据现存问题提出有针对性的发展对策，然后对粤港澳大湾区旅游业未来发展进行展望。

二　数据类型、来源与分析方法

调研团队主要通过二手资料展开分析，主要数据类型和来源如下：①主要旅游经济指标，如旅游人次、旅游收入等，来源于《广东统计年鉴》（2010～2020）、《香港统计年刊》（2010～2020）、《澳门统计年鉴》（2009～2019）。②政策、规划资料来源于各级政府官方网站，如《粤港澳大湾区发展规划纲要》《关于推进粤港澳大湾区职称评价和职业资格认可的实施方案》等。③旅游资源、旅游线路、旅游产品数据部分来源于马蜂窝、携程等旅游内容网站或旅游预订网站。④行业发展报告如休闲绿皮书《2018～2019 年中国休闲发展报告》、旅游绿皮书《2019～2020 年中国旅游发展分析与预测》、《粤港澳大湾区专题报告》（平安证券）、《世界旅游城市发展报告（2019）》、《2018 年广东省展览业发展白皮书》等也为本报告的撰写提供了数据和参考。⑤部分资料如新冠肺炎疫情期间香港通关政策等来源于新闻报道。此外，研究团队在中国知网通过关键词“粤港澳大湾区”“旅游”检索相关文献，通过文献阅读把握粤港澳大湾区旅游发展现状和问题。

资料收集完成后，研究团队根据不同主题进行分类整理。首先对数字类的资料进行简单统计，绘制表格和图形，以清晰地反映粤港澳大湾区旅游业发展趋势。其次，对于文本类资料，研究团队在反复阅读的基础上进行内容分析，并访谈了一些熟悉粤港澳大湾区旅游业发展的关键人物。最后，根据不同主题归纳总结粤港澳大湾区旅游业发展的特点，并在此基础上深入分析发展现状和问题，进而为区域旅游业提供前瞻性的发展建议。

三　粤港澳大湾区沿革、旅游合作历程与旅游业发展现状

（一）粤港澳大湾区沿革

粤港澳区域的历史、文化、经济交流源远流长。香港科技大学吴家玮教授在 20 世纪 90 年代初期提出“湾区”概念，当时称为“香港湾区”。之后，深圳领导把深圳加了进去，叫作“深港湾区”。2004 年，广东省委、省政府与建

设部联合组织编制的《珠江三角洲城镇群协调发展规划（2004—2020）》第一次从官方层面提出“珠江口湾区”概念。

随着珠江三角洲区域经济一体化水平的不断提高，湾区的概念得到进一步的认可和运用。2012 年，广东省发布中国首幅海洋经济地图，将广东沿海区域划分为“六湾区一半岛”。2013 年，深圳市首先提出发展“湾区经济”。2014 年，深圳市在政府工作报告中明确提出“湾区经济”的概念，提出大力发展湾区经济，以新的经济形态促进经济全面提质增效。随后，深圳市政府将粤港澳大湾区构想上报国家发展改革委。自此，“湾区经济”被明确确定为重要发展方向。

为落实“一带一路”倡议，2015 年 3 月，由国家发展改革委、外交部、商务部联合出台的《推动共建丝绸之路经济带和 21 世纪海上丝绸之路的愿景与行动》第一次在国家层面提出“深化与港澳台合作，打造粤港澳大湾区”的构想。

此后，粤港澳大湾区概念在国家、广东省以及港澳政府的相关政策文件中不断被提及，如国务院 2016 年 3 月颁布的《国务院关于深化泛珠三角区域合作的指导意见》，2016 年广东省政府工作报告，2016 年国家“十三五”规划纲要，2017 年 3 月李克强总理所做的政府工作报告，2017 年 7 月国家发改委、广东省人民政府、香港特别行政区政府、澳门特别行政区政府四方签署的《深化粤港澳合作　推进大湾区建设框架协议》，以及 2017 年 10 月党的十九大报告，等等。其中，2017 年政府工作报告提出的要“研究制定粤港澳大湾区城市群发展规划”，引发了全国乃至全球对粤港澳大湾区的高度关注。而 2019 年，中共中央、国务院实施的《粤港澳大湾区发展规划纲要》正式明确了湾区的发展目标和方向。

（二）粤港澳大湾区旅游合作历程

改革开放后，粤港澳地区是中国现代旅游业发展最快的地区。近年来，粤港澳三地的政府政策多次将旅游业的发展摆在非常重要的地位。广东省把旅游业作为第三产业的龙头，香港将旅游业定位为“主要经济支柱”，而澳门将旅游业定位为“最重要的经济支柱”。改革开放初期，三地就开始了旅游合作。广东是改革开放先行区。由于毗邻广东，港澳资本率先进入广东旅游市场。粤港澳三地资本合作，先后在珠三角地区兴建了白天鹅宾馆、中国大酒店、花园酒店等五星级酒店，并修建了高尔夫球场、度假村、游乐园等。例如，香港中国旅行社与深圳华侨城共同投资建设的锦绣中华文化主题公园，极大地提高了广东的旅游吸引力。1984 年，国务院批准广东省实施省内居民赴香港、澳门探亲旅游政策，有力地推动了三地的游客往来。

与传统的制造业不同，在粤港澳旅游合作中，政策起着重要的推动作用。旅游业本身的空间跨区域流动必须得到各方政府的协调。随着改革开放和国家对港澳恢复行使主权，内地方面积极扩大对港澳地区的开放程度，港澳方面则在与粤加深交流的基础上积极探索具有建设性的政策。1995 年，国务院实施针对到香港的外国游客的便利签证政策。1996 年，粤港澳旅游界在国际市场上共同推广“粤港澳大三角旅游区”，访港外国游客中有 30% 深入广东旅游。1997 年，中国对香港恢复行使主权；1999 年，中国对澳门恢复行使主权。此后，粤港澳合作的进程进一步加速。2003 年，港澳个人游试点工作在东莞、中山、江门、佛山 4 个城市开展，随后逐渐在全国推广。

2003 年，内地与香港和澳门先后签署了《关于建立更紧密经贸关系的安排》（CEPA）及其六个附件，并于 2004 年 1 月 1 日同步实施，粤港澳三方的旅游合作迈上了新台阶。CEPA 协议原文里表述的三个方面，可以概括为开放个人赴港澳旅游、加强联合推广以及提高服务水平。在各补充协议里，最主要的两个合作思路，一是促进三地间旅游者的流动，二是降低了旅行社、导游和领队的准入条件，促进了团队游的发展。CEPA 协议的实施以及内地居民个人赴港澳旅游的开放，大大提升了粤港澳大旅游区的影响力，促使港澳地区单向往内地的旅游方式开始转变为内地与港澳之间双向、互动的旅游方式。

表 2　CEPA 协议中关于旅游的主要内容

文件	有关旅游的内容
2003 年，内地分别与香港（6 月 29 日）、澳门（10 月 17 日）签署 CEPA 协议	2004 年起，内地将允许广东省境内的居民个人赴港、澳旅游；双方加强在旅游宣传和推广方面的合作，包括促进相互旅游以及开展以珠江三角洲为基础的对外推广活动；通过合作，提高双方旅游行业的服务水平，保障游客的合法权益

续表

文件	有关旅游的内容
2005年,内地分别与香港(10月18日)、澳门(10月21日)签署CEPA补充协议二	降低香港、澳门旅行社进入内地的准入条件,即:在内地设立独资旅行社的香港、澳门旅游企业的年营业额不低于2500万美元,在内地设立合资旅行社的香港、澳门旅游企业的年营业额不低于1200万美元
2006年,内地分别与香港(6月27日)、澳门(6月26日)签署CEPA补充协议三	允许在广东省的香港、澳门独资或合资旅行社,申请试点广东省居民(具有广东省正式户籍的居民)前往香港、澳门的团队旅游业务
2007年,内地分别与香港(6月29日)、澳门(7月2日)签署CEPA补充协议四	香港、澳门旅行社在内地设立合资旅行社,年旅游经营总额不低于800万美元;香港、澳门旅行社在内地设立独资旅行社,年旅游经营总额不低于1500万美元;允许在广西、湖南、海南、福建、江西、云南、贵州和四川等省、自治区的香港、澳门独资或合资旅行社,申请试点经营具有该省、自治区正式户籍的居民前往香港、澳门的团队旅游业务
2008年,内地分别与香港(7月29日)、澳门(7月30日)签署CEPA补充协议五	委托广东省审批香港、澳门服务提供者在广东设立独资、合资或合作旅行社。允许香港、澳门永久性居民中的中国公民参加内地导游人员资格考试。考试合格者依照有关规定领取导游人员资格证书
2009年,内地分别与香港(5月9日)、澳门(5月11日)签署CEPA补充协议六	允许香港、澳门永久性居民中的中国公民取得内地出境旅游领队证,并可受雇于内地具有出境旅游业务经营权的国际旅行社和获准经营赴港澳团队旅游业务的香港、澳门旅行社经营 赴台旅游的内地组团社可组织持有效大陆居民往来台湾通行证及旅游签注(签注字头为L)的游客以过境方式在香港、澳门停留,以便利内地及港澳旅游业界推出"一程多站"式旅游产品
2010年,内地分别与香港(5月27日)、澳门(5月28日)签署CEPA补充协议七	允许在北京市和上海市设立的香港、澳门独资或合资旅行社,申请试点经营北京市和上海市居民(具有北京市和上海市正式户籍的居民)前往香港、澳门的团队旅游业务
2011年,内地分别与香港(12月13日)、澳门(12月14日)签署CEPA补充协议八	优化现有的广东省"144小时便利签证"政策,放宽预报出境口岸的规定,适时研究调整成团人数规定要求
2012年,内地分别与香港(6月29日)、澳门(7月2日)签署CEPA补充协议九	允许在内地设立的香港、澳门独资或合资旅行社,申请经营具有本省、自治区、直辖市正式户籍的居民前往香港、澳门的团队旅游业务;允许符合条件的1家内地与香港、澳门合资旅行社试点经营内地居民前往香港及澳门以外目的地(不含台湾)的团队出境游业务

续表

文件	有关旅游的内容
2013年,内地分别与香港(8月29日)、澳门(8月30日)签署CEPA补充协议十	香港、澳门服务提供者在内地投资设立旅行社,无年旅游经营总额的限制;对香港、澳门服务提供者在内地设立旅行社的经营场所要求、营业设施要求和最低注册资本要求,比照内地企业实行;允许香港、澳门服务提供者雇用的合同服务提供者以自然人流动的方式在内地提供本部门或分部门分类项下的服务

资料来源:中华人民共和国商务部专题《内地与港澳关于建立更紧密经贸关系的安排(CEPA)》。

2008年12月,国家发展和改革委员会出台《珠江三角洲地区改革发展规划纲要(2008－2020年)》,一方面将珠江三角洲定位为"与港澳地区错位发展的国际航运、物流、贸易、会展、旅游和创新中心",另一方面着重强调"支持粤港澳合作发展服务业,巩固香港作为国际金融、贸易、航运、物流、高增值服务中心和澳门作为世界旅游休闲中心的地位"(国家发展和改革委员会,2008)。旅游一直是该区域的重要合作领域。

2010年广东与香港签订《粤港合作框架协议》、2011年广东与澳门签订《粤澳合作框架协议》,促进了粤港澳地区的旅游一体化发展。2017年,为贯彻落实《深化粤港澳合作　推进大湾区建设框架协议》,广东省旅游局与香港特别行政区政府旅游事务署、澳门特别行政区政府旅游局共同成立粤港澳大湾区城市旅游联合会。

在《粤港澳大湾区发展规划纲要》中,旅游的地位更加明确,被正式提及46次。例如,在第六章"构建具有国际竞争力的现代产业体系"中,旅游休闲被定位为需要培育和壮大的战略性新兴产业,旅游服务、文化创意和会议展览被列为需要加快发展的现代服务业。再如,该规划纲要还提出要大力发展海洋经济,其中滨海旅游业是重要组成。

该规划纲要第八章聚焦于人文休闲湾区,明确提出将坚持以人民为中心的发展思想,积极拓展粤港澳大湾区在教育、文化、旅游、社会保障等领域的合作,共同打造公共服务优质、宜居宜业宜游的优质生活圈。第八章第一节"打造教育和人才高地"特别提到支持澳门建设中葡双语人才培训基地,发挥澳门旅游教育培训和旅游发展经验优势,建设粤港澳大湾区旅游教育培训基地。第二节"共建人文湾区"提出开展青少年研学旅游合作,共建一批研学旅游示范基地，鼓励举办大湾区青年高峰论坛，加快文化旅游的发展。这一章用完整一节的篇幅，阐述了休闲湾区的重点，其中包括：①构建文化历史、休闲度假、养生保健、邮轮游艇等多元旅游产品体系，丰富粤港澳旅游精品路线，开发高铁“一程多站”旅游产品，建设粤港澳大湾区世界级旅游目的地；②优化珠三角地区“144 小时过境免签”政策；③支持香港成为国际城市旅游枢纽及“一程多站”示范核心区，建设多元旅游平台；④支持澳门建设世界旅游休闲中心；⑤有序推动香港、广州、深圳国际邮轮港建设，进一步增加国际班轮航线；⑥探索在合适区域建设国际游艇旅游自由港；⑦促进滨海旅游业高品质发展，加快“海洋—海岛—海岸”旅游立体开发，完善滨海旅游基础设施与公共服务体系。

（三）粤港澳大湾区旅游业发展现状

1. 在全球旅游产业链中占据重要位置

（1）粤港澳大湾区是全球重要的旅游客源地

粤港澳大湾区是中国经济实力领先的区域，居民的消费水平和人均可支配收入都位居前列。截至 2019 年末，粤港澳大湾区人口已达 7267 万人，创造的 GDP 总和达 11.63 万亿元（国家统计局，2020），人均 GDP 超过 16 万元，已达到发达国家的水平。香港、澳门、广州、深圳的 4 座高吞吐量国际机场和丰富的国际航线，也为该区域的出境游创造了有利条件。2019 年，粤港澳大湾区中珠三角 9 市旅行社组团出境游人数达 1041 万人次（广东省统计局，2020），澳门出境游的人数达到 176.4 万人次（澳门统计暨普查局，2019），香港仅从空路出境的本地居民人数就达到 1296.8 万人次（香港政府统计处，2020）。庞大的人口数量、强劲的经济实力和便利的出境条件，使粤港澳大湾区成为全球旅游业的优质客源地。

（2）粤港澳大湾区是全球重要的旅游目的地

粤港澳大湾区是全球旅游产品最丰富的区域旅游目的地之一。根据《广东统计年鉴》（2010～2020）、《香港统计年刊》（2010～2020）、《澳门统计年鉴》（2009～2019）的统计数据，本报告整理了 2009～2019 年粤港澳大湾区总旅游人次和总旅游收入，以及粤港澳大湾区各城市旅游人次和旅游收入（见图 1 至图 4、表 3、表 4）。由于不同地区的统计方式不同，广东省的旅游人次为过夜游客人次，香港、澳门的旅游人次为访港/澳游客人次，香港、澳门的旅游收入为游客的旅游消费总量。

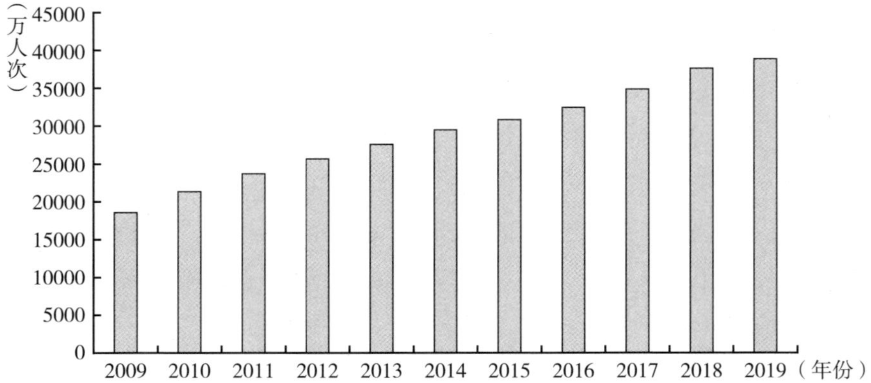

图1　2009～2019年粤港澳大湾区总旅游人次

资料来源：《广东统计年鉴》（2010～2020）、《香港统计年刊》（2010～2020）、《澳门统计年鉴》（2009～2019）。

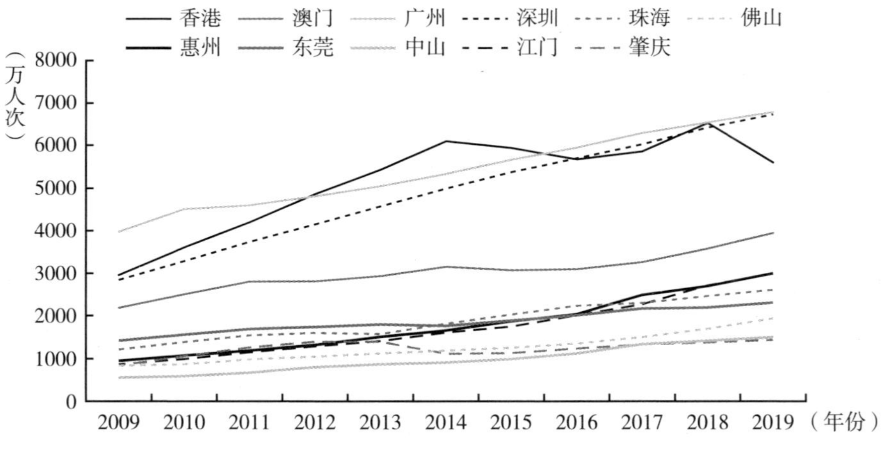

图2　2009～2019年粤港澳大湾区各城市旅游人次

资料来源：《广东统计年鉴》（2010～2020）、《香港统计年刊》（2010～2020）、《澳门统计年鉴》（2009～2019）。

从表3中可知，2009～2019年粤港澳大湾区各城市旅游人次总量逐年攀升，广州、香港、深圳的旅游人次远高于其他城市，其次是澳门；香港、澳门、珠海、东莞、肇庆旅游人次呈波动上升趋势，其他城市旅游人次逐年上升。

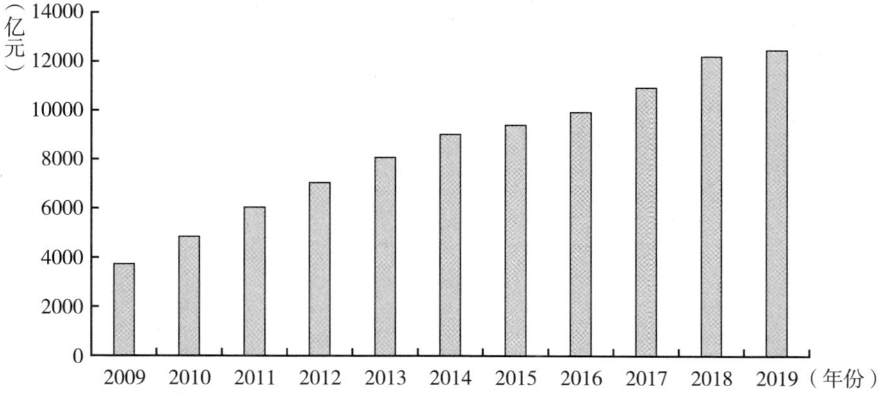

图 3　2009～2019 年粤港澳大湾区总旅游收入

资料来源：《广东统计年鉴》（2010～2020）、《香港统计年刊》（2010～2020）、《澳门统计年鉴》（2009～2019）。

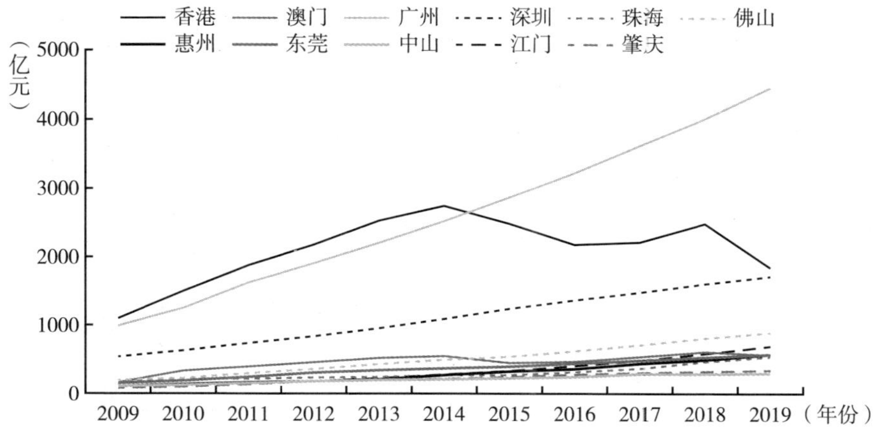

图 4　2009～2019 年粤港澳大湾区各城市旅游收入

资料来源：《广东统计年鉴》（2010～2020）、《香港统计年刊》（2010～2020）、《澳门统计年鉴》（2009～2019）。

表 3　2009 ~ 2019 年粤港澳大湾区各城市旅游人次

单位：万人次

	2009 年	2010 年	2011 年	2012 年	2013 年	2014 年	2015 年	2016 年	2017 年	2018 年	2019 年
香　港	2959. 10	3603. 00	4192. 10	4861. 50	5429. 90	6083. 90	5930. 80	5665. 50	5847. 20	6514. 80	5591. 30
澳　门	2175. 28	2496. 54	2800. 23	2808. 23	2932. 48	3152. 56	3071. 46	3095. 03	3261. 05	3580. 37	3940. 62
广　州	3975. 53	4506. 38	4594. 85	4809. 57	5041. 92	5330. 05	5657. 95	5941. 23	6272. 28	6532. 55	6773. 13
深　圳	2840. 31	3285. 31	3732. 53	4147. 74	4566. 67	4991. 47	5375. 21	5695. 72	6011. 78	6404. 99	6718. 04
珠　海	1208. 73	1380. 53	1535. 68	1596. 37	1572. 14	1807. 56	2018. 52	2226. 41	2288. 62	2452. 62	2603. 90
佛　山	835. 90	866. 55	980. 65	1045. 22	1118. 77	1181. 92	1253. 14	1351. 05	1497. 81	1695. 31	1932. 87
惠　州	943. 11	1073. 56	1188. 63	1312. 84	1501. 63	1655. 54	1866. 78	2032. 92	2477. 87	2693. 32	2992. 43
东　莞	1417. 03	1550. 84	1686. 13	1735. 39	1795. 25	1758. 51	1878. 76	2007. 67	2161. 48	2186. 46	2301. 64
中　山	551. 91	587. 87	665. 27	800. 25	861. 42	902. 15	986. 87	1117. 81	1333. 52	1412. 18	1496. 27
江　门	861. 93	990. 99	1142. 27	1284. 65	1409. 98	1601. 77	1738. 31	2000. 56	2258. 95	2709. 62	2992. 59
肇　庆	840. 51	1055. 69	1262. 56	1392. 22	1385. 91	1112. 38	1127. 72	1236. 65	1327. 72	1371. 22	1434. 04
总　计	18609. 34	21397. 26	23780. 90	25793. 98	27616. 07	29577. 81	30905. 52	32370. 55	34738. 28	37553. 44	38776. 83

注：广东 9 市旅游人次为过夜游客人次，香港、澳门旅游人次为访港/澳游客人次。

资料来源：《广东统计年鉴》（2010 ~ 2020）、《香港统计年刊》（2010 ~ 2020）、《澳门统计年鉴》（2009 ~ 2019）。

在旅游收入方面，粤港澳大湾区总体收入在2009～2019年逐年上升。广东省9市旅游收入逐年攀升；香港旅游收入于2015年出现大幅下降，2017年稍有回升，2019年又出现下降；澳门旅游收入于2015年出现下降，2016年有所回升，2019年又出现下降。广州、香港的旅游收入远高于其他市，其次是深圳。2019年，广州、香港、深圳3座城市旅游收入规模占大湾区旅游总收入比例达64%左右；澳门旅游行业虽然发达，但受制于土地面积小，旅游收入规模位居第8。

表4　2009～2019年粤港澳大湾区各城市旅游收入

单位：亿元

	2009年	2010年	2011年	2012年	2013年	2014年	2015年	2016年	2017年	2018年	2019年
香港	1098.48	1501.32	1880.64	2176.31	2523.45	2745.33	2478.19	2180.25	2212.70	2485.39	1847.40
澳门	162.74	336.18	402.18	464.35	528.19	547.78	453.56	467.16	544.01	618.19	568.43
广州	994.04	1254.61	1630.79	1911.09	2202.38	2521.82	2872.18	3217.05	3614.21	4008.19	4454.58
深圳	544.25	628.77	737.32	839.97	955.98	1091.65	1244.96	1368.66	1485.45	1609.31	1715.17
珠海	168.84	219.34	222.83	235.83	241.79	270.65	276.76	317.08	367.70	466.16	541.52
佛山	204.68	231.30	296.46	365.72	431.09	496.27	546.29	624.73	710.84	809.14	891.86
惠州	115.12	140.82	161.19	184.15	212.65	273.20	330.23	364.14	439.28	500.36	574.26
东莞	151.49	191.32	249.37	306.35	346.43	374.60	395.18	445.40	488.90	529.37	574.17
中山	110.26	125.17	151.41	180.69	198.00	210.23	227.44	247.00	287.40	294.10	303.78
江门	104.02	120.10	154.43	185.29	223.28	279.00	339.62	409.90	492.53	586.84	690.52
肇庆	79.46	102.78	142.32	179.50	205.87	221.17	241.62	285.75	308.28	322.99	340.82
总计	3733.38	4851.71	6028.94	7029.25	8069.11	9031.70	9406.03	9927.12	10951.30	12230.04	12502.51

注：香港、澳门数据为游客消费数据，根据2020年5月8日汇率换算为人民币。

资料来源：《广东统计年鉴》（2010～2020）、《香港统计年刊》（2010～2020）、《澳门统计年鉴》（2009～2019）。

2019年下半年，受到反修例风波的影响，香港激进暴力分子不断制造暴力事件，致使社会秩序和游客安全受到严重威胁，导致香港旅游业遭受强烈冲击。自2019年7月起，访港旅游人数较上年同期出现负增长，8月访港旅游人数达近5年最低，酒店入住率为近10年最低（杨益涵、李咪咪，2020）。根据香港旅游发展局统计数据，2019年下半年访港旅客人次跌39%，全年跌14%。

（3）粤港澳大湾区是全球重要的旅游组织中心

粤港澳大湾区现有香港、广州、深圳、珠海、澳门五大干线机场以及佛山、惠州两个支线机场。其中，香港、广州、深圳和澳门机场作为国际性的重要机场，为入境游客提供了便利的交通条件。2019 年，粤港澳大湾区五大干线机场共完成旅客吞吐量超 2 亿人次。其中，广州白云国际机场旅客吞吐量突破 7300 万人次，航线网络已覆盖全球 230 多个通航点（广州白云国际机场官网，2020）；香港国际机场旅客吞吐量达 7150 万人次，航线网络覆盖全球约 220 个通航点（香港国际机场官网，2020）。

大湾区国际海洋旅游中心节点的地位正在凸显。目前，粤港澳大湾区内香港、广州和深圳三大邮轮母港已经建立起与日、韩和东南亚国家及地区的邮轮旅游联系。广州南沙国际邮轮母港开通了发往日本、越南、菲律宾等地航线 9 条，邮轮目的地共 12 个（包括我国香港 1 个、日本 4 个、越南 4 个、菲律宾 3 个），是国内东南亚航线最多的邮轮港口。深圳太子湾邮轮母港则开通了前往我国台湾和香港、日本、韩国、新加坡、马来西亚、泰国、菲律宾、越南等多个国家和地区航线，途经福建。2018 年，深圳太子湾邮轮母港接待邮轮 89 艘次；出入境旅客吞吐量达 36.46 万人次，位居国内第四。2018 年，香港接待邮轮旅客 87.52 万人次。有别于广州南沙国际邮轮母港和深圳太子湾邮轮母港，香港邮轮航线的国际化程度较高，航行目的地遍及各大洲（亚洲、欧洲、北美洲和大洋洲）。邮轮以香港启德码头为母港始发，亚洲地区目的地以东亚（日本和韩国）和东南亚（越南、泰国、马来西亚和新加坡）的旅游胜地为主。香港、广州和深圳三地邮轮旅游客源市场部分叠加，可以通过沟通对接、优势互补、客源互送，逐步构建粤港澳邮轮母港群。

借势香港和广州的区位优势和逐渐完善的粤港澳大湾区交通网络，粤港澳大湾区将逐渐成为亚洲区域海洋旅游的重要节点，并为“邮轮 +”带来新机遇，有利于充分探索“邮轮 + 高铁”“邮轮 + 飞机”“邮轮 + 汽车”等多种休闲旅游出行方式。

2. 粤港澳大湾区目的地形成有序结构

（1）各城市有各自的发展特色

粤港澳大湾区旅游资源丰富，拥有历史文化、自然生态、现代都市和田园村落等不同类型的旅游资源。结合郭璇瑄（2018）依据各城市间的旅游经济联系对旅游城市群的划分，以及马蜂窝网站热门景点的最新数据，粤港澳大湾区各城市已经形成有格局特色、差异化和互补的旅游产品体系，是全球产品类型最为齐全和丰富的地区之一（见表 5）。

表5　粤港澳大湾区各城市旅游资源与发展特色

城市群	城市	代表性旅游资源	旅游发展特色
香港—深圳—东莞—惠州	香港	迪士尼乐园、维多利亚港、太平山顶、海洋公园、星光大道、旺角	国际化都市旅游、海滨旅游
	深圳	世界之窗、大梅沙海滨公园、欢乐谷、东部华侨城、西涌海滩	海滨休闲旅游、主题公园游、商务综合游
	东莞	松山湖、下坝坊、可园、林则徐销烟池旧址、观澜湖高尔夫俱乐部	历史文化旅游、村落旅游、高尔夫旅游
	惠州	客家文化、巽寮湾、惠州西湖、双月湾、五矿哈施塔特·奥地利小镇	海滨休闲旅游
广州—佛山—肇庆	广州	长隆(欢乐世界+水上世界+野生动物园)、新羊城八景(白云山、珠江两岸、越秀山、中信广场水景瀑布、陈家祠、黄花岗、广东奥林匹克体育中心、莲花山)、珠江游	综合都市旅游
	佛山	祖庙、岭南天地、清晖园、千灯湖公园、西樵山、南风古灶	历史文化旅游、商务旅游
	肇庆	七星岩景区、鼎湖山景区、古城墙、盘龙峡	生态旅游、历史文化旅游
澳门—珠海—中山—江门	澳门	大三巴牌坊、威尼斯人、大炮台、议事亭前地、渔人码头、官也街	博彩娱乐旅游、豪华度假旅游
	珠海	情侣路、长隆海洋王国、圆明新园、外伶仃岛、野狸岛	海岛休闲旅游、亲子度假旅游
	中山	孙中山故居、孙文西路步行街、金钟水库、温泉	历史文化旅游、游艇休闲旅游
	江门	碉楼、古镇、温泉、川山群岛	历史村落旅游、海岛休闲旅游

资料来源：(1) 郭璇瑄 (2018)；(2) 马蜂窝网，http://www.mafengwo.cn/。

基于不同类型旅游资源，粤港澳大湾区提供主题公园游、邮轮旅游、会展旅游、养生保健旅游、历史文化旅游、乡村旅游等多样化的旅游产品。粤港澳大湾区有世界级主题公园群，如香港迪士尼乐园、香港海洋公园、广州长隆欢乐世界、珠海长隆海洋王国、深圳欢乐谷等都是高质量、高知名度的主题乐园。粤港澳大湾区的邮轮旅游发展极具潜力，有三个国际一流、各具特色的邮轮母港：广州南沙母港、深圳太子湾母港、香港启德母港，从三大邮轮母港出发可前往菲律宾、新加坡等20多个目的地，有海洋航行者号、世界梦号等10艘主力邮轮（吴珊，2019）。粤港澳大湾区的会展业发达，带动了会展商务旅游的发展，代表性展会如中国进出口商品交易会（广交会），代表性场馆如

“亚洲面积第一馆”深圳国际会展中心等；根据《2018年广东省展览业发展白皮书》，粤港澳大湾区共有33个展览馆，室内可租用面积共156.3万平方米（陈强，2019）。此外，粤港澳大湾区提供养生保健旅游（如惠州龙门温泉旅游度假区、珠海御温泉度假村）、文化历史旅游（如广州陈家祠、澳门大三巴、东莞虎门炮台），以及其他不同特色的旅游产品。

在产品和目的地的质量提升方面，粤港澳大湾区也有显著的成效。截至2020年1月，粤港澳大湾区共有10处国家5A级旅游景区。2019年，广州市番禺区、江门市台山市入选首批国家全域旅游示范区。

（2）大湾区各城市旅游发展呈现分层网络协同发展态势

作为世界级城市群，粤港澳大湾区内的香港、澳门、广州等都是全球重要的旅游城市，是大湾区旅游发展最重要的增长点。根据《世界旅游城市发展报告（2019）》，香港位于世界旅游城市发展排行榜综合排名前10，澳门、香港、广州均在旅游“经济贡献度”前20名（方颖钰，2019）。香港是全球最受欢迎的旅游城市之一，被称为“购物天堂”。澳门是世界级的旅游休闲中心，有发达的博彩业，以及文化旅游、购物、度假和娱乐产业。广州是粤港澳大湾区的重要枢纽和对外文化交流门户，也是广府文化发源地、岭南文化中心地、改革开放的前沿地，在粤菜文化、现代主题公园发展等方面非常领先（广州市政府新闻办，2019），被世界旅游业理事会评为“2007至2017年间全球旅游增长最快的10个城市”之一（赵安然，2019）。

吴志才等（2020）通过对粤港澳大湾区内城市旅游经济联系的空间结构及网络特征进行分析，得出大湾区城市旅游已经出现分层网络协同发展态势，形成了3个联系紧密的旅游发展群。其中，广州与佛山2个城市属于同一凝聚子群，旅游经济关系紧密；香港、深圳、东莞属于同一凝聚子群；澳门、珠海、中山属于同一凝聚子群。目前肇庆、江门与这3个增长群的联系并不紧密，肇庆应该进一步加强与广佛的联系，江门则应加强与澳珠中的联系。

（3）粤港澳大湾区旅游发展呈现圈层式空间结构

在空间结构上，粤港澳大湾区旅游发展呈现独特的三圈层结构。

第一圈层为都市旅游。城市是区域经济社会发展的增长极，粤港澳大湾区旅游发展同样以城市为核心。首先，大湾区内的广州、深圳、香港等都是国际性的大城市，交通等基础设施便利完善，住宿等旅游服务设施齐全，商业氛围浓厚，有多样化的城市旅游产品供旅游者消费和娱乐。例如，香港是世界著名的“购物天堂”，澳门、顺德是“世界美食之都”，还有迪士尼、长隆、欢乐谷等高质量的主题乐园，等等。其次，城市人口聚集，可以举办大型节庆活动和体育赛事，为城市居民提供休闲放松时刻，同时提升城市形象、丰富旅游者的活动参与类型，如城市马拉松、深圳百公里、环粤港澳大湾区城市自行车挑战赛等。最后，粤港澳大湾区有独特的城市文化，广东是岭南文化、广府文化的孕育之地，也是改革开放的前沿地，香港、澳门有着中西交融的历史文化特征，传统与现代并存，拥有独特的城市魅力，吸引着都市旅游者前来感受和体验。

第二圈层是环城游憩带。粤港澳大湾区不仅有城市旅游资源，也有丰富的乡村、古镇、温泉、生态旅游资源，主要分布在城市郊区和县级市，江门的台山市、开平市、恩平市、鹤山市，惠州的龙门县、博罗县，广州北部山区（花都区、白云区、从化区、增城区北部），等等（刘少和、梁明珠，2017）。粤港澳大湾区各地政府和旅游开发商利用乡村、古镇、温泉、生态资源，发展城郊休闲农业与乡村旅游、古镇旅游、温泉旅游等，如近年来广东省部分市县开展的山区生态旅游产业园区建设，包括惠州的环南昆山森林温泉旅游产业园、肇庆的鼎湖山生态旅游产业园等（刘少和、梁明珠，2017）。大湾区的城市居民可以在忙碌的工作日之后，自驾到城郊旅游目的地享受休闲舒适的假期。一些具有优质旅游资源的目的地也吸引了外地旅游者。环城游憩带的建设为大湾区居民的日常游憩和休闲度假提供了场所，助力粤港澳大湾区建设成为“宜居宜业宜游的优质生活圈”。

第三圈层为海岛、海洋、邮轮旅游以及江门、惠州、肇庆3市山地生态旅游构成的特色旅游休闲区。粤港澳大湾区位于南海之滨大陆，岛屿海岸线总长3201公里，被纳入《中国海域海岛标准名录》的海岛共有850个（唐玲等，2020），代表性海岛、海湾旅游资源包括横琴岛、万山群岛、川山群岛、巽寮湾、维多利亚港、海洋公园、大屿山、南丫岛、渔人码头等。依托优质的海洋旅游资源，粤港澳大湾区开发了海洋观光、休闲度假、邮轮、游艇等旅游产品。这个区域不仅为大湾区居民提供了休闲产品，也能够推出具有国际吸引力的旅游产品。

粤港澳大湾区旅游发展空间结构示意如图5所示。第一圈层的都市旅游主要依托历史人文、文化创意、休闲娱乐、商业购物等旅游休闲项目；第二圈层的环城游憩带主要发展城郊休闲农业、乡村旅游、观光工厂等旅游度假项目；第三圈层依托于海洋、海岛旅游资源，发展休闲度假、邮轮游艇和生态旅游等旅游项目。圈层结构越往内部，旅游发展越依赖于文化、历史和创意，越往外部越依赖于自然生态资源。值得注意的是，三个圈层并非连续的环状结构，而是根据行政区划、自然地形、旅游资源形成的不连续的区域（刘少和、梁明珠，2017）。

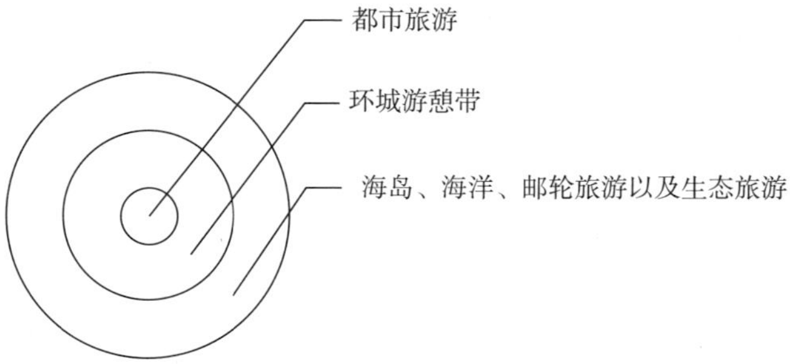

图5　粤港澳大湾区旅游发展空间结构概念图

3. 围绕旅游业，大湾区已形成联动一、二、三产相关产业的大产业集群，文化和旅游融合发展成为新趋势

旅游业的发展也带动了粤港澳大湾区相关产业的发展。湾区多个地方已经形成了“旅游+”“+旅游”的产业集群。

旅游业带动了粤港澳大湾区第一、二产业的发展，例如，农业公园是指以农业生产为基础，涵盖园林化的乡村景观，生态化的郊野田园、胶园、果园、茶园、菜园，景观化的农耕文化，产业化的组织形式，现代的乡村旅游综合体。在广东省2019年推出的候选农业公园中，大湾区内有20个（广东省农业农村厅，2019）。粤港澳大湾区是中国最重要的旅游装备制造业基地，是邮轮游艇、大型游船、大型游乐设施和旅游酒店设施、设备和物资的重要来源地。

旅游业带动了粤港澳大湾区文化遗产的保护和再利用。旅游业的发展为传统文化的传承提供了新的场景和机遇。例如，佛山是中国历史上四大名镇之一，也是中国传统手工艺发展的重要基地。明清以来，民间手工艺人创作并保留了佛山狮、秋色、剪纸、木版年画、石湾公仔等地方特色工艺，为佛山建设岭南文化名城提供了重要历史积淀。各区、镇、街道先后获得“秋色艺术之乡”“粤剧粤曲之乡”“陶瓷艺术之乡”“武术之乡”等17个国家级和省级民族文化艺术称号。《佛山市文化事业发展“十三五”规划》提出建设“创新创造活跃、岭南风韵突出、城乡服务均等、城市形象鲜明”的“文化导向型城市”，打造“文化佛山”系统工程，推动佛山经济、政治、文化、社会、生态文明“五位一体”建设协调发展。民间手工艺与文化旅游的结合，在城市发展的新时期凸显了其价值。

与此同时，旅游业助推了粤港澳大湾区创意产业的发展。例如，深圳将演艺与旅游相融合，实现了互动共赢，以旅游市场为导向，开发出一系列旅游演艺名品。自20世纪90年代起，深圳的主题公园不断地推出多个大型剧场式演出节目，打造了具有深厚文化底蕴的演艺体系，满足了各层次旅游者的精神文化需求。之后，节庆和活动也进入城市，一系列休闲文化旅游节庆项目不仅创造了重大的经济价值，丰富了游客的文化体验，而且传承、传播了文化艺术，也带动了相关文化产业的繁荣发展。

4. 2019年粤港澳大湾区旅游发展在政策等方面取得重大突破

在政策方面，①经国务院批准，自2019年5月1日起，广东省正式实施外国人“144小时过境免签”政策。“144小时过境免签”政策是指在国务院批准的口岸，对部分国家持有效国际旅行证件和144小时内确定日期、座位前往第三国（地区）联程客票的外国人，实行过境免办签证政策。根据广东省公安厅公布的信息，过境外国人可选择从广州白云机场、深圳宝安机场、揭阳潮汕机场空港口岸中的任一口岸入境，从广东省具备客运功能的32个对外开放口岸中的任一口岸出境。该政策提升了外国人在广东省出入境便利水平，吸引了更多外国人来粤观光旅游（吴珂、张梓望，2019）。②广东省自然资源厅制定出台了《关于实施点状供地助力乡村产业振兴的通知》，推行点状供地，破解乡村旅游发展中没有“旅游用地指标”和“旅游用地指标”的投入产出不平衡问题，开拓旅游用地新路径，助力乡村产业振兴。

四 粤港澳大湾区旅游业区域互动协作发展进程

（一）硬件设施的互联互通促进粤港澳大湾区旅游业区域一体化发展

如表6所示，广深港高铁、港珠澳大桥、南沙大桥等的开通，为粤港澳大湾区的旅游发展提供了有利条件。广深港高铁香港段的开通，使从西九龙的高铁站到广州南只需45分钟，到深圳福田、深圳北也更加便捷。广深港高铁香港段开通的一年时间（2018年9月23日至2019年9月22日）内，旅客量超过1500万人次（新华社，2019）。港珠澳大桥开通的一年时间（2018年10月24日至2019年10月23日）内，经港珠澳大桥往来三地口岸的旅客总数共计2443.45万人次，日均约6.69万人次，已超出预测客运量，最高日客流量约17.56万人次（广东省交通运输厅，2019）。

未来深中通道、广汕高速客运专线等基础设施建成后，粤港澳大湾区“一小时生活圈”的范围将进一步扩大。除此之外，以广州为中心的城际轨道网络（含市域快线）覆盖了珠三角大部分的主城区，形成了以人的出行为主的依托轨道交通的半小时、1小时、1.5小时生活圈（李郇，2019），使游客在粤港澳大湾区内部的旅游可以便捷迅速地通过公共交通设施实现。

表6　粤港澳大湾区重大交通项目

交通类别	项目	竣工/通车日期
高速铁路	广深港高铁	2018年9月23日
	广汕高速客运专线	预计2021年
城际轨道	佛肇城际	2016年3月30日
	莞惠城际	2017年12月28日
跨江/海通道	深中通道	预计2024年
	港珠澳大桥	2018年10月24日
	南沙大桥	2019年4月2日
城市轨道	东莞轨道交通1号线	预计2022年
	广州地铁18号线	预计2023年
交通枢纽	东莞石龙铁路国际物流中心	2017年7月5日
	佛山西站	2017年8月18日
	广州白云国际机场扩建工程二号航站楼	2018年4月26日

资料来源：珠三角空间规划研究中心、平安证券（2019）。

（二）粤港澳大湾区城市间逐步进行旅游资源整合，开发“一程多站”式旅游产品，文化和旅游融合产品成为热点

2015年，粤港澳三地联合推出五条“一程多站”旅游线路，分别是

“美食休闲游”“寻根探祖游”“地质公园—世界遗址游”“文化历史游”“滨海风光游”，通过不同主题串联粤港澳地区的旅游资源，推动大湾区旅游协同发展。以美食休闲游为例，粤港澳大湾区既有本土的粤菜，也汇聚了全球美食。在全球8个被联合国教科文组织授予“美食之都”称号的城市中，就有2个坐落在粤港澳大湾区，分别是澳门和顺德（隶属佛山市）。随着居民经济水平的提升和生活质量的改善，消费者对饮食的追求也逐渐提高。以“美食休闲游”为主题的旅游线路，满足了人们日益增长的美食旅游需求。

粤港澳三地旅游部门积极贯彻中央对粤港澳旅游发展的工作方针，积极推动文化遗产线路产品的建设。例如，2018年10月，广东省在世界旅游经济论坛上提出“共建粤港澳大湾区文化遗产游径系统”。随后，这一倡议被列入2019年广东省文化和旅游厅9项基础工作中。广东省将通过孙中山革命历史、海上丝绸之路、华侨华人、古驿道等九大主题，将粤港澳大湾区相关的文化遗产有机整合和有效串联起来（卢轶等，2019）。

此外，携程等旅游预订网站已推出各种大湾区联游的跟团游或半自助游产品，如“广东广州长隆+珠海长隆+香港+澳门7日6晚半自助游”“广东深圳+珠海+香港+澳门6日5晚跟团游”等。

2018年底港珠澳大桥通车后，港珠澳大桥游成为粤港澳大湾区旅游热点之一。港珠澳大桥游有两种方式，即乘坐游船和乘坐港珠澳大桥穿梭巴士，这成为大湾区旅游联动的一个新亮点。

（三）邮轮、游艇产业推动粤港澳大湾区城市间联动发展

邮轮、游艇旅游产品具有很强的区域联动性。邮轮、游艇的航行线路能够起到串联作用，使粤港澳大湾区内部以及大湾区与航线上的其他城市产生社会经济联系，能够促进区域内部城市群网络的形成，并加强区域与外界的经济交流。

香港是国际性的航运中心，邮轮旅游发展起步较早。1966年，香港海运大厦邮轮码头建成并投入使用，2008年香港海运大厦邮轮码头翻修，拥有大型邮轮泊位2个，同时配套了大型综合商场；2013年6月，大型综合性邮轮母港香港启德邮轮码头建成并正式启用，拥有22万吨邮轮泊位2个，配套了

免税店、茶楼餐厅、天台公园等休闲娱乐设施。据香港旅游发展局统计，2019年，香港共接待邮轮旅客159.6万人次，其中过境邮轮旅客24.6万人次，在香港登船或落船的邮轮旅客65.8万人次（香港旅游发展局，2020）。

广州和深圳的邮轮旅游发展紧随其后。根据《中国邮轮产业发展报告2019》，2018年，广州南沙国际邮轮母港接待邮轮94艘次，邮轮游客48.12万人次，内地排名第三，仅次于上海吴淞口国际邮轮港和天津国际邮轮母港；深圳太子湾邮轮母港接待邮轮89艘次，邮轮游客36.46万人次，内地排名第四（皮书说，2019）。广州、深圳与香港有邮轮线路产品连接。

在游艇旅游方面，珠江西岸的珠海、中山、江门等城市游艇制造业发达，位于珠海的平沙游艇工业区是国内最大的中高档游艇制造基地；大亚湾和珠江口区域城市如香港、深圳、广州等游艇旅游消费需求高，其中深圳有全国最大的游艇消费市场和服务企业（郭湘闽等，2018）。生产端与消费端形成相对完整的产业链条，推动了粤港澳大湾区内部城市间的旅游经济联系。

2017年6月，《中国（广东）自由贸易试验区粤港澳游艇自由行实施方案》获批，粤港澳地区游艇旅游合作取得政策突破。首批指定的游艇出入境口岸包括广州南沙客运港口岸、深圳太子湾邮轮母港、珠海九洲港口岸和珠海万山港口岸，首批指定的游艇停泊码头包括南沙游艇会码头、太子湾邮轮母港游艇码头、深圳湾游艇会码头、横琴法拉帝游艇码头、横琴长隆游艇码头等。2017年7月，粤港澳游艇自由行首航活动在广州南沙顺利举行。虽然粤港澳游艇自由行在政策上取得突破，但是在具体操作中仍然面临一些问题，如游艇通关查验手续烦琐、可自行航行水域范围小、游艇登记和两地牌照管理规定较多、游艇驾驶员证互认机制不健全等，需要进一步解决和完善。

（四）跨境电子支付服务技术的互通促进港澳与内地旅游一体化发展

近年来，移动电子支付逐渐成为消费新趋势，支付宝、微信是中国内地最常用的支付工具。此前，香港多习惯使用现金、八达通、银行卡支付。随着粤港澳地区发展的一体化，香港、澳门的商场逐渐开始接受支付宝或微信付款，并根据实时汇率结算。来港澳购物的旅客可以减少货币兑换的麻烦，购物更为方便。并且自2019年3月起，支付宝香港（AlipayHK）的业务从香港拓展至粤港澳大湾区内地一些城市，覆盖饮食、旅游、医疗、交通等多方面。大湾区内地城市数十万商铺接受用户使用 AlipayHK 支付（朱宇轩，2019），香港游客可以一部手机畅游粤港澳大湾区。

（五）粤港澳大湾区是高质量的旅游教育集聚地，近年来旅游教育合作不断加强

近年来，随着粤港澳大湾区的建设和三地旅游的协同发展，旅游教育合作也不断加强。2018 年 11 月，中山大学旅游学院、香港理工大学酒店及旅游业管理学院和澳门旅游学院签署《成立粤港澳大湾区旅游研究联盟合作备忘录》。2019 年 10 月 15 日，澳门旅游学院与珠海市文化广电旅游体育局、珠海市珠光集团在澳门签署框架协议，合作内容包括三方共同发挥优势，推进澳门在珠海横琴建立合作中心（澳门旅游学院，2019），发挥澳门旅游教育培训和旅游发展经验优势，建设旅游教育培训基地，以提升旅游从业人员素质，推动国际旅游人才交流（胡瑶，2019）。2019 年 10 月 21 日，“澳门旅游学院粤港澳大湾区旅游教育合作中心”在珠海国际会展中心召开的“2019 澳珠企业家峰会”上揭牌成立（澳门旅游学院，2019）。

2019 年 12 月 10 日，粤港澳大湾区旅游职业教育联盟正式成立，进一步推进落实《粤港澳大湾区发展规划纲要》中关于推进粤港澳职业教育在招生就业等方面的合作的规划。该联盟发起单位包括澳门旅游学院、广州市旅游商务职业学校、中山职业技术学院等大湾区内 7 所职业院校，以及珠光（集团）有限公司等 3 所企业。联盟的成立能够有效整合粤港澳旅游职业教育资源，实现优势互补、证书互通，从而打造面向世界的旅游教育高地。

（六）导游资质互认促进粤港澳旅游人才流动

2019 年 11 月，广东省人力资源和社会保障厅等部门联合印发《关于推进粤港澳大湾区职称评价和职业资格认可的实施方案》。该方案指出要重点在旅游等专业领域创新升级职业资格认可，试行港澳导游在广东自贸试验区珠海横琴新区片区认定执业。首批 60 名香港、澳门导游及领队经培训认证合格并实现在珠海横琴新区片区换证便利执业。由于报名人数较多，2019 年港澳导游及领队认证培训由原定 2 期增至 5 期，每期 60 人，共培训 300 人。

五 粤港澳大湾区旅游业面临的挑战

（一）跨体制的旅游协作在实际操作中面临困难

推动粤港澳大湾区发展是在“一国两制”框架下的重大区域发展战略。粤港澳三地在行政体制、经济制度、政策法规、行业标准等方面都存在差异，因此在区域旅游协调中的价值取向、政策措施等方面难以协调一致，跨体制的粤港澳城市经济生态圈里的旅游协作在实际操作中往往会遇到问题（庄伟光等，2019）。内地与港澳的人员往来属于出入境管理，因此大湾区内部的旅游便利化问题也存在客观因素制约。

旅游收入是地方经济发展指标之一。各地在旅游发展中，也会忽略区域的协同发展，出现盲目开发、旅游产品同质化、城市间恶性竞争等问题。此外，大湾区内部各城市在旅游资源禀赋、旅游服务设施、旅游发展阶段、国际化水平及开放程度等方面存在差异，因此在制定旅游合作发展规划时不能一概而论，需要因地制宜，结合各城市旅游发展的实际情况。

（二）区域内部旅游发展不平衡，且差距逐渐加大

从各城市旅游人次和旅游收入的数据来看，粤港澳大湾区内部旅游发展存在较大的不均衡，且差距逐渐加大，形成多个梯队。第一梯队包括香港、广州，旅游人次和旅游收入远超过其他城市；第二梯队包括澳门、深圳；其余城市为第三梯队，旅游发展相对较弱。保继刚、叶晓旋（2019）借用基尼系数度量粤港澳大湾区入境旅游发展的不平衡程度，研究结果表明，粤港澳大湾区入境游客基尼系数自 2000 年起长期维持在 0.5 以上。

一方面，部分城市中心区域存在过度拥挤的现象。游客过于集中会带来一系列环境和社会问题，可能会引发部分城市和地区对旅游的抵触和排斥。2019 年，澳门接待入境游客 3941 万人次，是 2010 年的 1.59 倍（澳门旅游数据 +，2021）。面对日益增长的入境游客人数，相对狭小的陆地面积与较小规模的居民人数使澳门旅游业的发展需要考虑环境承载力的问题（唐继宗，2020）。

另一方面，一些地区存在旅游资源丰富但开发力度不足、旅游开发充分但

游客稀少等问题。最突出的就是海岛，大湾区内海岛众多，但是旅游发展的基础设施和公共服务体系相对落后，开发力度小；大湾区发达的绿道系统又缺少游客，使用不充分。

（三）海洋与海岛旅游的发展不足

粤港澳大湾区海岛、海湾数量众多，开发潜力大。然而，与丰富的海洋、海岛旅游资源相对的是，相关旅游产品开发不够充分。目前粤港澳大湾区的海洋、海岛旅游产品以大众海洋观光为主，以海滨度假旅游为辅，高品质的海洋、海岛旅游产品较为缺乏（周良君、丘庆达，2020）。游客的主要活动就是观海景、吃海鲜，缺少深度体验式的休闲旅游产品，且很多海岛、海湾的旅游开发同质化严重，缺少自身特色。例如作为“百岛之市”的珠海，对近海岛屿资源的利用存在低端化、同质化的问题，海上游乐设施少，更缺乏潜水、冲浪、帆船等高端水上娱乐项目（盛小丰、张蔚鸰，2018）；位于珠海市内极具浪漫色彩的海滨观光公路——情侣路，也因为缺少体验式的旅游产品而难以吸引游客较长时间驻足。

六　结论、政策建议与未来趋势

（一）结论

本研究基于一手数据的收集分析和二手资料的归纳总结，分析得出粤港澳大湾区旅游合作历程与发展现状、旅游业区域互助协作发展进程，并在此基础上识别面临的挑战。研究发现，粤港澳大湾区是旅游业高度发达的地区，在全球旅游产业链中占据重要位置。近 10 年来，粤港澳大湾区入境旅游人次逐年攀升，广东省 9 市旅游收入稳步上升，港澳旅游收入有波动。在空间结构上，粤港澳大湾区旅游发展呈现独特的三圈层结构。2019 年，粤港澳大湾区旅游发展在多方面取得重大突破。其中，在政策规划上，《粤港澳大湾区发展规划纲要》将打造“宜居宜业宜游的优质生活圈”确定为大湾区五大战略定位之一，并对旅游行业的规划做出具体指示。自粤港澳大湾区的概念提出以来，旅游业的区域互动协作发展逐步深化。在硬件设施方面，广深港高铁、港珠澳大桥、南沙大桥等基础设施的开通促进了粤港澳大湾区旅游业的区域一体化发展。在旅游产品方面，大湾区城市间逐步进行旅游资源整合，开发“一程多站”式旅游产品。但同时，粤港澳大湾区旅游发展存在跨体制的旅游协作难度大、区域内部旅游发展不平衡、海洋和海岛旅游开发不充分等问题。

（二）政策建议

针对跨体制的旅游协作操作困难的问题，本研究认为需要建立整个区域的协调发展机制，编制粤港澳大湾区旅游发展规划；结合当地旅游资源的特点和旅游市场需求进行旅游开发，实施开放式旅游资源整合和路线布局，形成区域总体旅游产品体系；创新旅游市场的合作方式，促进区域旅游协同发展。

针对区域发展不平衡的问题，可以：①通过旅游线路规划、非热点旅游区域的营销等措施，引导游客的空间扩散，让更多的地区从旅游中获益；②对于过度拥挤的地区，加强交通运输基础设施、休闲设施等的建设，有效疏导游客。

针对海洋和海岛旅游开发不充分的问题，未来可以在海空、海面、海底、海岸、海岛等方面全方位立体式开发，增加高端度假、深度体验式的旅游产品，如休闲渔业、海岛野营等。可以与体育休闲相结合，开发冲浪、潜水、帆船、摩托艇等项目，多层次开展海洋体育活动（周良君，2020）。

此外，为实现粤港澳大湾区旅游的可持续发展，需要：①将可持续发展的理念贯彻在旅游规划、政策制定、行业实践等方方面面；②强化游客和旅游开发商的生态环境保护意识，促进其合理利用旅游资源，不破坏当地自然环境，在旅游经济发展的同时保护未来社会旅游资源或产业开发所依赖的生态环境；③在旅游开发的过程中，保护当地文化的完整性；④改善旅游接待地区的居民生活质量，为旅游区居民提供公平的发展机会，注重社区利益协调。

（三）未来趋势

1. 近期大湾区旅游发展将受到新冠肺炎疫情的冲击

受新冠肺炎疫情的影响，2020 年粤港澳大湾区的旅游发展受到冲击。新冠肺炎疫情是新中国成立以来在中国发生的传播速度最快、感染范围最广、防控难度最大的一次重大突发公共卫生事件（习近平，2020）。作为建立在人群流动和聚集基础之上的旅游业，受到此次疫情的强烈冲击。

在疫情蔓延初期，大湾区的旅游景区相继暂停开放。2020 年 1 月 28 日，国家移民管理局宣布即日起全国公安机关出入境管理部门暂停受理、审批、签发内地居民赴香港、澳门团队旅游、个人旅游（含深圳“一周一行”）签注，恢复时间将另行发布。此外，广东省要求有疫情严重国家旅居史的入境旅客进行 14 天的居家医学观察或集中隔离医学观察，香港、澳门也发布政策要求从外地入境人士接受 14 天强制检疫。粤港澳大湾区出入境旅游受到新冠肺炎疫情的严重影响。

疫情期间，中央政府、大湾区各地方政府相继出台相关金融扶持政策、就业与社保政策、降低企业成本政策，帮助企业渡过难关。在疫情得到控制后，景区开始有条件开放，并采取限制游客数量等防疫措施。虽然疫情给旅游产业带来的影响是不可避免的，但是，在政府、企业、行业协会等多方作用下，大湾区旅游业将逐步回升。

同时，新冠肺炎疫情也为旅游业的敏感性和脆弱性问题敲响警钟。旅游业作为敏感性行业，容易受到突发事件和外界扰动因素的冲击。经济危机、自然灾害、传染性疾病、重大安全事故、社会动荡、政治局势紧张等因素，都会影响居民的旅游选择和旅游服务的供给（曹福荣，2011），进而导致旅游经济的急剧波动或者长期萧条（孙春华，2003），威胁旅游经济的持续发展（苏飞等，2013）。未来大湾区旅游的可持续发展将更受重视，旅游业韧性等问题将受到更多的关注。

2. 未来粤港澳大湾区文化和旅游协调发展将得到有力推进

围绕《粤港澳大湾区发展规划纲要》推进具有国际影响力的人文湾区和休闲湾区建设，粤港澳大湾区文化和旅游交流合作、文化和旅游协调发展都会得到进一步的推进。文化和旅游融合产品将更为丰富，会涌现一批富有文化底蕴的世界级旅游景区和度假区，文化特色鲜明的国家级旅游休闲城市和街区、历史文化遗产线路、创意文化和旅游产品、特色古村和古镇将成为热点。

3. 大湾区旅游合作将得到进一步深化，区域旅游资源将得到进一步整合，将涌现丰富的旅游产品和旅游联动线路

随着《粤港澳大湾区发展规划纲要》的落实与推进，大湾区内部旅游合作将进一步深化，涌现大量新的旅游产品，如康养旅游、研学旅游、文化创意旅游等，跨城的精品旅游线路和一程多站的旅游产品将增多，将出现温泉、购物、乐园、美食等主题串联旅游线路，进一步整合旅游资源。主题旅游线路将引导游客的空间扩散，发挥大湾区中心城市对周边城市的辐射带动作用。基于大湾区旅游资源分布、空间架构和城市合作，三大城市旅游群——香港—深圳—东莞—惠州、广州—佛山—肇庆、澳门—珠海—中山—江门，会得到进一步发展。

4. 将借力大数据、人工智能的发展，构建智慧旅游湾区

大数据和人工智能等技术的发展是旅游行业发展的重要助力。利用人工智能是旅游服务的新趋势，大数据技术在旅游资源、旅游产品、游客量、旅游活动等基础数据的统计上发挥着重要作用。粤港澳大湾区拥有腾讯等互联网领军企业，其旅游业正进入由互联网导入的智慧时代。目前大湾区各市通过移动互联网实现旅游预订的游客量占总预订数的80%以上，线上线下旅游企业开始紧密互动，创建O2O互联网全新平台（宋丁，2019）。未来粤港澳大湾区将依托在互联网、大数据、人工智能等方面的发展优势，构建智能化和共享型的旅游管理平台、合作网络和发展模式，提升旅游业的效率和效益，建设智慧旅游城市和智慧景区，发展成为智慧旅游先进区域。

5. 将充分利用海洋优势，推进海洋旅游业发展

湾区经济是重要的滨海经济形态。粤港澳大湾区拥有优质的海洋和滨海旅游资源，《粤港澳大湾区发展规划纲要》也着重对邮轮游艇旅游和滨海旅游进行了规划。未来大湾区将充分利用海洋优势，加快“海洋—海岛—海岸”旅游立体开发，推动滨海旅游业高品质发展；利用海岸线资源发展帆船、冲浪、海钓、潜水等滨海体育休闲项目，修建滨海旅游公路，完善滨海旅游基础设施及公共服务体系，将海湾、沙滩、海岛、渔村串联起来，打造蓝色旅游经济带；发展面向国际的邮轮市场，增加国际班轮航线，简化邮轮、游艇及旅客出入境手续，大力推进海洋旅游业的发展。

参考文献

澳门旅游数据+，2021，https：//dataplus. macaotourism. gov. mo/Indicator/VisitorsSummary/SummaryBar？periodtype = Y&start = 11&end = 22&place = C - CN&entrypoint = 11&visitor = T&hotelclass = 50&lang = S。

澳门旅游学院，2019，《澳门旅游学院粤港澳大湾区旅游教育合作中心揭牌成立》，网易新闻，10 月 24 日，http：//aomen. news. 163. com/19/1024/09/ES8C0IFL0434989P. html。

澳门统计暨普查局，2019，《澳门资料 2019》。

保继刚、叶晓旋，2019，《粤港澳大湾区入境旅游空间格局与新态势》，《中国房地产》第 8 期。

曹福荣，2011，《旅游业敏感性及危机管理的适当解读——冷静后的再研究与实证分析》，《旅游学刊》第 7 期。

陈强，2019，《各种会展论坛“扎堆”举办 粤港澳大湾区构建会展业都市圈》，东方财富网，12 月 5 日，http：//finance. eastmoney. com/a/201912051313264287. html。

方颖钰，2019，《世界旅游城市排行榜出炉，中国有三个城市排入 TOP10！》，《北京商报》9 月 5 日，https：//www. gelonghui. com/p/303553。

广东省交通运输厅，2019，《［广东］开通一周年！港珠澳大桥车流量突破 150 万车次（图）》，广东交通子站，10 月 24 日，http：//zizhan. mot. gov. cn/st/guangdong/tupianfengcai/201910/t20191024_ 3288183. html。

广东省农业农村厅，2019，《关于 2019 年广东农业公园候选名单的公示》，10 月 8 日，http：//dara. gd. gov. cn/tzgg2272/content/post_ 2642136. html。

广东省统计局，2020，《广东统计年鉴 2020 年》，10 月 9 日，http：//stats. gd. gov. cn/gdtjnj/content/post_ 3098041. html。

广州白云国际机场官网，2020，https：//www. gbiac. net/byairport - web/index。

广州市政府新闻办，2019，《广州发力大湾区文旅产业 建世界旅游名城》，新浪广东，8 月 8 日，http：//gd. sina. com. cn/city/csgz/2019 - 08 - 08/city - ihytcerm9411488. shtml。

郭湘闽、郭永振、吴奇、李晨静、刘琼，2018，《粤港澳大湾区视角下深圳邮轮游艇产业发展策略研究》，《特区实践与理论》第 2 期。

郭璇瑄，2018，《粤港澳大湾区旅游经济发展路径》，《税务与经济》第 2 期。

国家发展和改革委员会，2008，《珠江三角洲地区改革发展规划纲要（2008 - 2020 年）》。

国家统计局，2020，《中华人民共和国 2019 年国民经济和社会发展统计公报》，2 月 28 日，http：//www. stats. gov. cn/tjsj/zxfb/202002/t20200228_ 1728913. html。

胡瑶，2019，《澳门与珠海将共建粤港澳大湾区旅游教育合作中心》，新华网，10月15日，http：//www. xinhuanet. com/gangao/2019 -10/15/c_1125108696. htm。

李郇，2019，《粤港澳大湾区空间一体化与格局》，城市化研究，2月21日，https：//mp. weixin. qq. com/s/24JMXnPTZlgn0kNj5fXKNA。

刘少和、梁明珠，2017，《粤港澳大湾区城市群休闲游憩带结构研究》，《华南理工大学学报》（社会科学版）第6期。

卢轶、周人果、蔡华锋、郑洁琳，2019，《粤港澳大湾区文化遗产游径今年将与游客见面》，《南方日报》8月5日，http：//gd. people. com. cn/n2/2019/0805/c123932 -33213374. html。

皮书说，2019，《报告精读丨邮轮绿皮书：中国邮轮产业发展报告（2019）》，搜狐网，10月10日，https：//www. sohu. com/a/346012446_186085。

平安证券，2019，《粤港澳大湾区专题报告：构筑休闲湾区，旅游行业迎来发展好时机》，3月1日，https：//pdf. dfcfw. com/pdf/H3_AP201903011301527662_1. pdf? 1551470866000. pdf。

盛小丰、张蔚鸽，2018，《粤港澳大湾区下珠海高端休闲旅游业发展策略》，《经济论坛》第8期。

宋丁，2019，《粤港澳大湾区旅游业发展的12大趋势》，宋丁视点，6月13日，https：//www. sohu. com/a/362493553_99986045。

苏飞、储毓婷、张平宇，2013，《我国典型旅游城市经济脆弱性及障碍因素分析》，《经济地理》第12期。

孙春华，2003，《浅谈旅游业的脆弱性及其规避途径》，《北京第二外国语学院学报》第5期。

唐继宗，2020，《2019～2020年澳门旅游业发展分析与展望》，载宋瑞主编《2019～2020年中国旅游发展分析与预测》，社会科学文献出版社。

唐玲、杨木壮、王银霞、高杨、田松、董迪，2020，《粤港澳大湾区海岛空间分布特征探析》，《海洋学研究》，http：//kns. cnki. net/kcms/detail/33. 1330. P. 20200409. 1954. 004. html。

吴珂、张梓望，2019，《5月1日起广东正式实施外国人144小时过境免签政策》，南方网，4月30日，http：//kb. southcn. com/content/2019 -04/30/content_187119400. htm。

吴珊，2019，《粤港澳大湾区"邮轮圈"为何越来越火爆?》，《羊城晚报》6月13日，http：//finance. sina. com. cn/roll/2019 -06 -13/doc -ihvhiews8576798. shtml。

吴志才、张凌媛、黄诗卉，2020，《粤港澳大湾区旅游经济联系的空间结构及协同合作模式》，《地理研究》第6期。

伍策、赵雪彤，2019，《粤港澳大湾区是中国休闲消费最旺盛最前沿之地》，中国网，8月7日，http：//gotrip. zjol. com. cn/xw14873/lyjsb/201908/t20190807_10749160.

shtml。
习近平，2020，《习近平：在统筹推进新冠肺炎疫情防控和经济社会发展工作部署会议上的讲话》，新华社，2 月 23 日，http：//cpc. people. com. cn/n1/2020/0223/c64094 -31600380. html。
香港国际机场官网，2020，https：//www. hongkongairport. com/tc/。
香港旅游发展局，2020，《邮轮乘客统计》，香港旅业网，https：//securepartnernet. hktb. com/china/sc/research_ statistics/research_ publications/index. html? id =5217。
香港政府统计处，2020，《按交通模式划分的抵港及离港旅客》，https：//www. censtatd. gov. hk/gb/? param = b5uniS&url = http：//www. censtatd. gov. hk/hkstat/hkif/index_ tc. jsp。
携程、银联国际，2019，《新旅游、新消费、新中产：2019 年中国人出境旅游消费报告》。
新华社，2019，《出行更便捷 联系更紧密——广深港高铁香港段开通一周年》，新华网，9 月 24 日，http：//m. xinhuanet. com/2019 -09/24/c_ 1125030453. htm
杨益涵、李咪咪，2020，《2019 ~2020 年香港旅游业发展分析与展望》，载宋瑞主编《2019 ~2020 年中国旅游发展分析与预测》，社会科学文献出版社。
赵安然，2019，《广州获评“全球旅游增长最快城市”，联手港澳推介大湾区旅游》，《南方都市报》4 月 24 日，https：//www. sohu. com/a/310150266_161795。
中华人民共和国商务部，2021，《专题：内地与港澳关于建立更紧密经贸关系的安排（CEPA）》，http：//tga. mofcom. gov. cn/article/zt_ cepanew/。
周良君、丘庆达，2020，《海洋体育休闲，是粤港澳大湾区美丽风景，更是美好生活（三）》，《中国体育报》5 月 27 日。
朱宇轩，2019，《支付宝香港可在粤港澳大湾区内地城市使用》，新华网，3 月 6 日，https：//tech. sina. com. cn/i/2019 -03 -06/doc -ihsxncvh0391794. shtml。
庄伟光、武文霞、邹开敏，2019，《粤港澳大湾区旅游协同高质量发展》，《广东经济》第 4 期。

致谢：

感谢广东省旅游发展研究中心李国平主任、港中旅集团旅游产业研究院原院长陈文杰先生对本报告提出的意见和建议。

市场需求篇

Market Demand

B.2 粤港澳大湾区旅游目的地形象构建

曾国军　朱明洋　Dioko Leonardo (Don)　Kirillova Ksenia *

摘　要： 在积极建设粤港澳大湾区世界级旅游区、推进“一带一路”以及区域旅游合作政策支持背景下，评估粤港澳大湾区目的地旅游形象水平对于构建、提升与传播粤港澳大湾区整体旅游形象具有重要作用。本研究运用大规模问卷调查法，将游客与当地居民作为两类调查对象，在香港、澳门和广东省4个城市——广州、深圳、珠海及中山共收集有效问卷2137份。本研究发现游客与居民关于大湾区核心城市旅游形象的评估水平参差不齐，并存在显著的感知偏差，据此提出具有针对性的旅游形象建设与改进措施和传播策略，为粤港澳大

* 曾国军，中山大学旅游学院教授，研究方向为旅游企业扩展战略、旅游产业与市场分析；朱明洋，中山大学旅游学院博士后，研究方向为目的地营销与品牌管理；Dioko Leonardo (Don)，澳门旅游学院教授，研究方向为目的地品牌、旅游营销、旅游可持续、旅游行为与心理；Kirillova Ksenia，香港理工大学酒店及旅游业管理学院助理教授，研究方向为顾客体验、目的地营销与品牌、消费审美。

湾区旅游形象一体化塑造、提升及对外传播提供决策指导。

关键词： 粤港澳大湾区　旅游业　旅游形象

湾区经济一般是指围绕单个或多个海港、岛屿组成的区域经济形态，其特殊性表现在高度经济开放、高效资源配置、高度要素集聚、高度发达的联系网络等多个方面（张日新、谷卓桐，2017）。纵览全球先进性的湾区案例，湾区经济带通常亦是一流城市集群，譬如纽约湾区、东京湾区和洛杉矶湾区等世界知名的三大湾区。在中国本土实践中，2013 年 12 月，深圳首先提出发展湾区经济；2015 年 3 月，首次在国家层面提出打造粤港澳大湾区；2016 年 3 月，粤港澳大湾区建设上升至“十三五”规划层面。2017 年 3 月的政府工作报告首次提出“研究制定粤港澳大湾区城市群发展规划”，再次将湾区经济和粤港澳发展问题提升至国家层面。2019 年 2 月，作为指导粤港澳大湾区长期合作发展的纲领性文件，《粤港澳大湾区发展规划纲要》由中共中央、国务院正式印发。湾区经济靠海而生、因港而兴、依港而聚的空间形态，不仅是国家海洋经济与对外贸易的战略布局，更是联结国内外、推动内生发展的关键支点（蔡赤萌，2017）。粤港澳大湾区围绕着珠江口，聚集了珠三角 9 个核心城市和 2 个特别行政区，成为推动广东乃至整个华南地区经济发展的空间引擎。随着这一规划被纳入顶层设计，大湾区将迎来粤港澳合作共赢的新格局。作为国家发展的空间引擎，粤港澳大湾区承载着资源、人口、创新等要素的集聚和扩散，将引领全球经济增长与技术变革（辜胜阻等，2018）。

湾区经济以港口为中心、空间层次明晰，各城市目的地需要协调配合（黄晓慧、邹开敏，2016），最终目的在于各区域的特色和整体上的统筹，打造世界一流的城市群。粤港澳大湾区建设上升为国家战略之后，三地之间跨境、跨体制的合作更为迫切，旅游协作迎来突破发展的新契机。旅游流伴生着信息流、贸易流、资本流和人才流，旅游业具有关联性高、涉及面广、辐射性强、带动性大、最具活力等综合产业的特征。因此，旅游业是维系三地经济联系和协调发展的支点，有望成为推动经济纵深化、区域统筹化的战略支柱。旅游业的蓬勃发展有助于确立城市形象定位，进而推动城市间差异化的功能定位，最终实现不同城市的功能互补与统筹发展。在建设粤港澳大湾区世界级旅游区、积极推进“一带一路”以及区域旅游合作政策支持背景下，如何在构建与提升大湾区不同城市目的地旅游形象的基础上实现整体旅游形象统筹发展与协同推广，是粤港澳大湾区世界级旅游区及城市群建设的重要课题之一。当前，旅游目的地间的竞争已不局限于传统观光旅游资源的竞争，而是转向包括服务水平、环境品质、文化底蕴等多方面形象建设的综合性竞争（Ryu et al.，2016；Kirillova et al.，2020）。新时代背景下，粤港澳大湾区旅游形象协同建设与发展问题已引起学界、业界和政策咨询界的高度关注。

本研究基于游客与居民视角，识别大湾区核心目的地旅游形象水平、“短板”，了解两类群体之间关于大湾区核心目的地旅游形象的感知偏差，在此基础上，探讨大湾区旅游形象建设、提升与传播等问题，并提出具有针对性的旅游形象建设与改进措施及传播策略。本研究有助于对粤港澳大湾区目的地旅游形象发展状况进行整体把握，促进对补齐大湾区目的地旅游形象“短板”和缩小游客与居民之间关于目的地形象感知偏差等问题的思考，为粤港澳大湾区旅游形象一体化塑造、提升及对外传播提供决策指导。

一　旅游形象的重要性

城市或区域品牌形象的塑造和传播是提高城市或区域知名度、影响力和竞争力的重要途径，对于一个城市或区域的长期发展非常重要，它既折射每个城市或区域过去的历程风采，也体现该城市或区域未来的追求与发展方向。对内，城市或区域形象可凝聚人心，激励士气，唤起域内成员的归属感、荣誉感和责任感；对外，城市或区域形象可作为现代社区管理的品牌，通过良好形象的建立，在国内外赢得发展地位，实现更好的社会经济效益（叶南客，2000）。差异化的城市或区域形象反映了不同城市或区域在市场上所做的定位。应通过城市或区域形象的良好塑造，将城市或区域推向市场，在全球范围内争夺和吸引稀缺要素，以促进城市或区域经济发展（李广斌等，2006）。

城市或区域旅游形象是城市或区域形象中最具特色的内容之一。打造独特的城市或区域旅游形象是塑造城市或区域形象的重要手段。旅游产业的发展及旅游形象建设有助于确立各城市或区域形象定位，进而推动城市或区域的差异化功能定位。旅游目的地是一个复杂要素的综合，其相互间的竞合焦点已由传统观光旅游资源转为服务水平、环境品质、文化底蕴等多方面的形象建设（Ryu et al.，2016；Kirillova et al.，2020）。旅游形象是旅游地静态资源的高度凝练，亦是旅游地与消费市场互动形成的动态意象，涉及目的地管理者、规划者、经营者等利益相关者的多方诉求，具有统摄性和综合性，可以有效涵摄旅游目的地的多个要素特征（黄文、王挺之，2008）。高水平的独特旅游形象是目的地获得竞争力的关键所在，且在一定地域范围内，专注于建构与提升独特的旅游形象有助于邻近目的地成为互补型旅游产品，最终形成区域品牌营销合力（Uysal et al.，2000）。于大多数旅游目的地而言，游客会被具体的目的地形象所吸引。因旅游目的地形象与地方是绑定的，游客将就某一目的地而产生实质的旅游行为（Choi et al.，2007）。

二　关于粤港澳大湾区旅游形象调研设计

（一）调研情况

为了解游客与当地居民关于粤港澳大湾区核心城市目的地旅游形象评估水平和感知偏差，本研究运用大规模问卷调研法，将这两类群体作为调查对象。其中，当地居民是指在调研地居住时间超过一年的常住人口。调研团队分别在广东省 4 个城市（广州、深圳、珠海和中山）、香港和澳门投放与回收问卷——广州、深圳、香港和澳门是大湾区四大中心城市，而珠海和中山是大湾区的重要节点城市。从粤港澳大湾区这六大城市目的地采集大量样本，能够确保调研样本的广泛性和代表性，以提高调研结果的正确性。关于具体调研过程，中山大学科研团队于 2018 年 9 月开始组织关于广东省 4 个城市的问卷调研活动，于 9 月 27 日至 10 月 1 日在珠海进行预调研，采集回收 50 份问卷，并根据预调研反馈情况调整问卷内容，于 10 月 2 日至 11 月 7

日进行正式调研。香港的调研活动由香港理工大学科研团队负责，于2018年9月开始调研活动，于2018年9月20日前后完成50份预调研活动，并于2018年11月25日完成数据收集和整理工作。对澳门的调研由澳门旅游学院科研团队具体实施，于2018年9月开始调研活动，并于2018年11月25日前后完成数据收集和整理工作。来自6个调研城市的有效问卷数量可参见表1。

表1　有效问卷数量

单位：份

	游客	居民	总数
广　州	230	61	291
深　圳	156	70	226
珠　海	196	96	292
中　山	211	96	307
香　港	371	140	511
澳　门	365	145	510
总　计	1529	608	2137

（二）成熟量表

本研究采用Russell（1980）所开发的目的地形象量表（Destination Image），该量表包含认知形象与情感形象两个构成维度。认知形象（Cognitive Image）量表由“清洁”（Clean）、“容易到达”（Easily Accessible）、“友善”（Friendly）、“敌对”（Hostile，怀有敌意的）、“犯罪”（Sinful，犯罪率高或罪恶）、“有趣”（Interesting）、“有活力”（Lively）、“天然”（Natural）、“过度拥挤”（Overcrowded）、“美丽”（Pretty）、“嘈杂”（Noisy）、“复杂”（Sophisticated）、“新”（New）、“发展不足”（Underdeveloped，欠发展）、“高端”（Upmarket）、“不安全”（Unsafe）以及“观光旅游的”（Very Touristy）17个问项构成。情感形象量表（Affective Image）则包括“放松的”（Relaxing）、“沮丧的”（Gloomy）、“愉快的”（Pleasant）以及“困倦的”（Sleepy）4个问项。为Likert 5点量表，其中，5表示“非常满意”，1则表示“非常不满意”。按城市不同，所有的Cronbach's α介于0.732和0.815之间。

（三）数据分析方法

本文基于调研人员在广东省 4 个城市、香港和澳门所采集的 2137 份有效样本数据，开展描述性统计分析、均值比较分析和 t 检验分析等。

三　关于粤港澳大湾区旅游形象调研结果与分析

（一）游客旅游形象评估水平比较分析

就游客认知形象均值的比较分析来看，各城市得分有差异。在“清洁”方面，中山得分最高，深圳得分次之，而澳门得分最低；在“容易到达”方面，广州得分最高，珠海得分最低；在“友善”方面，中山得分最高，香港得分最低；在“敌对”方面，香港得分最高，珠海得分最低（反向题）；在“犯罪”方面，香港得分最高，珠海得分最低（反向题）；在“有趣”方面，广州得分最高，香港得分次之，而中山得分最低；在“有活力”方面，广州得分最高，香港得分次之，而中山得分最低；在“天然”方面，珠海得分最高，香港得分最低；在“过度拥挤”方面，香港得分最高，广州得分次之，珠海得分最低（反向题）；在“美丽”方面，广州得分最高，珠海得分次之，中山得分最低；在“嘈杂”方面，香港得分最高，珠海得分最低（反向题）；在“复杂”方面，香港得分最高，珠海得分最低（反向题）；在“新”方面，深圳得分最高，中山得分最低；在“发展不足”方面，珠海得分最高，深圳得分最低（反向题）；在“高端”方面，深圳得分最高，广州得分次之，中山得分最低；在“不安全”方面，澳门得分最高，中山得分最低（反向题）；在“观光旅游的”方面，珠海得分最高，澳门得分次之，深圳得分最低。具体可见表 2。

就游客情感形象均值的比较分析来看，各城市得分有差异。在“放松的”方面，中山得分最高，香港得分最低；在“沮丧的”方面，六个城市得分相近，香港和澳门得分略高；在“愉快的”方面，中山得分相对较高，而深圳得分相对较低；在“困倦的”方面，澳门和广州得分略高，而珠海得分相对较低。具体可见表 2。

表 2 游客关于粤港澳大湾区六大城市旅游形象评估水平（均值/标准差）

		广州	深圳	珠海	中山	香港	澳门
认知形象	清洁	3.87/0.74	4.03/0.74	3.95/0.75	4.05/0.82	3.91/0.79	3.82/0.82
	容易到达	4.10/0.79	3.94/0.80	3.68/0.90	3.82/0.90	4.01/0.75	3.84/0.80
	友善	3.91/0.72	3.80/0.81	3.95/0.65	4.09/0.73	3.57/0.86	3.81/0.77
	敌对	2.01/0.70	2.04/0.74	1.85/0.63	1.93/0.80	2.60/0.81	2.28/0.91
	犯罪	2.03/0.74	2.22/0.90	1.87/0.73	1.95/0.83	2.26/0.82	2.22/0.89
	有趣	3.86/0.63	3.74/0.67	3.62/0.76	3.23/0.90	3.83/0.73	3.71/0.80
	有活力	3.96/0.68	3.92/0.71	3.72/0.75	3.28/0.87	3.94/0.70	3.64/0.83
	天然	3.25/0.95	3.21/0.98	3.89/0.82	3.31/1.02	3.17/0.95	3.36/0.91
	过度拥挤	3.80/0.87	3.38/0.93	2.52/0.95	2.63/0.83	3.99/0.80	3.47/0.95
	美丽	3.99/0.56	3.79/0.72	3.92/0.73	3.68/0.87	3.80/0.71	3.72/0.74
	嘈杂	3.30/0.85	3.13/0.91	2.54/0.86	2.63/0.82	3.60/0.81	3.18/0.86
	复杂	3.30/0.84	3.22/0.91	2.59/0.80	2.62/0.75	3.49/0.84	3.12/0.85
	新	3.56/0.81	3.98/0.72	3.39/0.92	2.75/0.87	3.17/0.89	3.25/0.82
	发展不足	2.32/0.90	2.21/0.96	3.02/0.90	2.87/0.96	2.37/0.87	2.80/0.84
	高端	3.74/0.74	3.89/0.75	2.97/0.75	2.88/0.82	3.62/0.78	3.39/0.75
	不安全	2.29/0.81	2.33/0.81	2.28/0.81	2.06/0.72	2.27/0.87	2.48/0.92
	观光旅游的	3.82/0.86	3.61/0.87	4.00/0.75	3.82/0.90	3.78/0.78	3.95/0.83
情感形象	放松的	3.80/0.93	3.46/0.99	4.12/0.78	4.29/0.61	3.27/1.02	3.93/0.82
	沮丧的	2.09/0.77	2.19/0.87	2.01/0.69	2.12/0.82	2.37/0.85	2.40/0.90
	愉快的	3.94/0.70	3.75/0.75	3.97/0.75	4.09/0.73	3.78/0.69	3.87/0.75
	困倦的	2.66/0.96	2.60/0.95	2.31/0.89	2.44/0.96	2.64/1.02	2.68/0.97

（二）居民旅游形象评估水平比较分析

就居民认知形象均值的比较分析来看，各城市得分有差异。在“清洁”方面，珠海和深圳得分最高，而澳门得分最低；在“容易到达”方面，香港得分最高，珠海得分最低；在“友善”方面，中山得分最高，香港得分最低；在“敌对”方面，香港得分最高，而珠海得分最低（反向题）；在“犯罪”方面，澳门得分最高，中山得分最低（反向题）；在“有趣”方面，广州得分最高，深圳次之，而澳门得分最低；在“有活力”方面，深圳得分最高，广州次之，而澳门得分最低；在“天然”方面，珠海得分最高，香港得分最低；在“过度拥挤”方面，香港得分最高，澳门得分次之，珠海得分最低（反向题）；在“美丽”方面，珠海得分最高，广州得分次之，澳门得分最低；在“嘈杂”方面，香港得分最高，珠海得分最低（反向题）；在“复杂”方面，香港得分最高，珠海得分最低（反向题）；在“新”方面，深圳得分最高，澳门得分最低；在“发展不足”方面，珠海得分最高，深圳得分最低（反向题）；在“高端”方面，深圳得分最高，广州得分次之，中山得分最低；在“不安全”方面，澳门得分最高，珠海得分最低（反向题）；在“观光旅游的”方面，珠海得分最高，澳门得分次之，深圳得分最低。具体可见表3。

就居民情感形象均值的比较分析来看，各城市得分有差异。在“放松的”方面，香港得分最低，中山得分最高；在“沮丧的”方面，香港得分最高，珠海得分最低；在“愉快的”方面，中山得分最高，香港得分最低；在“困倦的”方面，香港得分最高，珠海得分最低。具体可见表3。

表3　居民关于粤港澳大湾区六大城市旅游形象评估水平（均值/标准差）

		广州	深圳	珠海	中山	香港	澳门
认知形象	清洁	3.72/0.84	4.01/0.65	4.01/0.72	3.96/0.75	3.73/0.92	3.48/0.80
	容易到达	4.21/0.66	4.04/0.79	3.68/1.05	3.92/0.80	4.44/0.58	3.75/0.75
	友善	3.92/0.78	3.87/0.82	4.00/0.78	4.04/0.78	3.39/0.79	3.63/0.78
	敌对	2.05/0.72	1.94/0.76	1.70/0.67	1.75/0.63	2.72/0.83	2.50/0.85
	犯罪	2.21/0.88	2.03/0.83	1.78/0.74	1.75/0.75	2.36/0.77	2.56/0.93
	有趣	3.92/0.67	3.74/0.70	3.55/0.78	3.69/0.77	3.62/0.84	3.40/0.92
	有活力	3.90/0.70	4.13/0.76	3.59/0.87	3.74/0.76	3.63/0.86	3.41/0.80
	天然	3.23/0.76	3.36/0.93	3.93/0.75	3.61/0.87	3.06/1.00	3.08/0.92
	过度拥挤	3.82/0.72	3.47/0.86	2.49/0.94	2.66/0.92	4.29/0.88	4.13/0.96
	美丽	4.00/0.66	3.94/0.76	4.06/0.74	3.83/0.78	3.78/0.72	3.55/0.85
	嘈杂	3.48/0.81	3.11/0.86	2.42/0.91	2.57/0.71	3.81/0.97	3.59/0.88
	复杂	3.41/0.76	3.07/0.80	2.57/0.79	2.68/0.79	3.50/0.89	3.32/0.96
	新	3.61/0.94	3.94/0.81	3.41/0.90	3.04/0.77	3.15/0.89	3.01/0.85
	发展不足	2.67/0.93	2.11/0.81	3.27/0.97	2.94/0.95	2.51/1.03	3.40/1.08
	高端	3.70/0.72	3.90/0.73	2.96/0.83	2.86/0.64	3.54/0.83	3.02/0.92
	不安全	2.31/0.70	2.11/0.84	1.91/0.78	1.99/0.73	2.09/0.83	2.47/0.95
	观光旅游的	3.72/0.92	3.67/0.85	3.96/0.86	3.68/0.72	3.83/0.75	3.84/0.91
情感形象	放松的	3.78/0.86	3.64/0.80	4.25/0.58	4.30/0.62	2.72/1.15	3.44/0.94
	沮丧的	2.23/0.59	2.05/0.87	1.79/0.66	1.91/0.76	2.85/0.99	2.69/0.89
	愉快的	3.85/0.70	3.90/0.68	4.00/0.68	4.18/0.63	3.45/0.81	3.48/0.90
	困倦的	2.57/0.90	2.32/0.97	2.18/0.85	2.23/0.90	3.03/1.18	2.94/1.03

（三）游客与居民关于粤港澳大湾区六大城市旅游形象的感知偏差分析

就认知形象单方面比较而言，游客与居民对于粤港澳大湾区五大核心城市（广州、珠海、中山、香港和澳门）认知形象的不同方面存在显著的感知偏差，但对于深圳认知形象17个方面的感知水平并不存在显著差异（见表4）。在广州，游客与居民仅在目的地认知形象的“发展不足”方面表现出显著的感知偏差（$p = 0.007 < 0.05$），相较于居民，游客的评价更低。在珠海，游客与居民仅在目的地认知形象的“发展不足”和“不安全”两个方面具有显著的感知偏差（$p = 0.027 < 0.05$，$p = 0.000 < 0.05$）。其中，与居民相比，游客对珠海“发展不足”方面的评价较低，而对珠海“不安全”方面的评价较高。在中山，游客与居民在“敌对”“犯罪”“有趣”“有活力”“天然”“新”六个方面的感知表现出显著差异（$p = 0.049 < 0.05$，$p = 0.042 < 0.05$，$p = 0.000 < 0.05$，$p = 0.000 < 0.05$，$p = 0.011 < 0.05$，$p = 0.004 < 0.05$），其他认知形象方面的感知水平之间并无显著差异。其中，相较于居民，游客仅对中山“敌对”和“犯罪”两个方面的感知水平较高，其他四个方面的感知水平较低。在香港，游客与居民在“清洁”“容易到达”“友善”“有趣”“有活力”“过度拥挤”“嘈杂”“不安全”八个方面的感知表现出显著差异（$p = 0.039 < 0.05$，$p = 0.000 < 0.05$，$p = 0.032 < 0.05$，$p = 0.010 < 0.05$，$p = 0.000 < 0.05$，$p = 0.011 < 0.05$，$p = 0.030 < 0.05$），且相较于居民，游客对香港“清洁”“友善”“有趣”“有活力”“不安全”方面的感知水平较高，而对香港“容易到达”“过度拥挤”“嘈杂”方面的感知水平较低。在澳门，游客与居民在“清洁”“友善”“敌对”“犯罪”“有趣”“有活力”“天然”“过度拥挤”“美丽”“嘈杂”“复杂”“新”“发展不足”“高端”14个方面的感知表现出显著差异（$p = 0.000 < 0.05$，$p = 0.022 < 0.05$，$p = 0.014 < 0.05$，$p = 0.000 < 0.05$，$p = 0.000 < 0.05$，$p = 0.004 < 0.05$，$p = 0.001 < 0.05$，$p = 0.000 < 0.05$，$p = 0.040 < 0.05$，$p = 0.000 < 0.05$，$p = 0.027 < 0.05$，$p = 0.003 < 0.05$，$p = 0.000 < 0.05$，$p = 0.000 < 0.05$）。相较于居民，游客对澳门“清洁”“友善”“敌对”“有趣”“有活力”“天然”“美丽”“新”“高端”方面的感知水平较高，而对澳门“犯罪”“过度拥挤”“嘈杂”“复杂”“发展不足”方面的感知水平较低。

表 4　独立样本 t 检验

		广州		深圳		珠海		中山		香港		澳门	
		t 值	p 值	t 值	p 值	t 值	p 值	t 值	p 值	t 值	p 值	t 值	p 值
认知形象	清洁	1.306	0.192	0.173	0.863	-0.610	0.543	0.909	0.364	2.076	0.039 **	4.289	0.000 **
	容易到达	-1.063	0.289	-0.933	0.352	0.056	0.956	-0.900	0.369	-6.086	0.000 **	1.298	0.195
	友善	-0.088	0.930	-0.598	0.550	-0.529	0.597	0.578	0.564	2.146	0.032 **	2.295	0.022 **
	敌对	-0.356	0.722	0.888	0.376	1.932	0.054	1.980	0.049 **	-1.515	0.130	-2.454	0.014 **
	犯罪	-1.419	0.160	1.500	0.135	0.945	0.345	2.045	0.042 **	-1.253	0.211	-3.772	0.000 **
	有趣	-0.666	0.506	-0.058	0.954	0.738	0.461	-4.275	0.000 **	2.610	0.010 **	3.824	0.000 **
	有活力	0.558	0.578	-1.960	0.051	1.278	0.202	-4.420	0.000 **	3.844	0.000 **	2.869	0.004 **
	天然	0.186	0.845	-1.908	0.273	-0.500	0.681	-2.546	0.011 **	1.077	0.282	3.200	0.001 **
	过度拥挤	-0.127	0.899	-0.711	0.478	0.405	0.760	-0.290	0.772	-3.578	0.000 **	-7.053	0.000 **
	美丽	-0.104	0.917	-1.468	0.144	-1.524	0.129	-1.459	0.145	0.272	0.786	2.063	0.040 **
	嘈杂	-1.414	0.158	0.158	0.875	1.092	0.276	0.544	0.587	-2.548	0.011 **	-4.886	0.000 **
	复杂	-0.961	0.337	1.207	0.229	0.190	0.849	-0.622	0.535	-0.079	0.937	-2.223	0.027 **
	新	-0.414	0.679	0.350	0.726	-0.163	0.871	-2.923	0.004 **	0.254	0.799	2.978	0.003 **
	发展不足	-2.730	0.007 **	0.692	0.490	-2.218	0.027 **	-0.595	0.552	-1.517	0.130	-6.020	0.000 **
	高端	0.324	0.746	-0.084	0.933	0.166	0.868	0.141	0.888	1.033	0.302	4.753	0.000 **
	不安全	-0.217	0.828	1.862	0.064	3.689	0.000 **	0.754	0.451	2.181	0.030 **	0.146	0.884
	观光旅游的	0.764	0.446	-0.503	0.615	0.425	0.671	1.486	0.139	-0.613	0.540	1.307	0.192
情感形象	放松的	0.099	0.921	-1.351	0.178	-1.419	0.157	-0.173	0.863	4.975	0.000 **	5.464	0.000 **
	沮丧的	-1.343	0.180	1.078	0.282	2.513	0.013 **	2.149	0.032 **	-5.388	0.000 **	-3.298	0.001 **
	愉快的	0.902	0.368	-1.427	0.155	-0.280	0.780	-1.069	0.286	4.237	0.000 **	4.544	0.000 **
	困倦的	0.699	0.485	1.992	0.048 **	1.185	0.237	1.790	0.075	-3.671	0.000 **	-2.771	0.006 **

注：** 表示在 0.05 显著性水平下通过显著性检验。

就情感形象单方面比较而言，游客与居民对于粤港澳大湾区五大核心城市（深圳、珠海、中山、香港和澳门）情感形象的不同方面存在显著的感知偏差，但对于广州情感形象四个方面的感知水平并不存在显著差异（见表4）。在深圳，游客与居民就目的地情感形象的“困倦的”方面存在显著的感知偏差（$p=0.048<0.05$），与居民相比，游客对深圳“困倦的”方面的评价更高。在珠海，游客与居民就目的地情感形象“沮丧的”方面的感知存在显著差异（$p=0.013<0.05$）。其中，相较于居民，游客对珠海“沮丧的”方面的感知水平较高。在中山，游客与居民在目的地情感形象“沮丧的”方面具有显著的感知偏差（$p=0.032<0.05$），并且与居民相比，游客在该方面的评价更高。在香港，游客与居民在目的地情感形象的“放松的”“沮丧的”“愉快的”“困倦的”四个方面都具有显著的感知偏差（$p=0.000<0.05$，$p=0.000<0.05$，$p=0.000<0.05$，$p=0.000<0.05$）。并且，与居民相比，游客对香港“放松的”与“愉快的”两方面的评价更高，而对“沮丧的”与“困倦的”两方面的评价较低。同样，在澳门，游客与居民在目的地情感形象“放松的”“沮丧的”“愉快的”“困倦的”四个方面的感知都存在显著差异（$p=0.000<0.05$，$p=0.001<0.05$，$p=0.000<0.05$，$p=0.006<0.05$），并且与居民相比，游客对澳门“放松的”与“愉快的”两方面的评价更高，而对“沮丧的”与“困倦的”两方面的评价较低。

四　关于粤港澳大湾区旅游形象构建对策与建议

（一）明确目的地形象差异化定位，持续提升形象水平

第一，明确目的地形象差异化定位。城市旅游目的地被独特的经济、历史文化底蕴和地理环境所形塑（Larsen，2013），且在一定区域内不同城市由于等级地位的高低，承担着不同的旅游功能（保继刚、梁增贤，2011），产生了不同的城市旅游品牌形象。基于旅游资源相似性、空间距离接近性和目标市场趋同性，粤港澳大湾区内旅游目的地之间的相互替代性越强，则市场竞争越激烈。同时，鉴于游客的金钱、时间和精力有限，诸如香港、澳门和广州等具有高吸引力的城市旅游目的地会成为游客的首要选择，并可能对如珠海、中山等

较低吸引力的旅游目的地产生形象遮蔽效应（杨振之、陈谨，2003；刘逸等，2016）。形成以协同为主的大湾区城市旅游形象叠加效应是解决大湾区旅游市场竞争的有效方式，而具体策略是对大湾区城市旅游形象进行差异化定位并整合这些差异化形象。理论上，一定区域内不同目的地的差异化旅游形象能够提升目的地竞争力，并促进相互间的旅游合作，形成区域品牌营销合力（Gilbert，1990；Uysal et al.，2000）。大湾区各城市首先要明确自身旅游形象差异化定位以及在大湾区整体旅游形象建设过程中的功能定位，应立足于自身情况，充分利用自身独特的区位优势进行定位和分工。而从大湾区整体来看，应瞄准大湾区旅游现有或潜在的“竞争对手”，确定大湾区整体旅游形象差异化定位和相应竞争战略，强化大湾区旅游形象的突出特征，塑造强势的大湾区旅游品牌。在目前国家重大战略实施所引致的深度合作背景下，需要避免大湾区内城市旅游形象定位趋于一致而导致出现新的遮蔽，“小到”在旅游产品设计与形象定位上仍然需要注意差异化问题，应减少高同质性产品和服务的过度竞争，积极实施差异化战略。

第二，提升旅游形象水平。粤港澳大湾区域内分布着香港、澳门、广州、深圳、珠海等若干重要城市旅游目的地（知名风景区），其中如香港、澳门和广州等旅游特色突出、旅游品牌效应大且具有较强市场竞争力的城市旅游目的地在旅游形象方面也更为突出，从而在大湾区旅游市场竞争中占据优势地位，对其他旅游目的地形象形成遮蔽效应和对比效应，导致游客对后者的旅游形象感知水平较低甚至无感知，而难以将其作为出行目的地。通过调研结果综合比较粤港澳大湾区六大核心城市旅游形象评估水平，粤港澳大湾区内部不同城市间旅游形象水平参差不齐，且每一城市旅游形象都存在或多或少有待提高的方面，特别是珠海、中山等“旅游洼地”城市需要更多投入来改善自身旅游形象的多个方面，以避免被其他城市旅游形象所遮蔽或拉低整个湾区旅游形象（曾国军、朱明洋，2019）。所以，迅速提升大湾区内部目的地旅游形象水平以应对国内、国际竞争是当务之急。应重视旅游形象设计与传播创新，以快速增强大湾区目的地旅游形象的吸引力与竞争力，尤其是对于珠海、中山等“旅游洼地”城市而言，应逐渐提升至世界一流游旅形象层次，塑造从亚洲到全球的世界级旅游目的地品牌形象，促进世界级旅游目的地建设目标的实现。

（二）不断完善“硬件”和“软件”

粤港澳大湾区旅游业及旅游形象的良好发展，既要关注基础设施、资源环境、产业基础、人力资源、服务质量等“硬件”方面的建设和改善，也需在传统文化纽带、思想意识、竞争与合作观念、旅游形象创新观念及旅游政策制度创新等“软件”方面下足功夫。在基础设施方面，粤港澳大湾区旅游经济发展、旅游形象建设离不开基础设施保障，特别是交通运输网络支持（程玉鸿、汪良伟，2018）。“硬件”方面对大湾区旅游形象塑造与提升的影响是显而易见的，“软件”方面虽然并不直观且难以量化，却是大湾区旅游形象塑造和发展的关键。要想取得粤港澳大湾区旅游业协同发展及旅游形象协同建设的成功，就必然不能忽视提升大湾区旅游形象的“软环境”。尤其是在文化方面，由于内部存在文化差异，大湾区旅游形象竞争与合作方面可能会产生一定的文化冲突，需要积极识别和认同文化差异的存在，努力化解旅游形象建设过程中的文化冲突，并利用好这些文化差异。大湾区旅游形象建设不仅要体现对传统民族文化、特色文化的尊重和提倡，而且应在实质上促进大湾区内外游客、大湾区内旅游目的地的居民认识与认同大湾区传统文化和特色文化。随着全球化与城市化日益激烈，粤港澳大湾区旅游目的地应形成区域文化认同的良性循环（黄文、王挺之，2008），大湾区旅游形象塑造与提升过程中需要不断强化区域文化认同。粤港澳三地文化同根同源，在寻找文化共同点和强化“根文化”纽带作用的同时，可以积极推动特色文化与旅游融合，深入开发文化旅游产品和项目，这对于塑造大湾区独特的旅游形象具有重要作用。

（三）充分发挥核心城市作用，做好整合营销传播

充分发挥核心城市带头作用。在城市尺度上，因经济与时间成本约束，游客通常会选择级别最高或尚未去过的城市，仅受单一城市旅游目的地形象影响（陈健昌、保继刚，1988），而非被粤港澳大湾区品牌所吸引。粤港澳大湾区旅游形象是以城市为基本单元的，按照粤港澳大湾区建设国家重大战略的发展思路，大湾区内的核心城市及主要旅游区域应积极、主动地采取合作塑造和推广旅游形象策略，共同努力支撑大湾区世界级旅游目的地品牌形象。香港、澳门、广州等核心城市具有突出的旅游品牌形象，在大湾区内产生“光环效

应”，会给游客以非常好的印象。在这种印象影响下，游客将对大湾区整体旅游形象给予较好的评价。这些旅游形象突出的核心城市对旅游要素具有强大吸引力的同时，对珠海、中山等周边次级旅游目的地旅游产生“辐射效应”，有助于改善游客对大湾区“旅游洼地”城市的感知印象，拉动其旅游形象提升。

整合多元传播方式，管理好“线上旅游形象”。全球信息与通信技术（ICTs）正驱动旅游产业产生新发展，也挑战着旅游目的地形象管理。这是因为基于 ICTs 带给游客的线上体验（包括旅游前与旅游后），对目的地的积极旅游形象塑造产生重要影响（Kock et al.，2016）。为覆盖更多目标受众及达到更好的形象推广效果，应整合新媒体营销与传统营销方式，综合利用多元媒体平台优势，特别是社会化媒体等新兴媒介，积极创建跨三地、高交互性的多元实时媒介环境，以促进大湾区目的地形象及其整体旅游形象的协同塑造与传播，更为有效地管理“线上目的地形象”（朱明洋、张永强，2017）。值得特别指出的是，要利用好新媒体平台开展事件营销，有条件地创造三地协作的重大事件，如具有国际影响力的展览活动、体育赛事等，以快速提升目的地知名度和吸引短期庞大客流，并获政府大力支持旅游相关项目开发，从而给大湾区旅游发展带来深远影响。

（四）提供政策制度保障

在大湾区旅游目的地形象塑造与统筹发展过程中，必须考虑政策制度因素。只有通过明确制定并严格遵守相关规则，才能有效解决大湾区旅游形象建设与发展过程中的不必要冲突，约束和规范城市目的地旅游形象建设与发展过程中的竞争和合作，最终保障大湾区整体旅游品牌形象塑造和持续提升的实现。尽管粤港澳大湾区是一个一体化的空间概念，但实际上其概念本身存在等级嵌套关系，在广东省内部以地级市为行政单元的空间管理主体之间也存在诸多相互竞争的因素（安宁等，2018）。不言而喻，过往不同体制遗留下来的诸多“条块分割”是阻碍粤港澳三地合作的重要因素之一，大湾区内旅游业协作发展与旅游形象共同塑造，离不开三地政府的大力支持，这种合作首先应是政府层面的合作（单纬东、许秋红，2006；陈茵，2010）。虽然粤港澳大湾区域内的经济体制、社会体制等存在显著差异，但政策制度层面上的创新能够克服旅游要素流通障碍，有效减少大湾区旅游形象建设与发展过程中的城市间关系协调问题，减少城市间旅游形象过度竞争所造成的不必要损失，特别是资源浪费，避免旅游形象重叠甚至冲突以及恶性竞争的产生，推动城市间旅游形象协同建设，以便更好地促进大湾区整体旅游形象的塑造和提升。建设与发展粤港澳大湾区旅游形象的关键，在于政府及行业机构的监管与相关政策制度的保证。应通过各级政府的积极引导作用，达到跨三地城市旅游形象建设的衔接，服务于大湾区整体旅游形象的塑造、提升和推广。特别是控制不同城市目的地旅游形象建设之间的现实差距，建立与优化旅游形象水平的监督机制，保证各城市自身或各旅游目的地的旅游形象发展规划具有足够的对接与协作空间。同时，应明确各级政府对粤港澳大湾区整体旅游形象建设的责任，从政策制度上对地方政府在大湾区整体旅游形象建设过程中的具体职能进行明确界定，并制定相应的绩效考核办法，减少各级政府的盲目干预，特别是抑制其过度支持旅游形象竞争性领域的积极性，重点增加对城市间旅游形象合作方面的考核权重。

五　未来研究展望

通过对现有研究的梳理和实际调研情况，本研究发现如下几个问题值得未来研究深入探讨。

（一）城市旅游目的地形象的类型与影响因素识别

如前述，城市旅游目的地被独特的经济、历史文化底蕴和地理环境所形塑，且在一定区域内不同城市由于等级地位的高低，承担着不同的旅游功能（Larsen，2013；保继刚、梁增贤，2011），产生了不同的城市旅游品牌形象。研究者可以基于粤港澳大湾区 9 个城市和 2 个特别行政区等不同类型、不同等级的具体城市案例，对城市旅游目的地形象进行类型划分，并识别哪些城市宏观因素（环境、文化、媒体、管理和制度等）和个体微观因素（偏好、体验、经历和动机等）影响了城市旅游形象的形成和感知差异，以及分析各类型城市目的地形象的影响因素有何异同。尤其是建设粤港澳大湾区旅游形象数据库，并引入企业形象识别系统（Corporate Identity System，CIS），构建粤港澳大湾区旅游形象识别系统（辛璐琦、王兴元，2016），包括旅游产品识别、理念识别、视觉识别、行为识别、责任识别等子系统。在这些识别系统中，具体规范粤港澳大湾区旅游形象发展理念，明确旅游产品品质、特色、档次，大湾区旅游在“同业竞争”中的地位以及旅游形象建设和维护的行为制度等。

（二）刻画粤港澳大湾区游客目的地形象的感知路径

可以结合城市的具体社会文化背景，借助不同类型游客的两两比较，深入了解城市型旅游目的地的形象感知路径、成因及后续影响，为粤港澳大湾区旅游形象的针对性营销提供决策依据。尝试构建粤港澳大湾区游客的目的地形象感知路径模型，如引入文化距离概念（杨旸等，2016），分析境内和境外、湾区本地游客和外地游客、境外不同文化源地游客等不同类型群体的目的地形象感知路径及其差异。同时，探讨粤港澳大湾区旅游形象感知与游客行为意愿之间的关系，特别是基于大数据技术，考察游客的“故地重游”及其他积极行为意愿。

（三）解决二元体制背景下跨区域旅游目的地整体形象塑造问题

在二元体制背景下，跨区域旅游目的地的形象整合与重塑成为跨学科研究的重要议题。深入探讨目的地形象塑造的策略与营销途径，可以为全球跨体制、跨区域旅游目的地整体形象塑造提供中国素材，既能弥补学术界旅游形象研究缺乏多案例地比较的研究不足，也能对多元体制背景下的跨界旅游区目的地形象建构做出理论引导。

（四）探究粤港澳大湾区旅游品牌形象规划

在提升大湾区一体化旅游形象的前提下，基于良好的竞合关系，协调大湾区各主要城市旅游形象的差异化发展，避免或减少不同旅游目的地间形象定位模糊、形象设计重叠及传播冲突等问题。据此，需要深入探讨大湾区旅游品牌形象规划设计问题，为大湾区旅游品牌形象塑造设立目标、明确方向、制定原则与指导策略，统筹大湾区不同目的地间旅游形象差异化发展，尤其是要关注大湾区旅游形象建设协同机制和大湾区旅游品牌共创平台建设问题。另外，研究者应重视游客和居民对大湾区旅游形象建设的重要影响，积极构建游客和居民参与机制。

（五）探讨粤港澳大湾区城市旅游品牌形象的传播过程与机制

可以采用微信客户端数据和网络爬虫技术，讨论大湾区城市旅游品牌形象的传播过程与机制。尝试从准确锁定目标受众并挖掘其消费需求、精准定位的城市品牌形象、高效整合的品牌传播手段、实时交互式的舆论引导和直观准确的效果评估五个方面，论述微信、微博等社交媒体客户端“大数据”在城市品牌形象传播中的运用。在该研究过程中，也可以对国内外游客的媒介使用习惯或偏好进行问卷调查并分析，在此基础上总结出城市旅游形象对外传播的规律，提出城市旅游形象对外传播在内容重点的确定、传播途径的选择和传播效果的评估方面的思路。

（六）探讨以社会化媒体应用为导向的新媒体传播策略

关注“线上目的地形象”管理问题。近些年，鉴于 ICTs 加速更新、移动智能终端广泛普及和应用程序纷繁多样，新兴媒体形式不断涌现，尤其是社会化媒体兴起。这些新媒介平台集聚了海量用户，与人们日常生活紧密联系，这将不可避免地影响旅游目的地营销活动。如前述，旅游前后游客在新兴媒体上的体验对目的地旅游形象构建具有重要作用（Kock et al.，2016）。在粤港澳大湾区旅游形象塑造与推广过程中，需要关注新媒体传播策略，特别是多元社会化媒体的整合应用，管理好“线上目的地形象”。如何有效使用及整合各类媒介平台开展大湾区目的地旅游形象设计与传播工作等方面的研究，应引起学者的高度重视。

参考文献

安宁、马凌、朱竑，2018，《政治地理视野下的粤港澳大湾区发展思考》，《地理科学进展》第 12 期。

保继刚、梁增贤，2011，《基于层次与等级的城市旅游供给分析框架》，《人文地理》第 6 期。

蔡赤萌，2017，《粤港澳大湾区城市群建设的战略意义和现实挑战》，《广东社会科学》第 4 期。

陈健昌、保继刚，1988，《旅游者的行为研究及其实践意义》，《地理研究》第3期。

陈茵，2010，《关于深化珠港澳区域经济合作的思考》，《特区实践与理论》第1期。

程玉鸿、程灵云，2014，《基于竞合视角的城市竞争力源泉及其变动——以大珠江三角洲地区为实证案例》，《经济学家》第9期。

程玉鸿、汪良伟，2018，《城市群内城市间竞争合作关系研究及实证测度——以粤港澳大湾区为例》，《港澳研究》第1期。

辜胜阻、曹冬梅、杨嵋，2018，《构建粤港澳大湾区创新生态系统的战略思考》，《中国软科学》第4期。

黄文、王挺之，2008，《旅游区域的形象竞合研究——以中国香格里拉四川片区为例》，《旅游学刊》第10期。

黄晓慧、邹开敏，2016，《"一带一路"倡议背景下的粤港澳大湾区文商旅融合发展》，《华南师范大学学报》（社会科学版）第4期。

李广斌、王勇、袁中金，2006，《城市特色与城市形象塑造》，《城市规划》第2期。

刘逸、陈凯琪、黄凯旋，2016，《桂林市区与阳朔空间竞合关系演变：基于旅游形象叠加 - 遮蔽视角》，《旅游论坛》第2期。

单纬东、许秋红，2006，《粤港澳旅游业合作博弈分析》，《特区经济》第12期。

辛璐琦、王兴元，2016，《旅游目的地品牌形象识别要素对游客行为意愿的影响机制研究——以品牌认同为中介》，《商业经济与管理》第10期。

杨旸、刘宏博、李想，2016，《文化距离对旅游目的地选择的影响——以日本和中国大陆出境游为例》，《旅游学刊》第10期。

杨振之、陈谨，2003，《"形象遮蔽"与"形象叠加"的理论与实证研究》，《旅游学刊》第3期。

叶南客，2000，《城市形象塑造战略新论》，《学术研究》第12期。

曾国军、朱明洋，2019，《游客与居民关于珠海旅游形象水平评估和感知偏差分析》，《珠海潮》第Z1期。

张日新、谷卓桐，2017，《粤港澳大湾区的来龙去脉与下一步》，《改革》第5期。

朱明洋、张永强，2017，《社会化媒体营销研究：概念与实施》，《北京工商大学学报》（社会科学版）第6期。

Choi, S., X. Y. Lehto, and A. M. Morrison. 2007. "Destination Image Representation on the Web: Content Analysis of Macau Travel Related Websites." *Tourism Management* 28: 118 - 129.

Gilbert, D. 1990. "Strategic Marketing Planning for National Tourism." *Tourist Review* 45: 18 - 27.

Kirillova, K., J. Park, M. Y. Zhu, L. Dioko, and G. J. Zeng. 2020. "Developing the Competitive Destination Brand for the Greater Bay Area." *Journal of Destination Marketing & Management* 17: 1 - 12.

Kock, F. , A. Josiassen, and A. G. Assaf. 2016. "Advancing Destination Image: The Destination Content Model." *Annals of Tourism Research* 61: 28 – 44.

Larsen, H. G. 2014. "The Emerging Shanghai City Brand: A Netnographic Study of Image Perception among Foreigners." *Journal of Destination Marketing & Management* 3: 18 – 28.

Russell, J. A. 1980. "A Circumplex Model of Affect." *Journal of Personality and Social Psychology* 39: 1161 – 1178.

Ryu, J. S. , J. N. P. L. Decosta, and M. Andéhn. 2016. "From Branded Exports to Traveler Imports: Building Destination Image on the Factory Floor in South Korea." *Tourism Management* 52: 298 – 309.

Uysal, M. , J. S. Chen, and D. R. Williams. 2000. "Increasing State Market Share Through a Regional Positioning." *Tourism Management* 21: 89 – 96.

B.3
2020~2024年粤港澳大湾区旅游需求预测

宋海岩　蔺碧晗*

摘　要： 本文利用计量经济方法为粤港澳大湾区11个城市的国内旅游需求和入境旅游需求建立长期增长预测模型，并对COVID－19疫情对旅游需求可能造成的影响进行情景分析。预测和评估结果显示，2020年大湾区各市的旅游需求预期将由于疫情的冲击而大幅下跌，但有望在2021年出现显著回升；入境旅游需求的降幅普遍大于国内旅游需求。对疫情影响程度和旅游需求恢复走势的评估可为大湾区旅游业应对疫情措施的出台和促进旅游产业恢复等政策的制定提供理论和实证参照。

关键词： 旅游需求　粤港澳大湾区　情景分析　COVID－19

一　粤港澳大湾区旅游需求预测背景介绍

粤港澳大湾区是中国经济最发达、开放程度最高的区域之一，以香港、澳门、广州、深圳为中心城市，同时包括7个珠三角城市。自然、人文等旅游资源丰富多样，加之区域协同发展下现有机场的扩建和新机场、区域内公路网的建设优化，将大大激发大湾区对国内外游客的吸引力。大湾区旅游业发展潜力

* 宋海岩，香港理工大学酒店及旅游业管理学院副院长，首席教授，博士，研究方向为旅游经济学。蔺碧晗，香港理工大学酒店及旅游业管理学院博士研究生，研究方向为旅游经济学。

巨大。1999 年，大湾区 11 个城市接待的国内外游客总数为 7308 万人次，2009 年增长到 1.86 亿人次，是 1999 年的 2.5 倍左右；而 2018 年大湾区全年接待游客总数达到 3.76 亿人次，相比 2009 年又增长了 1 倍（广东省统计局，2019）。尤其是佛山、惠州、江门等二、三线城市，国内外旅游人数近年来显示出强劲的增长势头。香港和澳门两个特别行政区的年入境旅客数约为大湾区年入境旅客总数的 27%，占比相对稳定。

然而，中国旅游业在 2003 年 SARS 疫情、2008 年全球金融危机等危机事件中所表现的波动性和脆弱性不容忽视。受 SARS 疫情影响，2003 年大湾区国内外游客总数减少 6.63%，广东省 9 个湾区城市的入境游客数减少达 14.81%（广东省统计局，2019）。2020 年 1 月，COVID－19 疫情暴发，并在仅一个多月的时间里演变为全球大流行，波及范围和严重程度比 SARS 更甚。中国及全世界诸多国家采取关闭机场、公共交通、旅游景区、商场等措施，甚至颁布旅行禁令、居家令，限制外国旅客入境和本国居民的聚集性活动，以期控制疫情的扩散传播。此次疫情对中国包括大湾区 11 个城市在内的国内外旅游需求造成了极大的冲击。虽然中国的疫情已经在 2020 年 3 月底得到有效控制，但国外依旧严峻的疫情形势对旅游需求的恢复造成深层次的负面影响。分析此次疫情对旅游需求产生多大程度的影响，以及疫情过后旅游需求将以怎样的模式和走向回升，对政府和旅游从业人员制定和实行应对措施、促进旅游产业恢复至关重要。

目前国内针对大湾区旅游需求的研究缺乏，对危机事件对旅游需求的冲击以及危机事件下的旅游需求预测也不尽完善。本文的主要目标就是对大湾区 11 个城市的国内外旅游需求进行无危机情况下的计量经济方法预测和危机影响下的情景分析，以此反映出 COVID－19 疫情对大湾区旅游需求的负面影响程度，并得出旅游需求恢复到原增长趋势上的模式和时间，同时对各个城市未来 5 年的国内外旅游人数进行预测。

二　旅游需求预测方法回顾

众所周知，旅游业的发展在中国经济尤其是粤港澳大湾区的建设中起着至关重要的作用。准确的旅游需求预测可为旅游产业的规划、社会资源对旅游项目的分配以及旅游相关部门的管理等提供重要的科学依据（Wong and Song, 2002; Song and Witt, 2006）。

目前主流的定量旅游需求预测研究方法一般分为三大类：时间序列模型、计量经济学模型和人工智能模型。然而，时间序列模型和近些年发展的人工智能模型有很大的局限性。时间序列模型将旅游需求的历史变化推广到未来，而未能考虑社会经济中的其他因素（如游客收入、相对旅游价格等）与需求之间的因果关系。人工智能模型在模型训练中更像是一个“黑盒子”，对于研究人员来说，即使模型输入了与旅游需求相关的自变量，也很难对弹性进行分析。弹性作为一种有着重要实践意义的指标，衡量了旅游需求在面对其他经济因素时的变化规律。计量经济学模型又可称为因果模型，通过回归分析估计旅游需求同其他经济变量之间的关系（Song and Li, 2008; Wu et al., 2017）。在计量经济学模型估计中，旅游需求的弹性可以被估计出，因此计量经济学模型对实践中的政策模拟和制定有着另外两种模型无法比拟的优势。

考虑到计量经济学模型独有的优点，大量的旅游需求研究采用此方法进行预测分析。近年来相当多的研究用计量经济学方法对中国香港（Song, Wong and Chon, 2003）、泰国（Song, Witt and Li, 2003）、斐济（Narayan, 2004）、中国澳门（Song and Witt, 2006）、中国大陆（Song and Fei, 2007; Lin et al., 2015）、中国台湾（Wang, 2009）等市场的旅游需求进行了预测分析。计量经济学模型同样被应用在受2008年全球金融危机冲击后的旅游及酒店业的研究上（Song and Lin, 2010; Song et al., 2010; Song et al., 2011; Page et al., 2012）。自回归分布滞后模型（ADLM）作为计量经济中滞后变量模型的代表，最早由Hendry（1995）提出，并由Song and Witt（2003）引入旅游需求预测的研究中，在近20年内有了长足的发展。

三　危机及其对旅游需求预测的影响

旅游需求对一次性事件的发生反应敏感。根据对旅游需求产生的影响，一次性事件可分为积极事件（如奥运会、会展活动、免签政策等）和消极事件；而消极事件又包括人为危机（如恐怖袭击、战争、经济危机、国际贸易冲突等）和自然灾害（如地震、台风、海啸、旱涝灾害、流行病等）（Song et al.，2010）。

近年来的许多研究针对危机等消极事件对旅游需求的影响进行了量化和分析。Ryan（1993）指出，比起犯罪事件，旅游业极易受恐怖袭击事件的打击。Goodrich（2002）具体研究了2001年“9·11”恐怖袭击对美国旅游业的即时影响和行业的随后反应，结果表明此次灾难性事件不仅改变了美国整个国家旅游业的基础设施和安全系统，也对美国游客的心理产生影响。Pizam and Fleischer（2002）提出，比起恐怖袭击的严重性，恐怖袭击发生的频率会导致国际旅游人数更大程度的下降。Athanasopoulos and Hyndman（2008）研究了2000年悉尼奥运会和2002年巴厘岛炸弹爆炸事件对澳大利亚国内旅游需求的影响，发现悉尼奥运会促进了商务旅游即时需求量的增长，而在巴厘岛炸弹爆炸事件发生后探访亲友的旅客数量激增。Prideaux and Kim（1999）和 Prideaux and Witt（2000）讨论了1997年亚洲金融危机对澳大利亚旅游业的影响，发现此次危机导致澳大利亚入境旅游大幅下滑。Lim（2004）运用回归模型检测了主要经济指标对韩国前往澳大利亚的出境旅游的影响，提出1997年亚洲金融危机对1998年上半年的出境旅游造成了显著的负面影响。Huang and Min（2002）调研了1999年9月21日中国台湾大地震的影响，发现中国台湾入境旅游业的恢复期超过11个月。

在全球化日益深入的背景下，流行病作为影响旅游需求的重要危机事件之一，同样受到学术界的高度关注。Goh and Law（2002）对比衡量了亚洲金融危机、香港回归和禽流感分别对香港入境旅游的影响。Pine and McKercher（2004）分析了SARS疫情对香港旅游业的影响。Eugenio-Martin et al.（2005）运用结构时间序列模型，量化分析了“9·11”恐怖袭击和手足口病对苏格兰的旅游需求造成的影响。Min（2005）利用季节性差分整合移动平均自回归（SARIMA）模型，发现流行病会造成入境旅游人数严重减少。Wang（2009）提出中国台湾的入境旅游在2003年SARS疫情暴发期间经历了大幅下滑，所遭受的负面影响略大于1999年台湾大地震和“9·11”恐怖袭击所造成的负面影响，而1997年亚洲金融危机对台湾旅游需求产生的影响相对轻微。然而，一些学者注意到，危机事件对旅游需求的影响往往不像预想中那么大。Lee et al.（1996）指出，石油危机和1988年汉城奥运会并未使韩国的入境旅游业出现明显波动。

过往的研究揭示出危机事件对旅游需求影响的复杂性和多面性。一方面，不同类型的危机事件影响旅游需求的方式不同。虽然金融危机造成的经济衰退和流行病暴发带来的恐慌都会损害旅游者的内在动机，但针对流行病出台的防疫措施很可能会对出行造成极大不便，同时也会限制进行旅游活动的外在条件。另一方面，在关注危机事件给旅游需求带来的即时负面影响之外，也要看到危机后旅游需求变化和恢复模式的特点。例如灾难性事件后，以探访亲友为目的的旅游需求可能大幅上涨，流行病过后可能会出现一阵快速增长的出行热潮。面对 COVID－19 疫情在全球的蔓延，本文在现有研究的基础上，分析过去危机事件尤其是流行病对旅游需求的影响，并结合疫情发展的现况和趋势，对大湾区未来 5 年的旅游需求和疫情可能造成的影响进行预测评估。

三　本研究的预测方法

（一）计量经济方法

旅游需求作为游客对于旅游商品、服务和设施需求的集合，依照经济学基本观点和消费者行为理论，自然与目的地和客源地的相对旅游价格以及游客的收入水平高度相关，因此这些指标将囊括在本文的计量经济学模型中。由于个人的旅游支出数据很难获得，本文中入境游客和国内游客的收入水平分别由世界和中国的实际国内生产总值（GDP）指数替代，相对旅游价格主要由客源地与目的地的相对价格水平（以消费者价格指数 CPI 表示）和客源地与目的地的相对汇率决定。

$$V_{i,j,t} = AY_{i,t}^{\alpha1}RP_{i,j,t}^{\alpha2}e_{i,j,t} \tag{1}$$

等式（1）是对旅游需求方程的普遍描述。其中，$V_{i,j,t}$ 代表在 t 时间客源地 i 对目的地 j 的旅游需求（即游客到达人数）；$Y_{i,t}$ 代表在 t 时间客源地的实际 GDP 指数；$RP_{i,j,t}$ 代表在 t 时间目的地 j 相对于客源地 i 的旅游价格，在这里 $RP_{i,j,t} = (CPI_{j,t}/EX_{j,t})/(CPI_{i,t}/EX_{i,t})$，其中 $CPI_{j,t}$ 和 $CPI_{i,t}$ 分别是目的地 j 和客源地 i 的 CPI，$EX_{j,t}$ 和 $EX_{i,t}$ 分别是目的地 j 和客源地 i 的货币相对于美元的汇率指数。

在实际预测里，通过将所有变量都转变为自然对数形式，把等式（1）以线性方程的形式表示并进行计算。这种对数线性模型的优势在于模型经过普通最小二乘法（OLS）估计得出结果后，需求弹性可以被直接读出。经过对数转换的需求模型一般被写作如下形式：

$$\ln V_{i,j,t} = \alpha_0 + \alpha_1 \ln Y_{i,t} + \alpha_2 \ln RP_{i,j,t} + \varepsilon_{i,j,t} \quad (2)$$

其中，$\alpha_0 = \ln A$，$\varepsilon_{i,j,t} = \ln e_{i,j,t}$，系数 α_1 与 α_2 则分别代表了收入弹性和价格弹性。等式（2）描述了旅游需求与其影响因素之间的长期均衡（即协整）关系。一旦协整关系建立，计量经济学模型就能执行预测和需求弹性分析的任务。本文运用 Pesaran et al.（2001）提出的边界检验法来验证协整关系的存在。这种方法的优势在于，不论模型中的变量是何种时间序列性质（平稳或者非平稳），都不会影响协整关系的建立。此检验以估计自回归分布滞后模型下的误差修正模型（ADLM－ECM）为起点，计算如下：

$$\lambda_1 \ln V_{i,j,t-1} + \lambda_2 \ln Y_{i,t-1} + \lambda_3 \ln RP_{i,j,t-1} + \sum_{d=1}^{D} \theta_d \text{ Dummies} + u_{i,j,t} \quad (3)$$

其中，Δ 代表对变量的一阶差分（$\Delta X_t = X_t - X_{t-1}$）。此等式描述了需求变量与其决定因素之间的短期动态关系。如等式（2）所示，系数 λ 表示需求与其决定因素之间的长期关系。如果系数 λ 为零，则没有协整关系。考虑到旅游需求的季节性和社会经济事件（例如 2003 年 SARS 疫情和美国“9·11”恐怖袭击事件）的影响，一些哑变量被纳入模型中。θ_d 表示估计拟合后的响应系数。

等式（3）运用 OLS 进行估计，并依赤池信息量准则（AIC）来选择 ADLM 短期动态模型的最佳结构 m 及相应的系数 φ。得出的模型会经历一系列的诊断和检验，包括自相关检验、异方差检验、非正态分布检验、模型误设诊断、结构不稳定性诊断和外生性诊断。最终的模型确立后，则进行边界检验，即用 F 检验和 t 检验判断不存在协整关系的空假设 H_0 是否成立（H_1：至少有一个 λ 不等于零）。通过边界检验的模型便可以用于旅游需求预测，并作为原始基准预测值与情景分析所做的调整进行比较。

（二）情景分析方法

以旅游学界对以往流行病（如 SARS、H1N1 等）影响旅游需求的研究（Cooper，2005；Keogh-Brown and Smith，2008；Kuo et al.，2008；Rassy and Smith，2013）为基础，结合牛津经济研究院对世界经济和旅游业受 COVID－19 疫情影响的评估，本文选用含有三种情景的情景分析方法来调整原始预测，它们分别是乐观情景、最可能情景以及悲观情景，以此分析此次疫情对大湾区旅游业的影响程度以及旅游需求何时、以何种模式回归到预测的长期趋势上。这三种情景的划分以假设疫情影响结束的不同时间段为标准，分别为 2020 年第四季度（乐观情景）、2021 年第二季度（最可能情景）和 2021 年第四季度（悲观情景）。

对旅游需求的情景分析亦考虑目前世界各国的疫情发展现况和预期，以及针对 COVID－19 疫情采取的各类实际应对措施，包括边境封锁、旅行禁令、航班取消、旅游景点设施关闭、入境隔离等。2020 年第一季度大湾区各市的旅游人数统计（如有）也被用作调整基准预测值的参考。

四　粤港澳大湾区旅游需求预测分析结果

本部分从国内旅游人数和入境旅游人数两个方面，展示对粤港澳大湾区 11 个城市 2020～2024 年旅游需求的预测结果，以及针对 COVID－19 疫情影响做出的情景分析，以计量经济学预测模型为长期增长趋势（预测基线），衡量此次疫情对大湾区总体及各市旅游人数的负面影响程度和相应的恢复趋势。

总体而言，由于疫情发展的全球性和持续性，2020 年大湾区各市的国内外旅游需求均面临大幅下降的风险。在无危机的情况下，计量经济学模型对大湾区未来 5 年游客总数的预测呈现稳定较快增长趋势，年均增长率为 7.81%，预计到 2024 年整个大湾区的游客总数将接近 6 亿人次。在受疫情影响的乐观情景分析中，2020 年的游客总数预计为 3.08 亿人次，同比下降 25.4%；在最可能情景中，2020 年的游客总数将减少至 2.46 亿人次，同比下降 40.4%，但会在 2021 年有大幅的回升，直至 2022 年完全恢复至长期增长趋势的水平；在悲观情景中，2020 年的游客总数可能锐减到 1.95 亿人次，同比下降 52.7%。

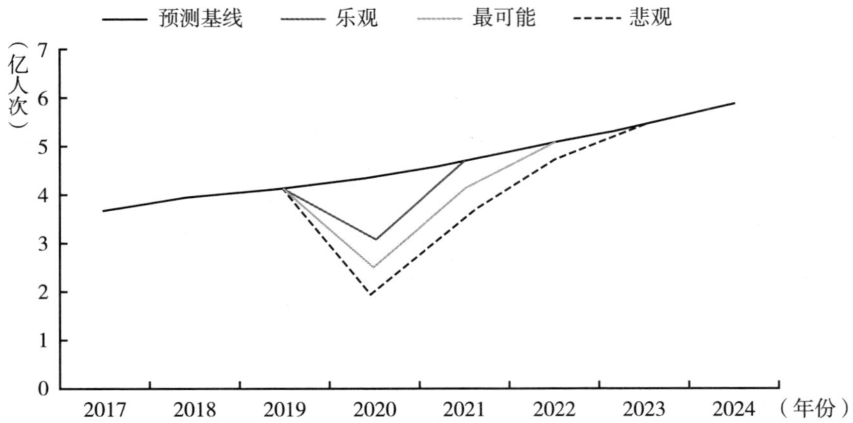

图 1　2020～2024 年大湾区游客总数预测及情景分析

从最可能情景的分析来看，大湾区各市中 2020 年国内旅游人数预期下降幅度最大的是佛山市，为 60.3%；由于该市国内游客中广东省外游客占比较高，受疫情的各类防控限制措施影响较大，因此游客数量减少得更为显著。而肇庆市国际知名度相对较低，刚性旅游需求较少，对入境游客的吸引力受危机事件影响的波动较大，预计将成为大湾区 2020 年入境旅游人数下降幅度最大的城市，达 73.7%。作为大湾区重要的外贸口岸和“世界工厂”，东莞市的差旅、商务旅游等刚性旅游需求占比高，预期受此次疫情的影响最小，国内、入境旅游人数分别同比下降 8.8% 和 23.4%。除深圳市，其余城市入境旅游人数的预期下降幅度普遍大于国内旅游人数，从侧面反映出深圳市更高的国际化水平和开放程度。

由于疫情的严重性和严格的入境管制，再加上以内地游客为主导的入境旅游市场，香港 2020 年的入境旅游人数预计将下降 62.4%，远高于澳门 37.6% 的下降预期。

与大湾区总体的趋势相同，各市的旅游需求即便可能会在 2020 年遭受非常沉重的打击，预期也将在 2021 年得到相当程度的恢复，回升潜力和动力仍然很大（见图 2 至图 21）。

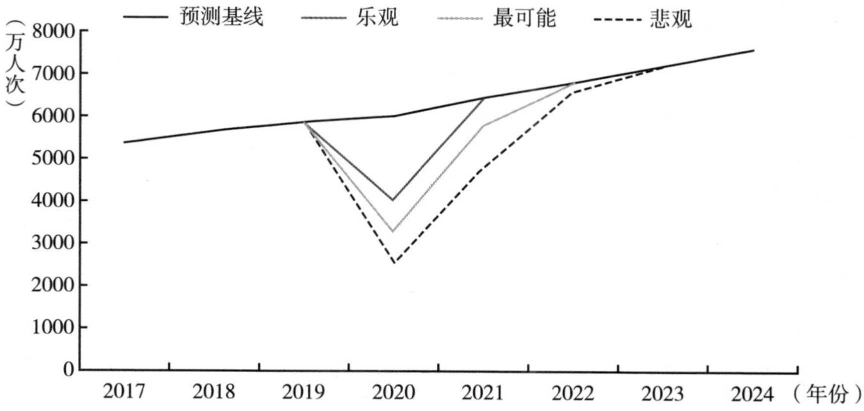

图 2　2020~2024 年广州国内旅游人数预测及情景分析

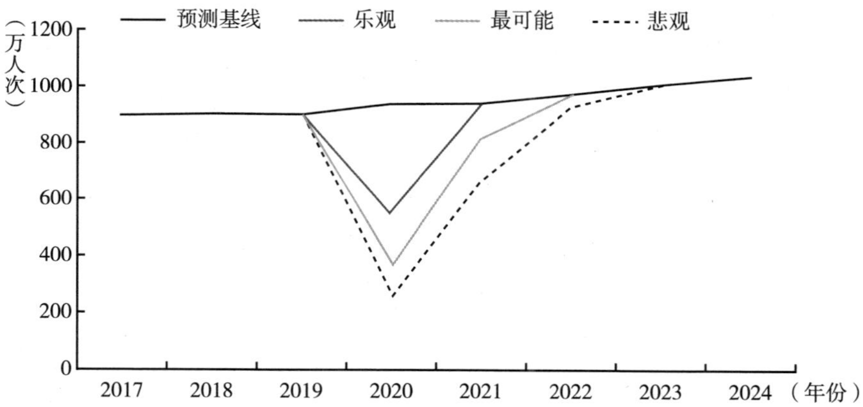

图 3　2020~2024 年广州入境旅游人数预测及情景分析

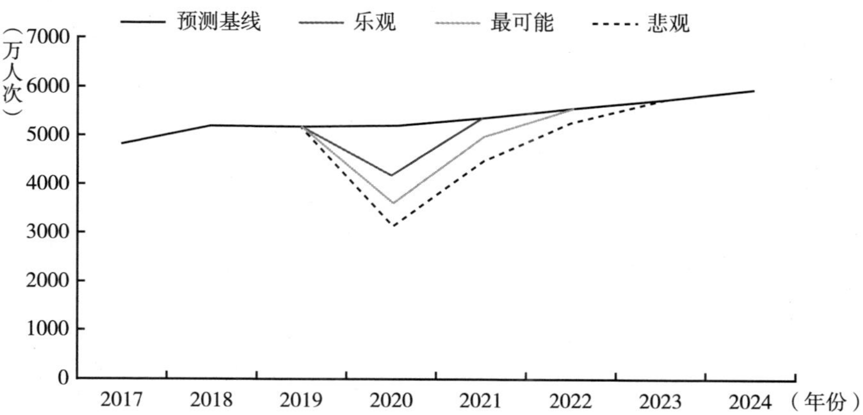

图 4　2020~2024 年深圳国内旅游人数预测及情景分析

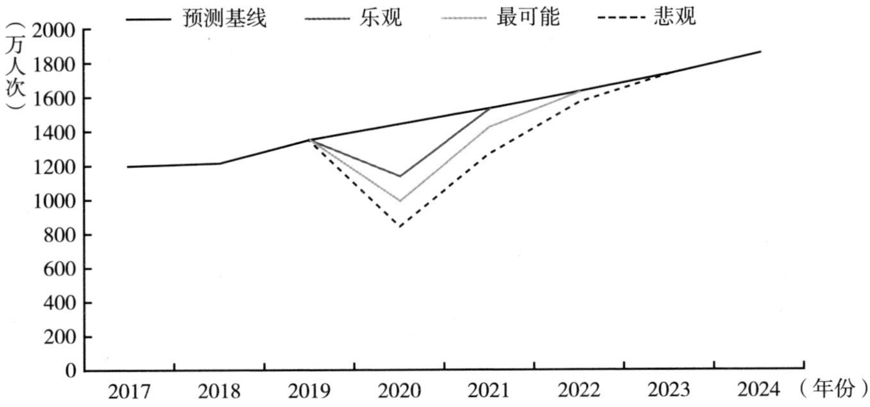

图 5　2020～2024 年深圳入境旅游人数预测及情景分析

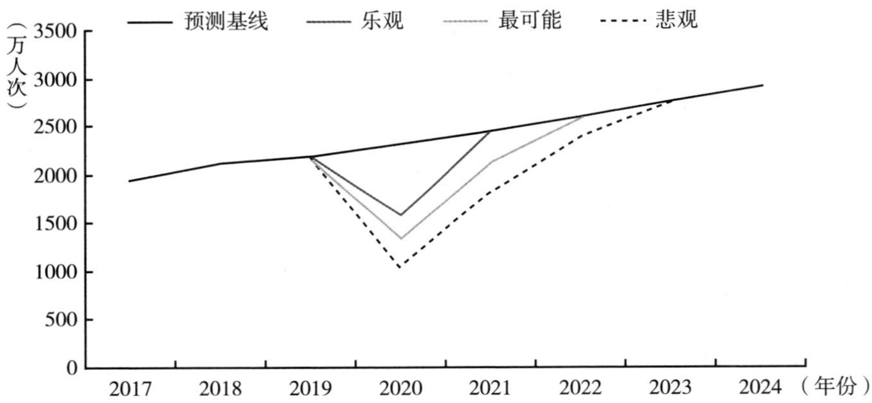

图 6　2020～2024 年珠海国内旅游人数预测及情景分析

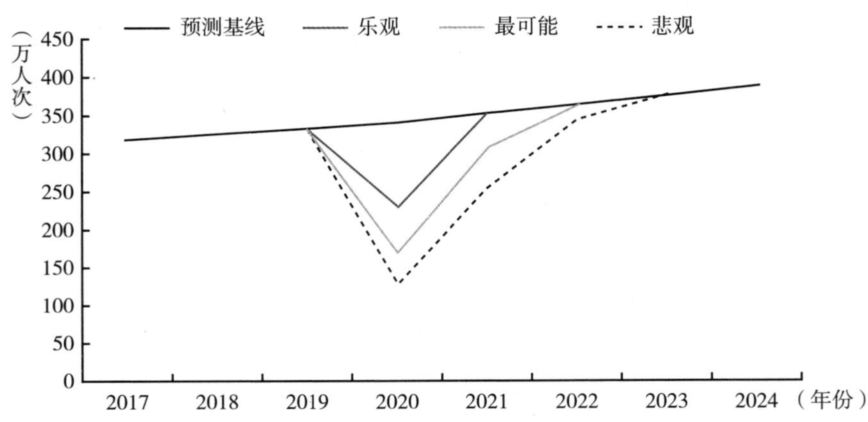

图 7　2020～2024 年珠海入境旅游人数预测及情景分析

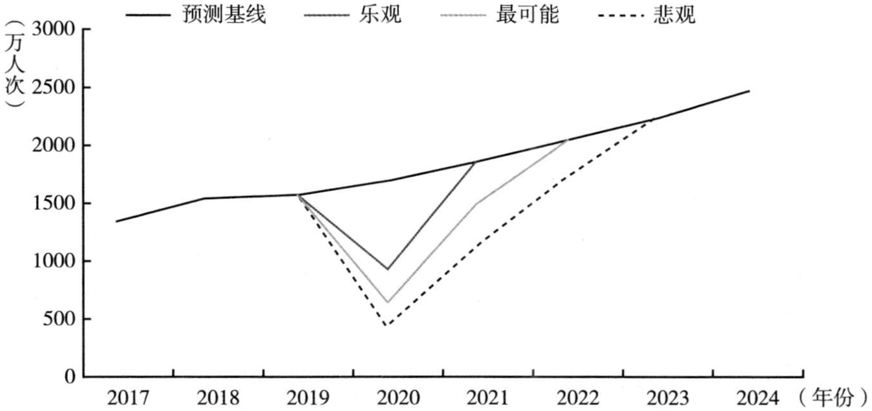

图 8　2020～2024 年佛山国内旅游人数预测及情景分析

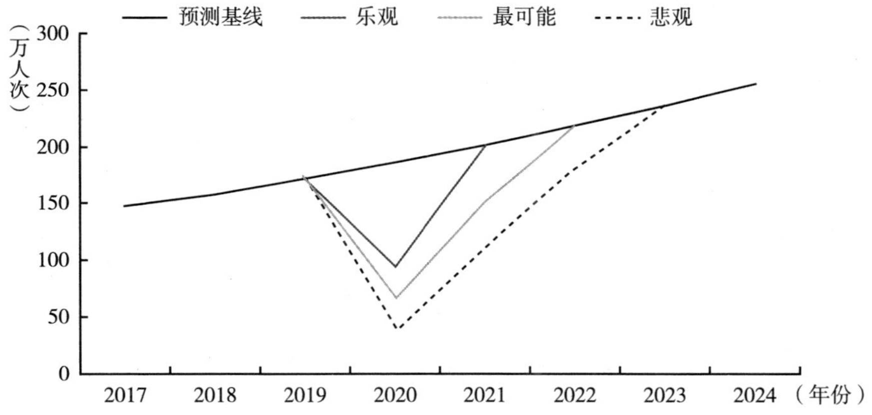

图 9　2020～2024 年佛山入境旅游人数预测及情景分析

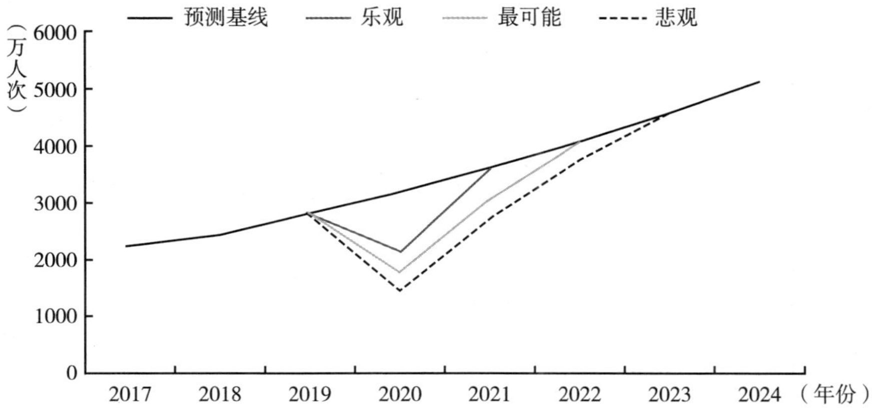

图 10　2020～2024 年惠州国内旅游人数预测及情景分析

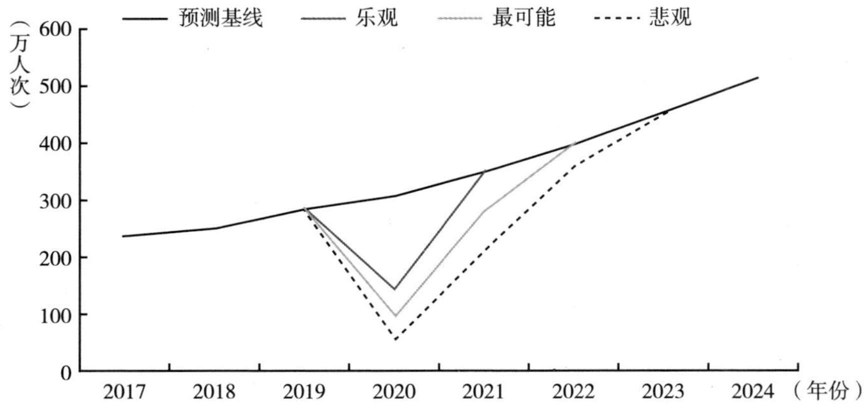

图 11　2020～2024 年惠州入境旅游人数预测及情景分析

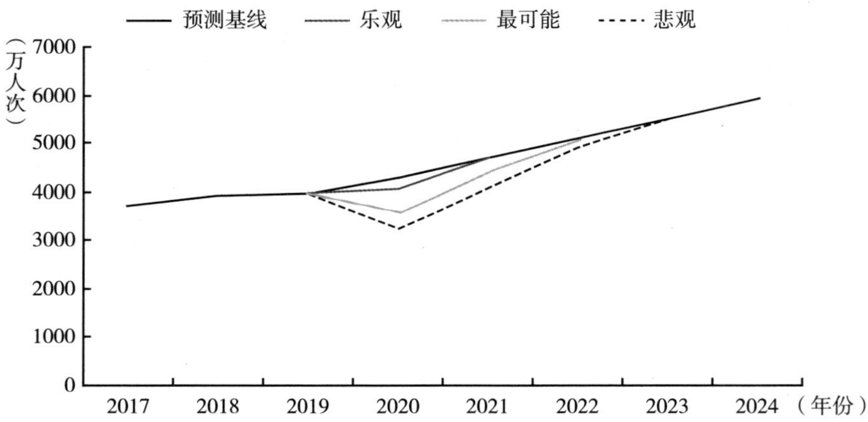

图 12　2020～2024 年东莞国内旅游人数预测及情景分析

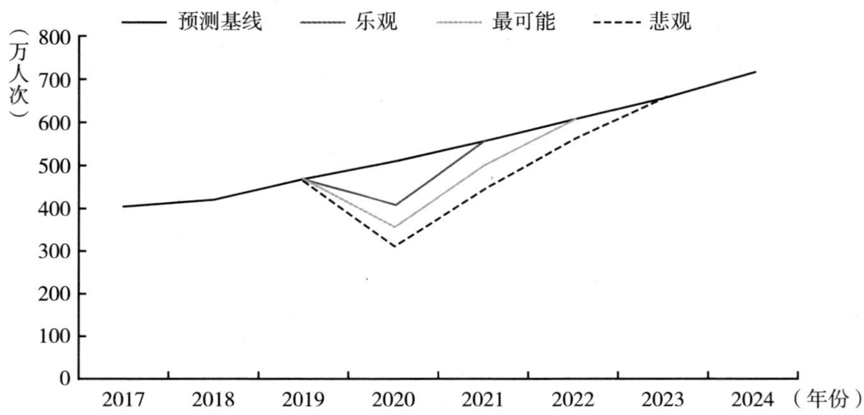

图 13　2020～2024 年东莞入境旅游人数预测及情景分析

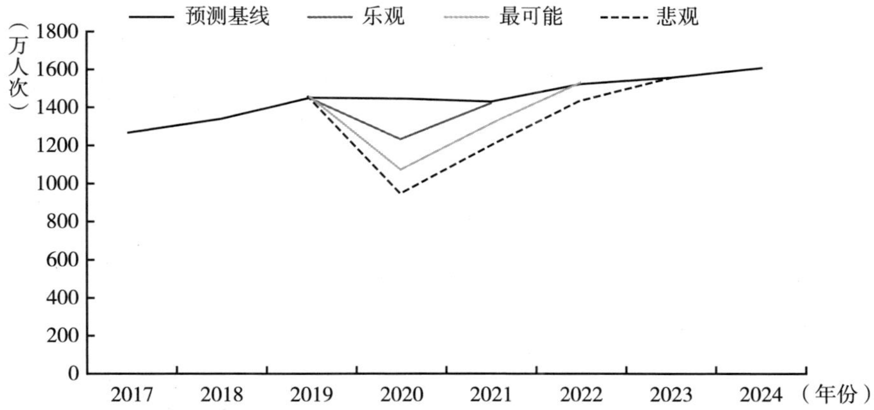

图 14　2020～2024 年中山国内旅游人数预测及情景分析

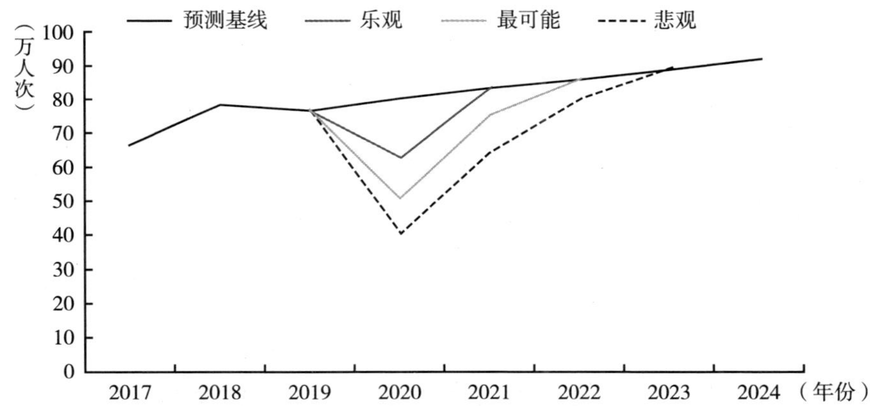

图 15　2020～2024 年中山入境旅游人数预测及情景分析

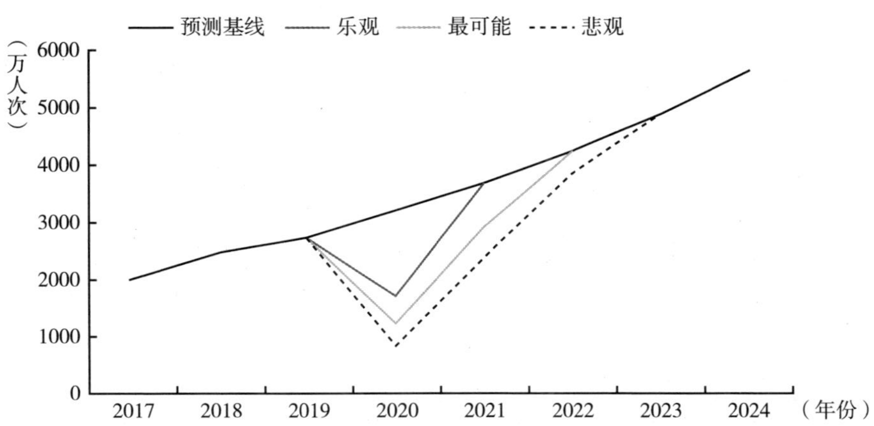

图 16　2020～2024 年江门国内旅游人数预测及情景分析

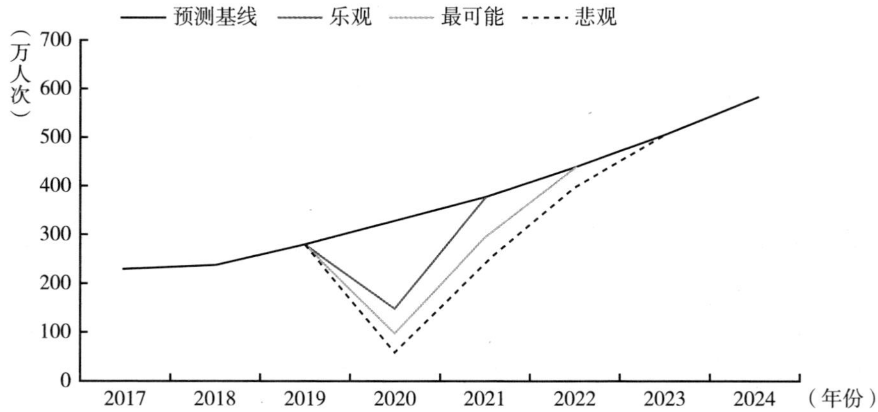

图 17　2020～2024 年江门入境旅游人数预测及情景分析

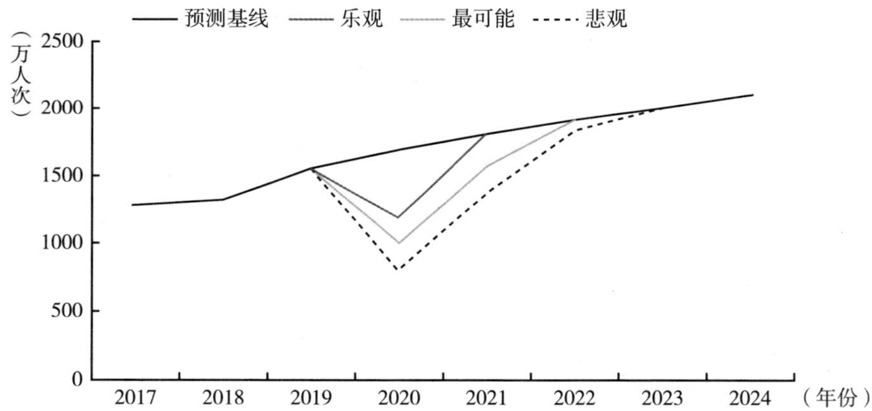

图 18　2020～2024 年肇庆国内旅游人数预测及情景分析

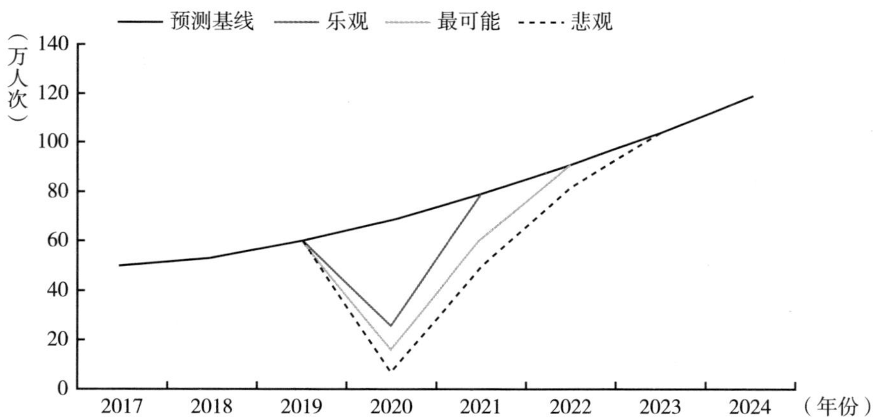

图 19　2020～2024 年肇庆入境旅游人数预测及情景分析

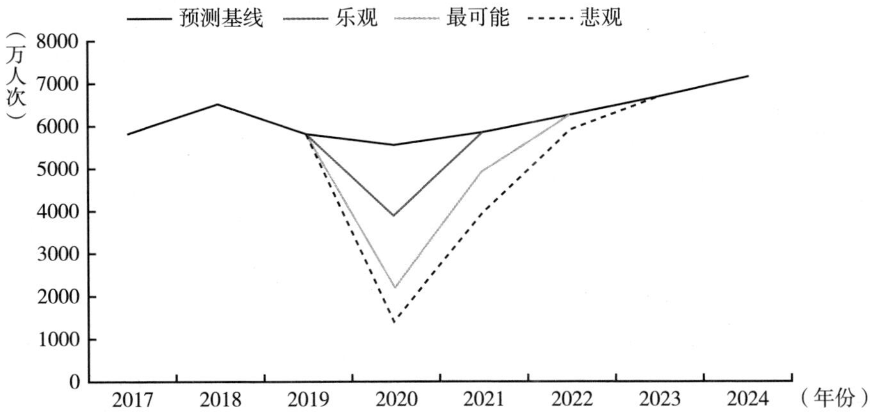

图 20　2020～2024 年香港入境旅游人数预测及情景分析

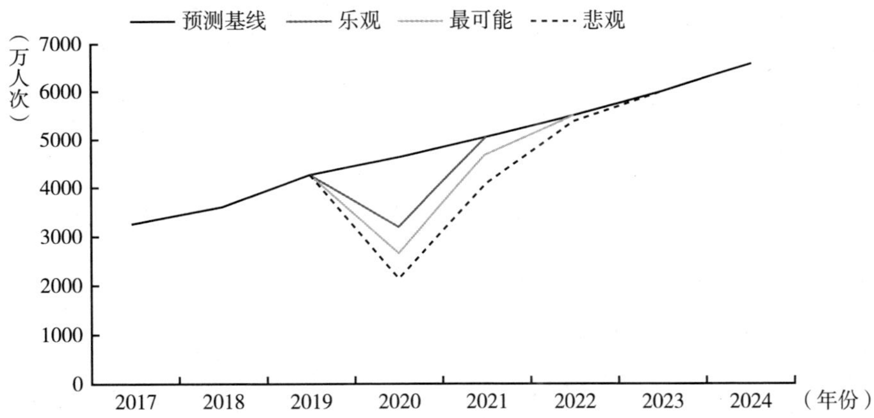

图 21　2020～2024 年澳门入境旅游人数预测及情景分析

最可能情景下的预测数据见表 1、表 2。

表 1　2020～2024 年大湾区各市国内旅游人数预测

单位：人次

	2020 年	2021 年	2022 年	2023 年	2024 年
广　州	32774209	57699507	68023917	71997105	76057251
深　圳	36372452	49696686	55586370	57334489	59460651
珠　海	13199175	21296108	25882732	27557636	29336832
佛　山	6268371	14848888	20361906	22409696	24716617

续表

	2020 年	2021 年	2022 年	2023 年	2024 年
惠　州	17798642	30571141	40531477	45474287	50769835
东　莞	36327165	44458708	50826871	54992974	59581985
中　山	10667569	13086004	15177038	15538723	16096803
江　门	12218205	29463582	42417929	48787841	56393148
肇　庆	9968347	15700362	19097763	20088353	21072911

表 2　2020～2024 年大湾区各市入境旅游人数预测

单位：人次

	2020 年	2021 年	2022 年	2023 年	2024 年
广　州	3673589	8213296	9683075	10022236	10386749
深　圳	9883998	14181043	16325203	17378551	18514222
珠　海	1706299	3077258	3632336	3758131	3893602
佛　山	645594	1502942	2168330	2348915	2541830
惠　州	955877	2818303	3993943	4533301	5149241
东　莞	3571912	5001420	6044019	6572271	7150811
中　山	504598	748548	860795	888664	916482
江　门	975595	2939166	4356705	5026889	5800679
肇　庆	157197	607268	907290	1038152	1185817
香　港	21844652	49222131	62529029	66799599	71491840
澳　门	26419316	46687710	54835406	59875993	65433771

五　本研究的结论

本文在考虑 COVID－19 疫情对旅游需求可能造成的冲击基础上，利用计量经济和情景分析方法对 2020～2024 年大湾区内广东省 9 个城市的国内旅游人数、入境旅游人数以及香港、澳门 2 个特别行政区的入境旅游人数进行预测，并分析、衡量疫情对大湾区旅游需求的负面影响程度和疫情后旅游需求的恢复走势。预测结果显示，在无危机的情况下，大湾区大部分城市的国内外旅游需求表现出强劲的长期增长态势，尤其是佛山、惠州、东莞、江门等非一线城市，同时澳门的入境旅游需求也将长期高速增长，这表明大湾区的旅游业发展潜力巨大，区域协同发展的策略将明显拉动二、三线城市旅游需求的增长；但是整个大湾区的旅游需求会由于此次疫情的广泛影响而在2020年大幅下跌，广东省9个城市入境旅游人数的跌幅普遍大于国内旅游人数的跌幅，旅游需求受各个城市及入境的防疫政策和疫情发展情况的影响显著；对SARS疫情等过往危机事件以及此次疫情下旅游需求的分析显示，旅游需求虽然在危机事件中受到冲击而锐减，但是一旦危机结束，旅游需求往往可以在短时间内快速恢复。

本文的预测和分析为政府和旅游从业人员提供了一些有价值的信息。大湾区旅游需求长期向好的增长潜力，COVID－19疫情对大湾区国内外旅游需求可能造成的不同程度的影响，以及疫情后旅游需求的恢复时间和回归走势，为当前旅游业应对疫情措施的出台、刺激旅游业恢复和长期发展策略的制定提供了实证依托和数据参照。

由于本文的计量经济模型受限于历史数据集的缺乏，样本空间较小，因此对旅游需求长期变化趋势的预测会产生一定的偏差。这一缺陷可以在未来的研究中通过延长数据样本空间来克服。

参考文献

广东省统计局，2019，《广东统计年鉴》，广东统计信息网，http：//stats. gd. gov. cn/gdtjnj。

Athanasopoulos, G., and R. J. Hyndman. 2008. "Modelling and Forecasting Australian Domestic Tourism." *Tourism Management* 29: 19－31.

Cooper, M. 2005. "Japanese Tourism and the SARS Epidemic of 2003." *Journal of Travel & Tourism Marketing* 19: 117－131.

Eugenio-Martin, J. L., M. T. Sinclair, and I. Yeoman. 2005. "Quantifying the Effects of Tourism Crises: An Application to Scotland." *Journal of Travel & Tourism Marketing* 19: 21－34.

Goh, C., and R. Law. 2002. "Modeling and Forecasting Tourism Demand for Arrivals with Stochastic Nonstationary Seasonality and Intervention." *Tourism Management* 23: 499－510.

Goodrich, J. N. 2002. "September 11, 2001 Attack on America: A Record of the Immediate Impacts and Reactions in the USA Travel and Tourism Industry." *Tourism*

Management 23: 573 – 580.

Hendry, D. F. 1995. *Dynamic Econometrics* (Oxford: University Press).

Huang, J. -H., and J. C. H. Min. 2002. "Earthquake Devastation and Recovery in Tourism: The Taiwan Case." *Tourism Management* 23: 145 – 154.

Keogh-Brown, M. R., and R. D. Smith. 2008. "The Economic Impact of SARS: How Does the Reality Match the Predictions?" *Health Policy* 88: 110 – 120.

Kuo, H.– I., C.– C. Chen, W.– C. Tseng, L.– F. Ju, and B.– W. Huang. 2008. "Assessing Impacts of SARS and Avian Flu on International Tourism Demand to Asia." *Tourism Management* 29: 917 – 928.

Lee, C. -K., T. Var, and T. W. Blaine. 1996. "Determinants of Inbound Tourist Expenditures." *Annals of Tourism Research* 23: 527 – 542.

Lim, C. 2004. "The Major Determinants of Korean Outbound Travel to Australia." *Mathematics and Computers in Simulation* 64: 477 – 485.

Lin, V. S., A. Liu, and H. Song. 2015. "Modeling and Forecasting Chinese Outbound Tourism: An Econometric Approach." *Journal of Travel and Tourism Marketing* 32: 34 – 49.

Min, J. C. H. 2005. "The Effect of the SARS Illness on Tourism in Taiwan: An Empirical Study." *International Journal of Management* 22: 497 – 506, 508.

Narayan, P. K. 2004. "Fiji's Tourism Demand: The ARDL Approach to Cointegration." *Tourism Economics* 10: 193 – 206.

Page, S., H. Song, and D. C. Wu. 2012. "Assessing the Impacts of the Global Economic Crisis and Swine Flu on Inbound Tourism Demand in the United Kingdom." *Journal of Travel Research* 51: 142 – 153.

Pesaran, M. H., Y. Shin, and R. J. Smith. 2001. "Bounds Testing Approaches to the Analysis of Level Relationships." *Journal of Applied Econometrics* 16: 289 – 326.

Pine, R., and B. McKercher. 2004. "The Impact of SARS on Hong Kong's Tourism Industry." *International Journal of Contemporary Hospitality Management* 16: 139 – 143.

Pizam, A., and A. Fleischer. 2002. "Severity Versus Frequency of Acts of Terrorism: Which Has a Larger Impact on Tourism Demand?" *Journal of Travel Research* 40: 337 – 339.

Prideaux, B., and S. F. Witt, 2000. "The Impact of the Asian Financial Crisis on Australian Tourism." *Asia Pacific Journal of Tourism Research* 5: 1 – 7.

Prideaux, B., and S. M. Kim. 1999. "Bilateral Tourism Imbalance – Is there a Cause for Concern: The Case of Australia and Korea." *Tourism Management* 20: 523 – 531.

Rassy, D., and R. D. Smith. 2013. "The Economic Impact of H1N1 on Mexico's Tourist and Pork Sectors." *Health Economics* 22:824 – 834.

Ryan, C. 1993. "Crime, Violence, Terrorism and Tourism: An Accidental or Intrinsic

Relationship?" *Tourism Management* 14: 173 – 183.

Song, H., and B. Fei. 2007. "Modelling and Forecasting International Tourist Arrivals to Mainland China." *Journal of China Tourism Research* 3: 20 – 40.

Song, H., and G. Li. 2008. "Tourism Demand Modelling and Forecasting: A Review of Recent Research." *Tourism Management* 29: 203 – 220.

Song, H., and S. F. Witt. 2003. "Tourism Forecasting: The General – to – Specific Approach." *Journal of Travel Research* 42: 65 – 74.

Song, H., and S. F. Witt. 2006. "Forecasting International Tourist Flows to Macau." *Tourism Management* 27: 214 – 224.

Song, H., and S. Lin. 2010. "Impacts of the Financial and Economic Crisis on Tourism in Asia." *Journal of Travel Research* 49: 16 – 30.

Song, H., K. K. F. Wong, and K. K. S. Chon. 2003. "Modelling and Forecasting the Demand for Hong Kong Tourism." *International Journal of Hospitality Management* 22: 435 – 451.

Song, H., S. F. Witt, and G. Li. 2003. "Modelling and Forecasting the Demand for Thai Tourism." *Tourism Economics* 9: 363 – 387.

Song, H., S. Lin, X. Zhang, and Z. Gao. 2010. "Global Financial/Economic Crisis and Tourist Arrival Forecasts for Hong Kong." *Asia Pacific Journal of Tourism Research* 15: 223 – 242.

Song, H., S. Lin, S. F. Witt, and X. Zhang. 2011. "Impact of Financial/Economic Crisis on Demand for Hotel Rooms in Hong Kong." *Tourism Management* 32: 172 – 186.

Wang, Y. S. 2009. "The Impact of Crisis Events and Macroeconomic Activity on Taiwan's International Inbound Tourism Demand." *Tourism Management* 30: 75 – 82.

Wong, K. K. F., and H. Song. 2002. *Tourism Forecasting and Marketing* (Haworth Hospitality Press).

Wu, D. C., H. Song, and S. Shen. 2017. "New Developments in Tourism and Hotel Demand Modeling and Forecasting." *International Journal of Contemporary Hospitality Management* 29: 507 – 529.

B.4
粤港澳大湾区旅游目的地游客流动特征

赵 莹　谢可可*

摘　要： 本报告基于社交媒体大数据，从游客目的地选择行为的视角对粤港澳大湾区旅游流网络进行构建与分析。结果表明：①粤港澳大湾区内的流动游客具备较明显的人口统计学特征。②粤港澳大湾区内旅游目的地的空间分布呈现六大子群竞合的网络形态，六大子群分别为广州子群、珠海子群、港澳子群、深圳子群、惠州—东莞子群和佛山—肇庆子群，子群内部表现出较为明显的竞合关系，子群间则相对独立。③粤港澳大湾区内城市间游客流动在珠江东西两岸、港澳—粤之间存在较明显的阻隔；广州市内游客流动网络形成了以广州市长隆旅游度假区、广州市广州塔景区、广州市正佳广场商贸旅游区以及广州市白云山风景名胜区为核心景区的旅游目的地流动网络，游客在流动过程中多选择后现代旅游综合体作为核心旅游目的地。

关键词： 游客流动　空间结构　空间竞合　大数据　粤港澳大湾区

一　粤港澳大湾区游客流动的战略地位

游客流动行为涉及人流、物流、信息流和资金流等众多类型，是认识一定

---

* 赵莹，中山大学旅游学院副教授，研究方向为旅游规划、旅游大数据研究、城市休闲与旅游、旅游者时空行为。谢可可，中山大学旅游学院硕士研究生，研究方向为旅游者空间行为。

空间范围内元素移动规律和区域发展格局的重要视角（钟士恩等，2010：31－36；Yang and Zhang，2019：106－119）。明确粤港澳大湾区内部游客流动特征，将有利于深入认识区域旅游空间模式，实现旅游产业协调发展（陈浩等，2011：257－266）。

2019 年 2 月，《粤港澳大湾区发展规划纲要》的印发推动了粤港澳大湾区区域内部人流、物流、信息流的交互，同时再次强调了要将粤港澳大湾区打造成世界级城市群的战略愿景。在大湾区全面建设的时间窗口，旅游业作为其经济发展的重点产业之一，其蓬勃发展将进一步助力城市群完成经济转型和区域品牌形象的提升优化（张虹鸥等，2018：1587－1596）。因此，本报告从游客视角出发，通过对大湾区内旅游目的地间游客流动特征的捕捉和分析，对区域旅游目的地空间模式和流动网络进行刻画描述，加深对大湾区旅游格局的认识，为实现旅游业健康发展提供基础，为建设世界级城市群提供合理建议。

二　粤港澳大湾区游客流动调研过程

（一）调研对象

本报告以大湾区内部的流动游客和旅游目的地为主要研究对象。游客的相关数据为社交网络数据。本报告从社交媒体大数据可利用子库（包括但不限于腾讯社交媒体）中，采集 2017 年 12 月 24 日至 2018 年 1 月 1 日大湾区内部流动游客的社交网络数据。经过清洗和处理后，数据表中的有效指标包括用户常驻城市表中的用户 ID、居住地省份、居住地城市、居住地街道以及每日用户到访 POI 数据中的 POI_ID、日期、到访时刻。旅游目的地的相关数据来源于大湾区内景区单元名录，主要参考广东省旅游局发布的《广东省 A 级旅游景区名录（截至 2017 年 9 月 8 日）》，选取大湾区广东省 9 个城市所有 3A 级及以上景区及携程网港澳地区热度前十的景区，共计 332 个景点。

（二）调研方法

1. 大数据处理与清洗

本报告所使用的大数据来源于社交网络数据库，由于其中混杂有游客和居民（刘法建等，2012：101 - 109），因此需要进行数据清洗，筛选有效样本，共包括5个步骤：①定义“游客”为常驻地在非大湾区且到访过大湾区内的景区的群体，根据用户常驻城市表将用户分为内部居民和外部非居民；②根据非居民用户的ID对应的POI数据，将到访过两个及以上景区的群体划分为游客群体，同时将有游客到访的景区集成为景区名录；③根据用户ID对应的POI到访日期对游客群体进行筛选，得到对应时间窗内大湾区的游客群体及其到访景区的记录；④根据POI到访时刻数据得到游客到访景区时第一次定位的时间和最后一次定位的时间，并分别将其作为到达景区的时间和离开景区的时间；⑤根据游客到访景区的时间顺序得到每个游客在景区间的流动过程，并以此为基础构建游客景区流动 N×N 矩阵（见图1）。

通过数据爬取、筛选与处理，本报告共获取6610087个有效流动人口ID，其中包括478673个有效流动游客样本ID，涉及144个景区，并以此数据集展开大湾区旅游流网络的构建。

2. 社会网络分析

本报告构建旅游流网络的主要分析方法为社会网络分析法，使用 Gephi 0.9.2 软件，选取节点间的流动人口数量作为流向网络结构边的权重来进行旅游流网络的构建，具体规则如下：①若游客a本次旅游的线路为A→B→C，则景区A到景区B、景区B到景区C分别存在一次流动，分别计为1；②若游客b本次旅游的线路为B→A→C，则景区B到景区A、景区A到景区C分别存在一次流动，分别计为1；③最终汇总每条边的权重得到加权网络结构，并构建 N×N 矩阵。城市间流动网络的构建规则同理。

三 粤港澳大湾区流动人口特征

（一）流动人口基本结构

本次研究选取了2018年圣诞至元旦期间到访粤港澳大湾区的全部样本。首先，97.95%的人群只在粤港澳大湾区中粤属的9个城市之间流动，0.60%只在香港内部流动，0.20%只在澳门内部流动，可见广东省仍然是粤港澳大湾区内部人口流动、沟通与交汇的主要区域。其次，粤港澳大湾区内

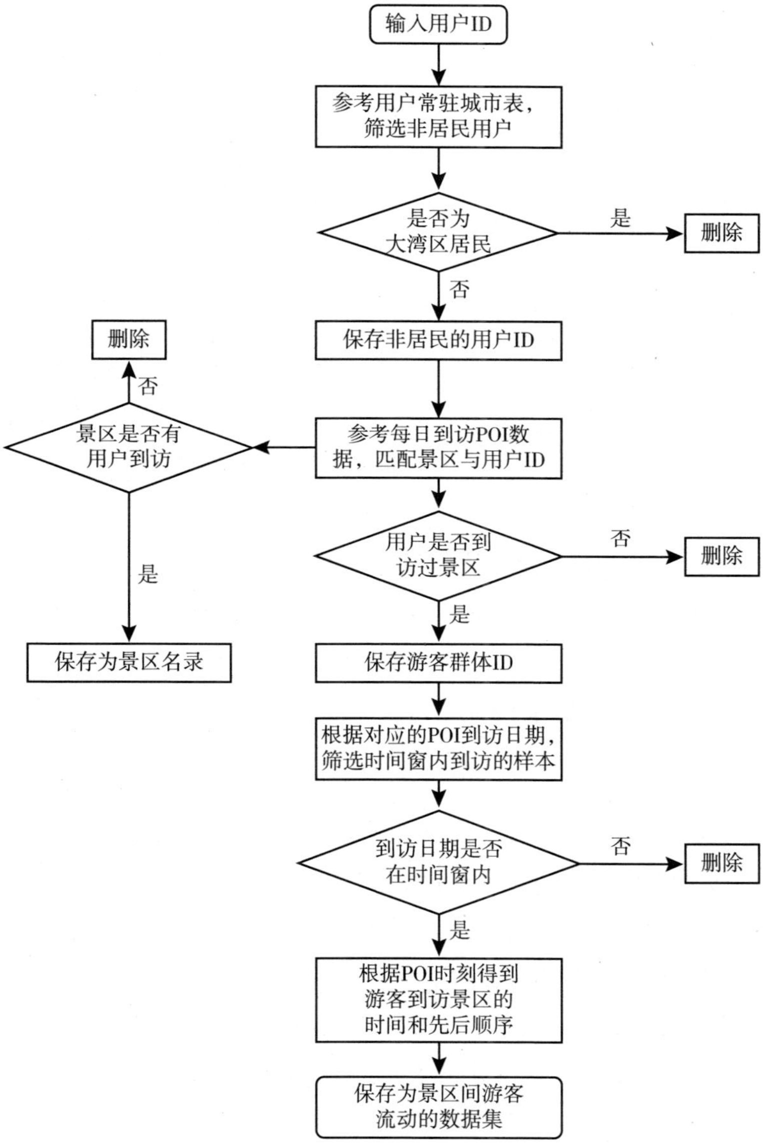

图1　社交网络数据处理的技术流程

资料来源：笔者自绘。

存在跨区域空间流动行为的人群占总体的1.25%，同时跨越粤、港、澳三地空间流动的人群仅占到总体的0.12%（见图2）。由此可见，粤港澳大湾区内部的跨区域空间流动水平还比较低，粤港澳大湾区的一体化仍然有较大的发展空间。

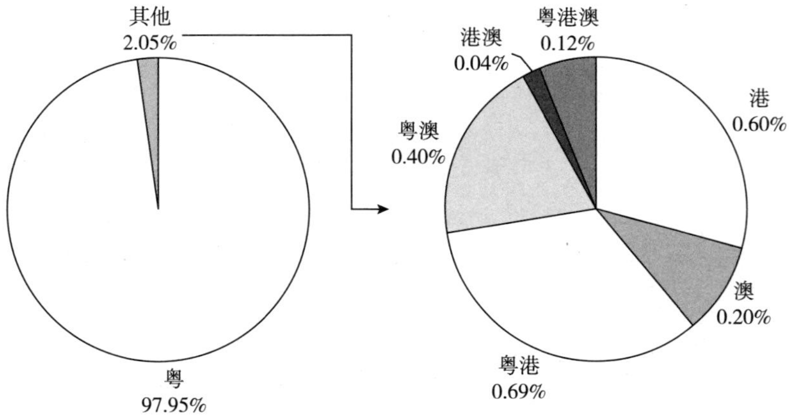

图 2　粤港澳大湾区流动人口跨区域空间流动分布

资料来源：笔者自行计算绘制，基础数据源自社交网络数据库。

（二）流动人口基本特征

1. 性别

总体来看，粤港澳大湾区内部的流动人群中，男性占比超过一半，达 52.18%，女性占比约 40%，另有 8% 左右性别未知。根据流动模式将人群划分成七种类型，并对每一类的性别比例进行比较，结果发现，粤港、港澳、粤港澳以及港四种到访模式的人群男女比例较为均衡，接近 1∶1；粤、粤澳、澳三种到访模式的人群男女比例差异很大，最高的接近 7∶4；该差异主要与有无到访过香港地区有关，因此可见香港对于女性的吸引力更大；只到访粤 9 个城市、澳的人群中，男性远远多于女性，可见男性较女性而言，对于粤、澳两地的到访意愿更强（见图 3）。

2. 年龄

在粤港澳大湾区内部的流动人群中，80 后、90 后人群成为主力军，占比分别为 37.76% 和 24.98%。只到访粤的人群中，80 后和 90 后占到总体的 72.46%，相较于其他六类人群而言更加年轻化；此外，只到访港、港澳的人

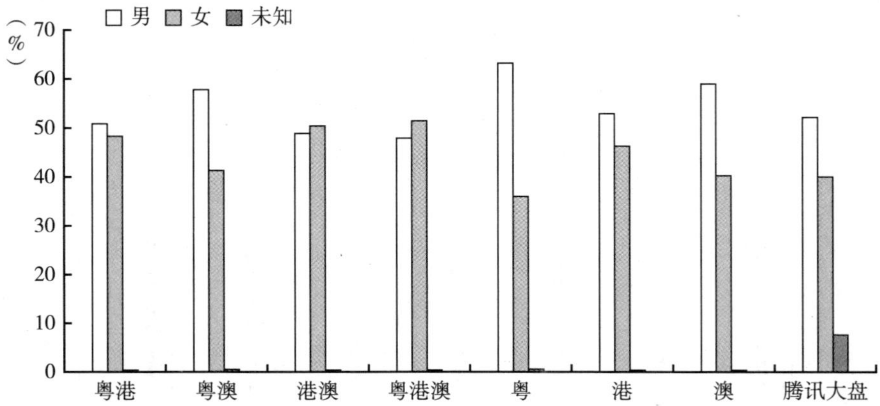

图 3　粤港澳大湾区流动人口性别分布

资料来源：笔者自行计算绘制，基础数据源自社交网络数据库。

群中，90 后人群占比也较高，这说明香港对年轻人的吸引力较强；到访澳、港澳、粤港澳的人群中，70 后的人群占比均超过 20%，这说明港澳对中年人的吸引力较强（见图 4）。

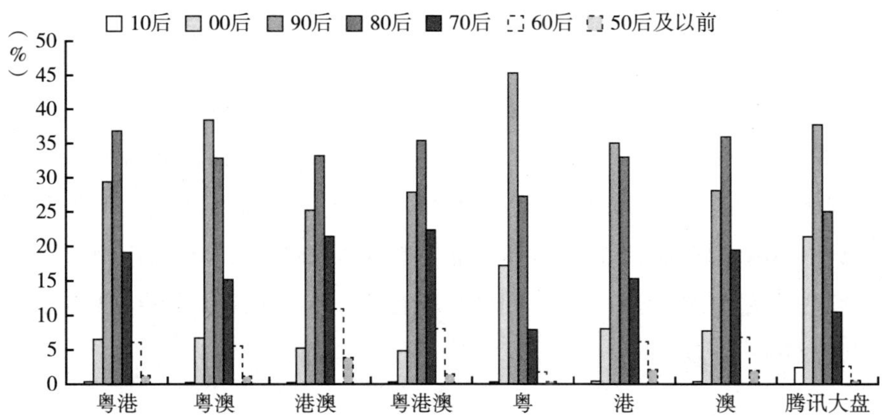

图 4　粤港澳大湾区流动人口年龄分布

资料来源：笔者自行计算绘制，基础数据源自社交网络数据库。

3. 学历

初中是粤港澳大湾区流动人群的主要学历类型，占比为 38.2%。进一步观察七类人群的学历结构，只到访粤港、粤澳、港澳、粤港澳、港、澳的六类人群的学历偏高，4 成左右的人群学历达到本科水平；而仅到访粤的人群学历以初中为主，与大盘数据结构相似（见图 5）。

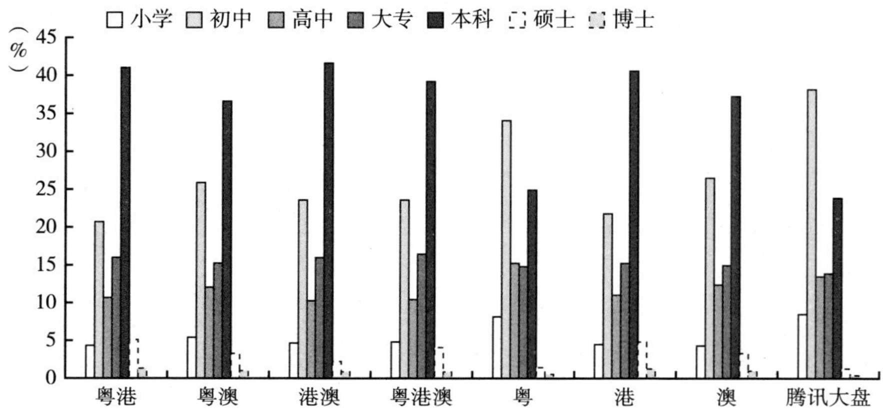

图 5　粤港澳大湾区流动人口学历分布

资料来源：笔者自行计算绘制，基础数据源自社交网络数据库。

4. 婚恋状态

单身人群为粤港澳大湾区流动的主要人群，占比达 45. 9% 。对七类人群进行对比发现，仅到访粤 9 个城市的人群婚恋状态同样以单身为主，占比达到 54. 47% ；只到访港澳地区的人群单身率最低，已婚率最高，新婚率最高。结合性别比例的信息，发现只到访粤、粤澳、澳的三类人群男女比例差异大，同时单身率很高；只到访粤港、港澳、港、粤港澳的四类人群男女比例均衡，单身率较低，从一定程度上反映了到访香港地区的人大部分以男女结伴的方式出行（见图 6）。

（三）客源结构分布

从区域尺度上来看，仅到访粤地区的人群客源地以华南地区为主，占比 35. 56% ，而另外六类人群的客源地均以华东地区为主（见图 7）。进一步分析发现，到访粤地区的人群客源省（区、市）前五分别是广东、广西、湖南、湖北、河南，其中排名前三的省（区、市）都属于华南地区；同时除只到访

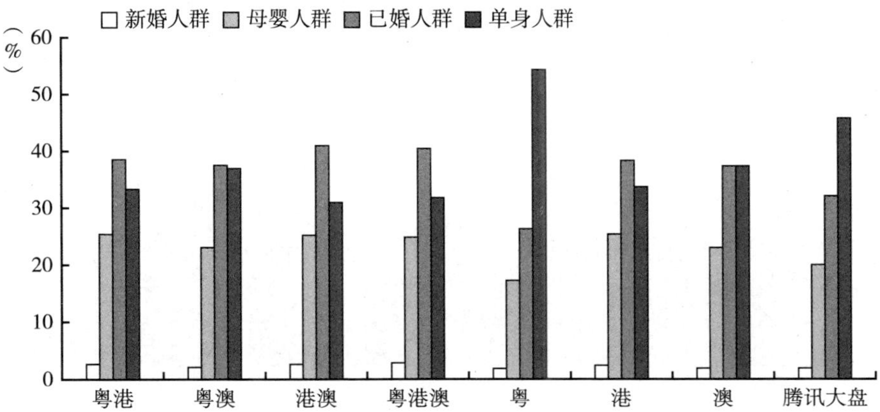

图6　粤港澳大湾区流动人口婚恋情况分布

资料来源：笔者自行计算绘制，基础数据源自社交网络数据库。

港澳和粤港澳两类人群外，其他五类人群的第一大客源省份都是广东省，这在一定程度上佐证了广东省内部流动性较强的特征。只到访港澳地区的人群前五的客源省（市）分别是江苏、山东、河南、北京、上海，从消费水平的角度来看，北京、上海、江苏、山东四个省（市）的人均可支配收入在全国均名列前茅，符合上述推论（见图8）。

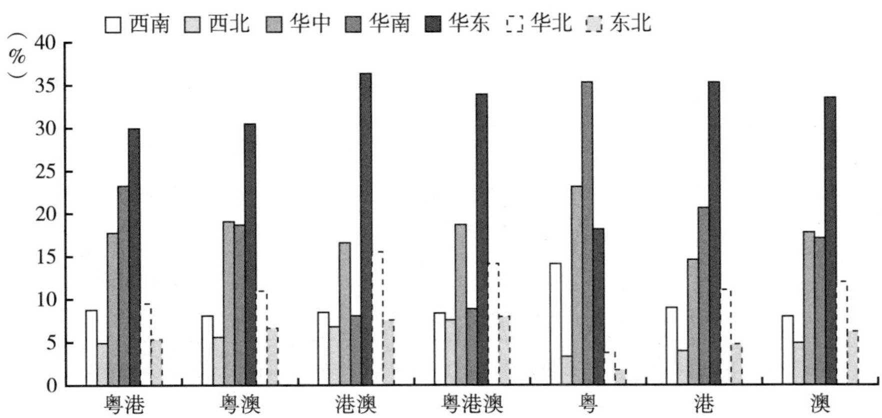

图7　粤港澳大湾区流动人口客源地分布

资料来源：笔者自行计算绘制，基础数据源自社交网络数据库。

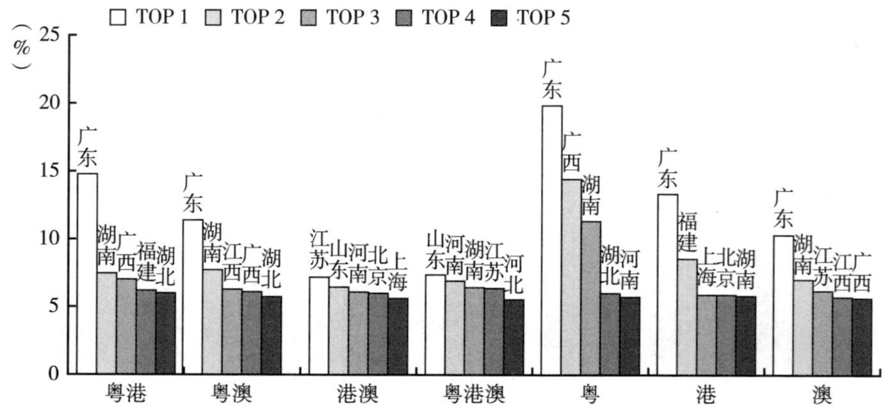

图 8　粤港澳大湾区流动人口客源省（区、市）TOP 5

资料来源：笔者自行计算绘制，基础数据源自社交网络数据库。

（四）流动人口到访景区情况

总体来说，粤港澳大湾区的流动人口中仅有少部分到访过景区，可见目前景区对区域内人口流动的影响作用仍有上升空间；从七类人群到访景区的比例来看，在一次流动中跨越的区域越多，其到访景区的比例越高，可见景区仍是人群进行跨区域大范围流动的主要动力之一。

表 1　粤港澳大湾区流动人口景区到访情况

单位：人，%

	人数	比例	到访排名前三的景区
粤	306758	4.74	广州市长隆旅游度假区、广州市白云山风景名胜区、广州市正佳广场商贸旅游区
粤港	6448	14.12	香港特别行政区尖沙咀海滨公园、香港特别行政区海洋公园、香港特别行政区迪士尼乐园
粤港澳	2998	37.09	香港特别行政区海洋公园、澳门特别行政区大三巴牌坊、香港特别行政区浅水湾
粤澳	4833	9.08	澳门特别行政区渔人码头、澳门特别行政区澳门博物馆、澳门特别行政区大三巴牌坊

续表

	人数	比例	到访排名前三的景区
港	2557	6.46	香港特别行政区尖沙咀海滨公园、香港特别行政区海洋公园、香港特别行政区迪士尼乐园
港澳	400	17.16	香港特别行政区海洋公园、香港特别行政区迪士尼乐园、香港特别行政区尖沙咀海滨公园
澳	446	3.36	澳门特别行政区渔人码头、澳门特别行政区澳门博物馆、澳门特别行政区大三巴牌坊

资料来源：笔者自行计算绘制，基础数据源自社交网络数据库。

四　粤港澳大湾区旅游目的地间游客流动特征

（一）粤港澳大湾区旅游流网络关系

使用边的权重进行随机算法，对大湾区旅游流网络进行凝聚子群分析，最终将大湾区旅游空间划分为6个凝聚子群。

第一凝聚子群是以广州市广州塔景区、广州市长隆旅游度假区为核心的广州子群，在旅游流网络中的影响力最强，旅游流辐射效应突出；第二凝聚子群是以惠州市西湖风景名胜区、东莞市松山湖景区为核心的惠州—东莞子群，节点之间的旅游流联系紧密，具有较强的旅游流辐射效应；以佛山市祖庙博物馆、肇庆市星湖风景名胜区为核心的佛山—肇庆子群，以深圳世界之窗为核心的深圳子群，以香港特别行政区海洋公园、尖沙咀海滨公园为核心的港澳子群，以珠海市长隆旅游度假区为核心的珠海子群分别位列第三至第六（见图9）。根据分析结果，进一步可解读的结论如下。

第一，粤港澳大湾区旅游目的地子群通常由1～2个城市内部的多个旅游地结成，且这些旅游地间呈现一定的地域邻近性。子群之间比较独立，游客较少进行跨子群的流动。

第二，深圳、珠海和港、澳的旅游景区并没有因为地理邻近而形成紧密的局部集群。这一方面是由于广东省与港、澳间的旅游流动表现出很强的行政藩篱效应；另一方面，港、澳地区与内地之间存在一定的社会文化和生活习惯差异，这也影响了游客的流动。

第三，对子群内部景点空间结构进行分析发现，每个子群通常是由 1 ~2 个核心景点和一系列影响力较小、空间邻近的景区集聚形成。凝聚子群内部的旅游流大多表现出围绕核心景点的距离衰减规律，这是由于核心景点具备极强的旅游吸引力，游客会在参观核心景点的基础上，对其周边景区进行附带游览。

第四，整体上来看，凝聚子群内部地域邻近的核心景点和次核心景点通常拥有服务功能上的互补性，表现出强合作、弱竞争的态势；而少数旅游综合体型的核心景区较为特殊，通常会在一定范围内抑制次级核心景点的出现和发展，表现出强竞争态势。

第五，围绕核心景点进行合理的次级核心景点的设计与规划，能够平衡凝聚子群内部的竞合关系，增强子群的旅游吸引力。

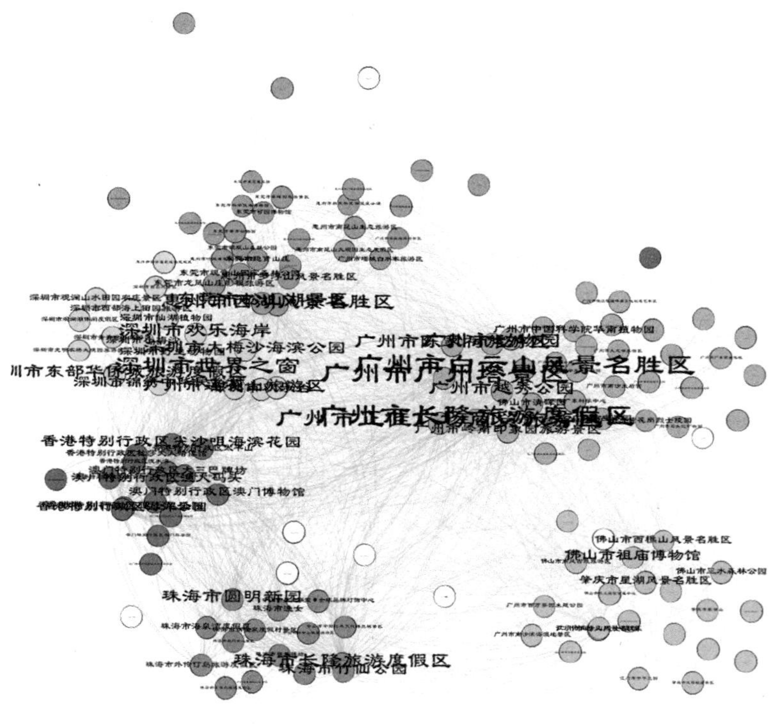

图 9　粤港澳大湾区旅游景区间流动网络的凝聚子群图

资料来源：笔者自行计算绘制，基础数据源自社交网络数据库。

（二）粤港澳大湾区旅游节点特征

本报告对旅游流网络中的节点选用特征向量中心性、加权点度中心性、接近中心性和中介中心性四个指标进行分析。结果显示，广州市广州塔景区、广州市长隆旅游度假区、广州市白云山风景名胜区、深圳世界之窗以及广州市正佳广场商贸旅游区的特征向量中心性和加权点度中心性在整个网络中位于前列，具有很大的影响力，能够对周边景区形成一定的带动效应。广州市长隆旅游度假区、广州市白云山风景名胜区、广州市广州塔景区、广州市正佳广场商贸旅游区以及深圳世界之窗这五个景区的接近中心性也是最高的，代表从这五个景区到达其他景区的速度更快。广州市动物园代替深圳世界之窗跻身前五后的五个景区在局部网络中充当流动桥梁的作用，是局部旅游线路的关键节点。

综合分析可得，在整个粤港澳大湾区景区流动网络中，广州市白云山风景名胜区、广州市广州塔景区、广州市长隆旅游度假区、广州市正佳广场商贸旅游区以及深圳世界之窗五个景区是重要性、影响力和辐射力最强的核心节点；广州市五大景区在大湾区游客流动过程中扮演着门户和集散中心的角色；惠州市西湖风景名胜区、东莞市松山湖景区、珠海市长隆旅游度假区、香港特别行政区海洋公园等景点分别在各局部网络中有较强的影响力，起到连接作用，是子群中的重要旅游节点和次集散中心。

表 2　粤港澳大湾区旅游流网络节点中心性指标最大的 10 个景区

排名	景区	特征向量中心性	加权点度中心性	景区	接近中心性	景区	中介中心性
1	广州市广州塔景区	1	6546	广州市长隆旅游度假区	0. 735955	广州市白云山风景名胜区	1910. 909291
2	广州市长隆旅游度假区	0. 990876	5340	广州市白云山风景名胜区	0. 723757	广州市长隆旅游度假区	1405. 339475
3	广州市白云山风景名胜区	0. 94744	3651	广州市广州塔景区	0. 708108	广州市广州塔景区	1286. 888026
4	深圳世界之窗	0. 93483	4769	广州市正佳广场商贸旅游区	0. 661616	广州市正佳广场商贸旅游区	1192. 142677

续表

排名	景区	特征向量中心性	加权点度中心性	景区	接近中心性	景区	中介中心性
5	广州市正佳广场商贸旅游区	0.918985	4517	深圳世界之窗	0.655	广州市动物园	827.29449

资料来源：笔者自行计算绘制，基础数据源自社交网络数据库。

五　粤港澳大湾区城市间游客流动特征

将此前获得的景区尺度的客源按照城市汇总，构建城市之间有向的流动矩阵，并使用 Gephi 软件进行可视化处理，分析湾区 11 个城市间游客流动的情况。结果如图 10 所示，边的粗细代表两个城市之间双向流动游客总量的多少。

（一）强流动特征分析

从总体上来看，整个网络旅游流动紧密的城市通常属于同个或相邻的凝聚子群，极少有跨越两个以上子群的，该结果也佐证了子群间相对独立、以竞争为主的关系形态。深入观察可见，在大湾区城市间旅游流网络中，深圳—东莞、广州—佛山城市之间的旅游流动最强，分别构成了珠江东岸和西岸旅游流空间格局的主体。这主要是由于两对城市在地理位置上较为邻近，旅游流动所依赖的交通基础设施也相对完备，有效促进了城市间的合作交流。

（二）弱流动特征分析

一方面，跨越珠江的旅游流动较弱，在珠江东西岸不相邻的城市之间存在明显的地理阻隔；另一方面，深圳—香港、珠海—澳门之间的游客流动较弱，没有因为地理优势而形成深港子群、珠澳子群，这主要是由于政治政策、制度管理等要素共同造成了粤—港—澳流动过程中存在边界阻隔，促进了三地之间弱合作、强竞争态势的形成。

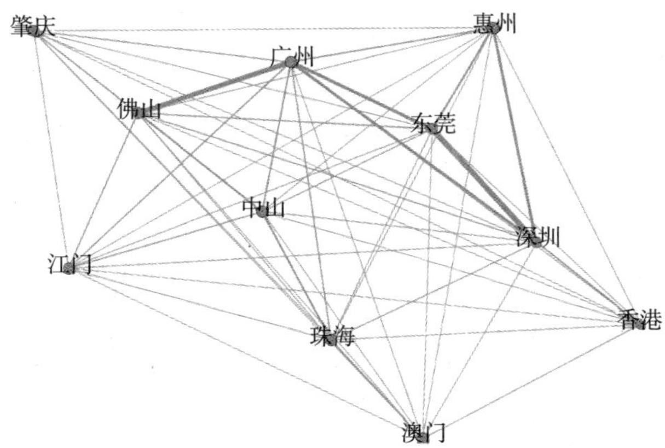

图 10　粤港澳大湾区城市间旅游流动网络

资料来源：笔者自行计算绘制，基础数据源自社交网络数据库。

六　粤港澳大湾区旅游流网络的空间结构

本报告在粤港澳大湾区游客流动特征分析中发现，湾区旅游流网络空间结构呈现广州子群、珠海子群、港澳子群、深圳子群、惠州—东莞子群、佛山—肇庆子群六大子群形态，城市级目的地仍是旅游流的基本空间；广州市广州塔景区、广州市长隆旅游度假区、广州市白云山风景名胜区、广州市正佳广场商贸旅游区和深圳世界之窗在旅游流网络中占据核心位置。大湾区内子群的集成表现出较明显的近邻效应，但深圳、珠海和港、澳的景区之间由于政治和文化因素的影响，没有建立起强流动关系；子群间的旅游流动较弱，整体上表现出强竞争、弱合作的关系，邻近子群间合作关系稍强，竞争关系稍弱。子群内部通常以少数知名景区为核心，带动一系列规模小、知名度低的其他景区协同发展；这种带动作用使子群内部景区表现出弱竞争、强合作的关系，其中合作关系较多地体现在功能互补的旅游地间，同类型景区间可能会存在一定的竞争；子群内部景区资源的多样性会提高子群在整个网络中的占比，形成影响范围更大、竞争力更强的集群。

在城市间游客流动分析中发现，深圳—东莞、广州—佛山两组强合作城市分别构成了珠江东、西侧的游客流动格局的主体；跨珠江旅游流动强度较小，珠江东、西两岸的城市间存在明显的地理阻隔，表现出强竞争、弱合作的关系；粤、港、澳之间存在较明显的边界阻隔，三地间同样表现出强竞争、弱合作的发展状态。整体上来看，大湾区内部城市间的强旅游流动绝大多数存在于子群内部或邻近子群间，跨城市的景区间旅游流动均存在不同程度的阻隔。

目前，大湾区旅游空间结构在子群间、城市间仍呈现强竞争、弱合作的形态，游客流动障碍由地理隔离、行政藩篱效应、社会文化等多种要素造成。港珠澳大桥、南沙大桥、深中通道等克服地理阻隔的基础设施建成，可能会部分改变这一流动特征。同时，城市内部景区之间的积极发展合作、跨子群的景区联动等手段也能够进一步加强跨越城市的旅游合作，提高粤港澳大湾区整体吸引力和竞争力。

参考文献

陈浩、陆林、郑嬗婷，2011，《基于旅游流的城市群旅游地旅游空间网络结构分析——以珠江三角洲城市群为例》，《地理学报》第2期。

刘法建、张捷、章锦河、陈冬冬、钟士恩、张宏磊、刘泽华，2012，《旅游流空间数据获取的基本方法分析——国内外研究综述及比较》，《旅游学刊》第6期。

张虹鸥、王洋、叶玉瑶、金利霞、黄耿志，2018，《粤港澳区域联动发展的关键科学问题与重点议题》，《地理科学进展》第12期。

钟士恩、张捷、韩国圣、王岚、张宏磊，2010，《旅游流空间模式基本理论：问题分析及其展望》，《人文地理》第2期。

Yang, Y., H. Zhang. 2019. "Spatial - temporal Forecasting of Tourism Demand." *Annals of Tourism Research* 75:106 - 119.

产品共建篇

Product Co-creation

B.5
粤港澳大湾区会展旅游业发展报告

罗秋菊*

摘　要： 本文首先梳理了粤港澳大湾区"9+2"城市会展业的发展状况，从展会数量、展会总面积、展会平均面积、规模以上展会数量、展会题材、展馆数量和面积、国际展览业协会认证的会员数量和展会数量这八个指标对大湾区城市群的会展业竞争格局进行研判。接着分析了绿色会展旅游在粤港澳大湾区发展的现状、市场背景和未来趋势，并通过广交会的案例详细回顾绿色会展旅游在大湾区发展的历史沿革。最后对大湾区主要城市会展业的发展地位进行总结，分析其机遇与挑战，指出三地合作面临的阻碍，进而全面预测大湾区会展旅游发展趋势。研究发现，粤港澳大湾区"9+2"城市群

* 罗秋菊，中山大学旅游学院副院长，教授，博士，研究方向为展览、会议、大型事件、会展旅游。

呈现以香港、广州为第一梯队，以深圳、东莞、澳门为第二梯队，以珠海、中山、佛山为第三梯队，以惠州、江门、肇庆为第四梯队的金字塔形发展结构。绿色会展在大湾区已经进入成长期，以广交会为代表的一系列展会正在加紧实施绿色会展举措，节约办展资源，改善参展体验。未来随着粤港澳三地基础设施的完善、交通物流的改善和合作的深入，大湾区的会展旅游业将呈现国际化、特色化和数字化的发展趋势，将全面提升效率和效益，进入一个全新发展时期。

关键词： 会展旅游　绿色会展　广交会

一　会展旅游

会展旅游是“借助举办国际会议、研讨会、论坛等会务活动以及各种展览而开展的一种商务旅游形式”，也是将会展业与旅游业有机结合的一种新的都市旅游形式（王保伦，2004：1－10）。尽管会展业和旅游业隶属不同产业部门，但二者之间相互依存、相互促进。一方面，会展活动引发的大量商务游客的异地流动，会带动餐饮、住宿、交通、游览、娱乐和购物等旅游产品的消费，促进旅游业的快速发展；另一方面，一个城市成熟的旅游配套设施是会展活动选址的重大依据之一，配套设施完善的城市往往能吸引更多会展活动落地，推动会展业的发展。

随着经济的增长、国民生活水平的提升，中国旅游市场逐渐细分，旅游形式也向多元化方向发展。会展旅游作为结合会展业和旅游业的高端商务旅游形式，可以有效整合会展商务资源和旅游资源，通过会展活动的集聚效应，推动城市经济发展。会展旅游是旅游业走向高端定制化的体现，是新时期旅游重点发展的方向之一，具有重大的社会经济价值，已经成为国民经济新的增长点。

《粤港澳大湾区发展规划纲要》对会展的定位为构建现代服务体系的重点

专业服务领域之一。该规划纲要指出，要“聚焦服务业重点领域和发展短板，促进商务服务、流通服务等生产性服务业向专业化和价值链高端延伸发展，健康服务、家庭服务等生活性服务业向精细和高品质转变，以航运物流、旅游服务、文化创意、人力资源服务、会议展览及其他专业服务等为重点，构建错位发展、优势互补、协作配套的现代服务业体系”，同时要“巩固提升香港作为国际高端会议展览及采购中心的地位，支持澳门培育一批具有国际影响力的会议展览品牌”。《粤港澳大湾区发展规划纲要》对会展业的重视，将为大湾区发展会展旅游提供坚实的制度保障和政策支持，并大力促进会展业在珠三角区域的健康快速发展。

二 研究方法和数据来源

（一）主要研究方法

第一，文献研究法。本研究报告主要采用查阅既有文献的方法，目的在于梳理粤港澳大湾区会展业和旅游业发展的历史脉络，以及各主要城市会展业和旅游业的发展历史和现状，重点在于全面揭示粤港澳大湾区“9+2”城市会展业和旅游业所面临的主要问题，并在此基础上借助文献调研，系统归纳解决策略，为行政决策提供参考依据。

第二，案例分析法。本研究报告对广交会这一绿色会展发展的典范采用案例分析法。这一分析法主要基于案例深描的方式，全面系统地梳理案例的发展历程，全面分析案例取得的成绩，并在此基础上，全面系统地分析案例推广的可能性，并以广交会绿色会展案例为典范，推动粤港澳大湾区内其他项目积极采纳绿色发展经验，助推大湾区“9+2”城市群会展业高质量发展。

（二）数据来源

第一，年鉴数据。为了提高信度和效度，本报告数据均来源于公开发表的年鉴，主要包括各城市年鉴、广东年鉴等。所有数据均经过仔细核对，以确保本报告数据的可靠性和研究结论的准确性。

第二，广交会官方网站。绿色会展是广交会的核心竞争力，也是广交会历年发展的重要成果。本报告广交会绿色会展案例部分的数据全部来源于广交会官方网站，主要以广交会官方发表的资料为基准。

第三，全国各级会展行业协会及主要门户网站。会展行业专业性较强，部分指标存在统计的特殊性。为了保证数据的可靠性，本报告所引证的会展行业统计指标均来源于全国各地市会展行业协会官方的统计报表、统计报告等。

三　粤港澳大湾区会展旅游发展现状

（一）总体规模和特点

21 世纪以来，会展旅游在广东珠三角地区逐渐兴起。首先，以广交会、高交会、香港国际展销会、珠海航展等知名会展为首的一年四季的会展活动吸引了众多商务游客，为粤港澳大湾区的会展旅游打下了坚实的市场基础。其次，完善的会展配套服务和举办地政府对会展业的高位推动也为大湾区会展旅游的发展提供了良好的环境。例如，2002 年成立的广州交易会国际旅行社有限公司，整合了出入境旅游业务和会展商务业务，推出各类商务旅游和会展旅游项目，为广交会展商、客商提供相关服务和便利。深圳兴建了各类会展场馆，珠海也将城市定位为“国际旅游度假会议会展城”。稳固的市场、完善的配套设施和政府的支持使会展和会展旅游业成为大湾区国民经济的新亮点。

作为热门的会展目的地，近年来粤港澳大湾区会展业呈现两大趋势。第一，会展展馆建设迅猛。据不完全统计，截至 2019 年底，粤港澳大湾区共有展馆 30 余个，其中广州和深圳各 5 个，佛山、中山、东莞和澳门各 4 个，香港 3 个；室内可租用面积超过 156.3 万平方米，在硬件设施方面为会展旅游的发展提供了良好先决条件。第二，会展项目增长迅速。2019 年，华南地区展会面积为 2520 万平方米，占全国办展面积的 19.5%；大湾区共举办展会 675 场，其中，广东省共举办展会 479 场，占全国展会总数量的 12.6%，同比下降 5.1%（中国国际贸易促进委员会，2020）；从城市来看，广州和深圳年办展数量超过 100 场，是大湾区会展业的“双箭头”；香港和澳门年展会数量为50～100 场，位列第二集团（见表 1）；中山、东莞、珠海、佛山、惠州年办展数量为 20～30 场，处于第三集团。2019 年，广东省举办展会总面积为 2332.9 万平方米，占全国展会总面积的 18.0%；广州市举办展会总面积为1501.6万平方米，同比上升13.1%，吸引参展参会人数3126.14万人次以上（中国国际贸易促进委员会，2020），为相关产业贡献经济收益超过400亿元。总体来看，粤港澳大湾区的会展业在过去几年稳步发展，展会数量和质量齐头并进。

表1　2019年粤港澳大湾区主要城市展会和国际会议项目发展趋势

城　市	展会数量	国际会议数量
广　州	260	22
深　圳	124	91
香　港	80	100
澳　门	58	55

资料来源：各城市会展业行业协会、展馆官网及展会资讯网。

（二）空间格局分析

以下从展会数量、展会面积、展会平均面积、规模以上展会数量和面积、展会题材、展馆数量和面积、国际展览业协会（UFI）认证的会员数和UFI认证的展会数这八个指标具体分析大湾区城市群的会展业发展状况和大湾区内城市的空间格局。

1. 广州展会数量遥遥领先，领跑大湾区

一个城市所举办展会的数量能在一定程度上反映该城市会展业发展状况。据不完全统计，大湾区“9+2”城市在2018年共举办展会787场，2019年共举办展会675场（见表2）。其中广州分别以277场和260场成为这两年举办展会数量最多的城市，遥遥领先于其他城市，分别占这两年大湾区展会总数的35.20%和38.52%；深圳分别以146场和124场占据第二；香港位列第三，其他城市这两年展会数量均在100场以下。

从展会数量上可以看出，不同城市之间会展业发展差距明显，城市之间存在较大极差，如排序相邻的深圳与广州展会数量差距较大，香港与深圳展会数量差距也较大。整体上看，大湾区基本呈现广州领跑的会展格局。

表2　2018～2019年粤港澳大湾区"9+2"城市举办展会数量

单位：场

排序（按2019年数据）	城　市	2018年展会数量	2019年展会数量
1	广　州	277	260
2	深　圳	146	124
3	香　港	138	80
4	澳　门	60	58
5	中　山	33	34
6	东　莞	37	23
7	珠　海	27	23
8	佛　山	23	23
9	惠　州	22	21
10	江　门	12	17
11	肇　庆	12	12

资料来源：各城市会展业行业协会、展馆官网及展会资讯网。

2. 广州展会面积持续领先，优势明显

展会面积是由展会数量与单个展会面积共同决定的综合指标，在对城市会展业发展状况进行判断上更具有说服力。据不完全统计，大湾区"9+2"城市在2018年展会总面积超过2909.15万平方米，2019年展会总面积超过2843.82万平方米，各城市2018年和2019年展会面积如表3所示。广州分别以1328.10万平方米和1501.60万平方米成为这两年大湾区城市之中展会面积最大的城市，深圳以553.60万平方米和509.80万平方米占据第二，中山、东莞紧随其后；佛山和香港的展会面积在2019年也接近100万平方米。

从展会面积上看，大湾区城市间的差距明显，特别是广州与其他城市相比，在展会总面积上存在较大优势，大湾区整体上呈现广州领跑的局面（见表3）。

表3　2018～2019年粤港澳大湾区"9+2"城市展会面积

单位：万平方米

排序（按2019年数据）	城　市	2018年展会面积	2019年展会面积
1	广　州	1328.10	1501.60
2	深　圳	553.60	509.80

续表

排序（按2019年数据）	城　市	2018年展会面积	2019年展会面积
3	中　山	313.60	340.03
4	东　莞	407.92	240.28
5	佛　山	141.04	91.33
6	香　港	70.32	81.83
7	澳　门	34.73	36.96
8	珠　海	39.84	28.79
9	江　门	>8.00	>7.50
10	惠　州	>10.00	>5.70
11	肇　庆	>2.00	—

注：部分城市如肇庆等无法搜索到相关数据，作为缺失值处理。
资料来源：各城市会展业行业协会、展馆官网及展会资讯网。

3. 得益于大型品牌展会，东莞、中山展会平均面积基本持平，凸显优势

一个城市的展会平均面积与城市展会数量和展会总面积相关，即展会总面积与展会数量之比。展会平均面积能够反映出该城市展会的影响力、辐射力等。大湾区“9+2”城市2018年和2019年展会平均面积如表4所示。其中，东莞展会平均面积分别达11.02万平方米和10.45万平方米，是大湾区城市之中展会平均面积最大的城市；中山以9.50万平方米和10.00万平方米的数据紧随其后。2019年，广州、深圳、佛山展会平均面积均达到3万平方米以上，珠海和香港展会平均面积达到1万平方米以上。

2019年，从展会平均面积上看，由于拥有大型品牌展会，东莞、中山、广州的平均展会面积均超过5万平方米，与其他城市相比优势明显。

表4　2018~2019年粤港澳大湾区“9+2”城市展会平均面积

单位：万平方米

排序（按2019年数据）	城　市	2018年展会平均面积	2019年展会平均面积
1	东　莞	11.02	10.45
2	中　山	9.50	10.00
3	广　州	4.79	5.78

续表

排序（按 2019 年数据）	城　市	2018 年展会平均面积	2019 年展会平均面积
4	深　圳	3. 79	4. 11
5	佛　山	6. 13	3. 97
6	珠　海	1. 48	1. 25
7	香　港	0. 51	1. 02
8	澳　门	0. 58	0. 64
9	江　门	>0. 67	>0. 44
10	惠　州	>0. 45	>0. 27
11	肇　庆	>0. 17	—

资料来源：各城市会展业行业协会、展馆官网及展会资讯网。

4. 广州规模以上展会领先优势明显，其他城市亟待提升

展会规模能够反映出特定展会的竞争力。一般来说，城市拥有更多大规模展会意味着该城市会展业的发展具有更大优势。本部分以 10 万平方米以上、5 万～10 万平方米和 3 万～5 万平方米为划分标准，对大湾区“9＋2”城市于 2019 年举办的展会进行划分（见表 5 至表 7）。

表 5　2019 年粤港澳大湾区 10 万平方米以上展会城市分布

单位：场，万平方米

城　市	展会数量	展会面积
广　州	29	572. 00
深　圳	11	154. 00
东　莞	6	163. 00
中　山	5	340. 00
佛　山	1	15. 00

资料来源：各城市会展业行业协会、展馆官网及展会资讯网。

表 6　2019 年粤港澳大湾区 5 万～10 万平方米展会城市分布

单位：场，万平方米

城　市	展会数量	展会面积
广　州	51	380. 12
深　圳	18	116. 30

续表

城　市	展会数量	展会面积
佛　山	8	45.50
香　港	7	45.36
东　莞	4	34.00
澳　门	1	6.50

资料来源：各城市会展业行业协会、展馆官网及展会资讯网。

表7　2019年粤港澳大湾区3万~5万平方米展会城市分布

单位：场，万平方米

城　市	展会数量	展会面积
广　州	39	170.96
深　圳	27	89.60
佛　山	9	27.13
东　莞	8	27.90
中　山	5	17.10
香　港	3	13.46
澳　门	1	3.40

资料来源：各城市会展业行业协会、展馆官网及展会资讯网。

由上述表格可以看出，广州不管是在规模以上展会数量还是在展会面积上都具有绝对优势，占据大湾区“9+2”城市中会展龙头地位，其后是深圳。东莞与中山规模以上展会数量比不上广州和深圳，但得益于特大型品牌展会的存在，展会面积名列前茅。相比之下，其他城市缺少大规模展会，10万平方米甚至5万平方米以下的展会是市场主流，竞争力偏弱。

5. 大湾区展会题材以轻工业与服务业为主

展会题材往往能反映城市的产业结构及产业发展状况。反过来，城市的产业结构和产业发展状况能为会展业的发展提供指导。

从图1可以看出，按产业分类，大湾区城市的展会题材大部分以轻工业和服务业为主，重工业类展会占一定比例，农业类展会占比极低，总体而言与大湾区城市的产业结构相适应。

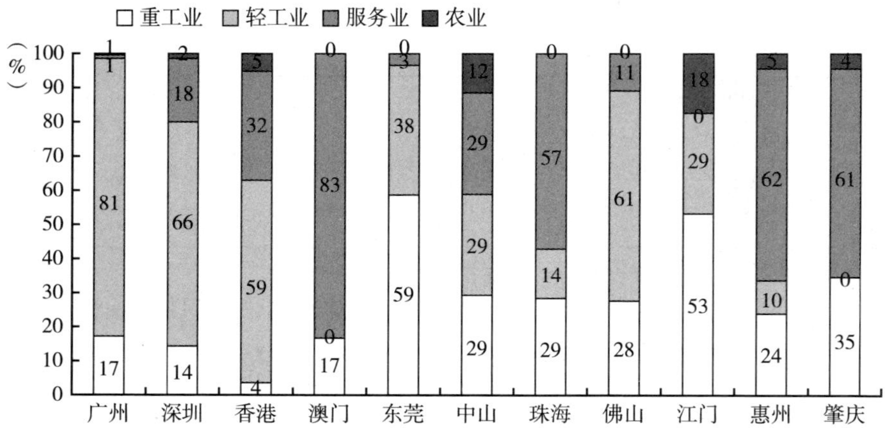

图 1　2019 年粤港澳大湾区城市展会题材按产业分类

注：部分城市不同产业展会占比之和不等于 100%，为四舍五入的结果。

资料来源：各城市会展业行业协会、展馆官网及展会资讯网。

6. 广州展馆设施领先，深圳具有后发优势

展馆是会展业发展的重要基础设施，其数量和面积在一定程度上决定了城市会展业发展的水平。2019 年，广东展馆总数量达到 30 个以上，约占全国展馆总数量的 12%，位居第二；室内可租用面积达到 282 万平方米以上，位列全国第一。表 8 为 2019 年粤港澳大湾区总室内展览面积 10 万平方米以上城市的可供展览总面积概况。

表 8　2019 年粤港澳大湾区室内展览面积 10 万平方米以上城市的可供展览总面积

单位：万平方米，个

排序(按面积)	城　市	室内展览面积	展馆数量
1	深　圳	92.80	5
2	广　州	66.44	5
3	东　莞	38.78	4
4	佛　山	33.10	4
5	香　港	19.10	3
6	澳　门	14.31	4

资料来源：各城市会展业行业协会、展馆官网及展会资讯网。

2019 年，广州室内展览面积总计 66.44 万平方米，其中中国进出口商品交易会展馆面积达 33.80 万平方米，长期位于大湾区领先地位。整体来看，广州的展馆数量充足且设施完备，为召开大型展会奠定了基础。深圳的室内展览面积长期位于大湾区第二位。随着 2019 年 11 月深圳国际会展中心正式投入使用，深圳的室内展览总面积突破 90 万平方米，成为大湾区室内展览面积最大的城市，对大湾区的会展业格局造成较强冲击。东莞和佛山依托产业基础，在大湾区会展业中发展较为强劲，室内展览总面积占据优势。香港和澳门虽然城市面积小，但较为充足的室内展览面积为其会展业发展提供了依托。

7. UFI 认证机构主要集中于港穗深澳四大城市

UFI 是展览会评估和资质认可最权威的组织。UFI 对申请加入的主办单位和展览项目有着严格的要求和详细的审查程序。成为 UFI 会员是企业或机构在会展业中拥有重要地位的体现。截至 2020 年 4 月，大湾区城市共有 60 家组展机构获得了 UFI 的会员认证，形成了明显的差距。香港、广州、深圳、澳门等会展业发达城市获 UFI 会员认证组展机构数量占大湾区获 UFI 会员认证组展机构总数的 91.7%。其中，香港以 20 家占据榜首，具有明显优势。广州以 16 家位居第二，深圳以 13 家紧随其后（见图 2）。与 2013 年的数据相比，香港、广州、深圳、澳门的 UFI 认证会员数均获得了不同程度的增长。

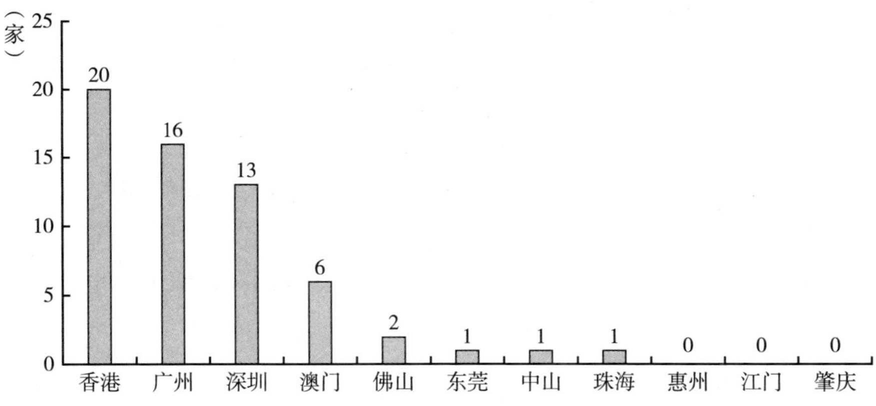

图 2　UFI 认证的参展机构城市分布

资料来源：UFI 官方网站，http：//www. ufi. org/。

8. UFI 认证展会分布形成两大组团，差距明显

经 UFI 认证的展会，通常被认为具有较高品质。UFI 对展会的认定有严格的审查标准，包括定量标准和定性标准。其中，定量标准包括展会的规模、办展历史、国外参展商比例、国外观众比例。UFI 的注册标准规定：作为国际性展会至少已举办 2 次，至少有 2 万平方米的展会面积，有至少 10% 的国外参展商、5% 的海外观众。大湾区城市 UFI 认证展会分布形成了明显的差距："香港—广州—深圳—澳门"为第一组团，其他 7 个城市形成第二组团（见图 3）。大湾区所有的 UFI 认证展会均分布在以香港为代表的第一组团，第一组团具有绝对优势，与第二组团形成明显差距。

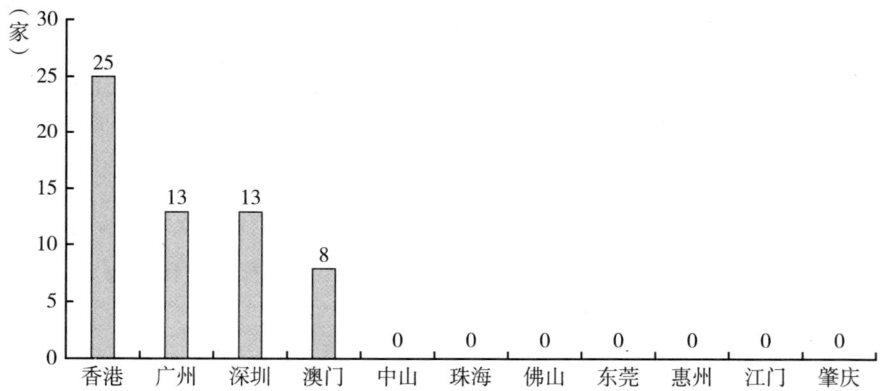

图 3　大湾区城市 UFI 认证展会数量（截至 2020 年 4 月）

资料来源：UFI 官方网站，http：//www. ufi. org/。

总结 UFI 认证情况，大湾区内会展品牌化格局呈现各城市差异化明显的特点，以香港、广州、深圳、澳门为第一组团，品牌化程度高，在 UFI 认证的会员数、展会数方面均有显著优势；其余城市形成的组团在品牌化程度与国际影响力上有所欠缺，与第一组团形成明显差距。

（三）粤港澳大湾区会展业的发展格局

综合以上各项指标的分析，大湾区"9 + 2"城市会展业呈四梯队结构，即以香港、广州为第一梯队，以深圳、东莞、澳门为第二梯队，以珠海、中山、佛山为第三梯队，以惠州、江门、肇庆为第四梯队的金字塔形格局（见图

4）。其中，珠海作为第三梯队的领头羊，在港珠澳大桥的通车背景下，具有极强的区位优势与后发优势，是未来进军第二梯队的重要竞争力量。而随着深圳国际会展中心的落成，深圳会展业极具发展潜力，具有跻身第一梯队的实力。

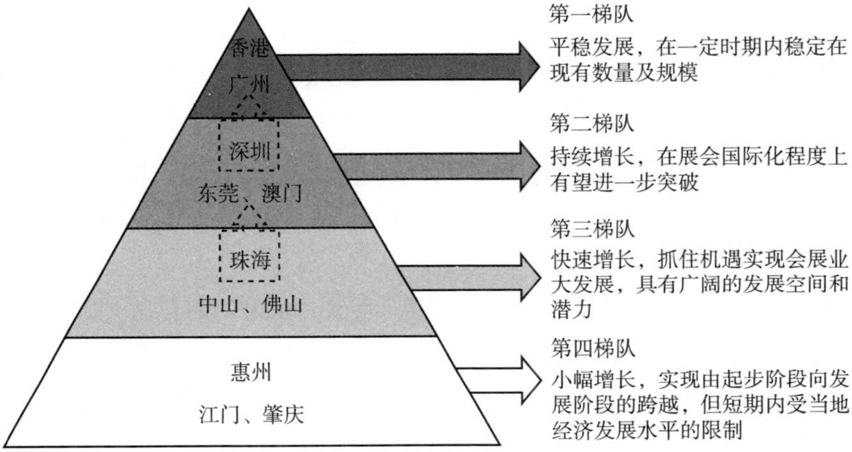

图 4　粤港澳大湾区会展业动态发展格局研判

第一梯队城市在展会数量、展会面积、国际认可程度等方面都具有较强优势；第二梯队城市所举办展会数量较多，展会规模较大，部分展会有一定的国际知名度，但是与第一梯队城市存在明显差距；第三梯队城市所举办的展会在数量和规模上都不及前两个梯队，处于大湾区“9 + 2”城市中游水平，但这些城市往往拥有品牌展会，因此其会展业发展具有一定的竞争力，同时具有较大的发展潜力；第四梯队城市所举办展会数量少、规模小、不具备国际知名度，整体竞争力较弱。

1. 第一梯队

香港作为全球第三大金融中心，是一座高度繁荣的国际大都市，国际知名度高。受土地面积的限制，香港不管是在展会数量上还是在展会面积或规模上都远不及广州。但香港最具竞争力之处在于其所拥有的 UFI 认证的参展机构和展会数量均名列大湾区首位，国际化程度高。

广州作为广东省省会，是华南第一大城市，在会展业发展上具有绝对实力。每年举办的中国进出口商品交易会吸引了大量客商和投资者，同时成为广州的名片之一。广州在展会数量、展会总面积等指标上都长期稳居大湾区首位，拥有一大批成规模的品牌展会，10 万平方米以上的展会有近 30 个。虽然广州 UFI 认证参展机构和展会数量不及香港，但近几年 UFI 认证数量不断增加，国际化发展势头良好。

第一梯队中香港与广州并驾齐驱，分别在国际化程度和展会规模上具有绝对优势，带领大湾区“9 + 2”城市会展业迅速发展。在未来一定时期内，广州和香港将以平稳发展为主调，持续打造国际知名的品牌展会，获取更强的国际竞争力。而未来深圳也将跻身第一梯队，与广州和香港形成大湾区会展业“三核心”。

2. 第二梯队

作为第二梯队领头军的深圳，是全国性经济中心和国际化城市，在会展业上的发展实力不容小觑。深圳在展会数量、展会总面积、规模以上展会数量等多项指标上仅次于广州，位居第二。从国际化程度上看，深圳所拥有的 UFI 认证的参展机构和展会数量同样仅次于香港和广州，拥有一批高质量的品牌展会，国际认可程度较高。近年来，深圳会展业竞争实力显著增强，表现在具有三大竞争优势：第一大优势是已经建成全球最大会展中心；第二大优势是市政府主推的十几个行业性专业展会，在国内和国际影响力较大；第三大优势是经济持续高速发展，民营展览公司占据主流，市场活跃，办展环境优良。深圳会展业的发展，具有跻身第一梯队的实力。

东莞充分依托当地产业基础，借助发达的制造业发展会展业。东莞展会规模较大，展会平均面积达 10 万平方米以上，成为大湾区“9 + 2”城市中平均面积最大的城市，同时拥有一大批大规模展会，10 万平方米以上展会达 6 个，并不断培育品牌展会，如国际名家具（东莞）展览会。

与香港相似，澳门同样受到土地面积的限制，在展会数量和展会面积上不占优势，但澳门拥有数量较多的 UFI 认证参展机构和展会，仅次于香港、广州和深圳，在大湾区“9 + 2”城市中具有较强竞争力。

综上所述，第二梯队呈现深圳领跑的格局，澳门和东莞各施所长，借助当地条件迅速发展。在未来一定时期内，第二梯队城市会展业将持续发展，由单纯的展会数量、规模的增长发展为展会质量的增长，在国际化认可程度上有所突破。

3. 第三梯队

目前，珠海会展业已初步形成以中国航展为核心，以中国（珠海）国际打印耗材展、亚太水产养殖展览会等为辅，以优势产业为依托的系列品牌会展的发展格局。但从展会数量、展会面积、规模以上展会数量、UFI 认证会员数、UFI 认证展会数等方面来看，珠海会展业与周边广州、香港、深圳等城市相比，仍存在较大的提升空间。随着港珠澳大桥的开通以及大湾区的深入建设发展，珠海发展会展业的区位优势逐步显现，具有进入第二梯队的发展潜力。

综合 2018 年和 2019 年的数据来看，中山展会数量排名较靠前，但缺乏与超大型、大型展会相配套的大型展馆，展会的规模效应有限，制约了其会展业进一步发展。中山有望在粤港澳大湾区时代不断提升会展竞争力。

与东莞相似，佛山工业基础较为雄厚，依托产业基础，专注于工业会展，陶瓷展、家具展、华南不锈钢展等展会有一定影响力。但佛山的展会面积在 100 万平方米左右，展会面积、专业展馆数量和规模少于或小于周边广州、深圳、东莞等城市。在周边会展业相对发达的情况下，佛山亟须突围。

综上所述，珠海、中山和佛山暂列大湾区会展业发展第三梯队。在未来一定时期内，随着配套基础设施与扶持政策的完善，结合城市本身所具有的区位优势，第三梯队城市会展业将呈现快速增长的趋势，迎来新的发展契机。

4. 第四梯队

惠州的会展业尚处于起步阶段，缺乏具有影响力的会展品牌和健全的基础设施；展会规模不足，缺乏规模以上展会，影响力有限。江门和肇庆相近，在展会数量和面积、展会平均面积、规模以上展会数量、展馆数量和面积、UFI 认证情况等方面略显不足。伴随着整个大湾区会展业的发展，第四梯队城市会展业发展也会有相应的提升，但成长性受当地经济基础与软硬件服务设施的制约。

四　绿色会展在粤港澳大湾区的发展概况

众所周知，会展业对经济的拉动性较强，但是随着会展业的不断发展，人们逐渐认识到会展业并非“无烟工业”。一方面，展览的搭建过程总需要消耗大量的资源，会造成水资源、能源和材料的浪费，同时，每年会展项目所造成的运输消耗和场馆供水、供电、供热以及空调的能耗和污染巨大；另一方面，大量涌入的参与者会造成城市交通的拥堵、食品的浪费、建筑材料或物料的过度消耗等严峻的环境问题。近年来，粤港澳大湾区一直大力发展会展业，广州、东莞、香港、澳门等地举办展览的频率激增，会展项目的规模不断扩大，这些展览造成的资源浪费以及相关污染现象也日趋严峻，所以展览业所带来的环境问题也日益突出。绿色会展是强调可持续发展理念，并且将这一理念融入展会运营与管理之中，以实现展会促进社会、经济、文化和环境共同全面发展的展览项目。

（一）粤港澳大湾区绿色会展的发展概况

首先，《粤港澳大湾区发展规划纲要》提出以建设节约资源和保护环境的空间格局实现绿色低碳循环发展，并促进中国会展产业健康、绿色发展，推动粤港澳大湾区会展城市和会展主体间的交流与合作。其次，以深圳为代表的会展中心城市主动提出全面发展绿色会展。例如，深圳率先提出聚焦粤港澳大湾区绿色会展发展，为粤港澳大湾区绿色高质量发展做出贡献。为此，深圳市成立了国际低碳论坛发展中心。该中心以“绿色会展”为契机，新设了粤港澳大湾区绿色发展高峰论坛和澜湄合作论坛等，目的在于促进粤港澳大湾区绿色产业的集聚和进一步蓬勃发展。

目前，粤港澳大湾区绿色会展场馆建设总体趋势较好，粤港澳大湾区绿色会展发展进入成长期。首先，据统计，粤港澳大湾区会展场馆均不同程度地进行了绿色升级改造。截至 2019 年底，粤港澳大湾区展馆室内可租用总面积合计超过 282 万平方米。此外，截至 2018 年底，粤港澳大湾区共有 30 余个展馆，均完成了绿色场馆的改造，建立了完善的能源节约措施和完备的废弃物管理制度，尽可能节约日常运用和管理费用，使粤港澳大湾区会展场馆符合绿色环保指标。其次，粤港澳大湾区会展项目通过采用绿色办展措施，进一步降低参展成本、压缩管理成本和减少垃圾处理成本等，以增强会展项目的竞争优势。最后，粤港澳大湾区会展业高科技化助力绿色办展。在新的高科技助推下，粤港澳大湾区主要会展项目将采用更先进的展示手段、更有效的展示商品，减少传统物料的浪费，以进一步增强吸引力。因此，高科技办展助推大湾区绿色会展业更好地参与世界会展市场的竞争。

当前，广交会是粤港澳大湾区绿色办展较成功的案例，本报告将对广交会绿色办展的阶段、成就进行分析，目的在于为粤港澳大湾区其他会展项目提供参考及借鉴。

（二）案例分析——广交会绿色发展的理念、实施与成果

1. 案例概况

2014 年初，针对当时中国缺乏绿色发展制度法规和标准的情况，广交会主办方成立了绿色展会项目小组，积极进行专题调研，目的在于转变现有观念，进一步释放广交会绿色发展的信号，深入了解各方对发展绿色展会的顾虑。在此基础上，商务部制定了《广交会绿色发展计划》，建立了四方联动工作机制，进一步制定并出台了《第 115 ~ 120 届广交会绿色展位普及率目标实施方案》《广交会绿色特装展位标准》《广交会绿色特装奖评选办法》《广交会特装施工企业资质认证管理办法》《广交会特装展位搭建材料废弃物处置管理办法》。这些制度的相继出台，为稳步推进广交会绿色发展工作奠定了坚实的基础。

6 年来，广交会采取了一系列行之有效的措施，推动绿色发展从理念到实践。绿色发展理念深入人心，各参与主体对《广交会绿色发展计划》实施成效总体满意，表示将继续积极参与广交会绿色发展工作。广交会于 2016 年第 120 届如期完成 100% 绿色展位普及率的核心目标，实现了常态化绿色布展。绿色展位搭建成本显著下降，参展企业、特装施工企业的展位搭建成本分别降低 6. 21% 、14. 81% ，中小型非品牌企业和小型品牌企业的展位搭建成本下降 20% ，展览固体废物下降约 80% ，并实现 100% 回收，固体废物综合回收利用率最高达 67. 15% ，用电量降低 12. 41% 。

《广交会绿色发展计划》在业界引起很大反响，受到广泛好评，对中国会展业的绿色发展起到示范和带头作用。因绿色发展取得的显著成果，中国对外贸易中心（集团）荣获新华网颁发的“2017 中国最具影响力绿色企业品牌”称号。

2. 广交会绿色发展1. 0阶段

第一步：推行绿色布展。主要目标是在第 120 届广交会之前达到 100% 绿色展位普及率。为此，广交会倡导模块化、可持续性的架构和布展构件及安装

要求。提出布展企业应该全面满足 ISO9001 认证标准，对于不满足认证标准的企业加大处罚力度，并引入落后淘汰机制，对于绿色布展实施较好的企业推行奖励办法，以促进各交易团积极参与绿色布展，降低成本，最终实现 100% 绿色布展目标。

第二步：鼓励绿色参展。鼓励企业在参展时首选绿色环保材料，乘坐公共交通工具到达展厅，控制宣传用纸，最大限度避免灯光和噪声污染。

第三步：实施绿色撤展。规范撤展企业的施工程序，限制噪声、扬尘污染，规范工人撤展作业，严格按照环保程序处理废弃材料，坚决杜绝二次污染的产生。

第四步：倡导绿色会议。广交会期间各项会议日程采用电子化网络会议的形式，严格控制会议厅温度，降低温室气体的产生，尽量使用投影，减少塑料喷绘的使用。

第五步：着力打造绿色展馆。继续推进展馆节能化改造，提高展馆太阳能、循环水的利用率，将广交会各展馆打造成领先的绿色展馆。

第六步：关注健康安全。广交会启用先进的环境、健康、安全管理体系（EHS 管理体系），并拓展到绿色展会的各项工作之中，逐步建立完善的健康安全管理体系。

第七步：加强健康培训。广交会通过各门户网站，大力宣传绿色展会理念，推广先进经验，创立绿色广交会品牌（见图 5）。

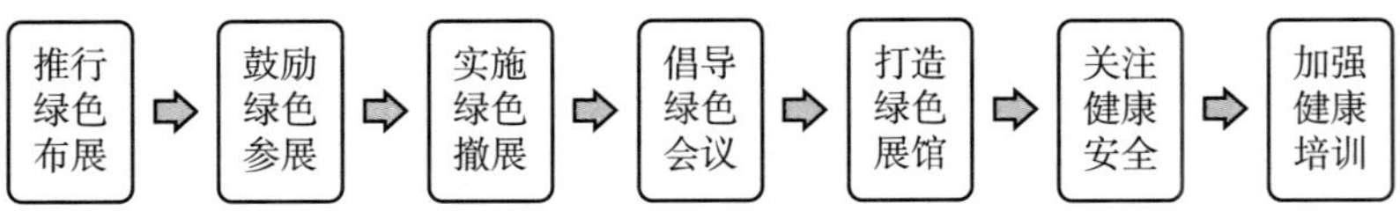

图 5　广交会绿色发展 1.0 阶段分解图

3. 广交会绿色发展2.0阶段

广交会绿色发展 2.0 阶段主要为树立绿色发展意识。广交会绿色发展 2.0 阶段大力推进企业绿色布展，了解各企业布展情况，组织专业人员加强对企业布展的指导和监督，引导企业采用新型环保材料，减少固体废弃物量和馆内化学气味，促进企业绿色布展常态化。同时，鼓励企业自主研发绿色环保产品，采用低碳环保材料，减少资源浪费和环境污染，树立绿色环保发展意识。

引导绿色设计，搭建平台推广专业型材，降低污染。提倡简约大方的展位设计，搭建展位主要使用铁架和大面积无毒无粉尘的白色铝布材料，这些材料污染小且可循环利用，还可降低搭建成本；外观提倡使用铁架搭建出多个几何图形，将企业代表性产品印在铝布上，凸显产品特点和企业形象。

循环使用，低碳环保。展位搭建用圆柱形发光体和底部 LED 灯照射，使展位通透明亮，突出品牌形象。突出参展企业践行低碳环保理念，展位搭建使用铁架和软膜及底部的复合地板，材料可 100% 回收利用。

绿色设计，绿色布展。展位应该主要使用铝方通框架结构，搭配软膜独特应用，展示企业品牌产品。展位设计布局合理，时尚清新，走大众化路线；不规则产品展示架错落有致，与整体设计风格相呼应。搭建符合 3R 原则①，注重采用可循环利用的铝材搭建。组装采用金属零件，可更安全高效地完成搭建和拆除工作，布展材料回收率达 100% 。

引导绿色设计，搭建平台推广专业型材。广交会编制了《绿色展台评定指南》，用于指导和规范各类展览中绿色展位的设计、搭建和拆除工作，并于 2017 年 9 月向全国会展业标准化技术委员会递交了《绿色展台评定指南》的立项申请资料，获得了专家一致认可，全票通过立项申请。广交会还编写了绿色特装材料推荐目录，明确推荐使用、鼓励使用、限制使用、禁止使用的材料范围，用于指导和规范绿色展位搭建材料的选择和使用。全面推广专业型材的使用，力争从 2017 年起 3 年内使专业型材成为绿色展位搭建的主流材料。同时举办“广交会绿色发展设计与展示交流会”，通过设计理念传递可持续发展的价值观。遵循“打造绿色会展，建设美丽中国”的理念，广交会外贸中心与国内展览型材生产厂家紧密合作，共同搭建型材展示与特装搭建精准对接平台。双方开展供需交流，目标是在广交会期间全面推广专业型材的使用，进一步降低安全风险，全面提升广交会绿色展位的专业性并美化展示效果，进一步激发广交会绿色新动能。

提升展示水平，绿色颁奖扩大宣传影响。绿色发展 2.0 阶段加强了对参展企业、特装施工企业和外包服务单位作业规程的规范，加强了对现场展位搭

① 3R 原则，为减量化原则、再利用原则、再循环原则的简称。

建、拆除及展览固体废物排放的监控。第122届广交会推出《广交会特装施工资质企业等级标准评定办法》，从特装施工企业设计能力、现场管理、企业信誉等方面对特装施工企业进行综合评分，评定推荐等级。这将促使特装施工企业更加重视绿色设计、绿色布展和绿色撤展。为提升会展相关各方的参与度，设置“广交会绿色展位奖”，举办颁奖典礼，树立优秀案例典范，引导参展企业和特装施工企业设计理念由“超市陈列”向“品牌塑造”转型。印发《广交会绿色发展手册》，加强宣传推广。

4. 广交会绿色实施目标及分解

（1）广交会绿色展会的审核措施与保证

据毛雯（2019）介绍，广交会主办方为了保证实现绿色发展目标，要求在展位设计之初必须进行绿色审核。具体的审核步骤如下。

第一步：展位申报。参加特装施工的企业需要在网上提交申报图纸，特别是在申报页面中选择是否申报绿色特装展位，如果确实需要参加绿色特装展位，需按要求如实填写绿色特装展位申报表。

第二步：初审。广交会召集专家小组对绿色展位申报的图纸进行初审，专家小组包括用电审核小组和消防审核小组。专家小组将严格按照广交会绿色特装展位标准，分别从不同维度审核图纸，正确识别出候选的广交会绿色特装展位。

第三步：核查。广交会主办方的绿色特装展位现场核查组将严格根据审图系统提供的候选名单，采取定期和不定期的方式，分别在筹展和撤展期间到展馆现场核查。

第四步：确认。广交会的专家审图组将根据现场核查情况，通过综合测量及评分，在审图系统上确认广交会绿色特装展位名单。在此之后，向各交易团公布确认情况。

第五步：结果公布。每期广交会结束后第二天，广交会主办方将在门户网站公布当期各展区绿色展位普及率完成情况和特装展位普及率完成情况。

（2）落实广交会绿色各项目标

各交易团、商（协）会和特装施工企业严格按照《广交会绿色发展计划》（2014）的各项要求，对绿色展位普及率目标分解如下。

首先，完成交易团绿色展位普及率目标。已经顺利完成第115～120届广交会绿色展位普及率达100%的目标。

其次，各商（协）会分别指定绿色展位普及率目标。由于广交会各展区参展品类不同，因此各展区目标实现的时间节点有所差异。具体而言：第115~120届广交会A区绿色展位普及率目标分别为总展位数的52%、62%、72%、82%、92%、100%；B区、C区绿色展位普及率目标分别每届递增10%，直至完全实现绿色展位普及；此外，5.1展厅被确定为重点推进展厅，绿色展位普及率目标为60%。实践中，三区总的绿色展位普及率不得低于当届既定的总体目标。

再次，外贸中心负责实现进口展区的绿色展位普及率目标。第115~120届广交会进口展区的绿色展位普及率目标分别为50%、60%、70%、80%、90%、100%。

最后，各特装施工企业完成特装展位普及率目标。第115~120届广交会各特装施工企业绿色特装展位普及率目标为从17%提升至100%，其中纯金属型材结构必须达到占比50%以上。

5. “5G+智慧”助力广交会绿色未来新发展

第一，智慧广交会建设取得新突破。智慧广交会建设大规模升级信息化软硬件基础设施，添置大型先进的服务器和网络设备，引入专业网络加速和海外网络专线服务，完善多层次全面防护网络安全架构，应用人脸识别技术提高验证效率，实现全馆高速5G无线网络全覆盖，大幅提升信息化网络硬件设施的先进性、实用性和安全性。改造后的展馆5G网络，能同时满足10万人的上网需求。目前广交会展馆5G网络在接入用户数、吞吐能力上均达国际先进水平。专业网络加速和海外网络专线服务实施后，广交会官方网站境外客商访问量增长1倍，网站访问速度提升40%。智慧广交会建设始终紧贴客户需求脉搏。从2014年开始利用网络技术手段实现全球远程视频招商，首次实现了全球市场同步集中宣传，大大提升了广交会境外招商营销效能。自2016年起，先后推出预展、客商关注度等线上服务，完成改版官网、广交会App、微信、广交会小程序项目，取得显著成效。2019年，第125届广交会预展平台查询量达694.8万次，参展企业上传产品数达17.46万个。客商关注度上线以来，累计已有9159家参展商使用该功能了解采购商对企业及产品的关注情况。改版后的广交会官网年浏览量达到1987万人次，比改版前增长24.2%。广交会

App 累计下载量已达 28 万次，广交会微信公众号的关注用户数已达 18 万。此后智慧广交会还陆续推出广交会电话报障、绿色特装奖评选、广交会成交填报等小程序，广受参展商的关注和使用。

第二，智能模式带来新体验。智慧广交会让参展商和采购商充分享受线上线下深度融合的全渠道、一站式全程服务。展前阶段，参展商可通过广交会参展商综合业务系统在线申请展位，提前上传产品，线上申请各项服务，跟踪办理进度，更加快捷高效地完成参展布展。采购商可通过预展平台获知参展企业信息，在线搜索并收藏感兴趣的产品，还可以通过供采对接平台，主动发布采购意向，线上预约参展商，线下面对面洽谈，提升贸易对接效果。展中阶段，参展商可通过企业推广营销，根据采购商的行为偏好，向其精准推送同类产品，提升参展效果；采购商可使用广交会移动客户端 App 一键登录展馆，利用展馆电子地图与智能导航服务，快速找到目标公司的展位，提高采购效率。展后阶段，参展商则可以通过“客商关注度”服务了解当届广交会采购商对公司产品的关注及公司在行业中的排名等情况，获得个性化的数据参考；采购商则可以接收下届广交会的电子邀请及准备参会的温馨提醒。

第三，“5G + 智慧”助力广交会绿色发展。依据广交会高质量发展新要求，采取创新体制和商务模式再造的方式，持续巩固广交会在中国外贸促进平台中的首要地位，全方位推进广交会在对外开放中的平台作用，大力建设“智慧广交会”，着力打造“绿色广交会”，目的是全面提升广交会的国际化、市场化、信息化水平。因此，智慧广交会是当前广交会投入规模最大的信息化建设项目，主要涉及平台重构、软件开发、硬件升级、移动应用、数据处理等多方面内容。至今，智慧广交会建设成效显著，主要表现在系统应用、预展平台启用之后，广交会展品的关注度显著上升，其中日均访问量超 2.2 万人次。此外，值得注意的是，广交会全新官网的年访问量达 1400 多万人次。在基础设施方面，截至 2019 年秋交会，广交会已经完成 A、B、C 三区的 5G 部署，未来将全面投入使用。可以预见，智慧广交会全面投入使用后，其智能化将得到大幅提升，此举将为参展商、采购商提供多方面的网络服务。参展商可以实现精准产品推送，参会人员可享受高速 5G 上网等便捷网络服务。

五　粤港澳大湾区会展旅游业发展趋势

由于会展业是会展旅游业发展的基础，因此本部分首先剖析大湾区主要城市会展业的发展现状，进而分析会展旅游业的机遇与挑战，从而全面认识大湾区会展旅游业发展趋势。

（一）大湾区主要城市会展业发展地位研判

1. 香港作为大湾区会展业的主要城市，亟须消除场馆制约，巩固领先地位

香港是全球第三大金融中心、亚洲领先会展目的地，多年被评为“亚洲最佳商务活动城市”。香港会展业的核心竞争力在于历史悠久的自由港政策、海外市场扩张的需求、健全的欧美法律体系等一系列条件下促成的外向型经济贸易体系。得益于良好的地理位置、繁荣的经济水平和便利的交通条件，香港在展会数量和国际化程度上长期领先于其他城市。如本报告前文所述，香港2018 年和 2019 年分别举办了 138 场和 80 场展会，分别吸引超过 252 万和 190 万人次访客。香港展会以消费品展为主导。近年来时装周、创意展等艺术展兴起，为香港会展业开拓了新的方向。香港会展业品牌化程度高，截至 2020 年 4 月共有 25 个 UFI 认证展会，居粤港澳大湾区之首。展客商国际化程度高，受到全世界瞩目。

香港会展业发达，但在长期稳健发展后，也遇到了发展的瓶颈，主要包括会展场馆结构性短缺、民营会展企业在港发展优势不足、缺乏本地制造业基础和依赖外部市场等。首先，截至 2019 年，香港共有 3 个大型展馆（面积 10 万平方米以上），室内可供展览面积为 19. 10 万平方米，缺少特大型场馆，限制了 10 万平方米以上特大型展览的进入。其次，香港的大型展览多数由香港贸易发展局和环球资源、香港亚洲展览（集团）有限公司、亚洲博闻有限公司等国际企业主办，民营会展企业在香港发展缺乏优势。香港展览以消费品展为主，缺乏本地制造业基础的支撑，第一、第二产业的展览发展势头较弱。最后，香港会展呈现面向本地及亚洲买家的工业材料与技术进口展，以及面向亚洲区外国际买家的轻工业消费品出口展构成的国际商贸展体系，对外部市场依赖性较强，不确定风险较多。

粤港澳大湾区战略为香港的经济发展提供了机遇，而港珠澳大桥的通车扩大了其与广东、澳门的合作空间。香港在进一步推动会展业发展上，应注重以下几点。其一，突破会展业发展瓶颈。旺季场馆短缺是制约香港会展业发展的一大瓶颈。加强与深圳、珠海等大湾区其他城市的合作，探索“一展两馆”“一程多站”等合作方式，有助于减轻展馆压力。其二，巩固会展业领先地位。在各地区会展业发展的背景下，香港应继续巩固其亚洲会展之都的地位，进一步加强国际化商贸平台的作用。其三，进行会展产业结构优化。引入新型高端会展业主题和品类，将展览主题逐步向上游产业链转移，减小对服务业产品和轻工业消费品展览的依赖性。

2. 深圳作为大湾区会展业快速发展城市，软硬件环境逐步优化，会展业竞争力大大提高

深圳是改革开放的排头兵，是全国性经济中心和国际化都市，在会展业上的发展实力非常强劲。近年来，深圳在展会数量、展会面积、规模以上展会数量等多项指标上已经超越香港，仅次于广州，位居第二。深圳国际会展中心展馆利用率达 57.48%，居全国第三。深圳展会以轻工业展为主导，以高新技术产业为特色主题，在大湾区城市群中独树一帜。深圳会展业的市场化程度较高，截至 2018 年有主承办单位 63 家，专业展览公司、行业协会已成为组展机构的主体。

深圳会展业发展受到政府的高度重视，深圳市政府持续释放一系列政策红利。其中提升品牌国际化水平和增加可供展面积是政府的两大举措。从国际化程度上看，截至 2020 年 4 月，深圳拥有 13 个 UFI 认证的参展机构和 13 个 UFI 认证展会，数量仅次于香港和广州，一批高质量的品牌展览会正在逐步形成。部分展览会国际化程度较高，如中国国际高新技术成果交易会，开始形成国际化展览会效应。另外，境外会展公司进驻与地区总部数量较多，也为深圳举办国际性展会提供了先决条件。随着 2019 年底深圳国际会展中心的投入使用，深圳室内可供展览总面积从 42.8 万平方米一跃提升至 92.8 万平方米，超过广州位列大湾区第一，比广州可供展览总面积多出近 30 万平方米，将极大缓解可供展览面积不足的困境，助力深圳会展业飞速发展，使深圳具备一线会展城市的潜力。相信不久的将来，深圳将与香港、广州共同组成泛珠三角区域内会展第一梯队城市，重组粤港澳大湾区会展业发展格局。

3. 珠海作为大湾区会展业后起之秀，亟须提升规模化、国际化与品牌化水平

珠海是大湾区会展业的新起之秀。虽然起步较晚，但珠海会展业已初步形成以会议业为主，展览与赛事快速发展的格局。2017 年，珠海还被评为“2017 中国会展（会奖）产业年度金手指奖 · 最具品牌会展（会奖）目的地”。但从展会数量、展会面积、规模以上展会数量、UFI 认证会员数、UFI 认证展会数等方面来看，珠海会展业与周边广州、香港、深圳等城市相比，仍存在较大的提升空间，在国际影响力、品牌化程度方面均有待增强。

随着粤港澳大湾区的逐步推进与港珠澳大桥的通车，珠海的区位优势显现，珠海会展业面临巨大的机遇。在迎接机遇的同时，珠海会展业也面临来自广州、深圳等大湾区会展第一、二梯队城市的激烈竞争。珠海亟须借助粤港澳大湾区的发展机遇，突破竞争重围。基于此，珠海应积极探寻珠港澳会展合作的联动点，从而：其一，全面实现会展业转型。重点在于提高会展项目的品牌化程度，进一步优化行业结构，完善会展业制度和规范，整顿秩序，进而形成优良行业口碑。其二，进一步促进会展业国际化。以珠港澳合作为契机，建立相关政策制度，促进会展项目向国际化迈进。其三，提高会展业地位。增强对高端优质资源的吸引力，争取进入大湾区会展业发展第一梯队城市。

4. 澳门作为大湾区会展业不可忽视的力量，亟须引进优质项目，提升商贸氛围

澳门会展业起步较晚，现仍处于发展阶段。澳门具备国际化经济条件，也具有政府的大力支持。在特色旅游资源的结合下，澳门会展业发展迅速。但也存在城市产业结构单一、会展行业层次不高的问题。同时，由于起步比周边其他城市晚，澳门会展业的发展处于其他城市会展业的辐射之下。此外，澳门缺乏制造业等产业基础，优势会展题材较少，发展较为缓慢。另外，世界休闲旅游城市的定位，也使澳门对商务客人的吸引力不大。与香港相似，澳门同样受到土地面积的限制，缺乏大型场馆，硬件设施不足，在展会数量和展会面积上不占优势。然而，澳门拥有数量较多的 UFI 认证参展机构和展会数量。截至 2020 年 4 月，澳门拥有 6 个 UFI 认证参展机构和 8 个 UFI 认证展会，仅次于香港、广州和深圳，国际化程度和品牌化程度较高，在大湾区“9 + 2”城市中具有较强竞争力。

基于此，澳门会展业的发展存在以下需求。其一，引进优势会展题材。通过合作进行产业结构调整与优化，发展高端产业，并相应培育高端会展题材。

其二，提高商贸氛围。在休闲之都的基础上，营造商贸氛围，吸引更多的商贸客源。其三，进一步提高商贸型会展项目的份额。进一步促进会展题材向商贸类转变，提高商贸类会展项目的市场占比。

（二）粤港澳大湾区会展旅游业发展机遇与挑战

1. 机遇1：基础设施的完善将极大改变粤港澳大湾区既有通行格局

历史上珠江入海口纵深100多公里、最宽50多公里，东西两岸从来就是一种天然的隔绝状态，这种隔绝造成了东西岸发展的巨大差异：东岸港深莞广惠五城经济总量占到大湾区经济总量80%的份额，西岸澳珠中江佛肇六城经济总量仅占大湾区经济总量的20%。考虑到广州地处东西两岸的跨域特点，把广州的经济总量向西部分配一半，则东部仍然占70%，西部仅占30%，两岸差距仍然很大。然而在大湾区架构下，两岸多条桥隧正在打通。继港珠澳大桥之后，南沙大桥也已开通，深中通道正在加紧建设，加上原有的虎门大桥、深茂铁路以及未来可能兴建的深珠通道，珠江口东西向多条彩虹飞架，这将根本改变大湾区两岸通行战略格局，也将使大湾区两岸约7000万民众的湾内旅行变得非常便捷。可以预见，大湾区两岸之间的旅游出行将大幅增长，会展商务出行将更加便捷。

大湾区现有香港、广州、深圳、珠海、澳门五大机场，年旅客吞吐量达到近2亿人次的规模。未来上述各大机场将扩建，增加跑道和候机楼，同时将开通广州第二机场、珠三角新干线机场、惠州机场等新机场，届时大湾区将形成全球最密集的、年旅客吞吐量超过3.5亿人次的机场群，大湾区的国际国内会展旅游将变得更加密集和便捷。

2. 机遇2：港澳纵深融入珠三角

香港和澳门与大湾区其他9个城市将实现纵深融合，大湾区11城的关系将更加紧密，向大同城或紧密都市群方向迈进，大湾区内的人口、资金、产业等经济要素将常态化流动、共享。从会展旅游业看，约7000万人口的大湾区内流动将同城化、常态化。

3. 挑战1：粤港澳会展旅游业联动合作面临经济与制度的双重挑战

目前，广东在与香港、澳门的联动上进行了初步探索。然而，粤港澳的会展旅游业合作还停留在各自为政的阶段，实际落地力度较弱，深化粤港澳会展业联动仍面临阻碍，主要体现在三地发展水平差异大、制度性障碍大、管理部门合作衔接难等方面。粤港澳发展水平差异大，需寻找合作互惠点。粤港澳三地在经济发展水平、经济外向性程度、产业结构、会展旅游业发展水平上都存在较大差异与差距，对三地会展业合作形成挑战。其一，办展成本呈现差异化。无论是场地租金还是场馆配套服务等成本，都与当地的经济发展、物价水平有很大的联系。香港堪称亚太地区办展成本最高的城市，远远高于广东和澳门。这也加大了寻求三地合作平衡点的难度。其二，三地会展旅游业发展阶段差异大，加大了三地在具体的合作项目中寻求使三方受益的合作点的难度。在缺乏更高一级牵头部门的号召下，会展业与旅游业合作项目难以落地。

制度性不均衡所引发的操作层面的不衔接，是粤港澳三地会展旅游合作中面临的重要问题。其一，在经济制度方面，粤港澳三地实行不同的经济制度，导致三地市场运作方式上的不衔接。在两套完全不同的社会制度下，经济、政策、法律法规、商业运作方式皆有很大的不同。当三地企业异地办展时，市场进入风险加大，交易成本增加。这些阻碍了粤港澳三地会展旅游合作的发展。其二，在开放政策方面，操作不衔接。审批与税收制度的不衔接，也使跨地办展的程序仍未能有突破性发展。其三，在展品通关方面，国内通关与检验、检疫手续较为复杂，与港澳的自由港通关便利政策存在较大差异，例如对食品等品类有不同要求。这一操作层面的不协调也对粤港澳会展业与旅游业的合作提出挑战。因此，长期以来的会展业和旅游业运作习惯和制度不同，对粤港澳三地会展旅游的合作形成了阻碍，并导致三地会展旅游管理部门的衔接存在难度。

4. 挑战2：粤港澳大湾区“9 +2”城市的绿色会展普及率仍较低

现阶段，广东、香港、澳门形成“一极两翼”会展旅游发展格局。毫无疑问，粤港澳大湾区建设及港珠澳大桥的通车，为粤港澳会展业和旅游业联动创造了契机。但会展业和旅游业都不是无烟工业，大量的展会固体废弃物、装修甲醛等造成城市环境的污染及恶化。目前大湾区绿色会展的成功典范是广交会，广交会经过绿色展会 1.0 和 2.0 阶段，取得了显著的成效，主要表现在显著减少展会废弃物、节约城市能源消耗并提供更好的参展体验。目前广交会正在建立“绿色展会标准”，并期望通过标准化的方式在全国推行绿色展会。但是，实际上粤港澳大湾区较多会展项目仍未进行绿色改造。目前在粤港澳三地会展业协同联动的大背景下，为了持续优化城市环境、进一步改善参展体验，广交会绿色展会标准和成功经验亟须大范围推广，较多展会面临亟须进行绿色升级的挑战。

（三）粤港澳大湾区会展旅游业发展的趋势预测

1. 会展项目成为粤港澳大湾区会展旅游业走向国际化的助推力量

香港和澳门作为国际化会展旅游城市，拥有广东珠三角9城难以匹敌的国际化开放水平，而广东珠三角9城中，即便是比较发达的广州和深圳，其会展旅游业的国际化程度也与香港、澳门有一定差距。在粤港澳大湾区“9+2”城市格局下，港澳的国际化会展项目和旅游业联动，必然深刻影响广东珠三角9城，粤港澳三地间大量的经贸旅游和会展项目的互动交流必将全面提振广东9城的会展国际化开放水平。

2. 粤港澳大湾区会展旅游业将进行整合和全新布局

首先，应该在进一步优化强化粤港澳大湾区传统品牌展会的同时，支持更多专业展会发展成为世界一流的大型品牌展会，扶持一批中小型展会做大做强，只有这样才能吸引大量会展旅游者。其次，大力发展境外展览项目。粤港澳大湾区未来应进一步扎实推进“一带一路”倡议，大力发展境外展览，特别是“一带一路”沿线城市的国际展览，促进沿线城市经贸交流合作，实现共赢发展，并在此基础上，吸引更多优质会展旅游者到粤港澳大湾区。总之，粤港澳大湾区应该利用境外办展契机，整体推介粤港澳大湾区会展旅游，加强与共建“一带一路”国家和地区的会展旅游合作。再次，积极吸引全球各类国际会议落户粤港澳大湾区。粤港澳大湾区应该加强与国际组织、行业机构的联系，通过宣传推广等有效手段，吸引国际组织会议和跨国公司年会落户粤港澳大湾区各大城市。依托重点会议，搭建高规格、高层次国际推介平台，打造粤港澳大湾区标志性的国际投资年会项目，并以此为依托，吸引全球高质量的会议旅游者。最后，推动会展旅游产业跨界融合发展。在当今时代，产业发展呈现明显的融合趋势，今后应秉持大会展大旅游的理念，推动会展旅游跨界融合发展，大力培育新型会展旅游融合发展模式。一是“展览+会议+旅游”模式，大力推进展览与会议的融合发展，鼓励品牌展会同期举办行业高端论坛或会议，以展带会、以会强展并最终惠及旅游业。二是“奖励+旅游”模式，大力发展会奖旅游，整合与挖掘会奖旅游资源，建立会奖旅游项目引进和申办机制，增强粤港澳大湾区作为国际会奖旅游目的地的吸引力。三是“展览＋贸易＋旅游”模式，积极争取国家支持，建设国别商品展销展示中心，展销来自发达国家的高新科技产品和其他优质消费品，以及共建“一带一路”国家或地区的特色商品。四是“会展旅游＋产业”模式，积极推动会展旅游服务实体产业，支持打造服务实体产业的会展旅游平台，特别是要着眼于构筑粤港澳大湾区会展旅游产业体系新支柱，促进高端高质高新会展旅游产业发展，形成以业带展、以展促业的良性发展格局。

3. 5G将助力大湾区成为中国最强大的智慧会展旅游带

粤港澳大湾区作为国内经济发达地区，拥有华为、腾讯等互联网领军企业，其会展旅游也正在快速进入由互联网导入的智慧时代，资源、产品、游客量、旅游活动等基础数据都进入大数据统计范畴。目前大湾区各市基于移动互联网，实现了会展产品的预订、销售、推广等。会展旅游企业和旅游项目开始紧密互动，创建O2O互联网全新平台。此外，由于会展项目的强劲拉动作用，旅游业正在构建日益强大的智能化管理平台、网络和模式。智慧旅游模式将极大地提升旅游业的运营效率和综合效益。大湾区将借力物联网、大数据及人工智能，构建国内最强大的智慧会展旅游带。

4. 合作共赢是大湾区的主流趋势

粤港澳大湾区经济发展迅速，产业完善，企业众多，消费能力旺盛，因此不可避免地带来企业之间的竞争和产业之间的合并。尽管如此，大湾区各城市、各主要产业之间实现合作共赢是永恒的主题。在党和政府的正确领导下，大湾区各城市各优势产业将发挥自主性、能动性，相互取长补短，实现优势资源整合、产业优势互补，实现各城市、各产业的良性发展，实现各城市区域经济的互助合作，实现大湾区各产业的既定目标。

总之，未来粤港澳大湾区的会展旅游业将主要呈现国际化、特色鲜明以及数字化、高科技的发展趋势。随着国际化程度的加深，粤港澳大湾区会展旅游业的发展必然经历效率和效益的全面提升。因此，未来大湾区会展旅游业将积极推进香港、澳门、广东三地管理运营机制的融通性改革，最大限度地提升三地会展旅游业的整合融合式发展，将通过探索共享型运营机制大幅度提升会展旅游业的效率和效益。

六 小结

本报告围绕粤港澳大湾区“9+2”城市群会展旅游的发展特点、存在的问题和未来发展的趋势等进行了详尽的分析，并在此基础上，对广交会绿色办展的历程及成功经验进行了案例解析，指出未来粤港澳大湾区会展旅游发展的机遇、挑战和趋势。由于会展业是会展旅游发展的基础，因此本报告首先分析粤港澳大湾区会展业的发展状况。具体而言，目前粤港澳大湾区会展业发展状况较好，逐步形成以香港、广州为代表的第一梯队城市。第一梯队城市凭借丰富的会展场馆资源和国际化、专业化的会展项目持续领跑粤港澳大湾区会展业。广州和香港作为粤港澳大湾区会展业发展的引擎，推动第二、第三和第四梯队城市会展业稳步发展，逐步形成粤港澳大湾区会展业新格局。尽管如此，粤港澳大湾区大多数会展项目缺乏绿色办展的经验，造成环境污染严重，不利于会展旅游的发展。本报告通过分析广交会绿色办展1.0和2.0阶段，阐释各阶段的具体任务和目标，旨在进一步推广广交会绿色办展的成功经验，推动粤港澳大湾区会展旅游业向绿色高质量发展转型。最后本报告系统总结粤港澳大湾区各主要城市会展旅游的发展现状，并认为未来粤港澳大湾区会展旅游发展面临两大机遇和两大挑战，两大机遇分别是交通的通达性显著提升和港澳纵深融合；两大挑战分别是不同地区间会展旅游业联动受到挑战以及绿色会展普及率不高。因此，未来粤港澳大湾区会展旅游发展趋势主要是国际化发展、全新布局以及借助5G等高新技术实现新发展。

参考文献

《关于〈广交会绿色发展计划〉的说明》，3月6日，http：//www.cccla.org.cn/ShowHotNews.aspx？NewsID=5650。

毛雯，2019，《广交会绿色发展奉献“中国智慧”》，《中国贸易报》9月17日，http：//expo.ce.cn/gd/201909/17/t20190917_33160116.shtml。

王保伦，2004，《会展旅游》，中国商务出版社。

新华社，2019，《中共中央、国务院印发〈粤港澳大湾区发展规划纲要〉》，2月18

日，http：//www. gov. cn/zhengce/2019 －02/18/content_ 5366593. htm#5。
中国国际贸易促进委员会，2020，《中国展览经济发展报告（2019）》，http：//aaa. ccpit. org/Category7/Asset/2020/Jan/10/onlineeditimages/file71578657177531. pdf。

致谢：

感谢林恬博士和王中可对本报告内容的数据收集和文字整理工作。

B.6
粤港澳大湾区会展中心环保设施规划的未来路向

陈伟雄　周　勇　杨惠君*

摘　要： 会议展览活动参与者众多，大量的直接和间接的持续资源消耗会给各个会展中心的经营带来环境压力，因此该行业需要不断深入推进其环保设施规划与实践。本文探讨了经过绿色认证的国际著名的11家会展中心所采用的创新环保实践，并通过对12位环保领域专家的访谈，创建了一份适合粤港澳及中国南方地区地理和气候情况的环保设施规划的参考框架。

关键词： 会展中心　环保设施　规划设计　粤港澳大湾区

一　粤港澳大湾区会展中心环保设施规划简介

根据Scott et al.（2010）的报告，2005年，旅游业带来了全球5%的二氧化碳排放总量和14%的全球温室气体排放总量。其中旅游交通带来的二氧化碳排放量占旅游业二氧化碳排放量的3/4，住宿业占20%。该报告还预测，到2035年，旅游业二氧化碳排放量在全球二氧化碳排放总量中的份额将增至7%。

近几十年来，会展行业在参与人数、年营业额、展览场地和空间等方面在全球范围内经历了快速增长，美国、中国和德国等国表现尤为突出（UFI,

* 陈伟雄，澳门旅游学院教授，拥有国际酒店管理集团的酒店管理和开业经验，研究方向为酒店业的节能和航空业的环保；周勇，澳门旅游学院副教授，主要研究方向为目的地旅游发展及影响分析、旅游发展与社区参与及居民感知分析、会展及盛事活动管理等方面；杨惠君，澳门旅游学院副教授，主要研究方向为酒店与旅游教育、酒店人力资源管理以及会展管理。

2014，2017）。中国会展空间占亚洲会展面积总量的60%（Chen，2009；Lu and Cai，2011）。中国地方政府积极吸引投资商投资于当地的会展行业，导致会展中心的面积从2003年的322万平方米迅速增加到2015年的11800万平方米。2015年，中国共举办1385个展览会，净展览面积为63.9万平方米（Ministry of Commerce，China，2016）。

大多数会展中心应该更全面和积极主动地应用绿色管理方法，特别是减少在水源、能源和相关资源方面的消耗（UFI，2017），增强意识并采取适当的环保设施规划行动。可能是由于亚洲发展中国家对环境可持续性重要性的认识不足，当地区域的环境恶化情况尤为严重。因此位于发达经济体中的会展中心所实施的认证的绿色发展模式，可以为发展中国家的会展中心提供有价值的参考。

2017年3月，粤港澳大湾区的概念首次被纳入国务院《政府工作报告》。建立这一城市集群的主要目的是利用区内一线城市的力量，加速该区域欠发达城市的发展，并为中国更大范围城市化提供借鉴（Singapore Management University，2017）。大湾区现有的主要会展中心总建筑面积超过36000平方米。鉴于大湾区庞大的会展空间，创新的环保设施规划对于该地区会展中心的运营具有迫切的指导意义。现有的经过绿色认证的会展中心所采用的环保措施和方法应该对该区域的会展中心运营商有直接借鉴作用，然而这方面的公开信息十分匮乏（唯一可见的是香港会展官网上一些零散的内容）。

在旅游研究中，可持续发展和环境问题被广泛关注，然而专注于会展业能源消耗方面的研究十分稀少。仅有的一些研究主要针对特定的会展中心场馆（Chan，2009；Lu and Cai，2011；Spiller，2002），忽视了会展中心作为一个整体在环境保护和减排方面的努力。

鉴于全球可持续发展的趋势与环境问题对会展中心运营压力的可预见性增长，以及粤港澳大湾区会展业的巨大发展潜力，本研究有三个具体目标：

（1）创立一个可供会展中心参考使用的环保设施规划措施框架。

（2）识别已通过绿色认证的会展中心所采用的创新环保方法。

（3）修订上述环保规划措施框架，以适合粤港澳大湾区会展中心实际情况。

二 粤港澳大湾区会展中心环保设施规划研究回顾

随着在全球范围的不断发展，旅游业正日益加剧全球的气候变化。这主要是因为旅游业的运营需要消耗大量的化石燃料，排放大量的二氧化碳（Becken and Hay，2007；Grossling and Svensson，2006；Wu and Shi，2011）。在旅游业中，交通、住宿和旅游景点被认为是能源消耗的三大源头（Becken et al.，2003）。对这三个源头能源消耗的评估是现有旅游业现场能耗评估的主要内容（Dubois and Ceron，2006；Kelly and Williams，2007）。

而作为一个新兴的领域，会展在旅游业中扮演着越来越重要的角色（Spiller，2002）。解决由会展行业引起的环境恶化，最早的文献可以追溯到美国国家环境保护局（USEPA）在2000年进行的官方研究（USEPA，2000）。USEPA认为，大型会议比任何其他休闲活动消耗更多的能源，水是排在能源之后的第二大资源消耗项目。大型会议参会者的主要日程大部分安排在酒店，他们在酒店消耗的水往往比在家消耗的多。USEPA的报告还指出，与其他旅游部门的活动相比，大型会议产生的浪费更多（USEPA，2000）。例如，一个典型的为期5天的会议，"2500名参会者共消耗62500个盘子、87500张餐巾纸、75000个杯子以及90000个瓶子"。这些引人注目的废物统计数据尚未包含相关的纸张浪费或运输排放（Meeting Strategies Worldwide，2006）。

在会展研究中，会展活动的经济影响、社会影响和目的地营销获得了较广泛的学术关注。少数研究人员，如Hoyer and Naess（2001）及Law（2004），探讨了会议部门对环境的影响。此外，由于所涉及的航空旅行距离延长，有研究证实与其他旅游部门相比，大型会议相关的旅行会产生更多的温室气体排放（USEPA，2000）。

由于大规模的能源资源消耗，一些会议中心已经开始采用环保减排方法。一些行业组织也开始尝试建立网站，推出广告、推广最佳实践案例等，为会展活动的可持续发展和建立认证系统进行准备（Green Meeting Industry Council，2008；UFI，2017）。然而，已推出的减排方法清单并非详尽无遗，而且没有推出一个针对会展中心运营商的环保设施规划框架。

综合环境评估框架在其他领域（如酒店业）已经存在，可供其运营商参考。例如酒店业内经常提到的“环境评估方法”（EAMs），包括 Green Globe 21、酒店建筑环境评估计划（HBEAS）、生态酒店系统（ECOTEL）等不同侧重点的体系，都包含了酒店业在环保方面的共同目标，即提供处理环境问题的操作指南和评估标准。每一种 EAM 都可以成为一种认证体系，根据一系列标准进行评分积分，以认可、鼓励各个酒店的绿色实践（Lo et al.，2014）。一旦酒店成功进行这样的评估，该酒店就会获得“生态标签”来彰显其绿色形象。然而，不同的 EAM 内容差别较大，有的 EAM 仅包含较少的评估内容，有的 EAM 则有超过 100 条评估内容。通过定性内容分析，Lo et al.（2014）比较了酒店业使用的三个 EAM（即 Green Globe 21、HBEAS 和 Green Hotel Certification）。他们将 61 个环境评估属性划分为 9 个主要类别，即一般问题、与能源有关的问题、与水有关的问题、与固体废物有关的问题、绿色采购、建筑物服务系统、酒店设计、室内环境质量以及污染和排放。他们进一步指出，在进行环境评估时，这 9 个类别的内容均需要加以考核。

在旅游相关部门中，航空业也发展了其评估框架，用来分析检验亚太地区和欧洲的一些航空公司的环保承诺。该框架源于环境会计学，包括 16 个环境类别（Chan and Mak，2005；Mak et al.，2007）。类别 1 和类别 2 涉及公司对环境改善的承诺；类别 3～8 是关于航空公司的环境改善系统；类别 9～15 与具体的改进方面有关；类别 16 是“计划和目标”，衡量航空公司对实现既定目标并持续改进的承诺。该框架会根据航空公司报告中不同要素的出现频率，出具一份包括四个部分（“核心”、“重要”、“附加”和“发展”）的评估报告。

上述评论表明，利益相关者和当地社区对企业环境承诺和努力的期望越来越高。主流建筑行业的公司和旅游业的细分行业（如酒店业、航空业）正在积极和逐步地进行环境改善和评估的实践。但是，有关会展部门环境评估的信息却很少。

三　奥港澳大湾区会展中心环保设施规划研究方法

本研究采用定性方法，特别强调：第一，确定会展领域对环保问题的观点，以及产生这些观点的原因；第二，深入了解创新且可实践的环保设施规划的发展（Walsh，2003）。调查分为以下两个阶段。

（一）第一阶段

第一阶段涉及从经过环保认证和/或获得过环保奖项的会展中心收集其绿色运营实践及方法。位于发达国家并曾获得 Green Globe、LEED Gold Certificate、Gold Certificate、BCA Green Mark Platinum Award 等认证或奖项的会展中心才有资格被纳入本阶段的资料收集范围。经过对来自美国、欧洲、澳大利亚和亚洲的会展中心三轮次的搜索筛选，共有 11 家会展中心（3 家在美国，3 家在欧洲，3 家在亚洲，2 家来自澳大利亚）最终入围了这项研究。我们认为这 11 家会展中心能准确反映该领域的具体情况。表 1 描述了所选会展中心的一些基本特征。

表 1　本研究所选会展中心的基本信息

名称	面积（平方米）	营业起始年份	容量（人数）	每年活动数量（次）	绿色认证机构
墨尔本会展中心	70000	1996	7500	>1000	Earth Check Gold
洛杉矶会展中心	67000	1971	15200	约 150	Green Globe Gold
明尼阿波利斯会议中心	43000	1990	22000	约 70	Green Globe Certified
圣地亚哥会议中心	90000	1989	12500	约 110	Green Globe Gold
伦敦 ExCel 展览中心	87328	2000	68750	约 300	ISO14001　ISO20121
达尔文会议中心	22900	2008	5200	153	Green Globe 21
香港会议展览中心	92000	1988	20000	1113	LEED Gold
新加坡博览中心	100000	1999	19000	800	BCA Green Mark Platinum
不来梅展览中心	40000	1963	14000	54	Climate Friend
巴黎国际展览中心	320000	2016	>10000	500	LEED Gold
香港亚洲国际博览馆	70000	2005	14000	300	Green Org. Label

我们通过检索关键词“绿色”、“环境”和“会展中心”来评估会展中心的在线门户以获取环境信息，利用原有的酒店环境评估框架（Lo et al.，2014）来对环保减排方法进行初步分类。在分析了该酒店环境评估框架后，我们将“可再生能源技术”和“空气质量”两个类别从“其他”类别中提取为独立类别，从而形成 11 大类 59 种环保减排方法，作为进一步分析归纳的基础。

随后，我们对搜索到的资料进行了内容分析，以确定会展中心使用的环保减排方法，这些方法根据在各会展中心的采用百分比进行区分。我们参考和改编了先前研究中的做法（Chan and Mak，2005；Mak and Chan，2006），进一步在框架中划分了五种类型的组成部分："核心"（CC）类指 91% ~100% 所选会展中心采用的方法，"受欢迎"（PC）类指 71% ~90% 所选会展中心采用的方法，"增长"（GC）类指 31% ~70% 所选会展中心采用，"开发"（DC）类则有 11% ~30% 所选会展中心采用，"创新"（IC）类指 1% ~10% 所选会展中心采用（即本次调查中的一个或两个会展中心，也就是说这种方法可能具有很强的创新性）。

本研究利用两位研究助理（均拥有环境研究学位）进行相关资料的收集。在此之前，他们首先参加了专门培训，学习了相关学者及机构发布的酒店和建筑业的环境评估材料（如 Mak et al.，2013；Teng et al.，2012；Chan，2009；U. S. Building Council，2017）。进一步研究者向助理们简要介绍了搜索和数据记录的程序，包括如何将查询到的环保减排方法输入由 Lo et al.（2014）开发的环境评估框架中的量规矩阵中。

两位研究助理在资料搜索过程中相互协调结果，如果他们最初搜索的结果出现任何差异，他们会重新访问网站，以便就搜索结果达成一致。为了凸显会展中心环保管理的特色及其环境评估的具体情况，搜寻到的不同于上述提及的 59 种方法的被作为"会展中心特有的环保减排方法"类别记录下来。

鉴于上述评估框架主要是参考海外会展中心的实践而建立的，可能粤港澳大湾区的实际情况因有不同之处而不易直接套用，本研究的第二阶段将通过对环境专家进行访谈，以期获得更有针对性的可直接适用于粤港澳大湾区背景下的会展中心环保减排方案。

（二）第二阶段

研究的第二阶段采用了深入访谈的方法，以便总结出针对这一特定研究主题的更为丰富和完整的资料（Easterby-Smith et al.，2002）。相关访谈资料的总结分析也可以充实对不易观察的研究对象的理解（Patton，1987）。更重要的是，使用多种或混合的研究方法可以提高资料的内部一致性，从而使三角交叉验证成为可能。

对于受访者的选择，基于本研究的探索属性，我们选择了便利及判断性的受访者选择法。半结构式访谈的录音资料全部被转录成文字资料，然后进行有系统的迭代分析。相关的音频资料及文字资料都进行了 Lincoln and Guba（1986）所提倡的归纳推理以及 Martin and Turner（1986）提出的比较检查。我们利用了代表性展示来显示观点的一致性，而不是详尽地报告每一个观点。

基于本文作者与环境保护学术界和行业的联系，我们的研究一共邀请了12 位环境科学和工程专家作为我们的访谈受访者。受访专家的选择标准是每位受访者都有超过 10 年的当地相关经验。从表 2 中的情况可以看出，其中 5 位是环境工程师，3 位是专门从事建筑能源、空气质量和废水处理方面研究的教授，另外 4 位是从事节能、水处理和废物管理工作的专业顾问人员。

表 2　受访者资料

代码	受教育程度	职业资格	从业年限	大湾区内城市访问个数*	参与会展活动次数
E1	硕士	1	12	15	21
E2	学士	1	35	10	30
E3	学士	1	30	16	32
E4	学士	1	22	12	29
E5	博士	2	20	9	12
E6	博士	1	25	6	13
E7	博士	3	23	5	15
E8	博士	2	30	4	18
E9	硕士	1	10	3	9
E10	博士	1	10	5	10
E11	博士	1	10	6	9
E12	硕士	1	24	4	26

注：* 指含广东省内具有同样气候特征的邻近城市。

依据与能源相关、与空气或水相关以及管理和行政这三个方面，我们对第一阶段产生的 11 大类 59 种方法的环保减排框架的内容进行了重新分类。第一个领域（与能源相关）包括节能项目、建筑物设计及系统、可再生能源技术。第二个领域（与空气或水相关）涉及减排措施、空气质量、节水/回收。第三个领域（管理和行政）涉及需要较少技术改进但需要更多管理和行政技能的事项，包括绿色认证/奖项、绿色管理和教育、绿色采购、生物多样性和栖息地恢复、减少废物和回收。在预测试中，3 位专家审阅了这些表格和 2 份关于粤港澳大湾区会展中心基本情况的文字说明。其中一份文字说明提供了大湾区11个城市的气候数据，包括温度、湿度、降水量、太阳辐射和风速。另一份文字说明利用三个易拉架展示板，介绍了大湾区现有的及在建的会展中心场地信息（包括建筑面积、开放区域和网络连接）及附近的地理和水文情况，以帮助受访者了解各个会展中心的实际情况。访谈在受访者的办公室内由项目助理协助进行。预测试收集的反馈用于改进正式访谈。

四　粤港澳大湾区会展中心环保设施规划数据来源

在正式访谈中，我们首先向受访专家简要介绍研究的目的，并请他们在10～15分钟内阅读所提供的资料和文字说明。访谈的第一个问题是请受访者对上述框架中发达国家会展中心环保减排方法的优先次序进行排列。其余的问题主要是要求受访者提出适合大湾区会展中心的额外的环保减排方法和建议。

每次采访持续大约60分钟。在受访者对访谈记录进行审核过程中，我们鼓励他们增加其他想法或意见。访谈是根据预先设定的主题进行的，以提高有效性和一致性。最后，访谈的结果成为有益的补充资料，丰富了我们第一阶段通过网络在线搜索建立的框架。

研究人员进一步将录音转化为文字，并确保这一转化过程的准确性。本研究应用了 Miles and Huberman（1994）提出的内容分析法，通过数据筛减、展示及最终验证来处理访谈文本。访谈中受访者提出的建议会进一步分发给其他受访者供其讨论，相互矛盾的建议将被删除。最终结果显示两轮数据检查之间的一致性为91%，超过 Latham and Saari（1984）设定的80%的可靠性基准。

五　粤港澳大湾区会展中心环保设施规划研究结果

（一）研究结果

表3显示，“节能项目”类别中的11种方法是被调查会展中心最常用的环保减排方法，得到访谈专家的一致认可，他们认为这些措施应该严格执行。尽

管该类别中并未有哪种方法最为突出，但使用 LED（发光二极管）/CFL（紧凑型荧光灯）照明技术是最受欢迎的选项，所研究的 11 个会展中心中的 6 个都在利用节能照明技术；紧随其后的选项是安装光传感器及安装 HVAC/AHP 空调控制马达或水冷空调装置，大约 1/3 的受访会展中心同时选择了以上这两种方法。

表 3 与能源相关的环保减排方法

		A	B	C	D	E	F	G	H	I	J	K	总计	%	组件
节能项目		1	1	1	1	1	1	1	1	1	1	1	11	100	CC
1	太阳辐射控制膜											1	1	9	IC
2	有挡板设计的燃烧器						1						1	9	IC
3	通风系统	1											1	9	IC
4	LED/CFL 照明技术		1	1	1	1		1		1			6	55	GC
5	光传感器	1					1		1				3	27	DC
6	节能管理系统		1				1						2	18	DC
7	HVAC/AHP 空调控制马达或水冷空调装置			1					1			1	3	27	DC
8	高速开合卷帘门装置			1									1	9	IC
9	节能洗碗机或开水器				1		1						2	18	DC
10	节能电梯或扶梯								1				1	9	IC
11	热电联产或三重热电联产装置										1		1	9	IC
建筑物设计及系统		1	1				1					1	4	36	GC
12	建筑设计的遮阳设备	1											1	9	IC
13	屋顶防热及弱光窗		1										1	9	IC
14	屋檐和悬挑空调						1						1	9	IC
15	建设物方向						1						1	9	IC
16	独立的照明区域/节能照明	1										1	2	18	DC
17	空调系统	1										1	2	18	DC
18	辐射板	1											1	9	IC
19	缓降塑料材料(PVC)						1						1	9	IC
可再生能源技术		1		1					1	1	1	1	6	63	GC
20	地热系统									1			1	9	IC
21	太阳能花园伙伴关系或绿色电网	1		1							1		3	27	DC

续表

		A	B	C	D	E	F	G	H	I	J	K	总计	%	组件
22	光伏系统			1						1	1		3	27	DC
23	与碳顾问机构合作	1										1	2	18	DC
24	太阳能热水	1											1	9	IC
总　计		12	5	7	3	2	9	2	5	5	5	8			

注：A－墨尔本会展中心；B－洛杉矶会展中心；C－明尼阿波利斯会议中心；D－圣地亚哥会议中心；E－伦敦 ExCel 展览中心；F－达尔文会议中心；G－香港会议展览中心；H－新加坡博览中心；I－不来梅展览中心；J－巴黎国际展览中心；K－香港亚洲国际博览馆。CC－核心措施（91%～100%）；PC－受欢迎措施（71%～90%）；GC－增长措施（31%～70%）；DC－开发措施（11%～30%）；IC－创新措施（1%～10%）。

酒店部门里用以提高现有设备能效的努力（Chan，2009；Teng et al.，2012；Mak et al.，2013；Lo et al.，2014）在我们的研究也有出现。然而，安装高速开合卷帘门装置是会展中心独有的新节能举措。此外，我们也发现会展中心的高级管理层及绿色管理团队非常愿意应用可再生能源技术或绿色能源。从绿色电网获得电力并使用光伏（PV）电池是比较流行的方法，近一半的被调查会展中心采用了这类技术或方法，而这在酒店建筑领域并不是很常见的。

建筑物的能源使用情况受到各个地区建筑和能源系统的设计影响而各不相同（U. S. Department of Energy，2015）。本研究得出的数据显示，在建筑物和系统设计的规划阶段，会展中心开发商对有关的能源储蓄计划兴趣较低，只有约1/3的开发商（4个会展中心）批准了此类设计措施。这可能归因于其预算限制情况。两个最常见的节能设计方向是创建独立的照明区域/采用节能照明及安装空调系统。

如表4所示，研究显示接近一半的会展中心采用了旨在减少排放和改善室内空气质量的环境管理方法。在日常经营中，会展中心可以考虑鼓励员工和访客使用公共交通工具，并采用含有较少挥发性有机化合物（VOCs）的材料，因为这两种方法对减排和提高空气质量影响最大。

表4　与空气或水相关的环保减排方法

		A	B	C	D	E	F	G	H	I	J	K	合计	%	组件
减排措施			1	1			1			1		1	5	45	GC
25	运输过程		1	1						1			3	27	DC
26	安装气体增压热水机						1						1	9	IC

续表

		A	B	C	D	E	F	G	H	I	J	K	合计	%	组件
27	自助交通和无车日											1	1	9	IC
28	植树、使用室内植物											1	1	9	IC
29	低 NOx 和 CO_2 燃烧器		1										1	9	IC
空气质量		1			1		1	1				1	5	45	GC
30	与空气有关的认证				1							1	2	18	DC
31	低挥发性有机化合物	1					1	1					3	27	DC
32	带紫外光过滤系统的小型风扇						1						1	9	IC
节水/回收		1	1	1	1		1	1					6	55	GC
33	带低压装置的马桶		1		1								2	18	DC
34	防漏水装置		1										1	9	IC
35	节水厨房设施			1	1								2	18	DC
36	传感器水龙头							1					1	9	IC
37	节水灌溉系统		1		1		1						3	27	DC
38	种植耐旱植物		1		1								2	18	DC
39	雨水储存系统		1	1									2	18	DC
40	非化学水处理技术	1	1										2	18	DC
合　计		4	10	5	7	0	7	4	0	2	0	5			

注：A－墨尔本会展中心；B－洛杉矶会展中心；C－明尼阿波利斯会议中心；D－圣地亚哥会议中心；E－伦敦 ExCel 展览中心；F－达尔文会议中心；G－香港会议展览中心；H－新加坡博览中心；I－不来梅展览中心；J－巴黎国际展览中心；K－香港亚洲国际博览馆。CC－核心措施（91%～100%）；PC－受欢迎措施（71%～90%）；GC－增长措施（31%～70%）；DC－开发措施（11%～30%）；IC－创新措施（1%～10%）。

在节水/回收类别中，大约一半的会展中心使用了相关方法。节水灌溉系统是会展场馆周边绿化工作的关键措施。其他的方法则包括在厕所马桶中使用低压装置、使用节水厨房设施、使用非化学水处理技术和种植耐旱植物等。

如表 5 所示，所研究的会展中心均因其绿色工作而获得了各种不同的绿色认证/奖项，也大都设置了专门的团队来规划、设计和管理环境问题。然而，“绿色采购”类别似乎受到运营商的关注最少，11 家会展中心中只有 3 家报告了这一做法。然而值得注意的是，有 3 家没有报告绿色采购活动的会展中心选择了“生物多样性和栖息地恢复”类别中的“海洋（和碳护理）可持续发展”

的选项。

最后，“减少废物和回收”类别被各个会展中心选为环保减排运营的第三个关键方向，所研究的 11 家会展中心在此类别中有约 73% 的参与率。这方面反馈最多的方法是“制定承包商合作伙伴环境目标”（55%），其次是“食物垃圾堆肥”（45%）及“废物分拣储存系统”（36%）。平均而言，“减少废物和回收”类别中有大约 32% 的选项在被调查的会展中心得到了应用。

表 5　管理和行政方面的环保减排方法

		A	B	C	D	E	F	G	H	I	J	K	合计	%	组件
绿色认证/奖项		1	1	1	1	1	1	1	1	1	1	1	11	100	CC
41	LEED/ISO14001/20121/绿色标准/Green Globe			1	1	1	1	1	1	1	1		8	73	PC
42	可持续发展奖/星级评定	1	1		1	1	1		1		1	1	8	73	PC
绿色管理和教育		1	1	1	1	1	1	1	1	1	1	1	11	100	CC
43	绿色运营团队	1		1	1				1				4	36	GC
44	训练有素的员工		1	1	1	1	1	1		1		1	8	73	PC
45	利益相关者活动，社交媒体		1	1		1							3	27	DC
绿色采购			1		1		1						3	27	DC
46	使用当地或有机食品		1		1		1						3	27	DC
47	100%无放射性激素，草饲食品		1										1	9	IC
48	可生物降解和可回收的清洁剂、纸张、溶剂		1		1		1						3	27	DC
49	替换减少纸巾		1										1	9	IC
50	减使用一次性用品		1		1								2	18	DC
51	要求承包商/合作伙伴遵守绿色实践				1		1						2	18	DC
52	使用分级节能电器						1						1	9	IC
生物多样性和栖息地恢复		1						1				1	3	27	DC
53	海洋（和碳护理）可持续发展	1						1				1	3	27	DC
减少废物和回收		1	1	1	1	1	1	1				1	8	73	PC
54	废物分拣储存系统		1	1			1					1	4	36	GC

续表

		A	B	C	D	E	F	G	H	I	J	K	合计	%	组件
55	食物垃圾堆肥	1	1		1	1		1					5	45	GC
56	工作人员收集食物残渣喂养生猪/捐赠			1	1			1					3	27	DC
57	使用低 PVC 可重复使用/回收的用具	1					1						2	18	DC
58	制定承包商合作伙伴环境目标（包括铜，灯泡，墨盒，食用油，可堆肥食品容器等方面）			1	1	1	1	1				1	6	55	GC
59	捐赠无主物品或丢弃物品				1								1	9	IC
合　计		9	14	10	16	9	14	10	5	4	4	9			

注：A－墨尔本会展中心；B－洛杉矶会展中心；C－明尼阿波利斯会议中心；D－圣地亚哥会议中心；E－伦敦 ExCel 展览中心；F－达尔文会议中心；G－香港会议展览中心；H－新加坡博览中心；I－不来梅展览中心；J－巴黎国际展览中心；K－香港亚洲国际博览馆。CC－核心措施（91%～100%）；PC－受欢迎措施（71%～90%）；GC－增长措施（31%～70%）；DC－开发措施（11%～30%）；IC－创新措施（1%～10%）。

从战略上讲，节能项目、绿色认证/奖项，以及绿色管理和教育是被调查会展中心的绿色管理中三个最优先的环保减排方法。随后是减少废物和回收（73%）和可再生能源技术（63%），接下来是节水/回收（55%）、减排措施（45%）和空气质量（45%）。

此外，归类于“创新组成部分”的环保减排方法在框架的三个方面中均存在，但分别仅有1家会展中心采用。这一现象可能意味着地方因素的巨大影响，或者很少有会展中心愿意尝试创新或非传统的环保方法。这也可能是受到 LEED 等绿色认证过程中的评分设计或评估标准推动。如表3和表4所示，本研究分别在“与能源相关”和“与空气或水相关”方面中确定了14种和7种创新方法，两者分别贡献了各自方面的58%～43%。因此，与“管理和行政”方面中的4种创新方法（22%）相比，会展中心更容易在这两个方面中找到创新点并加以实施。

（二）环境专家的观点

在第二阶段，受访的环保专家表示，在这些可持续发展的环境方法中，大多数城市的展览业应优先考虑清洁稳定的能源供应、可靠的供水系统，以及改善空气质量等方面。

1. 专家补充意见：与能源相关方面

建议在节能项目类别中将区域冷却系统纳入框架。鉴于大湾区每年平均持续 10 个月的炎热气候，以及会展中心的巨大室内空间，专家们一致承认 HVAC 空调系统往往是整个会展中心中最大的耗能系统。他们还建议在大湾区的会展中心考虑使用对河流、湖泊或海洋等天然水体的水冷法，将其作为该地区的一种有前途的替代方案，还可以将建造大型蓄水和抽水设施作为环保框架中的一个选项。

受访专家也提出一些关于会展中心使用可再生技术的意见。为了确保稳定的能源输送，受访专家建议大湾区的会展中心更多地考虑使用可再生能源设备（例如光伏能源、电力存储和燃料电池等）；这些装置可以成为会展中心的后备能源补充，或者可与市政电网系统连接。受访专家还提到，会展中心和其附属设施的大面积屋顶表面和侧立面为接收太阳能提供了相对大的面积。而且，光伏电池板近年来价格大幅下跌，中国已成为此类设备的主要生产国。此外，许多会展中心也进行了光伏相关设施的安装，如明尼阿波利斯会议中心、洛杉矶会展中心和圣地亚哥会议中心。鉴于这些积极因素及其成本和效益，应立即开展相关研究，并将其纳入此处制定的框架中，以引导行业发展。

一位受访专家补充说："澳门位于沿海地区，大型风力发电机也可以提供额外或主要的电力供应。"另一位受访专家则表示，"中国内地是全球市场上主要的可再生能源设施供应商，其产品在当前市场上拥有极具竞争力的价格。事实上，中国内地公司已经在南澳岛和附近沿海地区建立了这样的大型风力发电场，应该有足够的经验（在会展中心）实施这项技术"。在相关采访中，受访者们提出一项关于在会展中心运用风力发电的绿色研究计划。

能源专家一致认为，混合太阳能—风能系统也是一项成熟的技术，可为照明提供电力，并为电网系统或中央存储提供剩余能源。鉴于（通常）大面积的独立展厅和展览场地周围都有众多的灯柱，大多数会展中心有足够的空间来安装这些设施，受访专家同意将混合太阳能风板作为一项潜在的项目纳入我们的参考框架。

此外，能源专家建议建立一个特定的能源消耗数据库，以对这些会展中心的能耗进行基准测试。这种数据库的设计，包括数据收集模板，应由独立机构的能源专业人员和教授进行。定期基准测试实践能促使运营者根据测试结果进行相应的改进，进一步可发展成为我们的参考框架中的考评标尺。

2. 专家补充意见：与空气或水相关方面

一位受访者指出，展馆室内空气质量下降源于室内含有挥发性有机化合物（VOCs）材料的挥发，这些材料主要来自展位所使用的涂料、油漆和黏合剂。此外，高密度的游客和通风不良可能会提高场地的二氧化碳水平。在展位搭建过程中产生的灰尘以及场馆附近高强度的碳排放量（不少会展中心建在交通繁忙的主要公路旁边），可能会加剧这些问题。

在空气质量改善方面，另一位专家表示，“展馆可以效仿澳大利亚达尔文会议中心，考虑安装气旋式除尘器，以改善空气质量。通过过滤器和紫外线系统后，机器中可以排出清洁的空气”。

由于空气污染物几乎无法肉眼观察，一位专家指出，监测室内空气质量是确保空气过滤设施有效运作的必要条件。其他的受访专家也都支持安装监测设备，该设备可作为参考框架的补充。

虽然大湾区拥有丰富的天然水资源，但一位专家表示，澳门和珠海每年都会受到海水倒灌入侵的影响，在此期间，水会变成盐水。他建议建造一个大型储水罐或塔楼，以缓解由此造成的缺水问题。他补充说，展馆的屋顶表面和周围区域也可以提供相对大的雨水集水区，水可以储存在地下或地上。所有受访专家均同意此提议，作为参考框架的补充，建议建造浮式海水淡化厂，以提供应急供水。

3. 专家补充意见：管理和行政方面

虽然香港的会展中心采用了许多绿色方法来支持环境保护，但仍有改进的空间。一位受访专家说："鉴于垃圾填埋场的短缺以及该市现有的垃圾填埋场几乎已满，有必要引导业界为减少固体废物的排放而努力。"他建议未来的会展中心设计应考虑为进出集装箱卡车提供空间，这可能会增加展览场地用于展示摊位的建筑材料的再利用。

另一位专家提到，内地的会展中心使用的大量外卖饭盒和塑料杯是另一项挑战。"特别是在中国南方，大多数餐盒是用塑料或泡沫制成的，而长三角地区的一些会展中心已经在使用更环保的材料，比如竹子，来制造纸杯。"受访者补充道，包装废弃物的产生源于物流公司，并建议会展中心与物流公司合作，思考如何减轻这种影响。

在环境管理系统和报告方面，一位受访者提到，"大多数现有企业将社会责任与环境保护相结合。将这两个项目分离可能会让外界更清楚地了解及监督相关企业，并有助于企业在这两个方面做出更多的努力"。

上述想法得到另一组所有受访专家的认可。

4. 采取专家建议可能的障碍

专家们一致认为，实现一些创新和有效的举措需要大量的资金、先进的技术以及长期的坚持。会展中心管理人员在合同条款下只被雇用数年或更短时间，他们可能对这些项目不感兴趣，从而限制了会展中心实施这些措施。或者，一些绿色团队可能会为启动此类环保减排方法付出巨大努力。因此，通过在环境改善评估活动中为各种创新举措提供标记来激励、认可相关组织或团队追求创新的行为是一个值得注意的建议。

一位受访专家支持上述观点并分享了以下观点："为了深入研究创新理念的可行性，绿色团队可以聘请顾问或与政府联络聘请顾问，以评估潜在的可再生能源和水资源选择。但实施这些可能需要很长时间。同时，工作人员和管理人员还应了解咨询过程中得到的技术建议，例如使用特种计量工具来监测进入的太阳辐射和 PM2.5。实现创新理念确实需要付出巨大的努力和参与。"表 6 总结了专家的观点和建议。

简而言之，本研究的目标之一是为会展中心综合环保设施规划建立一个参考框架。我们根据环境类别对已知的环保设施规划方法进行了汇总和分类，形成了一套协同标准，供会展中心运营商参考。

表 6　受访专家的观点和建议

类别	具体内容
与能源相关方面	加入区域冷却系统
	水冷却系统是传统冷却系统的有前途的替代品
	使用诸如光伏能源、电力存储和燃料电池等可再生能源作为备用能源或与市政电网系统连接
	会展中心的巨大表面可用于太阳能
	由于光伏设备价格大幅下降，应采用相关光伏设施
	可以考虑使用大型风力涡轮机
	混合太阳能—风能系统是一种可以考虑的成熟技术
	可以开发能源消耗数据库用于基准测试
与空气或水相关方面	安装气旋式除尘器以改善空气质量
	安装监测空气质量的设备
	建造大型储水罐或塔楼，以应对偶尔的海水入侵
	建设浮式海水淡化厂
管理和行政方面	为进出集装箱卡车创造空间，以增加展览摊位建筑材料的再利用
	使用环保材料，如竹纸杯
	寻找减少交付过程中包装废物的方法
	将企业社会责任与环境保护相结合，以便更好地了解和监测相关企业
实际运作中可能的障碍	实现创新和有效的举措需要大量的资金、先进的技术和长期的坚持
	会展中心管理人员可能会基于有限的聘用年期，对长远举措不感兴趣

基于所选择的 11 家会展中心的实践举措，我们的归纳分类展示了一个相对客观的行业内的评估框架。访谈专家们的意见和建议进一步验证了这些环保设施规划方法，并由此形成了一个较为可靠的框架和基础。业界可以基于此进一步做出相应的战略决策，选择采用合适的环保规划方法，以利于推动会展中心以及更广泛的社会环境的发展。学术研究人员也可以参考该框架来进一步推进该领域的研究。

六　粤港澳大湾区会展中心环保设施规划建议

环境问题和潜在的环保设施规划一直被现代社会广泛关注。企业和个人都有义务努力改善宏观和微观尺度的环境质量。基于会展中心行业在环保设施规划方面的缺失以及对此方面的迫切需要（Chan，2009；Lu and Cai，2011；Spiller，2002），我们调查研究了 11 家经过绿色认证的处于发达国家的会展中心在环境管理方面的资料，并由第二阶段的 12 位环境科学与工程专家进一步验证。本研究创立了一个针对会展中心的环保设施规划框架，其中包含 11 大类 59 种方法。从理论上讲，我们的研究为会展业提供了一个较为全面的环境管理整体框架。相比而言，之前有关会展行业的环境研究主要集中在单一场地［例如 Chen（2009）］，意义可能较为局限。

在实际应用方面，我们的结果为相关会展中心的管理者提供了环境战略和具体行动的思路。在所归纳的 59 种环保减排方法中，有 25 种创新方法可供行业从业者参考借鉴。该框架为会展中心，特别是大湾区的运营商和规划者提供了信息参考，有助于他们在设计会展中心及其环保设施规划方案时加以参考。现有的会展中心也可以借鉴我们的框架，考虑采用不同环保设施规划方法实践承诺和控制成本，以及减少对环境造成的负面影响。将此方法付诸实践将会给会展中心带来挑战。

本研究中确定的最终框架可以作为一个适合会展中心的环保设施规划的有用工具。未来的研究可以通过关注环境评估过程中这些方法或类别的权重来加强当前的框架。我们的研究结果是基于 2016 年的 11 家会展中心的资料分析。未来的纵向研究可能也是有益的，因为它可以更好地了解这些环保设施规划的未来进展和传播。资料的收集也可以考虑扩展到更多的非英语国家的会展中心，以获得更具有全球代表性的资料。

参考文献

Asia World Expo. 2017. *Caring for the Environment.* from http://www.asiaworld-expo.com/about-us/corporate-social-responsibility-1/_caringforenvironment.

Becken, S., and J. E. Hay. 2007. *Tourism and Climate Change: Risks and Opportunities* (Clevedon: Channel View Publications).

Becken, S., D. G. Simmons, and C. Frampton. 2003. "Energy Use Associated with Different Travel Choices." *Tourism Management* 24: 267-277.

Chan, W., and B. Mak. 2005. "An Analysis of the Environmental Reporting Structures of Selected European Airlines." *International Journal of Tourism Research* 7: 249 – 259.

Chan, W. 2009. "Environmental Methods for Hotels' Environmental Management Systems ISO 14001." *International Journal of Contemporary Hospitality Management* 21: 532 – 560.

Chen, K. 2009. "Research Report on Chinese Convention and Exhibition Industry." Business Community. March 24.

Darwin Convention Center. 2017. *Sustainability Initiatives.* Retrieved November 17, from https://www.darwinconvention.com.au/sustainability – initiatives.html.

Dubois, G., and J. P. Ceron. 2006. "Tourism and Climate Change: Proposals for a Research Agenda." *Journal of Sustainable Tourism* 14: 399 – 415.

Easterby-Smith, M., R. Thorpe, and A. Lowe. 2002. *Management Research: An Introduction* (London: Sage).

Green Meeting Industry Council. 2008. *Why Sustainability?* Retrieved November 2, from http://greenmeetings.info/Why We Do It.html.

Grossling, S., and P. Svensson. 2006. "Tourist Perceptions of Climate Change: A Study of International Tourists in Zanzibar." *Current Issues in Tourism* 9: 419 – 435.

Hong Kong Convention and Exhibition Center. 2017. *Sustainability Commitment.* Retrieved November 12, from https://www.hkcec.com/en/sustainability – commitment.

Hoyer, K. G., and P. Naess. 2001. "The Ecological Traces of Growth: Economic Growth, Liberalization, Increased Consumption—and Sustainable Urban Development?" *Journal of Environmental Policy and Planning* 3: 177 – 192.

International Trade Center Paris. 2017. *A Comprehensive Range of Associated Facilities.* Retrieved November 10, from https://www.itc – paris.com/en/infrastructures – itc – paris – roissy – cdg – business – convention – complex.

Kelly, J., and P. W. Williams. 2007. "Modelling Tourism Destination Energy Consumption and Greenhouse Gas Emissions: Whistler, British Columbia, Canada." *Journal of Sustainable Tourism* 15: 67 – 90.

Latham, G. P., and L. M. Saari. 1984. "Do People Do What They Say? Further Studies on the Situational Interview." *Journal of Applied Psychology* 69: 569 – 573.

Law, C., (Ed.). 2004. *Urban Tourism: The Visitor Economy and the Growth of Large Cities* (New York: Continuum).

Lincoln, Y. S., and E. G. Guba. 1986. "But is It Rigorous? Trustworthiness and Authenticity in Naturalistic Evaluation." *New Directions for Evaluation* 30: 73 – 84.

Lo, J. Y., W. Chan, and C. X. Zhang. 2014. "Tools for Benchmarking and Recognizing Hotels' Green Effort-Environmental Assessment Methods and Eco – labels." *Journal of China Tourism Research* 10: 165 – 185.

Los Angeles Convention Center. 2017. *Environmental Sustainability.* Retrieved November

10, from https://www.lacclink.com/about/green – initiatives.

Lu, T. Y., and L. P. Cai. 2011. "An Analysis of Image and Loyalty in Convention and Exhibition Tourism in China." *Event Management* 15: 37 – 48.

Mak, B., and W. Chan. 2006. "Environmental Reporting of Airlines in the Asia Pacific Region." *Journal of Sustainable Tourism* 14: 618 – 628.

Mak, B. L., W. W. Chan, K. Wong, and C. Zheng. 2007. "Comparative Studies of Standalone Environmental Reports – European and Asian Airlines." *Transportation Research Part D: Transport and Environment* 12: 45 – 52.

Mak, B. L., W. W. Chan, D. Li, L. Liu, and K. F. Wong. 2013. "Power Consumption Modeling and Energy Saving Practices of Hotel Chillers." *International Journal of Hospitality Management* 33: 1 – 5.

Martin, P. Y., and B. A. Turner. 1986. "Grounded Theory and Organizational Research." *The Journal of Applied Behavioral Science* 22: 141 – 157.

Meeting Strategies Worldwide. 2006. *What is a Green Meeting?* Retrieved May 1, from http://www.meetingstrategiesworldwide.com/files/articles/mswwwwhatgreenmtgs.pdf.

Melbourne Convention Exhibition Center. 2017. *Why Choose MCEC.* Retrieved November 10, from http://mcec.com.au/plan – an – event/why – choose – mcec/.

Messe Bremen Exhibition Center. 2017. *A Green Vision for the Future.* Retrieved October 10, from http://www.bremen – tourism.de/messe – bremen – 3.

Miles, M. B., and A. M. Huberman. 1994. *Qualitative Data Analysis: An Expanded Sourcebook* (London: Sage).

Ministry of Commerce. 2016. *China Convention and Exhibition Industry Development Report*, Ministry of Commerce, China.

Minneapolis Convention Center. 2017. *Sustainability.* Retrieved December 15, from https://www.minneapolis.org/minneapolis – convention – center/about/sustainability/.

Patton, M. 1987. *How to Use Qualitative Methods in Evaluation* (California: Sage).

San Diego Convention Center. 2017. *Meetings.* Retrieved October 15, from https://visitsandiego.com/facility/green – meetings.

Scott, D., P. Peeters, and S. Gossling. 2010. "Can Tourism Deliver Its 'Aspirational' Greenhouse Gas Emission Reduction Targets?" *Journal of Sustainable Tourism* 18: 393 – 408.

Singapore Convention and Exhibition Expo. 2017. *Max Atria @ Singapore EXPO Wins BCA Green Mark Platinum Award.* Retrieved December 15, from https://www.newswire.com/max – atria – singapore – expo – wins – bca/114297.

Singapore Management University. 2017. *Cooperation is Key to Building China's Bay Area.* Retrieved April 13, from https://www.smu.edu.sg/perspectives/2017/08/31/cooperation – key – building – chinas – bay – area.

Spiller, J., K. Weber, and K. S. Chon. 2002. "History of Convention Tourism." *Convention Tourism: International Research and Industry Perspectives* 25: 3 – 20.

Teng, C. C., J. S. Horng, M. L. Hu, L. H. Chien, and Y. C. Shen. 2012. "Developing Energy Conservation and Carbon Reduction Indicators for the Hotel Industry in Taiwan." *International Journal of Hospitality Management* 31: 199 – 208.

UFI. 2014. *Global Exhibition Industry Statistics.* Retrieved March 12, from http://www.ufi.org/wp-content/uploads/2016/01/2014_exhibiton_industry_statistics_b.pdf.

UFI. 2017. *Global Exhibition Barometer.* 19th Edition. Retrieved July 10, from http://www.cbbs.hr/wp-content/uploads/2017/08/UFI_Global_Exhibition_Barometer_report19.pdf.

U. S. Building Council. 2017. *Healthy, Green Buildings.* Retrieved October 15, from https://new.usgbc.org/.

USEPA. 2000. *A Method for Quantifying Environmental Indicators of Selected Leisure Activities in the United States.* Washington, DC: Office of Policy, Economics, and Innovation, US Environmental Protection Agency.

U. S. Department of Energy. 2015. *Quadrennial Technology Review: An Assessment of Energy Technologies and Research Opportunities.* Retrieved July 10, 2018, from https://www.energy.gov/sites/prod/files/2017/03/f34/qtr-2015-chapter5.pdf.

Walsh, K. 2003. "Qualitative Research: Advancing the Science and Practice of Hospitality." *Cornell Hotel and Restaurant Administration Quarterly* 44: 66 – 74.

Wu, P., and P. Shi. 2011. An Estimation of Energy Consumption and CO_2 Emissions in Tourism Sector of China." *Journal of Geographical Sciences* 21: 733 – 745.

本文感谢陈伟雄教授撰写的 *A Framework for Environmental Mitigation in Convention and Exhibition Centers in the China Greater Bay Area* 提供的相关资料。

B.7

粤港澳大湾区邮轮与游艇旅游发展报告

饶　勇*

摘　要： 在打造粤港澳大湾区世界级旅游目的地、发展现代海洋经济和彰显“一国两制”制度优势的政策背景下，研究粤港澳大湾区的邮轮与游艇旅游发展态势对于促进“9+2”城市群的旅游业转型升级与高质量发展具有重要意义。本研究采用定性与定量相结合的分析方法，对广州、深圳、珠海、中山、惠州和香港等多个城市的重点旅游企业进行现场观察与访谈调查，并向游客发放了有关邮轮与游艇旅游体验的问卷，通过全面评估当前粤港澳大湾区邮轮与游艇旅游发展的产业基础、市场结构、企业行为与社会经济效应，提出具有针对性的企业经营改进措施和政府“放管服”改革建议，为粤港澳大湾区海洋旅游的国际化和规范化发展提供决策借鉴。

关键词： 粤港澳大湾区　邮轮旅游　游艇旅游　“放管服”改革

一　粤港澳大湾区邮轮与游艇旅游发展前景

邮轮与游艇旅游是现代海洋经济的重要组成部分，也是旅游业转型升级和高质量发展的新增长极（Lee, 2002）。纵观欧美发达国家的旅游消费升级进程，当一个国家或地区的人均 GDP 接近 5000 美元时，邮轮与游艇旅游开始进

* 饶勇，博士，中山大学旅游学院副教授，研究方向为酒店管理、知识管理、人口与劳动经济学。

入起步发展阶段；当人均 GDP 达到或超过 10000 美元时，邮轮与游艇旅游则会进入供需规模倍增的快速发展阶段（杨建明，2015）。

中国邮轮与游艇旅游目前仍处于起步阶段。2006 年，意大利歌诗达邮轮公司的“爱兰歌娜”号邮轮在中国内地首航，拉开了中国内地海洋邮轮旅游发展的序幕。此后 10 年间，中国邮轮旅游的出游人次数始终保持 40% ~50% 的超高年增长率，在全球邮轮旅游市场中的占比由 0.5%（2007 年）跃升至 9.6%（2016 年）。仅就游客数量规模而言，中国目前已成为仅次于美国的全球第二大邮轮旅游市场。然而，作为资金和技术高度密集的现代海洋产业，邮轮旅游产业链的构建和完善绝非一夕之功（孙晓东，2015）。随着时间推移，行业竞争失范、游客消费理念滞后和产业配套不完善等深层次问题开始显现，这导致 2017 年中国邮轮出游人次数增幅收窄至 8%，而进入 2018 年后，大多数邮轮母港的邮轮到港数和游客出游人次数更是首度呈现负增长趋势。2019 年 7 月，李克强总理主持召开国务院常务会议，再次强调支持邮轮游艇旅游等新业态发展。自此，在工信部、自然资源部、交通运输部、公安部、文化和旅游部等多部委的推动下，中国邮轮旅游业开始进入以提升服务品质、整合全产业链和夯实产业基础为目标的优化调整时期。

相比过去 10 多年间邮轮旅游业的超常规发展，中国内地游艇旅游业起步较早且发展较平稳。1998 年，内地首家游艇俱乐部——深圳浪骑游艇会建成并投入运营。2003 年，珠海市政府率先将游艇制造业列为重点发展产业，集全市之力打造平沙现代游艇制造业集群。这标志着中国游艇业初步形成“制造 + 旅游”的独特发展模式。相比邮轮旅游，游艇旅游发展对气候条件、水域资源和船舶管制政策等环境因素更敏感。目前，中国内地游艇旅游以广东、海南和福建等东南沿海省份为发展主体，在人均拥有游艇数、游艇泊位数和游客出海人次数等重要指标上与欧美发达国家有较大差距。近年来，各地政府积极推进游艇消费的大众化发展，在建设公共游艇码头、开展游艇租赁经营和简化出入境手续等方面进行改革试点，取得了较好效果。例如，2018 年春节黄金周期间，三亚游艇业共接待游客 2.59 万人次，船舶出海 2695 艘次，经济收益超过 2 亿元，这表明中国游艇旅游业有广阔的市场空间和发展前景（赵宽、张帅，2020）。

粤港澳大湾区是中国邮轮与游艇旅游发展的核心区域之一。粤港澳大湾区除个别城市外，大部分城市管辖有数量规模不等的海域、海岛和海港，海洋旅游资源丰度处于全国领先水平。依据广东省自然资源厅与广东省文化和旅游厅2018年11月发布的《广东省海岛旅游发展总体规划（2017－2030年）》，广东全省现有岛屿1963个（不含礁岩），其中9成以上是无人岛屿。大湾区属于东亚季风区，以南亚热带和热带气候为主，是全国光、热和水资源最丰富的地区之一。当华东、华北地区在冬季出于气候原因进入邮轮与游艇旅游淡季时，大湾区的海洋气候优势凸显，有望成为全国冬春季邮轮与游艇旅游的中心。

自2016年10月31日深圳太子湾邮轮母港启用以来，基于深圳太子湾母港、广州南沙母港和香港启德母港的“大湾区三小时邮轮圈”已迅速成为与长三角邮轮圈（以上海为中心）和环渤海邮轮圈（以天津为中心）并驾齐驱的三大邮轮经济带之一，而在中国交通运输协会邮轮游艇分会（CCYIA）评选的中国内地游艇城市20强中，深圳、广州、珠海和中山等湾区城市均位居前列。无论是从区位优势还是从市场基础来说，大湾区都有条件也有责任成为中国邮轮与游艇旅游发展的领头羊（郭湘闽等，2018）。

2019年2月，中共中央和国务院正式发布《粤港澳大湾区发展规划纲要》（以下简称《纲要》）。《纲要》明确指出，要“推进大湾区旅游发展，依托大湾区特色优势及香港国际航运中心的地位，构建文化历史、休闲度假、养生保健、邮轮游艇等多元旅游产品体系，丰富粤港澳旅游精品路线，开发高铁‘一程多站’旅游产品，建设粤港澳大湾区世界级旅游目的地”。除了明确邮轮与游艇旅游在大湾区经济发展中的地位，《纲要》还进一步指出大湾区邮轮与游艇旅游的发展路径。关于促进邮轮旅游发展，《纲要》提出要“有序推动香港、广州、深圳国际邮轮港建设，进一步增加国际班轮航线，探索研究简化邮轮、游艇及旅客出入境手续。逐步简化及放宽内地邮轮旅客的证件安排，研究探索内地邮轮旅客以过境方式赴港参与全部邮轮航程”，而关于游艇旅游发展，《纲要》指出要“加快发展港口物流、滨海旅游、海洋信息服务等海洋服务业。……支持粤港澳通过加强金融合作推进海洋经济发展，……发展海上保险、再保险及船舶金融等特色金融业”。

在此背景下，尽享政策红利的粤港澳大湾区邮轮与游艇旅游业如何通过创新发展来充分发挥示范带头作用，成为社会各界共同关注的热点议题。据此，本研究通过考察大湾区邮轮与游艇旅游重点企业、走访从业人员以及发放游客调查问卷等方法，全面评估当前粤港澳邮轮与游艇旅游发展现状，探索阻碍区内与区际旅游协同发展的因素，并在此基础上提出有关企业经营改善和政府“放管服”改革的对策建议，从而为加快粤港澳大湾区海洋旅游的国际化和规范化发展进程提供理论与实践指导。

二　粤港澳大湾区邮轮与游艇业调研过程

（一）调研情况

为了解大湾区邮轮与游艇业的发展现状及存在的问题，本研究采用现场观察、半结构式访谈与问卷调查等多种调查方法，调研对象主要包括邮轮与游艇业从业人员与游客。其中，从业人员指直接或间接从事邮轮与游艇相关工作的人员，主要包括邮轮与游艇企业管理人员、资深从业者、政府相关部门和行业协会的工作人员等。此次调研团队主要由中山大学的教师、研究生和本科生组成，并得到原国家旅游局港澳台旅游事务司、广东省文化和旅游厅、惠州大亚湾经济技术开发区、招商局集团、金融街集团、珠海九州控股集团和云顶邮轮集团等政府机构和知名企业的支持。调研目的地主要包括广州、深圳、珠海、中山、江门、惠州和香港等大湾区核心城市，同时考察了海口、三亚和厦门等外省邮轮与游艇发展重点城市。选择以上调研目的地的主要理由是这些城市大多拥有较完善的邮轮母港、游艇俱乐部或游艇制造厂等运营设施，而且出台了加快发展相关产业的规划与配套政策。

调研过程从2016年10月深圳太子港邮轮母港启用前夕开始，具体调研安排主要包括：①2016年10月至2017年5月，调研深圳太子港、广州南沙邮轮港（集装箱码头）、厦门国际邮轮码头与海口秀英港，获取关于华南地区邮轮港口建设与运营的资料；②2017年8月至2018年4月，调研珠海高速客轮有限公司、惠州巽寮湾游艇会、广州南沙游艇会、珠海平沙游艇基地和深圳大梅沙游艇会等游艇旅游企业，获取关于游艇建造、游艇旅游与粤港澳游艇自由行等的数据与资料；③2018年5月至2019年12月，调研香港启德邮轮母港、香港海港城邮轮码头、广州南沙邮轮母港、江门江中珠游艇会、云顶邮轮集团广州办事处以及广之旅邮轮事业部等企业，在企业协助下发放游客调查问卷，并对广深两大邮轮母港开启和粤港澳游艇自由行政策实施后的行业与市场态势进行访谈调查；④2020 年 2 ~5 月，主要通过在线访谈方式，了解新冠肺炎疫情对邮轮与游艇业的冲击和企业应对情况。

整体上而言，本次调研过程耗时长、涉及面广且以访谈调查为主要方式，这主要是因为自 2016 年开始，粤港澳大湾区的邮轮与游艇旅游业进入快速发展时期。邮轮母港建成启用、政府“放管服”改革进程加快以及消费市场急剧增长等因素，使市场格局日新月异，不但加大了调研难度，而且对调研结果的时效性提出较高要求。这使调研团队必须根据行业与市场的重大变化，多次进行补充性调查。

（二）数据收集与分析

通过为期三年半的实地调研，本研究获取到以下数据与资料。

对邮轮与游艇业从业人员及游客的访谈文本记录。本次调研共访谈企业管理与技术人员、政府与行业协会工作人员 56 人次，其中有 33 人次访谈时间达到 20 分钟以上，形成了较完整的半结构化访谈文本记录，另有 23 人次访谈时长不足 20 分钟（主要是游客），大多为无预设提纲的非正式访谈，两类访谈文本合计字数约 16.5 万字。访谈对象信息（因时间跨度较大，且部分受访者多次接受追踪采访，故未列具体采访时间）见表 1。

表 1　受访者信息列表（N =56）

类别	序号	受访者身份	受访人数
邮轮企业	1	邮轮企业中高层管理人员	8
	2	邮轮企业销售、服务与技术人员	10
	3	邮轮港口管理及工作人员	5
	4	邮轮代理企业（旅行社）工作人员	4
	5	邮轮游客	7
游艇企业	6	游艇会管理及工作人员	7
	7	游艇制造企业管理人员	3
	8	游艇游客	5
政府、行业协会	9	政府工作人员	4
	10	行业协会工作人员	3

由现场观察札记转录形成的文本记录。本次调研共计走访处于运营状态的邮轮与游艇企业15家，每家企业停留时长从30分钟到4小时不等。调研人员将现场观察结果转录成文本，获得相应的文本字数约3.7万字。

现场发放并回收的游客调查问卷。与传统的目的地观光旅游和休闲度假旅游相比，邮轮与游艇旅游具有游客主要于海面活动、注重游客私密性与需统一快速清关离港等特征（Qu and Ping，1999），这给调研团队发放问卷带来了较大困难。同时由于目前在广东省内邮轮与游艇旅游普及率还非常低，大多数居民缺乏相关的旅游体验。据此，调研团队于2019年4月在香港海港城邮轮码头发放问卷，主要考虑到海港城邮轮港主营公海邮轮业务、客流量充裕且无须清关，同时游客中既有香港本地居民，也有一定数量的内地游客（主要是广东游客），而且这些游客普遍有一次及以上的邮轮或游艇旅游经历。为了解大湾区游客对邮轮与游艇旅游服务质量的感知与评价，调研团队现场共发放150份问卷，回收有效问卷105份（见表2）。此外，为从供给端了解邮轮旅游产品供给者对服务质量的评价和自我感知，向两地的旅行社和邮轮代理机构的工作人员发放了问题结构相同的问卷，并回收了69份有效问卷（含后期在广州面向旅行社和邮轮直销公司发放的问卷）。

表2 调研游客样本情况（N=105）

单位：人，%

类别	样本分类	样本数	百分比
性别	男	38	36.2
	女	67	63.8
现居地	香港	71	67.6
	内地或其他	34	32.4
年龄	20岁及以下	4	3.8
	21~30岁	16	15.2
	31~40岁	12	11.4
	41~50岁	17	16.2
	51~60岁	28	26.7
	61岁及以上	28	26.7
家庭月收入（港币或人民币）	8001~20000元	12	11.4
	20001~30000元	31	29.5
	30001~40000元	33	31.4
	40001元及以上	29	27.6

续表

类别	样本分类	样本数	百分比
职业	学生	5	4.8
	全职员工	27	25.7
	兼职员工	12	11.4
	退休	46	43.8
	自雇人士	15	14.3

从政府、企业、行业协会和网络等获取的二手数据与资料，主要包括广东省与香港、澳门的统计年鉴，相关政府部门和行业协会发布的公文和专项报告，企业宣传和促销材料，网络新闻报道和各类专业资讯。此外还通过中国知网获取到近年来与粤港澳邮轮和游艇旅游相关的研究报告和论文。

基于调研人员获取的问卷数据，本研究主要进行描述性统计和均值分析，并对具有相同问题结构的游客问卷数据和旅游从业者问卷数据进行重要性—满意度分析（Importance Performance Analysis，IPA）。对于通过访谈和现场观察获得的文本数据，则主要采用 NVivo11.0 软件进行主题抽取和编码分析。

三　粤港澳大湾区邮轮与游艇旅游发展现状

20 世纪 90 年代中后期，随着香港和澳门相继回归，珠三角地区的邮轮与游艇旅游开始进入起步发展阶段。以 1998 年深圳浪骑游艇会一期工程为起点，广州、深圳、珠海和惠州等城市的多家游艇俱乐部陆续建成并投入使用，并带动了珠海和中山等地游艇制造业的快速发展（赵宽、张帅，2020）。与此同时，以香港启德港和海港城码头为出发港的邮轮旅游逐渐成为广深等地的旅游新风尚，多家内地旅行社开始尝试以“包船”或“切舱”等方式代理销售邮轮旅游产品。2016 年 10 月深圳太子湾母港建成与 2019 年 11 月广州南沙母港建成，标志着大湾区邮轮与游艇旅游由起步发展向国际化和规范化快速发展阶段的转变。

（一）大湾区邮轮旅游发展

1. 形成“三小时邮轮圈”

2016 年 1 月 3 日，在集装箱码头基础上改造而成的广州港国际邮轮母港正式投入运营，拉开了珠三角邮轮母港发展的序幕。同年10月31日，由招商局集团投资的深圳太子湾邮轮母港正式启用。该母港设计有2个邮轮泊位、1个客货滚装泊位和10个高速客轮泊位，泊位岸线总长1509米，可停靠世界上最大的22.5万吨级巨型邮轮。2019年11月17日，在第十四届中国邮轮产业发展大会召开期间，由中交建集团投资的广州南沙国际邮轮母港综合体正式建成启用，并接替由货运码头改造的广州港母港。新落成的南沙国际邮轮母港规划建设4个10万~22.5万吨级邮轮泊位，目前已建成2个泊位，泊位岸线总长770米，并可通过紧邻的南沙客运港连接香港中港城码头、香港及澳门的国际机场（见表3）。至此，彼此间相距不到50海里的粤港澳“三小时邮轮圈”正式形成，并迅速成长为中国乃至亚太地区最具增长潜力的邮轮产业经济带之一。

表3　中国主要邮轮母港基本指标比较

母港名称	泊位数（个）	泊位等级（万吨）	泊位岸线（米）	年接待邮轮数（2018年）	年接待游客数（2018年）（万人次）
上海国际邮轮港	4	22.5	1600	403	275.29
天津国际邮轮港	4	22.0	1112	116	68.39
厦门国际邮轮港	4	15.0	1419	96	32.25
深圳邮轮港一期	2	22.5	1509	89	36.49
南沙邮轮港一期	2	22.5	770	94	48.12
香港启德邮轮港	2	22.5	850	210	87.52

注：香港海港城邮轮码头主要从事本土、短程的“无目的地”公海邮轮业务，未计入内。

自2016年陆续开港以来，粤港澳三大邮轮母港充分发挥在市场基础、设施配套和气候环境等方面的优势，积极拓展邮轮旅游客源市场，开发邮轮目的地航线与新产品，加强三地间的合作与联动，取得了令业内瞩目的成绩。以2018年为例，内地13个主要邮轮母港共接待邮轮969艘次，同比下降17.95%，接待出入境邮轮游客数合计4906583人次，同比下降0.98%。其中，位列内地第一的上海国际邮轮港（含吴淞口码头与国际客运中心码头）全年接待邮轮艘次同比下降21.29%（403艘次），接待游客数同比下降7.56%（275.29万人次）；排名第二的天津国际邮轮港全年接待邮轮艘次同比下降33.71%（116艘次），接待游客数同比下降27.41%（68.39万人次）。然而，当大多数邮轮母港的接待游客数持续下滑时，广深港三大邮轮港却在2018年实现了“逆势增长”。其中，2018年广州南沙港接待游客数48.12万人次，同比增长19.3%；深圳太子港接待游客数约36万人次，同比增长93.6%，两地各项核心指标高居内地第三和第四。如果计入香港启德邮轮港当年接待游客数（87.52万人次），则大湾区“三小时邮轮圈”已远超天津国际邮轮港，跃升为国内第二大邮轮经济带。广深港三大邮轮港的集群后发优势不但说明全面发展大湾区邮轮与游艇旅游的时机已完全成熟，而且为促进粤港澳三地间的深度合作与文化交流提供了新的思路和方向。

2. 构建与世界知名邮轮运营企业的战略伙伴关系

广深邮轮母港的建设秉承“规范化、便捷化、高质量”原则，在港口服务、交通接驳、后勤保障与人才培养等方面精心部署，实现了与国际接轨的预设目标。例如，大湾区在国内最早全面实施外国游客144小时过境免签政策，广深邮轮母港均实现了港口与机场、高铁和地铁快速接驳的一站式“海陆联运”，广州市南沙区政府更是为在本地注册的邮轮公司提供500万元补贴。这些优惠政策与便利措施吸引了全世界邮轮运营企业的目光。例如，自2016年1月广州港国际邮轮母港开启至2018年底，云顶邮轮集团在广深港三地先后开通了18条主力航线，累计接载出入境游客184万人次。各大邮轮公司原本部署在世界其他海域的海洋航行者号、世界梦号、双鱼星号、Crystal Symphony号和Nautica号等主力邮轮也纷纷将主场转至大湾区。

除了靠优惠政策吸引邮轮企业进驻外，广深港三大港口更注重加强区域内合作，并以协同发展优势来构建与世界一流邮轮运营团队的战略合作关系。随着三大港口提出“双母港”组客运营策略后，全球多家邮轮企业开始密切关注三大邮轮港的集群发展态势，逐步增加在大湾区的邮轮供给，现已基本形成“新下水邮轮优先投放于大湾区”的市场惯例。例如，2019年12月5日，全球最大家族邮轮企业MSC地中海邮轮集团与招商局集团正式签署战略合作协议，双方约定从2020年开始在邮轮全产业链上展开全面合作。MSC地中海邮轮公司将其旗舰邮轮“荣耀号”靠泊太子湾母港，并计划在2021年春季前运营发送至少21个航次，预计将搭载至少10万人次游客出航。总的来说，当中国北方邮轮市场陷入粗放式增长困境并出现“诺唯真喜悦号”等多艘邮轮退出现象时，大湾区邮轮业正凭借更规范、更理性和更国际化的运作快速上升为中国邮轮产业的新增长极。

3. 推出有竞争力的邮轮航线与创新性产品

自 2006 年国际邮轮进入中国内地市场以来，市场上的邮轮旅游产品主要为2~6 日的短程航线，均价为 3000 元至 10000 元不等。受地理区位和气候条件等因素影响，从上海和天津等地出发的邮轮航线主要以日本、韩国和中国台湾地区为目的地，冬春季节的淡季效应比较明显。相比之下，粤港澳大湾区的邮轮旅游有更丰富的航线选择，可覆盖东亚和东南亚大多数国家与地区的滨海城市，如菲律宾马尼拉、越南岘港、新加坡和印尼雅加达等。此外，由于大湾区居民旅游消费意识超前和企事业单位年假制普及率较高，近年来长线邮轮产品开始流行，如 2019 年歌诗达邮轮公司开辟了从深圳太子港出发的南太平洋航线，行程包括沿线 17 个岛屿的 20 个港口城市。丰富的旅游目的地选择，使大湾区的邮轮旅游受地缘政治影响较小，有助于规避类似韩国萨德导弹事件对邮轮旅游发展的冲击。

经过近 4 年的探索与磨合，目前广深港三大邮轮母港已初步形成“各具特色、合作共赢”的格局，较好地克服了区内同质化竞争。具体来说，广州邮轮港以家庭旅游和老年人旅游产品为特色，重点深耕日韩与东南亚航线，目前已开辟 9 条成熟航线，主要涵盖 12 个目的地城市。与此同时，广州港还积极尝试开发新目的地，如 2019 年底与马来西亚槟城签订了邮轮通航协议。深圳邮轮港主攻商务会议游与公司奖励游等新兴市场，除常规的日韩与东南亚市场外，也积极拓展南极与西沙等特色旅游目的地。相比之下，香港邮轮港的产品体系更完善且国际化程度更高，既有面向本土居民的“无目的地”短程公海游航线，也有通往欧美和大洋洲的国际长程航线（18~56 天），而其主力产品则是面向东南亚和南亚国家的 10~15 天航线。此外，除了按行业惯例开发通用型产品外，各大邮轮公司还从中国游客的偏好与需求出发，不断推出有中国特色的航线产品。例如，云顶邮轮公司策划并推出中秋假期和春节假期等多条“黄金周”航线，而招商局集团积极扶持本土邮轮企业，邀请“中华泰山”号邮轮在 6 个月内开出 41 次“深圳—岘港”航线，并在为期 4 天的行程中特意安排 2 天岸上游项目，允许游客在目的地自行选择酒店过夜休闲。

4. 建立起全方位、多面向的“邮轮 +”市场推广模式

从 2006 年歌诗达邮轮公司邮轮的内地首航开始，内地的邮轮旅游大多采

用“包船”与“切舱”相结合的渠道销售模式。这一方面是因为国际邮轮公司不熟悉内地市场，很难在短时间内完成数以千计的舱位销售，只能借助旅行分销商的力量；另一方面是由于内地旅行社行业已形成“先低价揽客，再靠回佣反哺”的赢利模式，因此靠价格战带动了邮轮旅游热潮的兴起。但随着时间推移，这种销售模式的弊端日渐显现，尤其是“岸上游”给游客带来的劣质体验在一定程度上已危及邮轮旅游在内地市场的可持续发展。

鉴于此，大湾区邮轮旅游业一开始就摈弃“包船制”营销模式，给予国际邮轮公司更多权限，扶持邮轮公司建立本地化直销网络。目前大多数邮轮公司已在广深等地设立办事处，如云顶邮轮公司办事处在大湾区的邮轮销售已实现“70%靠自营直销，30%靠旅行社切舱代售”的理想格局。对于游客意见较集中的“岸上游”问题，大湾区邮轮行业一致明确，不将“岸上游”作为捆绑销售项目。游客既可自愿向旅行社选购，也可在乘坐邮轮时临时购买邮轮公司提供的产品，而且即便不参加“岸上游”，也无须向旅行社缴纳任何额外费用。大湾区邮轮企业的销售模式之所以能彻底摆脱传统的“包船+岸上游”模式，主要原因是本地客源充足，游客消费理念较成熟，邮轮航线产品丰富，且地方政府提供了大量政策性优惠等。例如，广东省政府率先提出，简化游客通关手续，优化签证服务，实现粤港澳三地间的陆海空全口岸联动免签，极大地便利了游客的出游选择。

邮轮旅游强调顾客体验和参与，并主张“邮轮即目的地”（Hung and Petrick，2011）。为使更多居民了解并接纳邮轮文化，大湾区极力推行“政府搭台、企业唱戏、全程覆盖”的“邮轮+”市场推广模式。例如，深圳太子湾邮轮港于2019年建立了首家新型游客中心，创新性地推出“邮轮+飞机”、“邮轮+高铁”、“邮轮+巴士”与“邮轮+渡轮”的便捷转运和全程销售业务，并联合邮轮公司、旅行社和携程、驴妈妈等OTA（在线旅行社）分销商在珠三角地区全面启动“邮轮+主题活动”宣传。广州南沙邮轮港于2020年5月22日正式启动中国首个邮轮文化展示中心，集中陈列展示邮轮有关画册、精美邮轮模型和各类美食与旅游摄影作品，帮助市民深入了解世界邮轮发展历史，帮助外国游客认识广州和中国。尤其值得一提的是，广深港三大邮轮母港还集体组团前往内地各省（区、市）举办各种业务推介活动，使邮轮旅游作为大湾区的新文化名片传遍四方。

整体上而言，大湾区邮轮旅游拥有客源市场、产业基础和自然气候条件等多方面的先天优势，并能够通过科学规划、锐意改革和协同合作等途径，将这些先天优势转化为“厚积而薄发”的后发优势。大湾区邮轮旅游业的成功可为当前中国邮轮旅游业的改革和高质量发展提供经验借鉴，但同时也应看到，大湾区邮轮产业与世界级领先水平仍有较大差距，还需要进一步深化改革和创新发展。

5. 推动邮轮建造与全产业链发展

据国际邮轮协会（CLIA）统计，2018 年全球邮轮产业共计创造了 117.7 万个就业机会，实现全产业链收入高达 1500 亿美元。但值得注意的是，邮轮旅游收入仅为其中的一部分，事实上邮轮全产业链还包括上游的邮轮设计与建造，中游的邮轮运营、物资采购与服务，以及下游的邮轮港接待与管理。中国交通运输协会邮轮游艇分会于 2018 年提出全行业进入优化调整期，除了强调继续提升邮轮旅游服务品质外，另一个更重要的目标是实现邮轮产业由下游的接待逐步转向技术、资金、利润和风险集聚的上游制造与配套服务领域。

大湾区目前已成为中国邮轮全产业链发展的示范先行地区。邮轮制造是一个系统工程，涉及超过 2000 万个零部件。目前中国邮轮设备制造的国产化率仅为 40% 左右，但随着大湾区多家企业的加入，核心材料与设备的国产化率有望在不久的将来达到 70% 左右。其中最具代表性的大湾区制造企业包括广船国际有限公司和招商局邮轮制造有限公司。前者是内地三大造船基地之一，定位为中国船舶集团客船及中小型邮轮制造基地。后者目前已引入芬兰德他马林船舶设计公司作为战略合作方，并在意大利建立研发中心，旨在建设世界一流的智能化邮轮。2019 年，招商局集团建成交付了中国首艘极地探险邮轮，标志着大湾区自主邮轮建造“零的突破”，打破了欧洲国家在邮轮建造领域的垄断。

作为中国生产性服务业最发达的地区，大湾区在邮轮配套服务上取得了可喜成绩。长久以来，困扰邮轮旅游发展的一大难题是传统动力邮轮的高污染排放，如所使用的重油含硫量高出欧洲道路排放标准 3500 倍左右。对此，大湾区邮轮企业与中石化和中海油等石油企业合作，开发出专供邮轮使用的低硫重质船用燃料油。与此同时，大湾区企业还充分发挥在信息服务领域的技术优势，率先提出智慧邮轮建设目标。例如，由珠海泛网科技有限公司研发的邮轮自助服务系统已广泛运用于大湾区的邮轮码头、海关、边检和行政服务中心。该系统包含邮轮通 App、邮轮通自助一体机、邮轮信息交换系统、码头自助值船机以及海关自助申报终端等信息服务，在国际上处于领先水平。此外，大湾区邮轮业还将夯实产业发展的资金与人才基础提升到战略高度，如工银金融租赁有限公司较早进入国际邮轮融资领域，为邮轮业提供国际惯行的“融资租赁”业务，已相继为“银影”号五星邮轮和“鼓浪屿”号邮轮等多艘邮轮提供资金支持。而在人才培养方面，以广州航海学院为代表的多家专业院校已陆续设立邮轮技术与服务相关专业，为大湾区邮轮旅游发展持续提供优质专业人才。

（二）大湾区游艇旅游发展

1. 游艇码头建设与游艇旅游发展

由于游艇需要固定的停泊条件、可控的停泊成本以及较完善的靠泊服务设施，因此游艇码头规模化建设往往被视为游艇旅游规模化发展的前提（赵崇煦、李霞，2010）。相比珠三角 9 市，香港和澳门特别行政区的游艇码头建设已进入高度成熟阶段，不但“地尽其利”，在体量上趋于饱和，而且利用率很高，基本实现了游艇旅游的大众化发展目标。其中，香港现有中等规模及以上的游艇码头 12 处（含分会码头），在册游艇 13000 多艘，平均每 600 人拥有 1 艘游艇，普及率可比肩大多数欧美发达国家。澳门虽然受地理面积制约，只有路环码头和渔人码头等两处游艇码头，但于 2006 年正式开幕的渔人码头建设标准高、配套设施全且占地面积达 130 万平方米，目前已成为澳门首个主题游乐公园。

而在珠三角 9 市，1996 年，广州市区开始出现私人游艇。1998 年，深圳浪骑游艇俱乐部第一期工程 160 个泊位建成并投入运营，正式掀起了珠三角地区的游艇码头建设热潮。此后不到 20 年时间里，含深圳、广州、珠海和中山等城市在内的大湾区相继建成规模不等的游艇码头近 60 处，在册游艇 2000 余艘（部分为在港澳地区注册）。无论是从泊位数（见表 4）还是从游艇拥有率来说，大湾区游艇业均居于全国领先水平。以深圳为例，全市现有浪骑、大梅沙、深圳湾和机场鸿洲等大中型游艇码头 7 处，已建成 1300 多个水上泊位和 600 多个干仓泊位，有个人和公司会籍会员近 1000 人，本地注册游艇数超过 600 艘，另有各类游艇相关企业 150 余家，各项指标均居国内第一。此外，深圳游艇靠泊价格目前已涨至 8 元/（尺・天），而珠海目前已规划并在建的游艇码头有15处，这些都说明大湾区游艇消费已进入规模化发展的前夕。《广东省滨海旅游发展规划（2011－2020年）》明确提出要将广东省打造为全国游艇旅游强省，而规划所涉及的大部分城市与地区位于大湾区。例如，该规划中指出，要"形成以广州、深圳、珠海为核心，汕头、湛江、中山、东莞、江门、阳江、茂名、惠州、汕尾等游艇俱乐部群为支撑的滨海游艇旅游黄金海岸带"，要"建成广州南沙、生物岛、珠海平沙和深圳大鹏湾四个游艇基地"，要"将珠海建设成为国内第一个'游艇城'"。

表4　珠三角地区代表性游艇码头一览

单位：个

<table>
<tr><th>地区</th><th>游艇会名称</th><th>已建成泊位数</th><th>地区</th><th>游艇会名称</th><th>已建成泊位数</th></tr>
<tr><td rowspan="4">深圳</td><td>浪骑</td><td>275</td><td rowspan="4">广州</td><td>南沙游艇会</td><td>352</td></tr>
<tr><td>大梅沙</td><td>200</td><td>莱茵游艇会</td><td>100</td></tr>
<tr><td>深圳湾</td><td>263</td><td>黄埔长洲岛公共游艇码头</td><td>207</td></tr>
<tr><td>七星湾</td><td>230</td><td>莲花山国际游艇会</td><td>700</td></tr>
<tr><td rowspan="2">惠州</td><td>巽寮湾金融街</td><td>581</td><td rowspan="2">珠海</td><td>九洲游艇会</td><td>123</td></tr>
<tr><td>惠州东部湾</td><td>314</td><td>格力海岸游艇会</td><td>200</td></tr>
<tr><td>东莞</td><td>沙田狮子洋</td><td>416</td><td>中山</td><td>吉宝盛世游艇会</td><td>430</td></tr>
<tr><td>肇庆</td><td>星汇龟顶山码头</td><td>50</td><td>江门</td><td>江中珠游艇会</td><td>80</td></tr>
</table>

除港澳地区外，目前大湾区游艇码头的泊位利用率平均低于60%，而会员制游艇的闲置状况也高于预期，这种情形主要与当前游艇旅游企业的销售模式有关。深圳浪骑和大梅沙等在国内首推游艇泊位会籍销售模式，售价高达百万元人民币。除了会籍销售收入外，游艇俱乐部还可以通过面向会员的游艇销售、租赁和会所消费等途径获利，部分会员甚至通过会籍转让来套利，这在一定程度上催生了游艇码头建设热潮，尤以有地产背景的游艇企业为甚。但随着时间推移，会籍营销模式开始遇冷，主要原因是游艇购置存在一定政策壁垒。例如，按照现行船舶管理制度，12座以上的游艇被列入经营性客船序列，需办理相应注册手续并承担较高的税负，因此大多数潜在客户不得不望而却步，最终导致游艇保有量远低于实际的泊位数。

近年来，大湾区游艇业开始探索游艇租赁业务，并积极引导大众型游艇消费，如发展以运动型帆船（桅杆）和小型钓鱼艇（钓竿）为代表的"两杆经济”（李宝轩等，2019）。各大游艇俱乐部充分利用黄金周和传统节假日，举办帆船运动比赛和游艇体验活动，并与游艇驾照培训学校合作，积极培育青少年游艇旅游市场，取得了较好的经济与社会反响。例如，惠州巽寮湾金融街游艇会依托其游艇保税仓和大型游艇维修中心等基础设施，积极拓展大众游艇业务，仅2018年就吸引了5万多人次的游客消费，泊位利用率达到61%，而在台风季节更是达到100%的停泊率。鉴于我国香港、澳门等地在游艇消费大众化发展上的成功，2016年12月，《国务院关于印发“十三五”旅游业发展规划的通知》明确指出，要“发展适合大众消费的中小型游艇”。目前，大湾区游艇行业已基本走出早期将游艇旅游当作“炫耀性消费”的营销理念，加大了在大众型游艇消费产品开发与推广上的力度。例如，随着港珠澳大桥的开通，珠海正在逐渐取代深圳，成为大湾区游艇旅游的龙头城市。目前珠海市较成熟的游艇航线已经覆盖桂山岛、万山岛、外伶仃岛、东澳岛、庙湾岛和港珠澳大桥东西人工岛等多座海岛，并与港澳地区和邻近的深圳、广州、东莞、江门等地的游艇码头之间建立了多条“点对点”定制航线。各游艇航线航时从以小时起算，到半日、一日和多日不等。游艇旅游产品既包括海岛游览、环澳门游和水上看港珠澳大桥等传统观光游，也包括海钓和出海观白海豚等特色项目。大多数游艇配备专业水手和船长，较大型游艇还会配备专业导游。游艇租赁经营和大众化消费正在成为大湾区游艇旅游业转型发展的新动力。

2016年11月23日，粤港澳游艇自由行首航于中山市神湾镇吉宝盛世游艇码头启航，经过18海里约1小时航程，先后抵达澳门路环码头和渔人码头。此后不久，广州、深圳与香港之间的游艇自由行也在三地同行的共同见证下相继启动。2017年6月，交通运输部、公安部、海关总署和国家质检总局等四部委联合复函广东省人民政府，正式同意实施《中国（广东）自由贸易试验区粤港澳游艇自由行实施方案》。此举不但可以解决港澳地区的海域空间不足问题，还可以丰富大湾区游艇的出游选择和路线内容，促进三地间居民的文化交流与民间交往。但从近几年游艇自由行政策的施行效果来看，仍存在较多技术瓶颈，政策的带动效应尚未得到充分发挥。

2. 游艇建造与全产业链培育

尽管大多数游艇旅游企业没有达到投资者的收益预期，但游艇业界仍然对大湾区的游艇产业发展前景充满信心。一方面，珠三角9市目前的游艇拥有率远低于欧美国家水平，与港澳地区也有显著差距。考虑到大湾区的人口基数（7371 万）和人口增长率（年均 7%），按照广东省游艇行业协会的测算，未来大湾区游艇保有率有望达到 1560 人/艘，这意味着大湾区还需新增游艇 47200 艘，这一需求规模可以创造至少 21 万个就业岗位，并带动全产业链收益达 210 亿元左右。另一方面，从全球游艇产业惯例来看，游艇设计、建造、配套与维护等上游环节实现的收益占全产业链收益的 60% 左右。作为全国游艇制造业的领先区域，截至 2018 年底，广东全省共计有 226 家游艇制造企业，约占全国游艇制造企业总量的 19%。“制造 + 旅游”不但可以丰富大湾区人民群众的休闲生活，提升居民幸福感，而且可以充分发挥珠三角地区的制造业集成优势，帮助中国造游艇走向世界市场。

珠三角地区目前有规模以上游艇制造厂家 58 个，年产值接近 40 亿元。其中，珠海高栏港经济区的平沙游艇制造基地已成为中国内地规模最大的外贸游艇特色产业集群，目前已有 22 家游艇制造企业和 35 家配套企业，可生产从 5. 18 米到 91. 44 米（17 ~ 300 英尺）不等的各种规格游艇，以及海关、渔政和海事等特种船只，产品远销欧美各国。而在中山市神湾镇和江门市新会区等地，游艇制造也正在逐渐成为当地的特色新兴产业。尽管大多数游艇制造企业受技术能力限制，主营 12. 19 米（40 英尺）以下的中小型游艇，但随着游艇市场升温和技术迭代加快，以深圳中集来福士公司为龙头的一批优秀企业已开始涉足超级游艇制造领域。例如，2019 年 8 月，中集来福士公司建造的 Illusion Plus（幻想号）游艇首度亮相摩洛哥游艇展，代表着大湾区企业已有能力建造 60 米以上的高端豪华游艇。

目前大湾区游艇制造企业 75% 以上的产品订单来自境外。尽管在近年来的深圳游艇展、南沙游艇展和珠海游艇展上，屡有本土游艇成交记录，如 2018 年 5 月的深圳湾游艇会（SMC）第五届（2018）国际游艇展上现场成交了 4 艘游艇，并达成了 7 份意向性购买协议，但总体上来说，本土游艇购买力仍未得到充分释放。主要原因是，很多本地客户虽然有购置游艇的经济实力，但普遍面临无处存放游艇的现实困难。仅从购置成本来说，家庭中小型或运动型游艇（如帆船型）的售价普遍在 100 万元以内，基本相当于私家车的价格，珠三角地区的中等以上收入家庭大多能以合伙形式轻松购置，但从靠泊维保成本来说，很少有家庭承担得起。欧美国家之所以能使游艇消费进入大众生活，主要在于推出公共游艇码头服务。相比以会籍制服务为主、游艇年均维养成本动辄近百万元的游艇会企业来说，游艇靠泊公共码头的年均花费不到 2 万元。目前大湾区各地政府正在加紧部署建设带有公共设施属性的公众码头，如广州黄埔长洲岛码头和珠海九洲港码头的二期工程均计划提供200 个以上泊位。预计在未来 3 ~5 年内，大湾区游艇购买和建造数量将达到前所未有的规模。

（三）大湾区邮轮与游艇旅游的消费特征与服务质量感知和改进

1. 邮轮与游艇旅游消费特征

从 20 世纪 90 年代开始，大湾区的邮轮与游艇旅游客源市场初具雏形，而自 2016 年三大邮轮港开幕以来，邮轮与游艇旅游正逐渐成为大湾区居民出游的新选项。通过分析对旅游从业人员和游客的访谈记录，本研究发现大湾区邮轮与游艇旅游消费有以下一些特征。

与国内大多数地区相比，大湾区居民的旅游消费意识相对超前，勇于尝试新鲜事物，而且港澳地区居民的消费理念成熟，国际化程度较高，对珠三角地区的旅游产品供给和流行消费趋势有显著影响。

（1）邮轮旅游消费“常态化”。调查发现，72% 的受访者在 2016 年广深邮轮港开启前就“听说过”甚至“比较了解”邮轮旅游。作为出境旅游最大的客源地，国内外邮轮旅游企业一直将大湾区市场作为重点开发对象，相当数量的本地游客此前已有从上海或香港乘坐邮轮出游的经历，加之本地游客普遍喜欢借助游记网站和旅游自媒体等途径来提前“做功课”，因此对邮轮旅游的产品与流程事先有较深入的了解。在此背景下，真正出于“尝鲜”目的来体验邮轮的游客较少，反倒是经验丰富的游客比预期的多。

（2）以邮轮本身为目的。相比北方邮轮市场，大湾区的游客对“邮轮即目的地”理念的认可度更高，达到 65% 左右。“玩邮轮就是冲着船上的这些餐饮休闲和海上观光（活动）来的”，大多数游客表示，“邮轮越大，船上活动越丰富，玩起来越过瘾”。调研中还发现，对于“岸上游”产品，接近 70% 的游客表示愿意购买“邮轮公司在船上现售的岸上游套餐”，而不愿购买有“填坑旅游”嫌疑的旅行社预售套餐。鉴于此，很多旅行社明确宣布，代理销售的邮轮旅游价格不包含赠送“岸上游”项目，这与北方邮轮旅游市场的通行做法有显著差异。

（3）“家庭观光游”和“运动休闲游”快速发展。早期的大湾区游艇旅游基本采用会籍销售模式，会籍购买者中公司客户占比高达60%。这导致在较长一段时间内，本地游艇消费大多为企业酬谢客户或组织团建活动。随着大众游热潮的兴起，各地游艇俱乐部纷纷推出面向非商务客户的游艇租赁消费业务，很多家庭和水上运动爱好者开始成为主力客户，商务游比重呈持续下降趋势。以一艘23.3米（70尺）长的中型游艇为例，一次可乘坐12名游客，总收费约4000元，人均消费300多元，很多家庭客户能轻松承受。此外，游艇企业还积极拓展以帆船和摩托艇为主的运动休闲游市场，提供游船驾照培训和体验服务。这些都大大降低了游艇旅游的消费门槛，“感觉这几年的游艇会比以前接地气了很多”。

（4）海洋体验游渐成时尚。随着游艇消费价格平民化和消费形式多样化，越来越多的消费者开始探讨购买或租赁游艇的可行性和游艇的使用价值。本研究在访谈中发现，大多数游艇游客不认可“游艇消费是奢华享受”这一观点，并认为早期的会籍销售是对游艇旅游理念的“误导”。较具代表性的观点是，游艇消费可以帮助游客“远离城市的喧嚣，体验大海的广阔与宁静”。例如，珠海近年来为发展游艇旅游，开辟了很多海岛航线，尽管这些海岛上的游乐设施类型单一，但依然吸引了很多回头客户，因为大多数游客意识到，“游艇旅游，重在过程和参与，而不是到此一游”。

（5）海上体验、临岸消费商业模式盛行。近年来，大湾区的邮轮与游艇旅游开始积极培育游客的现场消费，初步呈现“海陆结合”新趋势，主要体现为节假日旅游旺季时，大量游客前往邮轮母港与游艇会参加各种主题文化活动或展会。大多数邮轮港和游艇俱乐部提供高品质的住宿、餐饮与休闲娱乐服务，既有面向会员的会所制产品，也有针对大众游客的经济型产品，如广州南沙游艇会既可为会员就近提供同一集团旗下的五星级酒店住宿，也可以提供价格适宜的“石澳客栈”。这些现场消费产品显著改善了游客在等候邮轮班次或游艇出海前后的体验，实现了“海上体验，临岸消费”的新商业模式。

2. 邮轮与游艇旅游服务质量的感知与改进——以香港邮轮旅游为例

本文通过比较供需双方对邮轮服务质量的评价差异，分析并提出有关大湾区邮轮旅游服务质量改进的建议。数据来自2019年4月于香港海港城邮轮码头收集的105份有效问卷（见表2），问卷设计和数据分析采用重要性—满意度分析法（IPA）。IPA最初用于分析汽车经销商服务部门的绩效（Martilla and James，1977），在之后的研究中广泛应用在旅游目的地感知、旅游服务业服务质量、酒店的选择因素等方面。IPA矩阵图以四个象限的方式呈现，X轴显示产品和服务在受访者感知中的水平高低（即绩效），Y轴显示产品和服务在受访者感知中的重要性程度。纵、横轴分别以重要性和绩效的平均值去划分，构建出一个两维四象限的方格图。分析过程和测量结果如下。

首先，调研团队根据以往对邮轮旅游企业与游客的访谈记录，结合国内外相关研究文献（Ferika et al.，2016；姚云浩、栾维新，2019），归纳出影响邮轮旅游服务质量感知的若干要素。这些要素既代表客观上游客对邮轮旅游服务的需求，也代表主观上邮轮旅游服务企业（含旅行社）建构邮轮旅游服务质量时的侧重点。这些要素具体如表5所示。

表5　邮轮旅游服务质量感知基本要素

类型	邮轮旅游服务质量感知要素
产品内容	选择不同型号及种类的邮轮
	弹性的航班时间选择
	停靠目的地能满足游览需求
	旅游形式选择多
营销方式	价格符合产品质量
	促销优惠
	提供邮轮付费产品优惠组合(餐厅、酒水、SPA)
	能通过网上平台搜索内容
停靠点行程	岸上线路安排
	随团领队、当地导游等人员服务素质
服务开发	员工了解不同邮轮的特色和产品内容
	主题邮轮旅游行程开发

然后，调研团队分别向游客和邮轮旅游企业（含旅行社）员工发放调查问卷，并对所获得的问卷数据进行描述性统计和均值分析，结果见表6、表7。

表 6 游客对邮轮旅游服务质量的重要性和绩效评价

服务质量属性	重要性		绩效	
	平均数	标准偏差	平均数	标准偏差
选择不同型号及种类的邮轮	4.05	0.79	4.41	0.51
弹性的航班时间选择	3.26	1.39	4.64	0.50
停靠目的地能满足游览需求	4.32	0.73	4.24	0.47
旅游形式选择多	3.96	0.65	4.37	0.51
价格符合产品质量	4.62	0.51	4.45	0.57
促销优惠	4.29	0.68	4.15	0.63
提供邮轮付费产品优惠组合(餐厅、酒水、SPA)	3.09	0.67	2.72	0.63
能通过网上平台搜索内容	3.84	0.82	3.65	0.69
岸上线路安排	3.71	0.74	3.46	0.77
随团领队、当地导游等人员服务素质	4.50	0.52	3.95	0.88
员工了解不同邮轮的特色和产品内容	4.42	0.55	3.84	0.83
主题邮轮旅游行程开发	4.05	0.69	3.97	0.71

表 7 企业员工对邮轮旅游服务质量的重要性和绩效评价

服务质量属性	重要性		绩效	
	平均数	标准偏差	平均数	标准偏差
选择不同型号及种类的邮轮	4.35	0.59	4.30	0.57
弹性的航班时间选择	4.45	0.69	4.50	0.69
停靠目的地能满足游览需求	4.25	0.44	4.10	0.64
旅游形式选择多	4.25	0.55	3.70	0.57
价格符合产品质量	4.75	0.44	4.70	0.47
促销优惠	4.60	0.50	4.45	0.51
提供邮轮付费产品优惠组合(餐厅、酒水、SPA)	2.85	0.75	2.95	0.69
能通过网上平台搜索内容	3.70	0.66	4.05	0.61
岸上线路安排	4.05	0.60	3.45	0.51
随团领队、当地导游等人员服务素质	4.55	0.51	4.60	0.50
员工了解不同邮轮的特色和产品内容	4.50	0.51	4.80	0.41
主题邮轮旅游行程开发	4.50	0.51	3.55	0.60

表6、表7显示，游客与企业员工对邮轮旅游服务质量的感知水平存在一定差异，这有可能导致部分真实的服务需求被忽略，而另一些服务却过度供给。为了更直观地反映服务供需双方的认知差异，本研究运用IPA分析来进一步展示双方的感知差异（Martilla and James，1977），如图1、图2所示。

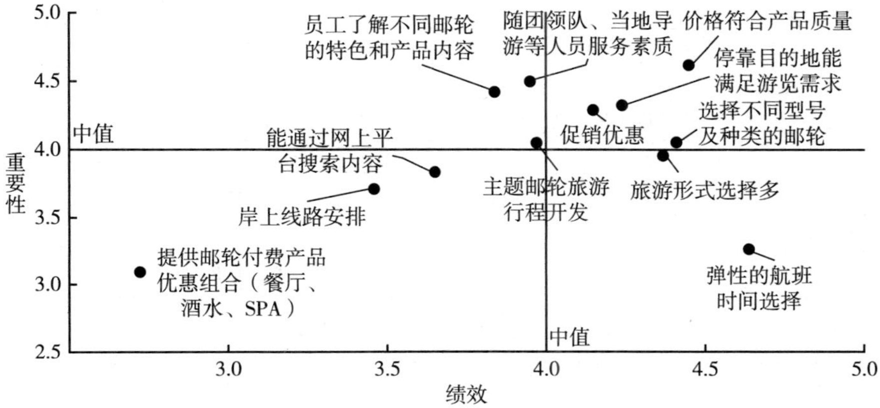

图1　游客视角的IPA评价

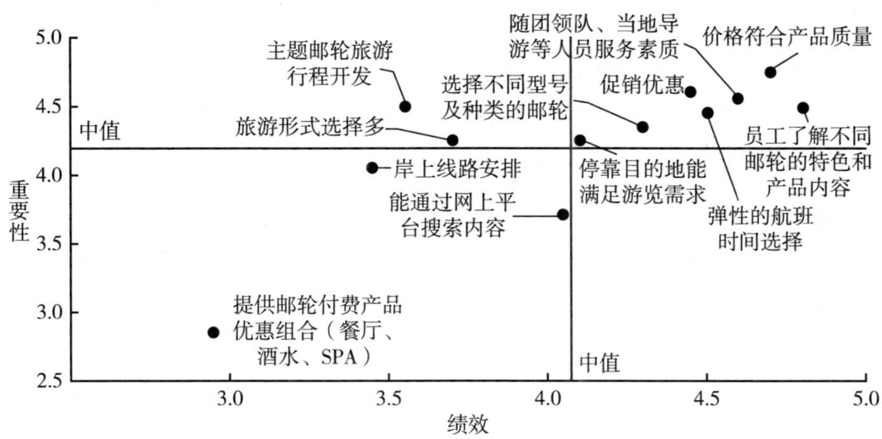

图2　企业员工视角的IPA评价

最后，通过比较双方对邮轮服务质量的感知差异，本研究得出以下关于邮轮旅游服务质量感知的评价，如表8所示。

表 8　供需双方对邮轮旅游服务质量的感知差异

重要性	绩效	服务质量属性
双方认为重要	双方认为绩效表现好	• 价格符合产品质量 • 促销优惠 • 选择不同型号及种类的邮轮 • 停靠目的地能满足游览需要
	双方认为绩效表现差	• 主题邮轮旅游行程开发
	游客认为绩效表现差，企业员工认为绩效表现好	• 员工了解不同邮轮的特色和产品内容 • 随团领队、当地导游等人员服务素质
双方认为不重要	双方认为绩效表现差	• 提供邮轮付费产品优惠组合(餐厅、酒水、SPA) • 能通过网上平台搜索内容 • 岸上线路安排
游客认为不重要，但企业员工认为很重要	双方认为绩效表现较好	• 弹性的航班时间选择
	游客认为绩效表现好，企业员工认为绩效表现较差	• 旅游形式选择多

总的来说，大湾区游客对当前邮轮旅游服务质量的满意度较高，主要体现在邮轮价格、目的地及航线的多样性等方面，这与大湾区邮轮旅游本身的区位优势和产业成熟度有关。游客的不满主要集中于从业人员业务素质、邮轮付费消费产品、主题活动策划以及“岸上游”产品设计等方面。这些服务要素本应充分体现“邮轮即目的地”消费理念，但很显然，正处于传统目的地旅游转型期的供需双方都还没有准确把握其精髓。

四　粤港澳大湾区邮轮与游艇旅游发展中的问题

本研究自 2016 年以来的追踪调查表明，目前大湾区的邮轮与游艇旅游发展已基本实现《粤港澳大湾区发展规划纲要》提出的阶段性目标，但仍存在一些突出问题，需在发展和改革中不断解决。

（一）企业与市场层面

1. 邮轮旅游目前以母港客源输送为主，作为访问港接待入境游客偏少

自 2016 年广深邮轮母港陆续开港以来，所有统计数据均为以广深为出发

港向境外输送客源的数据，迄今尚未实现邮轮入境游的零突破，而同期国内其他大多数邮轮港有规模不等的入境到访记录。如2018年上海吴淞口和国际客运中心母港共接待到访邮轮29艘次，接待到访游客6.69万人次。《粤港澳大湾区发展规划纲要》明确指出，发展大湾区邮轮旅游的主要目的是打造世界级旅游目的地，而入境游市场疲软显然不利于这一目标的实现，因此在度过母港开港之初的市场磨合期后，广深母港应致力于加强与国内外邮轮旅游企业的合作，大力发展邮轮入境游业务。

2. 邮轮旅游的“岸上游”产品安排不合理，缺少主题文化旅游活动策划

大湾区的邮轮旅游企业虽然规避了强行搭售“岸上游”的购物游模式，但游客对于“岸上游”产品的体验水平整体偏低，主要表现为上下船清关耗时长、岸上游行程仓促且内容单调。此外，尽管邮轮公司大力推广“邮轮即目的地”消费理念，但游客普遍反映邮轮上的主题文化活动数量少且可参与度低，而且邮轮公司与旅行社在组织主题文化活动中的分工不明确。本研究的调查表明，负责产品策划的邮轮公司与本地旅行社缺乏对游客需求的深度分析与应对，前者仍将大湾区游客的邮轮旅游定位为“尝鲜”型消费，而后者更看重通过传统低价策略来拓展市场。因此在未来的邮轮旅游产品策划中，各参与方应加大主题文化活动策划和供给的力度，主动匹配游客需求。

3. 游艇旅游的租赁经营面临政策管制困境，大众型游艇消费“叫好不叫座”

通过借鉴香港和澳门游艇旅游的发展经验，大湾区游艇旅游业已明确将发展“两杆经济”、推动大众型游艇消费作为提高泊位利用率和增加游艇制售市场的主要策略。但近年来的实践表明，行业管理主体缺位、政出多门以及游艇购置税负过重等结构性问题的长期存在，使大湾区游艇旅游的大众化发展“叫好不叫座”。其中，反映最强烈的问题是游艇租赁经营的管辖权归属。按照现有的游艇旅游消费特征，最有市场前景的是13.3～23.3米（40～70英尺）的中大型游艇，船体稳重、航程长且可搭载多名乘客，非常适合开展有目的地航线的租赁经营，但12座以上游艇被列为经营性客船，高昂的税负成本使很多潜在客户望而却步，阻碍了游艇租赁经营的开展和大众化发展。

4. 粤港澳三地间的邮轮与游艇旅游企业缺乏深度合作，联动优势尚未得到发挥

相比珠三角旅游企业，香港和澳门同行在海洋旅游领域的经验与人才积累上有较大优势。如香港游艇会已有12000多名会员，年营业额超过2亿港元。

但三地间的邮轮与游艇旅游合作仍停留在规划和呼吁层面，实质性合作内容较少，尤其在客源与目的地整合、联合对外促销以及游艇泊位开放等方面，联动优势尚未得到应有的发挥。以游艇自由行为例，香港面临公共泊位不足和出游目的地偏少等结构性障碍，开放与珠三角地区之间的自由行有望缓解这些困难。但当前的自由行政策框架虽然放宽了游艇进出的限制，但每次出入仍需事先通过代理机构报关，过关手续耗时长且需缴纳不菲的保证金，因此事实上参与自由行的游艇数量远低于政策设计的预期水平。

（二）邮轮与游艇全产业链层面

1. 游艇旅游基础设施建设严重滞后，公共码头泊位供给严重不足

大湾区的邮轮旅游之所以能够“后来居上”，主要得益于招商局集团和中交建集团等大型央企在基础设施建设上的科学规划与大规模投入。相比之下，大湾区的游艇旅游业虽然起步较早，但在基础设施尤其是公共设施的建设上明显滞后，发展潜能未得到有效释放。国际游艇旅游发展经验表明，撬动游艇旅游市场的关键在于促进大众化消费（程爵浩等，2013），而大众化游艇旅游发展的关键在于充足、规范且高性价比的公共泊位供给（古恒宇等，2018）。迄今为止，大湾区虽有近 60 处游艇码头，但大多只能按会员制运营模式收费，而由政府投入并维护的公共码头与廉租泊位数量极其稀缺。目前珠海和广州等地政府已在规划建设较大规模的游艇公共码头，有望突破公共泊位不足的瓶颈，但从珠三角地区的游艇消费潜力而言，还需要有更多、更大规模的公共码头来增加泊位供给总量。

2. 邮轮与游艇从业人员培养体系规模偏小且专业化程度较低

邮轮与游艇旅游发展在很大程度上取决于从业人员培养的规模与水平。目前，珠三角地区仅有广州航海学院和广东南华工商管理职业学院等少量院校开设有邮轮旅游服务管理专业，而要实现邮轮与游艇旅游专业人才的大规模培养，不但面临师资与教程缺失等困难，而且在专业设置上与现行本专科教育体系不兼容。本土邮轮企业曾经尝试通过与境外企业合办企业来培育人才，但效果不尽如人意。此外，近年来很多邮轮与游艇配套企业进入专业咨询和培训市场，但规模小、专业化程度低且主要聚焦于服务与操作培训，较少涉足邮轮与游艇管理人才培育。整体上来说，大湾区的邮轮与游艇从业人员大多是从其他

行业转行而来，而且这种集体转行现象今后还将持续较长时间。

3. 邮轮与游艇建造的技术研发与创新能力不足，关键设备国产化率提升缓慢

作为资金与技术高密集度的现代产业，邮轮与游艇建造要求企业有较强的自主创新和技术攻关能力。虽然大湾区的造船工业在全国处于领先水平，但在大型邮轮与超级游艇等尖端制造技术上仍有较大缺口，尤其是在概念设计、核心部件制造、动力系统和总控集成等关键技术上对国外企业的依赖度很高。以游艇制造为例，虽然广东省目前有226家游艇制造企业，但产值过亿元且拥有完备研发机制的大型骨干企业凤毛麟角，这导致目前游艇制造的核心零部件80%左右依赖进口，动力和机电设备的外向依赖度更高达90%。关键设备与部件的低国产化率不但增加了游艇制造的税务成本，而且导致国产游艇售价居高不下，从而阻碍了游艇旅游的大众化发展进程（谢予、杨洋，2019）。

（三）政府与政策层面

1. 缺乏对邮轮与游艇旅游发展进行统筹归口管理的主管部门

与大多数旅游项目相比，与邮轮和游艇旅游发展相关的政府监管部门数量更多，且监管事项更复杂。一般来说，邮轮旅游投资规模大、运营主体集中且涉及面广，因此主要由母港所在地政府进行统筹管理，但游艇旅游投资主体分散且产品形式多样，目前仍缺乏明确的归口主管部门。实地调查表明，游艇旅游涉及海关、海事、商检、卫生检疫、工信、公安、自然资源和文旅等多个政府部门，各政府部门都有权干预游艇企业的规划与运营。例如，从促进海上旅游的角度出发，文旅部门鼓励游艇企业积极开展游艇租赁经营，但从海上运输管理角度出发，交通运输部门要求将所有12座以上的经营性游艇纳入客船管理，这显然不适合无固定班线的定制化游艇业务。然而，由于缺乏归口主管单位，所以只能靠游艇企业自身来协调不同部门的监管口径和尺度差异，最终导致游艇租赁经营“天天在呼吁，就是难落实”。

2. 邮轮与游艇旅游的“放管服”改革进展缓慢，多部门联动效率偏低

随着《粤港澳大湾区发展规划纲要》的颁布，各级各部门在推进邮轮与游艇旅游的“放管服”改革方面陆续出台了很多政策文件。例如，2020年1月17日，交通运输部宣布，为支持深圳邮轮与游艇旅游发展，先期下放海上搜救、水工作业、船舶检验和海事执法等领域的6项事权，并协调有关部门下

放口岸开放领域的2项行政许可权。而在更早的2018年，交通运输部、国家发改委、工信部、公安部和文旅部等10个部委还联合发布了推广邮轮船票管理的制度，为保障邮轮旅游各参与方的合法权益提供了有利的政策环境。但本研究的调查结果表明，要将这些优惠政策真正转化为行政服务效率，仍有较大难度。以游艇自由行改革为例，虽然2017年6月交通运输部、公安部、海关总署、国家质检总局已经复函同意实施广东省政府提出的实施方案，但具体操作细则目前仍未完全落地，三地间的游艇报关和放关通行仍然是令业内人士头疼的“老大难”问题。

五　粤港澳大湾区邮轮与游艇旅游发展的对策与建议

2020年初，突如其来的新冠肺炎疫情给大湾区的邮轮与游艇旅游带来了巨大冲击。1月19日，从南沙邮轮港出发的“世界梦”号邮轮上出现了5例新冠肺炎确诊病例，其后广东省疾病预防控制中心在全国范围内追寻检测密切接触游客。此后不久，大湾区邮轮与游艇旅游业全面歇业，并投入抗疫防疫工作中。而在全世界范围内，从2月底3月初开始，维京邮轮、公主邮轮以及嘉年华邮轮等知名企业也相继全面停航。据世界旅游组织（UNWTO）预测，受疫情影响，2020年全球邮轮旅游接待人数有可能由此前年均近3000万人次急剧下降至600万人次左右，而这一预测是基于对放开旅游限制时间的宽松估计。

然而，对于抗疫最成功的中国，业内人士普遍认为，以中国为核心的旅游安全圈有望成为后疫情时代全球邮轮旅游最重要的增长极。这既因为中国政府、企业和人民群众展现出高度的社会责任意识和集体行动能力，也因为经历了长时期产业优化与调整后，中国的海洋旅游业即将迎来新的发展高峰。但要想充分利用即将到来的市场契机，加快大湾区邮轮与游艇旅游的高质量发展，还需要统一认识，集全社会之力，进一步深化邮轮与游艇旅游领域的市场化改革。具体建议如下。

（一）建立促进大湾区邮轮与游艇旅游高质量发展的统筹管理机制

邮轮与游艇旅游发展需要政策扶持，也需要政府的引领与协调。当前大湾区正在成为若干新政策和“放管服”改革的先行先试地区，但要想将这些政策红利转化为优质的行政服务和有效的产业扶持，还需要建立统一且行动有力的领导机构。为此，本研究建议设立大湾区邮轮与游艇旅游发展领导工作小组，统筹推进与邮轮、游艇旅游市场化改革相关的各项工作，为广大邮轮与游艇企业设立快速高效沟通的对口主管部门，避免“政出多门、各行其是”，从而将推进邮轮与游艇旅游发展的职责和绩效考核真正落到实处。

（二）统一制定与推进大湾区邮轮与游艇旅游高质量发展的整体规划

大湾区邮轮与游艇旅游发展吸引了全社会关注，社会各界普遍认为大湾区有高质量发展邮轮与游艇旅游的市场基础和区位优势，但从调查结果来看，困难比预想的要多，市场情形也比预想的更复杂，只有通过政府、企业和社会各界的共同协作，才能将既有的产业优势转化成高质量的产业发展绩效。为此，本研究建议对各级各部门和各地区的邮轮与游艇旅游发展规划进行整合，从大湾区发展整体视角来科学部署各项改革，系统、有序、全面推进产业发展各项工作，避免出现地区间、部门间和企业间的行动协调失序。

（三）加快邮轮与游艇旅游全产业链发展相关的行业标准建设与实施

邮轮与游艇旅游发展涉及从船舶制造、港口码头建设、港航物流管理、物资采供到旅游接待与推广等多个环节之间的协同配合。整体而言，大湾区企业在邮轮与游艇产业链各环节的技术储备均处于全国领先水平，但这些企业所遵循的技术规范大多来自相关联行业的原有标准，并不完全匹配邮轮与游艇旅游发展的专业需求。据此，本研究建议由市场监督管理局牵头，联合各相关技术门类的主管部门，尽快研究和制定针对邮轮与游艇旅游全产业链发展的行业标准系列，以此规范企业行为，为跨行业和跨企业的技术联合攻关提供统一的技术规范与验收标准。

（四）积极扶持和推进邮轮与游艇企业的自主技术研发与创新

后疫情时期的大湾区邮轮与游艇旅游行业将迎来新的发展机遇，而最终决定企业竞争优势与国际市场话语权的是企业自身的创新能力。目前，大湾区邮轮与游艇企业已率先迈出与国际市场接轨的步伐，但受限于技术积累不足，在国际市场上的议价博弈能力较弱。据此，本研究建议政府、科研院所与大型骨干企业联合设立邮轮与游艇建造国产化研究机构，重点资助前端关键技术研发与试产，鼓励企业申请和拥有国际领先水平的技术专利，并在邮轮与游艇的信息化、自动化和国产化等领域实现技术快速迭代与创新。

（五）继续推进和促成粤港澳三地企业在邮轮与游艇旅游领域的深度合作

相比珠三角地区，港澳邮轮与游艇旅游业的国际化程度更高，有一批管理成熟且专业化程度很高的优质企业。粤港澳三地旅游企业有广阔的合作空间与前景，但来自政策、技术和理念等多个层面的障碍导致跨地区邮轮与游艇旅游协同发展“雷声大，雨点小”。据此，本研究建议从政策层面加快推进三地间企业深度合作，具体包括鼓励港澳游艇企业托管、并购和参与管理内地游艇企业，推动三地联合主办主题文化活动和组团出国参展，互认船籍，简化人员出入境程序，以及共同打造融合三地文化特色的旅游产品与路线，加快邮轮入境游的规模化发展。

（六）全面深化和推进邮轮与游艇旅游产业的现代化建设和市场化改革

调查表明，当前大湾区的邮轮与游艇旅游发展还面临诸多非市场因素的困扰。在邮轮旅游发展方面，本土邮轮企业培育、本土邮轮人才培养以及本土邮轮建造是摆脱对国际邮轮企业过度依赖的关键，但当前大湾区在这些方面的扶持力度还有待加大。而在游艇旅游发展方面，放宽游艇租赁经营管制、建设公共游艇码头和泊位、降低游艇建造和购置税负已被公认为促进市场化改革的重要目标，但受历史和现实的诸多因素制约，当前大湾区在这些方面的改革力度并不尽如人意。据此，本研究建议政府加快梳理邮轮与游艇产业链上各利益相关方的复杂关系，求同存异，群策群力，找到适合市场需求、符合人民群众利益且能充分发挥区位优势的特色发展道路。

参考文献

程爵浩、史俊仙、杜海燕，2013，《国际游艇消费模式与我国游艇消费市场》，《上海海事大学学报》第 1 期。

古恒宇、吕迪、沈体雁、扬懿，2018，《基于陆海统筹思想的深圳市公共游艇码头选址研究》，《地理与地理信息科学》第 5 期。

郭湘闽、郭永振、吴奇、李晨静、刘琼，2018，《粤港澳大湾区视角下深圳邮轮游艇产业发展策略研究》，《特区实践与理论》第 2 期。

李宝轩、赵莹、陈咏梅，2019，《我国游艇旅游大众消费市场培育路径研究》，《湖北经济学院学报》（人文社会科学版）第 6 期。

孙晓东，2015，《中国邮轮旅游业：新常态与新趋势》，《旅游学刊》第 1 期。

谢予、杨洋，2019，《中国游艇产业发展问题与对策》，《世界海运》第 10 期。

杨建明，2015，《邮轮旅游研究的回顾与前瞻：基于国外英文期刊论文的评述》，《世界地理研究》第 1 期。

姚云浩、栾维新，2019，《基于 TAM - IDT 模型的游艇旅游消费行为意向影响因素》，《旅游学刊》第 2 期。

赵崇煦、李霞，2010，《广州游艇产业发展的现状与对策》，《城市观察》第 4 期。

赵宽、张帅，2020，《国内游艇旅游发展现状、问题与对策：以海南三亚为例》，《中国旅游评论》第 1 期。

Ferika, O. S., C. Bulut, and I. Pirnar. 2016. "Adaptation of Hospitality Service Quality Scales for Marina Services." *International Journal of Hospitality Management* 54: 95 - 103.

Hung, K., and J. F. Petrick. 2011. "Why Do You Cruise? Exploring the Motivations for Taking Cruise Holidays, and the Construction of a Cruising Motivation Scale." *Tourism Management* 32: 386 - 393.

Lee, H. C. 2002. "Regional Flows of Recreational Boater Expenditures on Trips in Michigan." *Journal of Travel Research* 41: 77 - 84.

Martilla, J. A., and J. C. James. 1977. "Importance-Performance Analysis." *The Journal of Marketing* 41: 77 - 79.

Qu, H., and E. W. Y. Ping. 1999. "A Service Performance Model of Hong Kong Cruise Travelers' Motivation Factors and Satisfaction." *Tourism Management* 20: 237 - 244.

B.8
粤港澳大湾区海岛旅游发展报告

孙九霞*

摘　要： 本文聚焦海岛旅游，借助多案例比较法对珠海市万山群岛及江门市上下川岛这两处典型案例进行分析与对比，进而对粤港澳大湾区的海岛旅游发展现状进行整体研判。总体而言，目前海岛旅游业在粤港澳大湾区的海洋产业开发中所受重视的程度还远远不够，海岛旅游对粤港澳大湾区的社会、经济、文化的带动作用也比较薄弱。

关键词： 粤港澳大湾区　海岛旅游　区域旅游合作　万山海岛　上下川岛

一　海岛旅游发展背景与重要性

海岛旅游现已成为推动世界旅游发展的重要组成部分。当前世界有超过50个国家和地区开展海岛旅游，著名的有地中海、加勒比海、印度洋海岛、南太平洋海岛、东南亚海岛等，均已成为国际知名的海岛旅游目的地。海岛旅游在世界范围已形成产业化、多元化发展的趋势。高端度假驱动、邮轮港口驱动、民风民情驱动等较为成熟的发展模式以及海岛观光、海岛休闲和水上运动等多种旅游产品形式已成为旅游者消费热点。

党的十八大报告中首次提出建设“海洋强国”的理念，十九大报告中进一步提出“加快建设海洋强国”，《关于促进旅游业改革发展的若干意见》等多项利好政策的出台更为海岛旅游的发展提供了重大机遇。如今，中国日趋成

---

* 孙九霞，中山大学旅游学院教授，研究方向为社区旅游与社区参与、旅游人类学与社会学、旅游与族群关系、旅游与社会空间。

熟壮大的海岛旅游市场、显著提高的旅游资源开发水平、不断完善旅游产业体系，使海岛旅游在中国的地位得到了进一步提升。

在国家战略层面，海岛旅游是粤港澳大湾区未来区域合作的重点规划方向。《推动共建丝绸之路经济带和21世纪海上丝绸之路的愿景与行动》方案明确提出，要“充分发挥深圳前海、广州南沙、珠海横琴、福建平潭等开放合作区作用，深化与港澳台合作，打造粤港澳大湾区”。《粤港澳大湾区发展规划纲要》提出要大力发展海洋经济，“提升海洋资源开发利用水平，科学统筹海岸带（含海岛地区）、近海海域、深海海域利用”，并进一步实现休闲湾区的构筑，“加快‘海洋—海岛—海岸’旅游立体开发，探索以旅游等服务业为主体功能的无居民海岛整岛开发方式，探索开通澳门与邻近城市、岛屿的旅游路线，探索开通香港—深圳—惠州—汕尾海上旅游航线”。

海岛旅游于粤港澳大湾区而言具有重要意义，其既是建设粤港澳大湾区世界级旅游目的地的重要突破口，又是带动区域融合与整体发展的重要推动力。粤港澳三地均为人口稠密地区，土地资源不足，但海洋资源丰富。因地制宜地发展海岛旅游将会有效促进国际旅游目的地和游客集散地建设的战略平台作用（梁元东，2015：95）。作为粤港澳在旅游发展中的共同优势，海岛旅游的提升将有利于目的地整体品牌的打造，有利于具有影响力与号召力的世界级旅游湾区的塑造（向晓梅、陈小红，2018：14）。

粤港澳大湾区在海岛旅游发展方面具有资源与市场的先天优势，三地之间的发展条件各有其特点。20世纪80年代广东的海岛旅游逐渐形成，其中以海陵岛、上下川岛、南澳岛等岛屿开发的海水浴场最具代表性。20世纪90年代到21世纪初，广东出现海岛旅游热潮。然而，受政策、资金、技术条件、经济发展水平和市场需求等因素的综合影响，海岛旅游的开发水平并不高，而且普遍处于资源驱动型阶段。香港全区由多个半岛和230多个岛屿组成，海岸线长达870公里，沿海沙滩已开发为公共泳滩的达40余处，都是水清沙细而且环境幽美的游憩地，遍布于香港本岛及新界和离岛（陈秀容，1997：23）。澳门的历史就是因海而立的城市发展历史，澳门从早期的小渔村、之后的贸易转运港到现在的自由港，其发展变迁都与海洋有着直接密切的联系。由于澳门陆地面积小，地少人多使澳门的发展受到有限空间的制约，但是如果将澳门的视野转向海洋，澳门的发展将有极大的拓展空间，向海而兴。近年来，澳门提出“滨海与海洋海岛旅游、商务休闲旅游目的地”的总体定位发展目标，其中包括海岛度假、游艇海钓和邮轮旅游等系列项目。但是总体而言，目前海岛旅游业在粤港澳大湾区的海洋产业开发中所受重视的程度还远远不够，海岛旅游对粤港澳大湾区的社会、经济、文化的带动作用实际上也比较薄弱。

本文聚焦海岛旅游，借助多案例比较法对珠海市万山群岛及江门市上下川岛这两处典型案例进行分析与对比，进而对粤港澳大湾区的海岛旅游发展现状进行整体研判。通过对外发展、对内合作的两方面研究，本文意在对粤港澳大湾区海岛旅游的区域发展、合作进行现状分析并提供相应的政策建议，以此释放区域活力。

二　研究方法

本文主要基于笔者多年来关于海岛旅游的研究积累。通过主持“万山海岛旅游专题研究（2014）”和参与国家自然科学基金项目“海岛型区域文化的形成及发展研究——以海南岛为例”，笔者积累了中国海岛旅游的实践性经验与理论性判断，为本文的撰写提供基础。

粤港澳大湾区海岛众多，本文主要采取多案例比较法，选取大湾区海岛旅游发展中具有代表性的两处海岛进行分析：粤中的珠海市万山群岛地处珠江入海口，东邻香港，西接澳门，大小岛屿众多，组合优势强，有一定知名度，发展潜力巨大；粤西的江门市上下川岛，滨海景观优势突出，基础设施完善，着力打造国际化滨海旅游产品。本文系统地收集数据和资料，通过对典型案例进行分析对比，来探讨大湾区海岛旅游发展的特征，进而探索粤港澳大湾区海岛旅游的未来发展。

三　典型案例分析：万山海岛与上下川岛

（一）粤中代表：万山海岛

珠海万山区海域面积 4567.2 平方公里，中心区域为珠江口国际锚地，东邻香港，西接澳门，是珠江三角洲乃至华南腹地出入南海、通向世界的咽喉要道。万山区拥有大小岛屿 106 个，海岛陆地总面积 80 多平方公里，岛岸线总长 289 公里，其地文景观、水域风光、遗址遗迹、海洋生物等海洋海岛旅游资源丰富，近年来万山群岛旅游发展迅猛，其中东澳岛、外伶仃岛、万山岛等海岛的旅游产业发展较好。

万山区主要岛屿有桂山岛、东澳岛、大万山岛、小万山岛等，优良港湾众多。海岛大多地形陡峭，坡度峻急，导致滨海旅游可建设用地资源紧张，旅游及相关基础设施建设发展空间较小。岛上地势高差较大，海蚀与堆积地貌特色突出，海岛海湾较多，但沙滩较稀缺。

1. 旅游产品同质化，民宿旅游发展水平需要提升

目前，万山各海岛旅游产品基本以海岛观光、海鲜美食、海岛垂钓为主，产品同质化严重。万山各海岛亟须根据自身条件开发海岛观光、休闲度假、运动探险等具有特色、差异的旅游产品。

岛上民宿的经营和发展显示出万山群岛旅游发展的变迁特征。随着旅游发展和过夜游客增多，万山群岛民宿自 2011 年迅速增长，成为近年来万山群岛旅游业发展的新业态。外伶仃岛、桂山岛、东澳岛和大万山岛这 4 个岛屿的民宿业已初步形成规模，成为旅游形象的重要组成部分。据 2019 年我们调研所得，万山群岛的床位数共有约 4900 个，自主经营的民宿占绝大多数。这些民宿与岛群规模化、一体化、差异化和高端化的旅游发展方向有一定差距。出现民宿岛间分布不均衡、岛内两极分化严重、住宿设施与旅游资源不匹配等问题，且岛民自主经营的民宿在安全防范和建设规范上在短期内难以满足高端游客的需求。

总体来看，在旅游开发上，万山海岛仍处于初级阶段，但其资源丰富，具备发展海洋休闲度假旅游的优越条件。虽然其单体岛屿体量不大，海岛沙滩和土地资源稀缺，但群岛组合度佳。

2. 基础设施不足，旅游服务功能不完善

目前万山海岛的旅游基础设施不完善，交通方面问题突出，表现为进入海岛的交通工具类型与数量都有限，可达性差；作为万山海岛主要入口的香洲港客运码头，场地空间小，设施陈旧，不能满足旺季游客的需求；岛上交通不便，无法满足游客通行需求。除交通外，万山海岛还存在旅游配套设施不完

善，相关服务功能空缺的问题。2018 年万山区 GDP 总量仅为 33.67 亿元，较之于国内外典型海岛型地区，规模偏小。

3. 万山海岛旅游的市场需求分析

据《万山统计快报》（2014～2019）统计，万山到访游客数量自 2008 年以来就一直保持以 12% 以上的速率增长，平均年增长 21%，绝对数量从 2008 年的 154511 人次飞跃到 2013 年的 396554 人次。旅游综合收入保持 17% 以上的速率增长，平均年增长 20%。2019 年万山区全年完成地区生产总值 54.84 亿元，同比增长 6%，共接待游客 62.4 万人次，同比增长 11.16%。但旅游收益平均增长率要低于游客平均增长率，说明目前万山海岛的游客市场结构以中低端市场为主，游客消费水平低。

表 1　珠海万山近年接待游客数量与旅游收入

单位：人次，万元

年份	旅游量	过夜游客量	旅游总收入
2014	512000	402000	21772
2015	610827	481564	26566
2016	585041	480151	31547
2017	539200	488000	37529
2018	561359	486927	43277
2019	624018	539848	44291

资料来源：珠海万山海洋开发试验区开发管理委员会。

据《万山海岛旅游专题研究》统计，万山海岛的游客主要来源于广东省内市场，占游客总数的 72.70%，其中珠海本地游客占 20.27%，广东省内非珠海的游客占 52.43%，这部分游客主要来自广州、中山、深圳等邻近的珠三角城市。省外游客占游客总量的 24.96%，主要来自湖北、湖南、广西、浙江等邻近省区。

万山海岛游客旅游目的差异不大，均以海岛观光、休闲度假和品尝海鲜美食为主，针对万山四个重点海岛，游客在旅游项目与活动偏好上有所差异，到东澳岛的游客追求水上游乐的运动项目，到外伶仃岛的游客更注重自然海岛风光的游览观赏，到桂山岛的游客对参与性的水上游乐项目兴趣较大，到大万山岛的游客较为偏好海鲜美食和水上游乐项目。并且四岛游客基本以与朋友同行和家庭出游为主，停留时间较短，消费较少。

（二）粤西代表：上下川海岛

上川岛、下川岛位于广东省珠三角地区江门市的县级市台山市，属亚热带海洋性季风气候，阳光充沛，沙滩绵长洁净，海水清澈，适宜开展多种旅游活动。上、下川岛总面积共225.5平方公里，旅游资源丰富，大小岛屿有20多个，海岸线长，滩涂多（李婉玲，2011：115），这些沙滩作为海水浴场开发的潜力大（黄远略等，1995：3－4）。同时，上、下川海岛各海岛的附加资源也极为丰富且各具特色，上、下川岛的侨乡文化和文物史迹、海陵岛的山水古建筑文化、东海岛的雷州文化为各岛开发多层次、高品位的旅游产品奠定了基础（文吉、魏清泉，2004：22）。

1. 亚热带滨海景观优势突出，资源开发潜力巨大

上、下川岛的滨海自然资源品级较高，海侨文化突出，且亚热带气候优势显著，适游时间长，滨海旅游发展势头猛烈，潜力较大。台山市是中国著名侨乡，人文旅游资源丰富，有数处颇具开发价值的温泉，滨海的广海湾有民俗村及黑沙滩（李婉玲，2011：115）。虽然上、下川海岛单体资源优势强，但市域内滨海资源分布较分散，海岛、海滩等资源多在小资本运作下独立开发，整体资源组合能力仍待提高。

2. 基础设施完善，旅游开发初具规模

上、下川岛旅游基础设施配套完善，度假酒店规格高，品种齐，服务良好，旅游开发初具规模。佛开、新台高速公路、广东西部沿海高速公路，以及武广高铁的开通，交通可达性强，增加了上、下川岛旅游人数。下川岛王府洲旅游中心经过多年的发展，接待设施齐全，每年接待中外游客30多万人次，已占领一部分客源市场。目前尚在建设中的“潮人径”半环岛步行径，同时也在完善旅游标识等基础设施建设。

3. 旅游产品开发层级较低，滨海旅游形象模糊

上、下川岛整合台山市沿海旅游资源，打造海岛（海滨）度假区，但其开发层次较低，各海滨浴场的度假产品种类单一，各景区发展独立，未能形成联动发展态势。滨海旅游形象模糊，定位不清，部分代表性产品也面临老化的

问题，同类型的产品之间差异不明显，这导致了旅游产品种类略显杂乱，体验性不足，协同效应不够显著。

4. 上、下川海岛旅游的市场需求分析

台山市旅游市场规模逐年扩大。2015 年全市共接待游客总计 86301 人次，到 2019 年全市共接待游客总计 145464 人次，接待人数保持以 12% 以上的速率稳步增长。2019 年全年旅游总收入 127110 万元，比上一年增长 20.1%。全年全市共接待游客总计 145464 人次，比上一年增长 13.35%。全市接待游客量年均增长 15%（见表 2）。但旅游收益平均增长率为 20%，高于游客平均增长率，这说明目前台山市上下川海岛的游客市场结构逐渐向中高端市场转变，游客消费水平也逐年提高。

表 2　台山市近年接待游客数量与旅游收入

年份	接待旅游人数（人次）	同比增长（%）	旅游综合收入（万元）	同比增长（%）
2015	86301	19.83	59010	17.55
2016	100123	16.02	72400	22.70
2017	114252	14.11	87560	20.94
2018	128328	12.32	105820	20.85
2019	145464	13.35	127110	20.12

资料来源：2015～2019 年历年台山市国民经济和社会发展统计公报。

据统计，上、下川海岛旅游的国内游客市场以广东市场独大。随着粤港澳大湾区旅游吸引力半径的扩散，可以预见，国际市场及国内中远距离市场将成为下一阶段台山市旅游市场新的增长点和亮点。入境旅游市场方面，通过与澳门一起打造世界旅游休闲目的地，有港澳国际客源支撑，有自身侨乡优势，上、下川海岛旅游市场的发展前景将十分广阔。

上、下川岛的游客以休闲度假和观光目的居多，以亲友出游、旅行社组团为主，商务会议、温泉养生、运动健身等专项游客很少。目前上、下川海岛旅游产品以观光和度假为主，专项旅游产品开发不足。游客在上、下川岛的花费以饮食支出为主，其次是住宿。

随着上、下川岛民宿业的发展，过夜游客的数量也逐渐增多，从 2015 年接待过夜旅游者353.83万人次，到2019年接待过夜旅游者603.89万人次，接待数量增长了接近2倍。虽然当前游客在上、下川旅游花费局限于基本生活消费方面，处于浅层次的消费阶段，但上、下川岛游客市场大，发展潜力足，可以通过开发深层次的、参与体验型的旅游产品，充分发挥旅游的经济效益。

总的来说，上、下川海岛旅游作为台山市的重点旅游品牌，通过持续稳定的发展和管理，在大湾区已初具知名度。未来开发中，需注重深层次参与型旅游产品的开发，通过与港澳合作，增强旅游吸引力，进一步提高上、下川海岛滨海旅游品牌的国际化。

四 粤港澳大湾区海岛旅游发展综合研判

（一）区域海岛旅游发展现状分析

1. 对外发展

（1）内部优势：资源、交通

海岛旅游资源丰度与品质高。大湾区涵盖面积广阔，既有陆地优势，又兼具海洋特色，海岛主要分布在亚热带南部和热带北部海域。其周边海域自然与人文资源丰富，区位优势突出，开发潜力巨大。

岛岛、岛海、岛陆交通运输体系完善通达性高。港珠澳大桥、广深港高速铁路、深港西部通道、珠港机场专线、粤港跨境口岸项目等大大提高粤港澳三地联系。桂山岛游艇集散中心、香洲客运码头等保障了远岸岛的客运航线。公交车、摆渡车、自行车、直升机等岛内公共交通也在不断完善，已经实现岛岛、岛海、岛陆的线线联通。

（2）内部劣势：产品、形象、制度

海岛旅游产品同质化严重。粤港澳大湾区内各海岛旅游产品基本以海岛观光、海鲜美食、海岛垂钓为主，产品同质化严重，进一步造成三地激烈竞争、产生内耗。

海岛旅游的区域品牌形象有待明确。粤港澳三地各有其独立的旅游品牌和旅游形象，作为一个一体化的旅游区尚未形成统一的旅游形象。区域内以海岛旅游见长的地市都正在积极打造各自品牌形象，海岛旅游形象尚未统一明确。

海事壁垒对海岛旅游合作产生刚性约束。因行政区划分割而形成的海事行政壁垒对区域海岛旅游合作产生刚性约束，诸多能够可以通过发挥区域地缘优势的好的项目，出于海事、海关管制方面的原因，协调推动艰难。

（3）外部机会：需求、政策

海岛旅游市场需求旺盛。工作与生活压力催使人们希望通过休闲度假来调节现代社会的紧张节奏，使人们产生渴望温暖阳光、怡人空气、拥抱自然的诉求。

“海丝”引领与推动海岛旅游的区域合作。《中共中央关于全面深化改革若干重大问题的决定》明确提出要“加快沿边开放步伐，推进丝绸之路经济带、海上丝绸之路建设，形成全方位开放新格局”，“21 世纪海上丝绸之路”的建设为区域海岛旅游的发展赋予重要的战略意义。

（4）外部威胁：季节性、需求变化、区域竞争

受恶劣海洋气候影响，大湾区海岛旅游季节性明显。粤港澳大湾区海岛的旅游适宜期受气候影响较大，呈现明显淡旺季特征。每年 8 ~9 月是大湾区海岛台风高发期，对海岛旅游影响较大，各类船只禁止出海，游客无法上岛。冬季季风也会造成停航，影响旅游业的开展。

海岛旅游需求变化迅速。随着消费水平提高和旅游者的成熟，海岛旅游市场需求类型不断变更，市场需要更多高综合性的旅游产品。市场需求的变化使粤港澳大湾区的海岛旅游面临更高挑战，亟待发展远洋探险、邮轮旅游、海上垂钓、海底潜游等特种旅游项目。

国内外旅游区之间的激烈竞争。地中海、加勒比海、印度洋海岛、南太平洋海岛等世界知名的海岛旅游目的地竞争力强劲。同时，在国内海岛旅游蓬勃发展形势下，近到南海海域的海南岛、厦门岛，远到东海海域的舟山群岛、崇明岛，都对粤港澳大湾区的海岛旅游产生了竞争。

2. 对内合作

（1）粤港澳三地海岛旅游的竞争性

在海岛观光方面。三地的山、水、滩、湾等自然资源均很丰富，因此以海岛旅游见长的地市都在积极提升影响力和扩大辐射范围，例如，广东的江门上、下川岛、阳江海陵岛、汕头南澳岛、茂名放鸡岛；香港的石澳岛、塔门岛、蒲台岛；澳门的氹仔岛、路环岛。在一个地区内集中了如此众多的海岛，同时吸引游客的难度较大。

在酒店业方面。香港与澳门的酒店业首屈一指，在世界享有极高声誉。近年来，广东的海岛住宿也在不断发展与完善，除高端住宿越来越多进入市场之外，还有大量中低端民宿也在兴起，对访港澳的游客起着重要的分流作用。

在交通方面。一直以来，香港在粤港澳大湾区的对外与对内交通方面占有绝对的优势。但随着广东与澳门的对外交通建设的完善，珠三角四通八达的航空运输体系建成，通往中国台湾、三亚，以及东南亚地区、日韩的邮轮旅游航线航班大幅增加，越来越多人愿意到粤东、粤西更远的海岛旅游目的地旅游。

（2）粤港澳三地海岛旅游的合作点

在产业体系上。通过整合三地相关旅游行业部门和旅游产业链条，扩大产业内涵，促进产业链条的纵向发展，形成联动、高效、紧密的综合产业体系。可加强游艇上下游产业、海洋运动相关产业、海洋文化产业等方面的合作，围绕“粤港澳游艇自由行”“海上丝绸之路文化滨海旅游路线”等海岛旅游项目进行合作。

在战略空间合作上。港澳地少人多，土地资源匮乏。其中，澳门自2015年起依法管理85平方公里海域，海洋管辖权有限，而广东省海域面积多达42万平方公里，粤澳两地合作开发南海邮轮、游艇、海岛旅游对拓展澳门的海洋发展空间，具有极其特别的意义。广东以其广阔的空间资源可为三地共同合作开发提供有战略意义的生长空间，使之成为未来旅游和经济发展的新的增长点。

在目的地形象方面。三地同源的海洋资源与海洋文化可打造统一的旅游目的地形象，而各自的旅游特色使三地可错位发展，优势互补，分工协作，抱团参与全球竞争。

区域海岛旅游虽存在资源丰富、开发潜力大等优势及广阔市场需求、政策支持等机会，但由于区内产品同质化严重，无法形成独特的竞争优势。区域海岛旅游在发展时需注重协同发展，优势互补，在产业体系和战略空间合作上创造新的增长点。

（二）区域海岛旅游的市场分析

1. 对外发展：势头强劲但辐射范围较窄

据《广东省海岛旅游发展总体规划（2017～2030年）》及广东省文化和旅

游厅报告，广东省沿海城市接待游客人数从2015年的2.8亿人次增加到2018年的3.7亿人次，其中，粤东、粤西滨海城市成为后发的增长主力；据统计，香港接待游客人数从2015年的0.58亿人次增加到2018年的0.65亿人次；澳门接待游客人数从2015年的0.31亿人次增加到2018年的0.36亿人次。香港的旅游收入从2015年的3011亿元增加到2018年的2999亿元，澳门的旅游收入从2015年的2232亿元增加到2018年的2860亿元。广东省沿海城市的旅游收入从2015年的7000亿元增加到2018年的10000亿元。2015年广东省海岛旅游产值占全省海洋产业增加值的比重超过1/3，2018年更是突破了1/2。伴随着2015年南澳大桥、2018年港珠澳大桥的正式通车，广东省海岛旅游呈现井喷式增长。

市场调查显示，从广东省海岛旅游的客源地结构来看，游客来源以省内珠三角近距离游客为主，省外游客主要来自北京、上海等一线城市，京广铁路的带动作用明显，沿线湖南、河北、河南等客源市场正在崛起。外国游客主要来自北美、日韩、东南亚等经济发达地区，虽然人数连年增加、增速较快，但总量仍偏小。相比较而言，港澳的客源地结构呈现多元化，遍及亚洲、欧洲、北美。总体来看，粤港澳大湾区的客源市场仍然是以近距离游客为主，远距离游客所占比例有较大的提升空间。

综上，区域海岛旅游发展，潜力巨大，势头强劲。虽然目前客源市场辐射范围较小，随着大湾区海岛旅游的合作发展，市场前景广阔。

2. 对内合作：互为客源地市场

粤港澳三地之间具有较强的互为客源市场和旅游目的地的耦合性。三地旅游资源高度互补和交通便利，港澳需要广东丰富的旅游资源以提高对国际游客的吸引力，并且广东是其最大的客源市场。同样，广东需要利用香港的国际营销网络来组织海外客源和拓展出境游。港珠澳大桥开通后，香港和澳门同胞占赴粤入境游客的绝大多数。

据澳门旅游局统计，2019年入境澳门的旅客人数达到2028.5万人次，内地赴澳游客达到1431.4万人次。在内地赴澳的游客中，又有一半来自广东地区。广东地区已成为港澳最具潜力的旅游客源市场，这些积极因素已成为粤港澳大湾区旅游深化合作的强大动力。2018年广深港高铁香港段和港珠澳大桥开通后，内地赴港与赴澳游客大幅增加，双向旅游市场规模不断扩展，其中，广东省游客所占比例均超过1/2。

总的来说，借助三地互为客源地市场的便利条件，以及资源优势的互补，通过深化大湾区旅游合作，对粤港澳地区的旅游资源进行整合，打造国际化的海岛旅游产品，对提升区域海岛旅游的形象，有着非常重要意义。

五　关于提升粤港澳大湾区海岛旅游发展的政策建议

（一）明确海岛旅游在粤港澳大湾区发展中的战略地位

目前，粤港澳大湾区的海岛旅游仍处于观光驱动型的初级阶段。海岛旅游普遍存在产品类型单一、经济效益有限、开发投资低、基础设置建设薄弱、产品推广不足等问题。然而，对海岛旅游资源的盘活，将成为大湾区旅游发展的重要引擎。面临新时代的机遇，海岛旅游的发展一方面将成为大湾区海洋产业的重要组成，搭建起海岛完整的旅游产业链，激发湾区新的经济活力；另一方面则作为建设海上丝绸之路带的重要一环，推动大湾区的区域合作和发展。

抓住海岛旅游的发展机遇，需要明确目标，阶段推进，并积极运用市场手段推进发展进程。海岛旅游作为粤港澳大湾区世界旅游目的地的拳头产品，应实现游客组成国际化、市场定位国际领先、大湾区内协同发展、旅游产业联动发展的目标。在明确的目标下进行阶段性的任务划分，从而有引导有方向地逐步推行世界级海岛旅游的目的地开发。在阶段性的任务目标设定中，应当明确主次与先后，由重点项目的启动带动产业链的建立，并逐步引进投资、寻求合作，为海岛旅游的建设提供持续有效的动力支持，如发挥粤港澳的侨乡资源的优势以提升三地海岛旅游的国际化水平，联动东盟海丝沿线国家，简化出入境签证手续。同时可通过 PPP 等政企合作模式吸纳社会资本，让旅游龙头企业参与到海岛旅游的建设中，以经济效益推动开发进程。引进特色品牌酒店以及度假地产，由企业提供设备、技术、管理和技术，政府提供海域和基础设施，双方共同经营共享收益；与航运公司建立合作模式，通过共享收益鼓励航运公司进行产品开发；推动开展海岛旅游的社区参与，居民参与海岛旅游产品的服务供给，参与收益分红。

（二）重点推动粤港澳大湾区海岛旅游实现可持续、高品质发展

海岛有限的环境容量与无限的旅游发展存在天然的发展矛盾，是海岛可持续发展和高品质发展的关键。当前粤港澳大湾区海岛旅游基础设施薄弱、旅游服务水平不高、旅游产品同质化、旅游增量持续走高、旅游满意度普遍不高与海岛有限的环境容量已形成诸多巨大的挑战。未来粤港澳大湾区海岛旅游发展中，须以可持续发展、高品质发展为目标，适度控制旅游规模，激活现有旅游供给存量，促进现有旅游存量供给转型升级，向存量要效益、向存量中求可持续发展与经营。以海岛民宿改造升级为例，现有的海岛民宿需要在品牌塑造、建筑改造、景观营造、室内装潢、视觉传达、营销沟通、特色活动、卫生安全、设施配套和服务传递等系统性工作中提升自身的发展水平和品质，形成多元多样的海岛民宿生活方式，促进海岛旅游高品质与差异化发展。

从政府治理的角度，政府需要适度管控海岛运输价格，谨慎引入外部投资，避免海岛飞地经济，旅游发展中应充分考虑本土海岛社区自身发展与综合福祉改善，优化营商环境、培育行业协会，促进本地海岛居民就地实现高品质发展和海岛资源的可持续利用。如可设立海岛村民民宿发展基金。海岛村民民宿发展基金主要面向岛民自营民宿，给予岛民自己经营的民宿一定奖励和协助，对证照齐全、管理规范、具备一定特色的民宿，每户分别给予一次性建设补贴；对贫困户开民宿发放建设补助资金，并视经营状况和规范设立程度，给予奖励补助资金；加强海岛居民参与旅游经营的技能培训和能力建设，通过提升本地海岛居民参与旅游经营的能力和水平，以推动岛民形成海洋保护意识、海岛文化传承。

（三）整体塑造智慧出行、生态环保的世界级海岛旅游目的地

高质量的海岛旅游产品是打造粤港澳世界级海岛旅游目的地的基础和本质。其中，地理及资讯的可进入性是粤港澳海岛旅游产品的基础，地理可进入性要求匹配便捷的岛岛、岛路交通，资讯可进入性要求建设信息透明且传播高效的智慧旅游互联网平台，并进行定位准确的海岛目的地形象推广。实现海岛旅游产品的不可复制性和目标游客的广泛性是打造粤港澳海岛旅游产品的核

心，要求筛选形象匹配、市场成熟的重点项目集中资源进行打造，如打造游艇邮轮主题产业集群。另外，生态环境保护是海岛旅游开发需要遵守的红线，海岛生态环境承载力有限、生态脆弱等独特性对海岛旅游开发提出更高的建设要求。

完善港澳台三地的交通基础设施建设，增强三地海岛旅游目的地的可到达性。一是打造高效自驾游服务体系，推进规划建设一批自驾车旅游服务区、自驾车营地与汽车旅馆，为自驾车旅游提供配套服务。二是增强区域内外旅游交通的互联互通，共同编制跨区域旅游交通规划，建设无障碍的岛陆及岛岛旅游交通体系。提升粤港澳三地不同海岛之间网络联系的便捷程度，促进旅游者高效流动。改进现有通关口岸和城市中心区与海岛的接驳系统建设，实现旅游通道走廊的无缝对接。

打造海岛旅游互联网信息平台，向游客提供便捷、高效、全面的海岛旅游信息。一是设置粤港澳海岛旅游体系与旅游服务中心，建设粤港澳大湾区海岛旅游信息咨询门户网站和移动海岛旅游应用服务平台，作为粤港澳海岛旅游的官方宣传媒体和信息传播平台。二是面向海岛游客开通粤港澳旅游服务一站式预订平台，结合手机智能卡技术，开拓粤港澳旅游一卡通服务，满足游客在海岛的通信服务、交通搭乘、消费支付、电子门票、智能导览等方面的综合服务。

对外推广世界级旅游湾区的国际品牌形象，吸引国际化旅游客源。一是将大湾区海岛群作为整体联合开展旅游营销和宣传推介。构建大湾区海岛统一的品牌标识系统，通过联合体营销获取更为强大的关注度和吸引力。二是将大湾区海岛旅游目的地旅游宣传纳入国家整体对外宣传中，作为整体参加国际具有影响力的旅游交易会、旅游展会，同步进行海外媒体的广告投放以及现代网络新兴媒体的宣传推广。三是明确目标市场定位，巩固和加强大湾区内部及周边邻近和发达国家为客源的基础市场，努力吸引俄罗斯、巴西、印度等经济势头发展强势的新兴经济体市场。

重点关注游艇邮轮，打造拳头产品。形成游艇邮轮主题产业集群比较优势。开通广州出发，经中山、珠海至港澳的游艇航线，以及从惠州出发，经深圳至港澳的游艇航线，推动粤港澳游艇双向自由行，并且，融合游艇建设和海岛高端酒店建设，推出游艇出海上岛抓鱼、海上垂钓、潜水等“非观光”的旅游体验活动，共建一批像欧美“一站多程”式海洋文化体验旅游基地，打造具南粤特色的世界级海岛旅游度假胜地；三是加快邮轮母港建设，延长传统的从港澳出发的邮轮线路，筹备从广州、深圳、湛江等地出发的“新丝绸之路”或“重走郑和下西洋”等跨区和跨国线路的远洋旅游产品。

加大对海岛和周边区域的生态环境保护力度及生态文明建设力度。划定海岛的生态保护红线并严格规定开发活动中的环境限制。树立绿色发展理念，提高公共绿地、湿地等绿色空间的数量和质量，营造以绿地系统为支撑的生态城市群，保护沿河、沿海岸线的生态资源，加强珠江口流域的水体治理，塑造风景迷人的湾区风光。

（四）积极推动区域海岛旅游的一体化合作进程

推动粤港澳海岛旅游的一体化进程，不仅能通过集群效应打造国际化的海岛旅游目的地，且能通过共同项目的合作开发带动区域融合和整体发展。在中央的支持与粤港澳三地发展共识的引领下，粤港澳三地应注重目的地品牌共建、资源共享互送，逐步深化旅游合作，发挥旅游合作在避开政治意识形态差异方面的优势。在三地合作的具体实践中，需要突破“一国两制”的刚性约束下行政与制度差异的壁垒，寻求制度上的突破与合作，从市场层面出发寻求经济主体的深度交流与合作，并通过并加强人才交流与互动化解三地因历史原因在文化上存在的隔阂。

粤港澳三地合作成立粤港澳海岛旅游工作小组，共同研究海岛旅游中的重点合作项目和事项，确定年度重点工作，并设置办公室、宣传部等常设部门，由此将仅注重签订框架协议的纸面合作方式转向将各项工作都落到实处的实质合作。粤港澳海岛旅游政府合作小组的建立，将致力于打破三地海岛旅游合作构筑品牌化国际海岛集群进程中政治、文化、经济等方面存在的壁垒，推动三地海岛旅游项目的落地并起到监督管理的关键作用。

粤港澳三地海岛旅游行业的合作与市场规则的统一有利于粤港澳海岛产品的整体性与品牌化。海岛旅游地理分布分散的特点使海岛旅游发展较为封闭，经济主体的合作能有效联结独立发展的海岛旅游市场。具体而言，一是通过粤港澳三方的旅游行业协会设立海岛旅游行业协会合作平台以建立联系机制，加强三地旅游方面的实质性交流合作。二是鼓励粤港澳三地海岛旅游的企业进行资本层面的合作，组建跨区域旅游企业集团，加速产业融合，实现跨区域资本经营，实现旅游业的集团化、规模化、集约化。三是粤港澳海岛旅游进行市场互联，实现三地客流互送。四是粤港澳三地按照旅游市场经济规律，共同确立统一的市场竞争规则，摒弃地方保护主义行为方式，为粤港澳海岛旅游的跨区域发展开“绿灯”。五是粤港澳三地合作培育诚信旅游环境，建立粤港澳三地优质诚信海岛旅游企业公约，进行行业内市场秩序的互相监督。

建立整合多方资源、聚集跨界人才的专家智库，加强对海岛旅游消费者的行为研究，为产品设计和政策方针提供指导和建议。构建旅游教育和人才培养合作模式，合作兴办旅游高等教育和科研机构，建立粤港澳共享的旅游执业资格培训体系，搭建旅游人才交流平台。加强粤港澳三地高校合作及高端旅游人才联合培养，通过合作办学和创新交流合作机制的方式共同推动粤港澳在旅游教育领域的合作，建立粤港澳旅游研究专项课题引导三地优质科研力量进行联合攻关，鼓励对海岛旅游项目相关研究的成果产出。

一是需要优化通关及签证制度，为粤港澳三地岛与岛之间的互通提供便利。二是建立粤港澳海岛旅游标准化评估、管理、认证与监管标准体系，对接国际高标准投资规则和管理评级标准，在游艇等方面率先实现建立与国际标准相衔接的粤港澳旅游标准体系。三是推行三地海岛旅游产品共同的优惠政策，提供粤港澳旅游联票优惠、交通联程优惠、三地游艇驾照及拍照互认。四是建立粤港澳海岛旅游区统一的标识系统及相关规范。制定统一的旅游咨询服务中心、旅游引导标示系统、旅游者满意度调查规范、旅游投诉处理规范和旅游保险等标准。

参考文献

陈秀容，1997，《香港旅游业的发展与旅游资源》，《自然资源》第 2 期。

黄远略、罗民刚、陈升忠，1995，《广东海岛社会经济与开发》，广东科技出版社。

李婉玲，2011，《海岛旅游可持续发展研究——以上下川岛为例》，《价值工程》第 30 期。

梁元东，2015，《珠中江与澳门旅游业联动发展路径选择》，《岭南学刊》第 5 期。

文吉、魏清泉，2004，《旅游区域联合开发研究——以粤西海岛旅游开发为例》，《人文地理》第4期。

向晓梅、陈小红，2018，《珠澳海洋经济合作的重点产业分析》，《新经济》第10期。

B.9

粤港澳大湾区主题公园发展报告

梁增贤*

摘　要： 粤港澳大湾区是中国主题公园产业发展起步较早、产业体系最齐全、品牌与总部基地最集中的地区，也是中国主题公园产业发展最成熟的地区。近年来，粤港澳大湾区主题公园产业面临诸多挑战，长三角地区主题公园形成规模集聚，国际主题公园品牌进入大湾区，大湾区民族品牌主题公园发展仍需要创新。本文回顾和反思大湾区主题公园产业的历程，分析区域主题公园产业面临的重大发展机遇，重新审视当前和未来的格局，以发展的眼光看待未来。研究指出，大湾区主题公园产业链仍不完善，高端制造和高附加值业态仍比较欠缺；主题公园开发仍缺乏目的地体系所需要的整体规划和配套业态；大湾区多层次主题公园体系初步形成，但仍缺乏整体规划和品牌培育；主题公园开发背后的资本逻辑仍存在投机风险，缺乏市场理性。研究进一步认为，粤港澳大湾区的整合、协调发展，将给大湾区主题公园产业带来两大机遇：一是互联互通的优质生活和旅游圈将促进主题公园的市场整合；二是粤港澳三地利益共享的产业价值链将提升主题公园竞争力。

关键词： 主题公园　游乐园　城市旅游　粤港澳大湾区

---

* 梁增贤，中山大学旅游学院副教授，研究方向为主题公园与城市旅游、旅游与房地产、旅游移民与生活质量、会展、节事与演出、景区（旅游企业）经营管理。

一　粤港澳大湾区主题公园发展的机遇与挑战

粤港澳大湾区是中国主题公园产业发展起步较早、产业体系最齐全、品牌与总部基地最集中的地区，也是中国主题公园产业发展最成熟的地区。在主题公园大发展之前，20 世纪 80 年代珠江三角洲经历了游乐园发展阶段。1983 年中山市长江乐园开业取得良好的经济、社会效益后，短时间内珠江三角洲各市兴建了多个游乐园，包括深圳湾游乐场、广州东方乐园，珠海珍珠乐园等 19 个大型游乐园（保继刚，2000）。自 20 世纪 80 年代后期以来，游乐园逐渐衰退，粤港澳大湾区开始进入主题公园发展阶段，逐步培育出中旅集团（原港中旅集团）、华侨城集团、华强方特集团等一批能够跻身全球前列的主题公园企业集团，同时引进了迪士尼乐园入驻香港，形成了国内外品牌主题公园竞合发展的新格局。

当前，粤港澳大湾区主题公园产业面临诸多挑战。国内其他地区的主题公园产业正在加快集聚，长三角地区已经形成规模集聚，大湾区主题公园企业和人才纷纷北上。粤港澳大湾区主题公园产业存在诸多短板，产业链不完整，中高端业态和产品较少，品牌培育不足，附加值不高等。本文以粤港澳大湾区建设为背景，回顾和反思大湾区主题公园产业的历程，分析区域主题公园产业所面临的重大发展机遇，重新审视当前和未来的格局，以发展的眼光看待未来。

本文主要基于笔者十多年的主题公园研究积累，通过在 2009 年至今的长期实地调查，主题公园管理层小组座谈、深度访谈等定性研究方法，结合文献法和文本分析法对期刊、报纸、网络资料进行统计、分析。为补充香港和澳门特别行政区的情况，笔者还于 2016 ~ 2019 年多次考察香港迪士尼乐园、香港海洋公园、香港旅游局（企业），并与相关负责人座谈，获得许多一手资料。此外，笔者还参与了中旅集团、华侨城集团、长隆集团、华强方特集团、保利发展集团（原保利地产）、恒大集团在广东的项目咨询工作，积累了丰富的资料和数据。

二　粤港澳大湾区主题公园产业发展的历史进程

（一）游乐园的兴起与衰退

游乐园发展最典型的是美国的科尼岛（Coney Island），20世纪初期创建，“二战”前为其鼎盛阶段，当时最著名的品牌就是月神乐园（Luna park）。这个能够夜间运营的游乐园在那个电灯还不是很普及时代，备受城市人欢迎。“二战”前，香港已经有了多个中小型的游乐园，例如跑马地愉园游乐场、西环太白楼游乐场、北角英皇道名园游乐场和南唐酒家天台游乐场等，这些游乐园兼具赌场、歌舞剧院等功能。香港月神乐园于“二战”后的1949年开业，位于今天北角的月圆街（Yuet Yuen Street）附近，但很快在1954年就倒闭了。20世纪50年代，香港还有人将“荔枝园”改造为“荔园游乐场”，并从美国购入了一批新型机动游戏，如摩天轮、过山车、腾空飞艇、碰碰车、哈哈镜、旋转木马等。香港是粤港澳大湾区最早发展游乐园的地区。相比之下，澳门无论是过去还是今天，受限于用地，很难有机会发展大型游乐园或主题公园，加之与香港的地缘关系，澳门居民大多到香港游玩，澳门似乎也没有必要发展主题公园。

内地的珠三角地区的游乐园发展要到20世纪80年代改革开放之后。1978年的改革开放引发了新一轮的工业化，当时资源的配置方式开始脱离计划经济轨道，引入市场机制。这一时期积极引进“三来一补”等合资经济，轻工业首先在珠江三角洲等地区“先试先行”。于是，一场快速工业化在中国东南沿海城市展开，伴随而来的是人口的快速集聚和大刀阔斧的城市化进程，一些城市“真正”进入工业社会。因此，在人口快速集聚的珠三角地区城市，休闲娱乐就显得供不应求，大量的产业工人和新城市移民没有足够的休闲空间。在土地经济和寸土寸金的背景下，城市也不可能无条件地让渡土地用以开发公园。这就要求城市公园本身应该有一套自主盈利的模式，而不是单纯的财政投入。

然而，内地率先建设游乐园的不是今天的广州、深圳和珠海，而是中山。1983年7月15日，规模巨大、设施先进的中山市“长江乐园”开业，并取得良好的效益，被誉为中国内地第一个大型器械游乐园。长江乐园由中山和香港合资建设，占地 4 万平方米，投资 3000 万元，1983 年 7 月开业，门票 20 元，当年接待游客 77 万人次，第二年接接待游客 121 万人次。当年的中山市交通条件相对较差，能年接待游客超过 100 万人次得益于长江乐园是中国内地第一家游乐园。

随后几年，广东全省各地争相效仿，或新建，或改建，或在原有市政公园基础上增加游乐设施，一时间珠三角地区主要城市都拥有各种类型的游乐园，例如，广州的东方乐园（1985 年开业）、珠海的珍珠乐园（1985 年开业）、深圳的深圳湾游乐场（1984 年开业）、深圳的香蜜湖中国娱乐城（1985 年开业）等（保继刚，1994b）。游乐园的开发反映的是市场的客观需求，但“一窝蜂”的浪潮式推进，又反映了游乐园供给的盲目与非理性。事实上，这一时期，大量的开发商并没有开发经验，更没有管理运营能力。部分开发商游览国外回来后，心血来潮，便投入开发，非理性的冲动较多，理性的开发又缺乏足够的理论指导（梁增贤，2019a）。

这一轮浪潮来得快，去得也快。由于开发局限于新兴的工业城市，尽管浪费了宝贵的资本和土地，但影响并不算大。这一时期建设的大都为无主题包装的游乐园，投资规模小，主要满足儿童和家庭市场的娱乐需求，但不注重产品更新，逐渐被市场淘汰。事实上，游乐园满足了那个时代城市普通大众的基本娱乐需求，其后来所呈现的衰退趋势与其说是开发商的问题，不如说是需求变迁下的一种市场选择。一方面，快速工业化背景下，不到 15 年的时间，部分珠三角地区城市开始进入后工业社会，城市的主流消费群体发生了根本性转变，标准化无主题的游乐园很难适应新需求；另一方面，由于这一时期的游乐园开发和运营普遍缺乏经验和技术，开发商对产品更新投入认知不足，设备投入运营三五年后便失去吸引力，加之维护保养不到位，游乐设备老化加快，最终停运是必然的。

（二）微缩景观运动的潮起潮落

微缩景观运动是中国主题公园产业发展的一个特殊阶段，从中央到地方都有具体的推动，并不完全是市场的选择，更多的是受政治文化和社会心理的影响，其标志性事件是 1989 年 9 月深圳锦绣中华的开业。微缩景观主题公园单纯以微缩景观和文化舞台化为吸引物，从全球来看是缺乏足够吸引力和可持续性的。一般而言，微缩景观和舞台化的民俗文化只是作为主题公园的场景要素和文化要素而存在的。然而，在中国20世纪80年代末到90年代初期，遍布全国的一场轰轰烈烈的建设微缩景观运动对中国主题公园产业乃至整个旅游业产生了深远影响。正是这一波浪潮，让人们真正认识到主题公园开发对城市社会经济产生的影响，主题公园可以成为自然山水和民俗文化之外的人造旅游吸引物（梁增贤，2019b）。

改革开放以来一系列政治经济和对外政策的变革在影响政府国际政治和外交诉求的同时，引起了民族文化的自觉和社会心理的变迁，掀起了中国主题公园产业对民族文化挖掘和对外展示的风潮。锦绣中华选择以中国传统文化为主题，邀请国内外艺术大师精心规划设计，园区管理有序、环境整洁、服务周到，受到国内外市场的青睐。开业的前几年，锦绣中华的境外市场比例都在15%左右，1991年更是高达17.17%（保继刚，1994a）。以中国传统文化为主题的微缩景观主题公园不仅满足了当时政治文化和社会心理诉求，也带来了良好的经济效益。于是，各地以中国古典名著和民俗文化为主题的微缩景观迅速发展，全国各地大力兴建“西游记宫”“大观园”“三国城”“民族园”之类的微缩景观，而深圳华侨城也相继建成了中国民俗文化村（1991年开业）和世界之窗（1994年开业）。仅深圳上报给市旅游局待批的主题公园项目就多达62个。深圳华侨城的3个主题公园在当时无疑是成功的，短时期内就收回了投资，不仅受到中国内地市场的广泛欢迎，更吸引了较大规模的境外游客。1989~1994年，锦绣中华、中国民俗文化村两个主题公园都以国内游客为主，但境外游客占有较大比例，高于同期许多著名景区。锦绣中华开业5年（1989~1994年），国内游客占83.6%，境外游客占16.4%。中国民俗文化村开业3年多，国内游客占83.59%，境外游客占16.41%（保继刚，1996）。

广州的“造月工程”更为轰轰烈烈。广州旅游资源丰富、多样，在近代历史上的特殊地位又造就了一批历史遗迹，例如黄花岗七十二烈士墓、黄埔军校、农民运动讲习所、陈家祠、白云山、沙面等都是广州重要的旅游景点。然而，随着广州周边区域旅游的快速发展，广州旅游“满天星斗、没有月亮”（即小景点多，但能够留住游客的大景点不多）的问题逐渐显现。锦绣中华和中国民俗文化村的成功，改变了广州城市旅游发展战略的思路。面对着深圳主题公园成功令广州尴尬的压力，面对着国际旅游者在广州停留时间缩短的严峻形势，面对着广州原有旅游景点规模小，特色不明显、知名度相对低、点少而分散的“满天星斗”现状，广州旅游的“造月工程”拉开了序幕。世界大观、飞龙世界、航天奇观、森美反斗乐园（原飞图梦幻影城）、东方乐园（从1993年始从游乐园向主题游乐园转变）、香江野生动物世界、长隆夜间动物园……广州的主题公园如雨后春笋般涌现（保继刚，2005）。浩浩荡荡的“造月工程”不仅吸引了来自政府、国企、外企和民企的多方资源，还使珠三角地区成为中国主题公园产业发展的热土。

珠海的圆明新园实际投资可能是最大的。在珍珠乐园吸引力下降后，珠海市的核心旅游要素的建设却一直是个空白，圆明新园成为最终选择。圆明新园由清华大学专家负责总体设计，经过各地文史专家、雕塑家、园林专家精心策划及多方论证，最终确立方案。全国2000多名能工巧匠日夜奋战，终于使一代名园得以重现。圆明新园占地800亩，1997年2月2日建成开放。园内所有建筑景观均按原尺寸仿建，集中再现了当年北京圆明园皇家园林的宏伟气势。圆明新园的开业初期也引起了市场轰动，收到不错的市场反应，但是由于缺乏可持续的市场支撑，很快就衰退了。圆明新园开业仅10天便迎客15万人次，最多的一天超过3万人次，可谓轰动一时。开业以后的圆明新园有过非常辉煌的时期，单日接待量最高达5.8万人次，年接待量200万人次，年收入1.5亿元。然而到2012年，圆明新园年均接待量仅为70万人次，年收入不足4200万元，盈利不断下降，已经处于亏损状态。2012年10月17日，圆明新园正式免门票开放，政府自2010年起每年下拨2647万元的补贴，圆明新园成为广东省首个免门票开放的国家级4A景区。

微缩景观的失败，是特定历史时期、特定地理条件下形成的特殊市场的衰落导致的。微缩景观在全国并不具有普遍的适用性，在全球也不具有持续的吸引力。微缩景观主题公园最初的设计偏向于静态的景观观光，缺乏互动体验，这个问题即使是最成功的锦绣中华也是存在的。这样的设计与互动多、刺激强的主题公园相比，就显得不合时宜了。珠三角地区在这一时期建设的19个游乐园或微缩景观有18个亏本，只有1个勉强经营（保继刚，1994a）（见表1）。

表1　1989～1999年粤港澳大湾区（广东部分）主题公园发展一览

单位：亿元，亩

公园名称	位置	主题	投资	面积	开业时间	性质
锦绣中华	深圳	中华名胜微缩景观	1.0	450	1989年	国营
中国民俗文化村	深圳	中国民俗风情	1.1	360	1991年	国营
深圳野生动物园	深圳	动物园	2.0	1800	1993年	国营
世界之窗	深圳	世界名胜集锦	8.0	720	1994年	国营
飞龙世界	广州	蛇文化	5.0	980	1995年	私营
飞图梦幻影城	广州	现代游乐	2.0	300	1995年	港资
世界大观	广州	世界民俗文化	6.8	720	1995年	股份制
圆明新园	珠海	园林、清代历史	2.2	800	1997年	国营
香江野生动物园	番禺	放养式动物园	3.0	2000	1997年	私营
广州海洋馆	广州	海洋公园	3.0	18	1997年	股份制
航天奇观	广州	航天科普、游乐	2.5	300	1997年	集体
欢乐谷	深圳	主题游乐园	3.0	255	1998年	国营
小梅沙海洋世界	深圳	海洋公园	3.0		1999年	
东方神曲	深圳	中国神话	0.2	45		
大河马水上世界	广州	主题游乐园	0.6		1997年	
水上世界	深圳	主题游乐园			1998年	
寰宇科幻城	中山	主题游乐园			1993年	

资料来源：本表为2000年调研数据，后续新增投资或扩充面积并未计入，转引自保继刚（2005）。

这一时期微缩景观开发规模是庞大的，其衰退对整个中国社会的影响很大，不仅仅是经济上的，还包括文化上的。一方面，大量微缩景观公园盲目模仿、粗制滥造，许多项目开业不久便门可罗雀，甚至倒闭，产生了恶劣的经济损失；另一方面，这些微缩景观大多以中国传统文化和自然人文景观为元素，进行系统打造，但最后的市场反应很差，使一批中国主题公园开发者开始怀疑中国文化的市场价值，转而青睐西方文化。事实上，传统文化具有很深刻的市场认同和普适性，这一阶段的失败倒不是传统文化缺乏吸引力，而是将传统文化转化为主题体验的技术方法过于简单、落后，使传统文化的魅力无法发挥（梁增贤，2019b）。

粤港澳大湾区的地方政府和企业对微缩景观的反思是很深刻的，至今也没有再轻易上马类似项目。微缩景观很难吸引长期持续的市场，重游率普遍较低。由于没有大规模市场需求的持续支撑，微缩景观走向衰落也是资本和市场选择的必然结果。然而，中国的文化元素和微缩景观的表现形式，却融入新一代主题公园的设计和建设中，成为重要的吸引物。

（三）主题公园的发展与延伸

20 世纪 90 年代，粤港澳大湾区的广州、深圳等城市相继进入后工业社会，第三产业占比很高，城市白领逐渐成为社会消费主流，后工业的城市消费方式逐步备受推崇，而主题公园便是这种消费方式的代表。进入后工业社会，一方面，人们的收入增加，花在食品上的钱占比减小，更多的钱用在了娱乐、教育、医疗健康和旅游上；另一方面，消费从强调功能价值转向了更加注重符号价值。对于娱乐也是如此，人们逐步降低对公园具体游乐项目的关注，转而关注公园提供的主题体验和环境氛围。今天，大多数人到香港迪士尼乐园，主要关注的是迪士尼的卡通人物及其活动，而不是具体的过山车等项目。在后工业社会中，符号化消费已经不再是部分人的小众行为，而成为普遍的大众行为。人们购买商品满足基本的生活需要是最基础的，进一步还会追求精神层面上的高层次享受，而这种享受通过消费行为来表达某种意义。因此，消费行为的符号化就是消费行为表达意义的符号，需求的符号化倒逼了供给的符号化。消费品不再只是单纯地为满足人们基本的生理需求而存在的，而是成为表达某种意义的载体，不同群体的个性、品位、身份和地位等特征是通过他们购买的某种消费品来展示的。因此，消费品的符号化其本质就是消费品是表达意义的符号。

香港和澳门是粤港澳大湾区最早进入后工业社会的城市。香港在 20 世纪五六十年代的工业腾飞，使其发展成为“亚洲四小龙”之一。到 20 世纪 70 年代，香港逐步进入后工业社会，内地的改革开放也拉开了序幕，港商纷纷将厂房移迁至珠江三角洲地区，留总部于香港。第三产业逐渐成为香港经济的主导，城市白领成为主流消费群体，休闲娱乐需求也随之变化。在这样的背景下，香港海洋公园于 1977 年 1 月 10 日开幕，最初由香港赛马会捐款兴建，耗资 1.5 亿港元，并由马会管理。开业前半年，海洋公园游客量高达 131 万人次。在市场反应良好的情况下，1979 年 1 月，海洋公园引入杀人鲸“海威”，成为海洋公园其中一个卖点。自 80 年代开始，香港赛马会再次拨款 2.4 亿港元进行公园第二期发展工程，增加许多大型乘骑器械项目，先后建成水上乐园、鲨鱼馆、百鸟居、登山电梯及集古村等项目。在迪士尼决定落户香港后，海洋公园更是加大力度扩大园区和项目。2005 年，香港海洋公园公布耗资 55 亿港元的全新发展计划，目标将公园建设为全球最佳海洋主题公园。公园的景点以及乘骑器械项目由原来的 35 个倍增至 80 个。香港海洋公园从 1977 年开业，至今超过 40 年，园区不断扩大，从最初的十几个游乐项目扩大到现在的 50 多个，员工数量从最初的 300 多人不断增加到 1500 人，如今已经超过 2000 人。香港海洋公园的经营一直比较出色，在香港迪士尼乐园开业后的大多数年份，香港海洋公园的游客量都比迪士尼乐园大。2018 年，香港海洋公园接待游客量 580 万人次，是全球最受欢迎的前 20 家主题公园之一。①

在内地，后工业化转型最为明显的是深圳，而深圳也成为珠三角地区最早开发主题公园的城市。自改革开放初期工业从零开始，深圳保持了几十年的快速增长。从 20 世纪 90 年代开始，第三产业也快速发展，到 1997 年，深圳第二产业和第三产业占比持平，均为 49. 3%。考虑到深圳“关内”和“关外”的经济发展水平和产业结构差异，深圳“关内”实际上已经逐步形成了后工业社会。在深圳这样一个快速城市化的城市，中产阶层在 20 世纪 90 年代中期已经初具规模，并快速壮大。他们不再满足于静态的观光，也不太青睐传统游乐园那种纯粹的器械娱乐，他们需要主题体验。1995 年，华侨城集团开始酝酿将主题公园模式由静态观赏型转向参与体验型，以参与体验模式建设欢乐谷。1996 年筹建的深圳欢乐谷一期工程于 1998 年 10 月 1 日建成对外开放，以时尚、动感、欢乐、梦幻为主题特色，包含欢乐广场、卡通城、冒险山、欢乐岛、玛雅水公园这五个主题区，成为中国当时最新一代的主题乐园，标志着中国首个参与型、体验型的新一代主题乐园的诞生。深圳欢乐谷的市场反应很好，加之乐园不断更新改造，游客量一直稳步增长，2018 年，深圳欢乐谷接待游客 391 万人次②，是最受欢迎的中国品牌主题公园之一。欢乐谷这类迎合后工业时代需求的主题公园产品在全国具有广泛的市场，因此欢乐谷逐渐走出

① TEA/AECOM. The Global Attractions Attendance Report for 2018, Themed Entertainment Association (TEA), 2019.

② TEA/AECOM. The Global Attractions Attendance Report for 2018, Themed Entertainment Association (TEA), 2019.

深圳，布局全国，成为主题公园的连锁品牌。北京欢乐谷于2006年7月29日正式营业，成都欢乐谷于2009年1月18日开业，上海欢乐谷于2009年7月28日开业，武汉欢乐谷于2012年4月29日开园迎宾，天津欢乐谷于2013年7月27日开业，重庆欢乐谷于2017年7月8日开业，南京欢乐谷已在建设，预计2020年开业。

广州也不示弱。2006年，广州长隆集团斥资10亿元，占地1000多亩，游乐项目超过60项的长隆欢乐世界一期开业。长隆欢乐世界拥有近百项世界顶尖的游乐设施以及全球顶尖的特技表演和四维影院，成为当时中国设备最先进、科技含量最高、游乐设备最多的超级游乐园。其中，造价2亿元的垂直过山车是其标志性项目。2018年，广州长隆欢乐世界接待游客468万人次，列亚太地区第11位。① 2007年5月，长隆集团新建的长隆水上乐园对外营业。水上乐园拥有众多荣获世界金奖的水上游乐设施，是当时全球最大、最先进、水上游乐项目最多的水上乐园，连续多年被评为“全球必去水上乐园”，全年和日均接待游客数量位居全球第一，成为中国在世界主题公园业界的标杆。2018年，长隆水上乐园接待游客274万人次，连续多年位列全球水公园的第一名。②

珠海尽管也是特区，但经济发展相对慢于深圳和广州，后工业转型缓慢，城市休闲娱乐消费市场规模和消费力不足。在珍珠乐园和圆明新园两个项目的失败后，珠海迟迟不敢上马大型主题公园。进入21世纪，珠海的区位优势逐渐凸显，在粤港澳大湾区的地位逐渐升高。2004年，时任广东省委书记张德江同志提出将横琴岛创建为“泛珠三角横琴经济合作区”。2008年12月，国务院通过《珠江三角洲地区改革发展规划纲要》，明确要“规划建设珠海横琴新区等合作区域，作为加强与港澳服务业、高新技术产业等方面合作的载体”。2009年6月24日，国务院常务会议通过《横琴总体发展规划》，决定将横琴岛纳入珠海经济特区范围。2009年12月16日，继天津滨海新区和上海浦东新区之后，中国第三个国家级新区在珠海市横琴挂牌成立，同时该区投资总

① TEA/AECOM. The Global Attractions Attendance Report for 2018, Themed Entertainment Association (TEA), 2019.

② TEA/AECOM. The Global Attractions Attendance Report for 2018, Themed Entertainment Association (TEA), 2019.

额逾726亿元的首批四大工程也宣布启动。至此，珠海的城市格局变大了，加之港珠澳大桥的开通，城际轨道交通的建成以及即将投入使用的深中通道和虎门二桥，珠海成为粤港澳大湾区中唯一一个陆路连接港澳的内地城市。在这样的背景下，长隆集团进驻珠海横琴。珠海横琴长隆国际海洋度假区一期项目总投入约200亿元，包含国际马戏城、横琴湾酒店、海洋王国三大项目。珠海长隆所在的横琴半岛与澳门隔河相望，便于得到澳门博彩市场的支撑；距离香港仅41海里，集观光、休闲、度假、酒店、会展等为一体，有“世界级旅游巨无霸”之称，能够吸引香港本地市场和过境市场。珠海长隆的开发无疑弥补了澳门休闲市场和香港度假市场的空白，同时也满足了广东乃至全国一站式休闲度假需求。2014年，珠海长隆海洋王国接待游客550.4万人次，创下了开门红，首期效应非常显著。到2018年，长隆海洋王国接待游客1083万人次，位列亚太地区第五名，全球第十名。①

粤港澳大湾区这一阶段主题公园的发展得到了地方政府的支持和企业的广泛参与。大湾区的主题公园相关产业链逐步形成，配套设施和服务也相应发展。这一时期的主题公园开发理念新、投资规模大、技术含量高、主题化程度高、类型趋于多元化。尽管不一定能够实现主题体验和符号消费的根本目标，但这一时期开发的大多数主题公园具有一定的主题化包装，在一定程度上满足了后工业社会初期人们对符号价值消费的粗浅需求。相较于全国同时期开发的主题公园，这一时期的粤港澳大湾区的主题公园“成活率”很高，大多数至今能够良性运营。可以说，在汲取了前两轮游乐园和微缩景观的经验后，大湾区的主题公园开发趋于理性也更加科学，与此同时，民营企业扮演的角色越来越重要，逐渐成为主题公园发展的中坚力量。

（四）全球化时代大湾区主题公园的机遇与挑战

2005年9月12日香港迪士尼乐园的开幕，宣告了中国主题公园产业全球化竞争时代的到来。香港迪士尼乐园的投资很大，最初估计为141亿港元，其中特区政府注资57亿港元，借款61亿港元，而迪士尼集团负担23亿港元商

① TEA/AECOM. The Global Attractions Attendance Report for 2018, Themed Entertainment Association (TEA), 2019.

业借款。此外，由于当时竹篙湾尚未开发，香港政府需要额外投资136亿港元建设包括外联道路、两个公众码头、公共交通转驳处、港铁迪士尼线、警岗、消防局、渠务和排污设施。这样规模的投资不仅远远超过同期中国所有主题公园的投资量级，甚至也远超过美国各个迪士尼乐园的投资。由于初始投资过大，经营成本居高不下，加之公园容量较小，单位游客的平均停留时间较短，而周边又没有其他旅游景区支撑，难以形成目的地吸引力体系（保继刚，2005）。香港迪士尼乐园的绩效表现低于预期是必然的（见表3）。

表2　2008～2019年香港迪士尼的经营绩效一览

单位：百万港币

	2008年	2009年	2010年	2011年	2012年	2013年	2014年	2015年	2016年	2017年	2018年	2019年	总计
总收入	2568	2541	3013	3630	4272	4896	5466	5114	4750	5118	6021	6047	53436
成本与费用	2729	2611	2792	3124	3396	3781	4215	4309	4035	4204	4666	4921	44783
毛利润	-161	-70	221	506	876	1115	1251	805	715	914	1355	1126	8653
折旧及摊销	808	858	833	699	762	838	888	956	890	1242	1384	1250	11408
财务成本	605	387	106	44	5	33	31	-3	-4	17	-25	19	1215
纯利润	-1574	-1315	-718	-237	109	244	332	-148	-171	-345	-54	-105	-3982

资料来源：香港迪士尼乐园2008～2019年度业绩报告。

香港迪士尼乐园在2012～2014年实现盈亏平衡略有盈余后，2015年再次面临亏损，亏损达到1.48亿港元，从2008年到2015年，累计亏损33.07亿港元，到2019年，累计亏损达到了39.82亿元港元。香港迪士尼乐园的亏损，既有内部因素，也有外部环境因素。香港迪士尼乐园是一个做小了的目的地级主题公园，香港迪士尼乐园在品牌吸引力上绝对具有中远程吸引力，但是在产品纵深或者内容丰富度上略显不足。尽管如此，香港迪士尼乐园对粤港澳大湾区主题公园产业的发展产生了深远的影响，其中很多方面的影响是积极的，主要表现在以下几方面。

1. 促进大湾区主题公园的转型升级

香港迪士尼旅游有着鲜明的主题体验，引进的是迪士尼系列主题公园中最为成熟也最为广泛接受的园区。中国游客有机会近距离体验真正意义上的主题公园。鲜明的主题化特征给大湾区主题公园的发展和改造提供了思路和借鉴模板，部分转变较差的公园则走向衰落，无形中促进了大湾区主题公园的优胜劣汰。这里有两个典型的案例：一个案例是香港海洋公园，迫于香港迪士尼的压力，海洋公园不仅尽心管理、大规模扩建，还增加了许多主题化项目，强化动物主题和海洋文化，获得了市场的认可。海洋公园的游客量在香港迪士尼乐园开业后的几年，不仅没有下降，反而一度超过香港迪士尼乐园。另一个案例是深圳欢乐谷。在确定迪士尼乐园落户香港后，欢乐谷加快了在全国的布局，走出深圳，从全国面上寻找市场，也取得了成功。欢乐谷先后在北京、上海、成都、武汉、天津、重庆建成开业，成为中国最重要的本土品牌。显然，面对国际品牌的进入，国内企业也在寻找自己的发展空间和机会。

2. 提高了大湾区主题公园的投资量级

大湾区早期的主题公园投资都不大。1989 年的锦绣中华投资 1 亿元，1991 年开业的中国民俗文化村也不过 1. 1 亿元，深圳欢乐谷前三期加起来的总投资也才 17 亿元，到北京欢乐谷总共落地也不过 20 亿元。即使是华强方特、广州长隆等以乘骑器械为主的主题公园，投资也都在 20 亿元左右。香港迪士尼乐园投资规模巨大，远超同期中国其他主题公园的投资额度，加之该项目投资广泛关注和认知，客观上抬高了中国主题公园的投资量级。随后的珠海长隆度假区的整体投资也就过了百亿元。

3. 带来了新的管理理念和技术方法

香港迪士尼乐园在运营管理的理念和技术方法上不仅依托了迪士尼集团已经成熟的模式和制度，也借鉴了东京迪士尼乐园的优秀做法，在具体运作上由于广泛聘用香港乃至中国管理精英，集合了多方面的优秀管理经验，形成了独特模式，在很多方面领先于国内同行。迪士尼的管理标准在全球也是具有标杆意义的。大湾区主题公园之间的管理人才流动是相对频繁的，在互相学习、借鉴中不断成长。香港迪士尼的一些先进管理理念和方法早已应用到大湾区其他主题公园的管理中，而欢乐谷、长隆等积累的国内市场经验和管理模式，也被香港迪士尼借鉴。香港迪士尼乐园的引入客观上提升了大湾区主题公园管理水平。

4. 吸引了一批国际品牌的进入

尽管香港迪士尼乐园的经营效果并不如预期，股东之一的迪士尼集团还是能够在乐园建设和运营期间赚足利润，在迪士尼集团的报表中呈现较大的盈利。这加快了国际主题公园品牌进入中国市场的步伐。六旗集团、默林娱乐、乐高集团等纷纷以合作开发的形式进入中国，尽管不一定布局在大湾区，但一定会以大湾区的管理经验和开发模式为蓝本。

5. 刺激大湾区本土品牌的发展

国际一线主题公园品牌的进入，也刺激了中国本土品牌的发展。继欢乐谷品牌之后，华强方特、长隆集团等也相继打造了系列品牌主题公园，在全国各地布局。此外，部分房地产企业也加入了主题公园产业，如万达乐园和恒大童世界等。在市场前景看好的全球化竞争背景下，中外主题公园品牌在中国市场角逐，中国主题公园产业迎来新一轮增长。

表 3　2014～2018 年粤港澳大湾区主要主题公园的游客量

单位：人次

主题公园	2014 年	2015 年	2016 年	2017 年	2018 年
香港迪士尼乐园	7500000	6800000	6100000	6200000	6700000
香港海洋公园	7792000	7387000	5996000	5800000	5800000
长隆海洋王国	5504000	7486000	8474000	9788000	10830000
深圳欢乐谷	3300000	3250000	3860000	3900000	3910000
长隆欢乐世界	3351000	3619000	3836000	4181000	4680000
东部华侨城	3780000	3940000	3960000	3960000	3680000
世界之窗	3600000	3440000	3910000	3980000	3990000
长隆水上乐园	2259000	2352000	2538000	2690000	2740000

资料来源：TEA/AECOM. The Global Attractions Attendance Report for 2019, Themed Entertainment Association (TEA), 2020.

粤港澳大湾区的全球化竞争时代，国外品牌主题公园与本土品牌主题公园相互竞合发展，互通有无，推动了整个大湾区主题公园产业的升级。

三　关于促进粤港澳大湾区主题公园发展的建议

经过 40 年的发展，粤港澳大湾区已经成为中国目前最重要的主题公园产业集聚区。一方面，多种品牌的主题公园相继落地，形成了主题公园集群和旅游目的地体系，国内外游客可以一站式体验多个主题公园。主题公园集群加上相关休闲娱乐配套设施，形成了完整的度假目的地体系。另一方面，大湾区的主题公园产业不仅有景区，还有相关配套产业的发展，例如乘骑设备的研发和制造，水公园设施的生产和制造，游船游艇的生产制造，公园的规划设计，主题文化的创意与设计等。其中，许多乘骑设备早已出口全世界，成为大湾区主题公园产业的新增长点。在国家粤港澳大湾区发展的背景下，大湾区主题公园产业仍面临一些问题。

（一）主题公园产业链不完善，高端制造和高附加值业态仍比较欠缺

主题公园产业并不仅仅是接待游客的景区，其背后涉及一系列公园主题文化创意、乘骑设备的设计和制造、主题公园和相关配套设施的规划和设计、主题商品的设计和生产、酒店和餐厅的设计、建设和运营管理等。目前，大湾区的主题公园企业主要是景区企业，对相关产业链的掌控比较弱。大湾区的乘骑设备设计和制造目前主要集中在中低端的乘骑设备，在高端装备尤其是大型过山车设计和制造上仍是短板。中国每年需要从国外进口上百台过山车和其他平台乘骑设备。深圳的华强方特集团算是从游乐设备设计和制造起家，做主题公园的。目前，该企业也只是在影视动画、虚拟现实技术、影视互动技术方面具有一定优势，但在主题公园装备的其他领域仍难以与国外同行竞争。相比之下，其他主题公园企业更不具备这样的实力。大湾区主题公园产业目前只掌握了运营成本极高、收益较低、附加值较低的景区运营管理层面，而在产业链的上下游，仍缺乏整体发展。

（二）主题公园开发仍缺乏目的地体系所需要的整体规划和配套业态

大湾区主题公园的开发目前逐步从单一景区建设走向主题公园目的地的整体开发，配套主题酒店、主题餐厅、主题购物街、主题剧院等，并与城市功能区连接，形成一站式休闲度假区，例如珠海横琴的长隆度假区。然而，大湾区主题公园的开发建设，仍然缺乏目的地体系所需要的整体规划和配套业态。一方面，老旧的主题公园由于历史局限性和开发用地的限制，很难拓展周边区域，建设整体配套，发展成为主题公园度假区，而依赖周边现有配套很难形成统一的主题体验，这将在某种程度上限制主题公园的目的地化发展。另一方面，目前正在建设或已经部分建设的主题公园目的地，如珠海横琴长隆等，由

于缺乏主题酒店、主题餐厅、主题购物店和其他业态的品牌和体验深度，尽管短时期内可以基本配齐，但体系成熟尚需时日。要知道，迪士尼集团旗下不仅有多个品牌主题公园，还有数十个品牌主题酒店和相关主题商业。目的地体系的整体建设，需要产业的长期发育和深度发展。中国市场规模需求将为大湾区主题公园目的地化发展提供历史机遇。

（三）多层次主题公园体系初步形成，但仍缺乏整体规划和品牌培育

主题公园有多个层次，包括目的地级（如迪士尼乐园度假区）、区域级（如深圳欢乐谷）、城市级（如方特欢乐世界）和社区级（如麦鲁小城）。粤港澳大湾区在过去十几年主要集中发展目的地级和区域级主题公园，而稍微小一点的中小型主题公园的发展相对缓慢。事实上，不同层次的主题公园品牌针对不同的市场，可以形成互补。综观全球主题公园目的地区域，如美国奥兰多和澳大利亚黄金海岸等，在大型主题公园之外，需要一系列中小型主题公园配套形成完整度假体验。这些中小型主题公园不仅面向外来旅游者，更主要的是面向本地居民。由于较小的投资、较为灵活的管理和较有针对性的市场开发，中小型主题公园未来会有较大的发展。然而，目前粤港澳大湾区在这方面尽管已经有不少产品生成，但仍缺乏品牌培育。

（四）主题公园开发背后的资本逻辑仍存在投机风险和缺乏市场理性

中国主题公园的开发往往与房地产开发关联，在过去的40年发展中，房地产与主题公园的联系越来越紧密，甚至有“绑架”主题公园的嫌疑。主题公园开发容易受房地产“绑架”，打着所谓“旅游地产”的旗号圈地开发，结果一些主题公园要么是“半拉子工程”，要么规划设计存在缺陷，要么经营缺乏可持续性。许多号称投资数十亿元甚至上百亿元的主题公园，实际上最后草草了事，房地产开发完了，房子卖了，主题公园就成了景观摆设，严重影响主题公园产业的健康发展。与此同时，一些地方也可能存在盲目追求主题公园的行为。地方政府给予过高的土地、资金、经营等优惠，牺牲自身重大利益争取大型主题公园项目落户，无形中破坏了公平的投资环境，承担了巨大的风险和债务。过去几十年粤港澳大湾区发展的历史证明，主题公园这类巨额投资的旅游项目，需要有足够的投资可行性评估和市场理性，不符合市场规律，没有良

好主题体验的主题公园，一定很难实现可持续经营。粤港澳大湾区和各地方政府应该出台相关政策和措施，保障主题公园产业的良性发展，避免房地产等其他产业的非合理关联开发。

当前，粤港澳大湾区的发展也迎来了历史机遇。2016 年 3 月，国家发改委将“推动粤港澳大湾区和跨省区重大合作平台建设”列入国家“十三五”规划，强调要“携手港澳共同打造粤港澳大湾区，建设世界级城市群”。广东省 2016 年政府工作报告，也包括“开展珠三角城市升级行动，联手港澳打造粤港澳大湾区”等内容。在 2017 年 3 月 5 日召开的十二届全国人大五次会议上，国务院总理李克强在政府工作报告中提出，要推动内地与港澳深化合作，研究制定粤港澳大湾区城市群发展规划，发挥港澳独特优势，提升在国家经济发展和对外开放中的地位与功能。由此，粤港澳大湾区从地方概念逐渐得到了中央的认可，成为新时期推动中国经济最发达地区整合发展的构建大战略。粤港澳大湾区的整合、协调发展，将给大湾区主题公园产业带来两大机遇。

第一，互联互通的优质生活和旅游圈将促进主题公园的市场整合。当前，粤港澳大湾区一系列重大交通基础设施相继建成：一方面通过建设城际快速轨道交通（如广深港高铁）、跨江交通（如港珠澳大桥、虎门二桥、深中通道等），破解大湾区东西两岸的交通瓶颈，缩短南北交通距离，在大湾区内部形成密集的网络型综合交通体系。另一方面，对外进一步拓展码头、机场、高速和高铁的建设，拓展联通共建“一带一路”国家的交通通道，加快产品和资本的流通。交通基础设施的建设将会引发区域时空压缩，大湾区内各个城市之间的距离缩短，从任何一个城市出发到大湾区其他城市都在 2 小时车程范围内。这意味着，旅游线路的组织可以从大湾区任何一个城市出发，也可以在任何一个城市驻留。与此同时，旅游者出行方式的选择也将越来越多元化。大湾区 2 小时生活圈和旅游圈已经形成，将走向成熟，不仅本地居民能够在 2 小时内游览大湾区任何主题公园，外来旅游者也能够以大湾区内任何一个城市为基地，游玩大湾区其他城市的主题公园。粤港澳大湾区的主题公园及其配套产业将迎来一个全新的市场和产品的整合机遇。

第二，粤港澳三地利益共享的产业价值链将提升主题公园竞争力。粤港澳大湾区主题公园的产业链发展应该利用各自优势，差异化发展，互通有无，形成整体产业价值链，从而提升大湾区主题公园的整体竞争力。大湾区主题公园产业应该培育粤港澳三地利益共享的产业价值链，协调三地之间的主题公园具体业态和配套产业的分工，加快向全球价值链高端迈进，打造具有国际竞争力的中高端产业链。大湾区应该重点加快推动主题公园装备制造业的转型升级，重点培育发展新一代应用信息技术、智能科技、高端装备、新材料、新能源的主题公园装备制造业集群，通过合作打造全球科技创新平台，构建开放型创新体系，完善创新合作体制机制，建设粤港澳大湾区主题公园创新共同体，逐步发展成为全球主题公园产业的创新中心，能够与目前全球主要的主题公园及相关娱乐产业区域在科技创新领域竞争。

粤港澳大湾区主题公园产业经过40年的发展，积累了很多经验、教训，也总结了一些规律，这不仅成为指导大湾区主题公园发展的宝贵理论，也成为指导中国主题公园理性发展的基石。展望未来，粤港澳大湾区应进一步引领中国主题公园的创新发展，并逐步走出中国，进军世界，与国际一流企业集团竞争。

参考文献

保继刚，1994a，《大型主题公园布局初步研究》，《地理研究》第3期。

保继刚，1994b，《深圳、珠海大型主题公园布局研究》，《热带地理》第3期。

保继刚，1996，《深圳市主题公园的发展、客源市场及旅游者行为研究》，《建筑师》第70期。

保继刚，2000，《珠江三角洲主题公园发展回顾》，《桂林旅游高等专科学校学报》第2期。

保继刚，2005，《广州主题公园何以纷纷倒闭?》，《风景园林》第3期。

梁增贤，2019a，《主题公园开发与管理》，重庆大学出版社。

梁增贤，2019b，《主题公园与城市发展》，科学出版社。

B.10
粤港澳大湾区城市旅游创意活动和赛事发展报告

张骁鸣　梁莞彤　刘怡欣*

摘　要： 旅游创意活动和赛事是大湾区主要城市塑造城市整体形象、丰富城市文化底蕴的重要领域。大湾区多数城市在旅游创意活动和赛事方面都有良好的基础，已经培育一些很有辨识度的特色活动。本报告将以2019年各城市的实际情况概述为基础，一方面以城市为单位，着重对广州、深圳、香港、澳门的旅游创意活动和赛事进行梳理，总结其突出特点，同时兼顾其他城市的重点活动及其文化特色的介绍；另一方面，按照传统媒体和社交媒体的区分，对这些城市的旅游创意活动和赛事的媒体传播情况进行分析，初步判断其社会影响力。

关键词： 粤港澳大湾区　城市旅游　创意活动　赛事

一　引言

文化创意产业作为一个依然十分重要的经济领域，在中国各地已出台的计划、规划、实施方案等政策文件中的概念定义，存在很大差异。一些地方侧重于“创意”内涵，强调创新思维、创新技术及其商品化实现，因此主要流行

* 张骁鸣，博士，中山大学旅游学院教授，研究方向为旅游休闲与人的发展、节庆文化、旅游地理与旅游规划；梁莞彤，中山大学旅游学院本科生，研究方向为节庆活动管理；刘怡欣，中山大学旅游学院硕士生，研究方向为会展活动管理。

于美国的“版权经济”（economy of copyrights）或“版权产业”（copyrights industries）的概念成为实际上的政策重点（如深圳）；另有一些地方主要从所能满足的消费者实际需求着眼，考虑到了消费本身的自主性、多元化和不断变化的生活方式、生活观念带来的影响，因此特别强调旅游经济、休闲娱乐等项目也应被整合进来（如北京）；还有一些地方将其作为整合传统的文化事业、文化活动的外延比较广阔的概念，因此诸如群众文化艺术、文化遗产等项目也成为制定相关政策时通常要考虑到的内容。

然而，从与城市旅游发展的实际关联性角度考虑，本报告不拟全面纳入目前出现于各种地方政策文件的各种文化创意产业亚类，而主要确立了如下几个考察项目对象的标准。

第一，项目本身是否有“活动”特性。这里的“活动”概念对应于国际通行的“events”或“special events”概念，在国内有时也译为“事件”或“特殊事件”，即为了特定的社会文化交流或体验等目的而有计划地组织并实施的活动。这类活动通常有其相应的延续时间规定与地点功能要求。一些已经成形的文化创意产业区、创意产业园、创意街区或历史文化街区等，虽然也有十分鲜明的创意特点和风貌特色，并且往往整合了很多活动项目，但主要是以“景区”或“旅游区”的形式出现，适宜从旅游目的地吸引力角度展开综合分析。

第二，项目本身是否主要服务于“城市旅游者”（urban tourists）。这里的“城市旅游者”是指来自外地（在本报告中当然也指来自不同城市）并作短暂逗留的人，而由于其逗留时间有限，通常不太可能深入感受当地的民情民风或尝试融入社区生活。因此，如上面所提及的一般文化事业的内容（如社区或街坊级别的文化活动，即便得到了政府正式的立项和经费支持）、主要满足居民日常休闲的文化活动（电影上映）等，往往与城市旅游者逗留期间的活动无关，不能成为激发旅游者出行决策的重要吸引物，也就不被纳入本报告的分析范围。

第三，项目本身是否能服务于“旅游休闲需求”。这里的“旅游休闲需求”是旅游者的主要来访目的和实际活动内容与工作和商务无关。虽然一些商务旅行者所在的行业是典型的文化创意产业行业，如图书出版、广告设计与应用、展览策划等，但是，如果其参加的活动内容主要还是服务于商务目的，如举办图书发布会或作家签售会、新产品首发会或招商典礼、主题展览研讨会或学术讲座等，那么也不在本报告的分析范围之内。

综上，结合目前粤港澳大湾区部分城市已经发布的各类政策文件、工作总结、研究报告（包括蓝皮书）等①，同时尽可能从具有横向可比性的要求出发，本报告提出一个具有操作性的“城市旅游创意活动与赛事”的分类方案（见表1）。这里已将符合上述分析界定的三大类城市旅游创意活动（舞台类、场地类、节庆活动类）悉数纳入，同时也将比较独立的体育赛事类纳入。补充说明两点：（1）在实际内容上属于舞台类、场地类，但是在举办形式上为赛事的活动，均纳入“节庆活动类”当中，即体育赛事类只涉及体育竞技运动本身；（2）非物质文化遗产类活动是非常丰富的一个类型，在大湾区城市中也很受重视，特别是文化民俗活动通常都被认为是极富旅游吸引力的活动类型，但是，从横向可比的角度，需要将它打散到这里的不同类型中加以处理。

表1　本报告所考察的城市旅游创意活动与赛事项目类型

一级分类	二级分类	说明
舞台类（stage events）	室内舞台	现场表演，包括音乐、歌唱、舞蹈、戏剧、戏曲演出、综艺及流行表演、魔术、朗诵等
	户外舞台	户外演唱会为主
场地类（revenue events）	平面艺术	如传统书画艺术展、现代绘画艺术展、摄影展等
	造型艺术	如建筑设计、工业设计、服装首饰、生活创意产品的展示交流，包括创意市集等
	多媒体艺术	利用多媒体（特别是新媒体）手段实现的多元体验项目，如电影及放映类、影视文学及衍生产品、数码及游戏、动漫等
节庆活动类（festivals etc.）	—	如各类艺术节、地方文化节、主题文化节、非物质文化遗产节、非体育类赛事、文博类活动（如博物馆日）、旅游节等
体育赛事类（sports events）	—	竞技运动类赛事，公开进行，有现场观众

接下来的具体分析将分为三个部分：第一部分，着重对广州、深圳、香港、澳门的旅游创意活动和赛事进行梳理，总结其突出特点；第二部分，对上述四座城市以及“9+2”范围内其他城市的2019年重点活动及其文化特色做

① 包括《广州文化创意产业发展报告》《深圳文化发展报告》《香港艺术界年度调查报告》《澳门特别行政区文化局年报》等。截至本报告完成时，上述各出版物或报告的2019年度最新版本可能尚未发布，均递延采用相应上一年度版本。

扼要介绍；第三部分，按照传统媒体和社交媒体的区分，对这些城市的旅游创意活动和赛事的媒体传播情况进行分析，初步判断其社会影响力。

二 总体特征概述

尽管引言部分已经根据可操作性、可比性要求对纳入考察的创意活动和赛事的概念和范围作了初步框定，然而通过简单的资料搜集即可发现，至少广州、深圳、香港三座城市的活动种类、数量、举办规模（以观众人数统计）已经十分庞大，使即便只是想要完成任何一座城市的所有活动的完整统计也几乎不太可行。此外，跨界类、融合式的活动越来越多，也对统计考察工作提出巨大挑战，因为任何统计工作都要以相对稳定的统计范围和统计口径为基础，而这两个指标在所有大湾区城市中都难以确定。由此，本报告计划采取特征月份抽样考察的方法来完成基本资料的搜集工作。所谓“特征月份”是 7 月和 10 月，选择的关键理由有以下三条。

其一，7 月是各地通行的“暑期”旅游旺季，而 10 月是每年最后的一个旅游旺季，在活动类型和数量上都相对比较丰富，适宜于对全年的基本情况做一个有代表性的概览。

其二，7 月和 10 月并不是四座重点分析城市（广、深、港、澳）举办任何大型“地标化创意活动”（hall-mark creative events）的月份。例如，对广州、香港而言特别重要的端午节龙舟活动高峰期，一般在 5 月底和 6 月，因此不会出现相应类型（节庆活动类）在所分析的月份里表现过分突出的情况。

其三，从国际惯例来看，7 月通常是很多舞台类活动的“演出季季终月”，而 10 月是新演出季开启进入正常操作期的一个月份，可以形成一定意义上的年度内跨季节比较。

需要注意的是，7 月是香港回归祖国的纪念日所在月份，而 10 月是国庆假期，都可能会有十分集中密布的各类文化活动。不过，这样的局部性特点带来的影响，会由于引言部分所表述的三条界定标准而有所削弱，即大部分纪念性、庆典性的活动会因为并非主要面向旅游者或满足旅游休闲需求，而不会成为分析对象，所以对于最终分析结果的实际干扰不会太大。

无须讳言，城市旅游创意活动的类型划分和统计是本报告面临的巨大难题，本报告所提出的分析范围、判断标准和实施路径都只是一次初步尝试，还有待在后续年度工作中不断改进。

创意活动和赛事的举办总数是一个基本分析指标（见表2）。从四座城市的情况来看，广州、深圳、香港、澳门的活动项目数分别为47项、53项、48项、31项。广、深、港三地基本持平。其中，广州和澳门在季节分布上十分均匀，7月和10月的活动项目数差距都可忽略不计；深圳在10月明显举办了更多活动，达到31项；而香港则刚好与深圳相反，在7月举办了35项活动，而10月则只有13项。

从舞台类活动类型来看，内地两座城市均有户外舞台活动，而香港和澳门在7月和10月均未举办同类活动，但是在室内舞台演出活动方面则有着明显的优势。广州在10月推出的户外舞台活动，其中两场分别是“2019二沙岛户外音乐季”和“2019黄埔户外音乐节”，这对于内地城市来说是比较新颖的项目。两座特区城市出现相应月份户外舞台为零的状况，其原因可能各所不同。香港从2019年春夏之交开始出现极为复杂的社会局面，公共秩序受到严重冲击，传统的户外舞台场地如维多利亚公园等基本上处于事实上的被占用状态或不确定状态，导致其很难承接任何创意活动。澳门则传统上户外活动舞台极少，且各大娱乐度假机构已经安排了极为丰富的室内舞台演出，这与其产品特色和客源需求是高度吻合的，因此特定月份缺乏户外舞台向来不是一个值得注意的问题。

从场地类活动类型来看，相对于舞台类活动类型来说，不同城市各自都有一些特色表现。广州在三个二级分类（平面艺术、造型艺术、多媒体艺术）的场地类活动上表现均匀，其中7月举办的平面艺术类创意活动稍多。香港和澳门在平面艺术和造型艺术方面都有所表现。最值得关注的是深圳，而它最令人眼前一亮的是其在多媒体艺术类创意活动上的表现：7月和10月分别举办了10项和12项，不但远远超过其本身另两项场地类创意活动的相应数量，甚至超过其余三座城市在此类创意活动上的相应月份之总和。这一表现，充分体现了深圳作为内地乃至亚太地区新兴的科技之都、设计之都、媒体之都的独特优势，也体现了它因为人口结构年轻化而具有的独特活力。

从节庆活动类型来看，除香港在7月有7项活动而显得一枝独秀外，其余三座城市在两个月份的表现总体平淡。而就香港7月节庆活动的实际主题来看，仅有7月1日当晚的“跃动大湾区：各界青年庆祝香港回归祖国22周年晚会”与特定的周期性庆典活动相关，其他4项活动分别以戏曲（中国戏曲节2019）、古典音乐（HKS即香港小交响乐团的“酷”热音乐节）、现代音乐（2019香港青年音乐营）、合唱艺术（2019世界合唱指挥比赛、2019世界青少年合唱节）以及多元艺术（国际综艺合家欢2019）为主题。此外，当年10月香港所举办的“世界文化艺术节2019”所邀请的都是来自北欧国家的艺术团体，主题十分突出。香港在节庆活动类型上的这些表现，比较有力地表明了其在经典艺术门类上的城市文化底蕴，以及依然作为大湾区内国际化程度最高的“全球城市”（global city）所拥有的重要地位。

最后，就体育赛事类活动而言，广州有着突出表现。这主要得力于它拥有两支中国足球超级联赛（“中超”）的参赛队伍：广州恒大淘宝队和广州富力队。广州恒大淘宝队近年来在中超联赛中有统治性的表现，还曾两次摘得过亚洲冠军联赛（“亚冠”）的桂冠，其球迷俱乐部的水平和其主场天河体育中心的比赛氛围也在国内有上佳口碑。此外，作为中国南方地区的体育强市，众多国际级和国家级的重要赛事也选择在这里举办，如2019年10月举办的2022年世界杯足球赛亚洲区预选赛。不过，应该注意到大湾区城市显然不仅仅有足球项目，男子篮球、职业龙舟、羽毛球、网球、马拉松等项目也拥有巨大的本地爱好者群体，所举办的一些比赛项目也开始品牌化并产生吸引力。

表2　四座城市的创意活动与赛事活动举办总数代表性统计（2019年）

一级分类	二级分类	广州		深圳		香港		澳门	
		7月	10月	7月	10月	7月	10月	7月	10月
舞台类	室内舞台	5	3	6	7	14	4	10	8
	户外舞台	2	3	4	0	0	0	0	0
场地类	平面艺术	5	3	1	5	11	5	2	2
	造型艺术	2	3	0	3	1	0	3	1
	多媒体艺术	5	4	10	12	1	1	0	1
节庆活动类	—	1	0	1	3	7	2	2	3
体育赛事类	—	4	7	0	0	1	1	0	0
小计		24	23	22	31	35	13	17	14

资料来源：各地文化、旅游、体育等政府机构和协会组织所提供的网络公开资料。

从四座城市的创意活动与赛事活动总举办天数、平均举办天数的统计来看（见表3、表4），不同类型活动的表现差异很大。

其一，舞台类活动，多数城市的室内舞台和户外舞台都是一次性举办，一般持续天数是1天左右。稍有例外的是香港，2019年7月承办了持续多日的活动如“FollowMi 郑秀文世界巡回演唱会香港站2019年”和“2019亚太合唱高峰会”，因此其室内舞台活动的平均举办天数达到了2.5天。

其二，场地类活动，多数城市的三个亚类活动的平均举办天数较长，超过10天。最长的是造型艺术活动，如广州（7月和10月）、深圳（10月）、香港（7月）、澳门（10月）的平均举办天数都接近或达到31天，即相当于至少有一个活动持续了整个月份。比较例外的是香港（7月和10月）的和澳门（7月）的平面艺术活动、澳门（7月）的造型艺术活动、香港（7月）的多媒体艺术活动，持续天数都较短。仔细考察，大部分持续天数较短的此类活动于7月开展，因而可以合理估计为暑期开始前后的“换季”惯例所致。

其三，节庆活动类，香港在总数上表现突出，特别是7月的实际总活动天数超过110天；其次为澳门，10月的实际总活动天数达到54天。客观地看，节庆活动，特别是音乐节、艺术节等文化节庆活动，在本报告所分析的所有类型创意活动中，对于外来旅游者的吸引力是最大的，甚至可以成为直接的出游动机。因此，在节庆活动上的总天数优势，再次表明了香港作为区域内首屈一指的全球性城市的稳定地位，以及澳门以现代旅游和休闲娱乐为立市之本的发展定位的深刻影响。

其四，体育赛事类，四座城市在所划定的月份之内举办的赛事活动很少，没有必要做相互间的比较。总体来看，对于各城市来说最重要的赛事活动都没有设置在7月和10月。

表3　四座城市的创意活动与赛事活动总举办天数代表性统计（2019年）

一级分类	二级分类	广州		深圳		香港		澳门	
		7月	10月	7月	10月	7月	10月	7月	10月
舞台类	室内舞台	5	4	6	10	35	4	11	14
	户外舞台	2	5	4	0	0	0	0	0
场地类	平面艺术	62	72	19	97	45	19	6	48
	造型艺术	58	93	0	82	31	0	12	31
	多媒体艺术	135	45	154	195	7	13	0	10

续表

一级分类	二级分类	广州		深圳		香港		澳门	
		7月	10月	7月	10月	7月	10月	7月	10月
节庆活动类	—	27	0	2	26	110	32	11	54
体育赛事类	—	4	12	0	0	1	9	0	0
小计		286	268	179	411	229	77	33	151

资料来源：各地文化、旅游、体育等政府机构和协会组织所提供的网络公开资料。针对一个活动跨不同月份的情况，这里只统计了落在7月和10月范围内的天数。

表4 四座城市的创意活动与赛事活动平均举办天数代表性统计（2019年）

一级分类	二级分类	广州		深圳		香港		澳门	
		7月	10月	7月	10月	7月	10月	7月	10月
舞台类	室内舞台	1.0	1.3	1.0	1.4	2.5	1.0	1.1	1.8
	户外舞台	1.0	1.7	1.0	—	—	—	—	—
场地类	平面艺术	12.4	24.0	19.0	19.4	4.1	3.8	3.0	24.0
	造型艺术	29.0	31.0	—	27.3	31.0	—	4.0	31.0
	多媒体艺术	27.0	11.3	15.4	16.3	7.0	13.0	—	10.0
节庆活动类	—	27.0	—	2.0	8.7	15.7	12.0	5.5	18.0
体育赛事类	—	1.0	1.7	—	—	1.0	9.0	—	—

资料来源：各地文化、旅游、体育等政府机构和协会组织所提供的网络公开资料。针对一个活动跨不同月份的情况，这里只统计了落在7月和10月范围内的天数。

三 重点活动介绍

（一）广佛肇

广州市2019年完成了10项官方认定的重大活动，其中多数具有城市旅游创意活动的特征：亚洲国际美食节、世界文化和自然遗产日主会场活动、第13届全国美术作品展（综合画种动漫展区、港澳台海外华人展区）、读懂中国·广州国际论坛、大湾区国际艺术节、粤剧申遗十周年纪念活动、广州文交会、文化强市工作会议、中国广州国际纪录片节、广州艺术节。此外，地方政府也积极推动越秀、天河、黄埔、番禺、海珠等5个区创建国家级文化旅游产业园区（基地），重点扶持重点文旅企业，鼓励支持文化旅游龙头企业发展。这些举措对于未来出现更多的创意活动将有十分积极的意义。不过，从目前已经形成的媒体报道热度和公众认知度来看，广州地区最令人瞩目的创意活动和赛事是广州国际灯光节、广州国际龙舟邀请赛和广州马拉松赛。

2019 年的广州国际灯光节于 11 月 18 ~27 日举行，地点仍然是以广州塔和花城广场为中心的广州城市“新中轴线”地区。当年主题为“吉祥花城，出新出彩”，灯光节设计展出的各类艺术作品共 42 组，首次启动了“1 +9 全城联动”模式，即 1 个主会场与 9 个各分会场。2019 年正值新中国成立 70 周年，灯光节以光为媒，充分展现了中国传统文化内涵和广州市及各区地域历史特色，为这座城市增加了新的活力。[①] 在一些非官方的报道中，广州国际灯光节已经与法国、悉尼并列为世界三大灯光节。[②]

2019 年的广州国际龙舟邀请赛于 6 月 15 日举办，赛道为中大北门广场至广州大桥之间的珠江河段，共有来自中国、英国、美国、澳大利亚、孟加拉国、加拿大、中国香港、中国澳门等国家和地区的 124 个龙舟队伍，近 4000 名运动员参赛，吸引到数万名市民、游客观看。这一比赛的源头是 1985 年正式举办的广州龙舟竞渡赛，在 1994 年升级更改为现在的名称，近年来在国际上已形成较高的影响力和品牌效应，已被列为全国八大龙舟赛事之一。[③]

2019 广州马拉松赛于 12 月 8 日举办，起跑仪式在广州天河体育中心举行，当年共有来自 43 个国家和地区约 3 万名选手参赛，其中参加全程马拉松赛的选手 2 万人，参加半程马拉松松赛的选手约 1 万人，最终有 8 人次打破赛会纪录，受到国际田联关注并在其官网报道。这已经是广州马拉松连续第 2 年获评国际田联金标赛事，连续 5 年获评中国田协金牌赛事，而 2019 年的赛事在国际田联 2019 世界城市马拉松赛事、人民网 2019 年最具影响力马拉松赛事排行榜上，“广马”均稳居国内前三，赛事品牌效益更加显著。[④]

---

① 广州市人民政府，2019，《灯光节相关介绍》，http：//www. gz – lights. com/？ thread – 77 – 112. html，最后访问日期：2020 年 6 月 15 日。

② 百度百科，2019，《广州国际灯光节》，https：//baike. baidu. com/item/广州国际灯光节/4539624？ fr = aladdin，最后访问日期：2020 年 6 月 15 日。

③ 广州市体育局，2019，《2019 年广州国际龙舟邀请赛圆满落幕》，http：//tyj. gz. gov. cn/sshd/gzgjlzyqs/content/post_ 2423094. html，最后访问日期：2020 年 6 月 15 日。

④ 广州市体育局，2019，《八破赛会纪录！2019 广州马拉松赛成功举办》，http：//tyj. gz. gov. cn/sshd/gzmls/content/post_ 5617820. html，最后访问日期：2020 年 6 月 15 日。

佛山市在2019年承办的最重要国际级赛事是国际篮联篮球世界杯佛山赛区的比赛。据统计，赛事期间203万人到访佛山，而观赛群众约8.4万人次，球迷区、世界杯之屋、世界杯巡展等活动参与者达28万人次。此外，佛山市还承办了定向世界杯决赛，共吸引到37个国家及地区的260名运动员参加；成功举办了“英雄联盟”2019春季总决赛，为周边服务业直接带来1968万元的收入，全国唯一的青训基地也确定落户南海；举办“网易NeXT2019秋季赛”线下赛，吸引5万名观众线下观赛，线上累计观看量超过6亿人次。

不过，从文化底蕴和地方特色的挖掘角度来看，佛山市最具有社会影响力的活动还是与龙舟相关。佛山市及其下辖多个区镇组织了新型的龙舟协会，连同早已存在数百年的社区（村落）级别的民间龙舟组织一起，共同营造出中国内地最负盛名的一片龙舟运动的热土。2019年端午节前后，以乐从、北滘、杏坛、大良、容桂、伦教、勒流、陈村、龙江等镇村为中心，集中举办了各种龙舟赛事和龙舟点睛、食龙舟饭、龙舟巡游、醒狮表演、草艇拔河等传统民俗活动，几乎覆盖到了全市32个镇街所有行政村。当年10月下旬，佛山市顺德区还成功举办了第一届中国龙舟大奖赛暨2019佛山（国际）龙舟嘉年华。其中，10月19日至20日的大奖赛吸引到41支国内顶尖龙舟队伍近千名运动员参加，得到中国龙舟协会的高度肯定。此外，佛山市也积极推进其“世界功夫之城”的建设，举办了国际蔡李佛功夫大赛、第七届世界太极拳健康大会、国际武联首届咏春拳大赛等武术活动，并完成了150场面向全民的“功夫角”活动，推动了功夫普及。①

肇庆市近年来将其创意活动的发展重点放在服务本地文化建设、服务市民文化休闲的方面。2019年，肇庆市继续开展了“百镇千村文化节”等活动，举办“同饮一江水”2019广东打工者歌唱大赛（肇庆赛区）、肇庆市第九届少儿艺术花会、肇庆市粤曲私伙局大赛、中国农民丰收节等活动。②

---

① 佛山市文化广电旅游体育局，2019，《佛山市文广旅体局2019年工作情况总结及2020年工作计划》，http://www.foshan.gov.cn/fswgdlt/gkmlpt/content/4/4235/post_4235424.html#3649，最后访问日期：2020年6月15日。

② 肇庆市文广广电旅游体育局，2019，《肇庆市文化广电旅游体育局2019年工作要点》，http://www.zhaoqing.gov.cn/zqwgdlt/gkmlpt/content/1/1266/post_1266032.html#4303，最后访问日期：2020年6月15日。

（二）深莞惠

深圳自2004年开始就启动了“两城一都”的“文化立市”长期建设目标，即将未来深圳的名片确定为“图书馆之城”、“钢琴之城”和“设计之都”。事实上，近年来随着深圳作为全球信息通信技术产业中心之一的地位的不断巩固，其在创意活动的发展方面也早就已经超出“两城一都”的范围，对于全国“创意阶层”（class of creativity）的吸引力越来越强。①

一方面，从传统艺术活动来看，深圳在2019年策划举办了第十五届文博会艺术节、深圳戏曲名剧名家展演、第十届深圳国际水墨双年展暨第九届深圳水墨论坛、第十三届全国美术作品展览水彩粉画展，组织了《南唐李后主》等粤剧赴港澳交流演出，还成功举办了2019深圳声乐季等新创活动。

另一方面，以现代艺术特别是结合新媒体、新技术的创意活动和赛事也层出不穷。例如，深圳动漫节已经被国家文化部评为全国四大动漫节展之一，目前已经成功举办了十一届。此外，在现代音乐节方面，曾经多年连续举办国内久负盛名的迷笛音乐节的深圳，在2019年虽然不再承办迷笛，但也继续承办或成功新办了2019深圳南山流行音乐节、2019ayo深圳仓库音乐节、2019深圳亚洲音乐盛典等，对于大湾区乃至更远地区的音乐爱好者形成新的吸引力。同样值得关注的是，自2019年起，深圳承办女子职业网球（WTA）年终总决赛，单双打冠军均可获得1500个世界排名积分，使之超越男子网球领域的上海大师赛（1000积分），成为中国乃至亚洲地区级别最高的网球赛事，也是深圳建市以来承办的最高级别的单项体育赛事。

同时，作为一直以来的中国内地改革开放的窗口和重地，特别是与香港特别行政区跨境合作的前沿，深圳的表现也同样可圈可点。其中坚持最久、影响力最深远的创意活动即“深港城市/建筑双城双年展”。双城双年展2005年源于深圳，自2007年起由深圳与香港这两个边界相连、互动密切的城市协作举办。2019年的双年展为第八届，主题为“城市交互——Urban Interactions”，主创团

① 深圳市文化广电旅游体育局，2020，《深圳市文化广电旅游体育局2019年工作总结》，http：//wtl. sz. gov. cn/xxgk/ghjh/ndgzjhjzj/content/post_ 6745866. html，最后访问日期：2020年6月15日。

队继续充分利用设计、影像、装置、戏剧、公共艺术、专题研究和对话等多种方式，展示了深圳和香港、中国乃至全球城市化进程和人居状态的方方面面。①

东莞市是中国内地男子篮球职业联赛（CBA）劲旅广东宏远华南虎俱乐部的主场城市。该俱乐部从 2003 年 CBA 初创开始，即连续在总决赛中实现一个三连冠、一个四连冠，其间还曾以全胜战绩夺得亚俱杯冠军。2019 年 5 月 3 日，广东东莞银行（该赛季的队伍冠名）男篮战胜新疆男篮，第 9 次夺得 CBA 总冠军，同时超越八一男篮，成为 CBA 历史上夺冠次数最多的球队。辉煌的战绩确保了位于东莞市寮步镇松山湖大道的球队主场的上座率和现场热度，使之与北京首钢的主场共同成为 CBA 最具吸引力的篮球赛事胜地。②

惠州市在 2019 年举办的最重要的创意活动是 2019 广东旅游文化节暨第十届东坡文化节。这是广东旅游文化节首次在惠州举办，也恰逢惠州轮办东坡文化节③，主办方重点展现了惠州市在粤港澳大湾区城市群之内的“山水城市”的风貌特色和文化底蕴。“双节”期间还举办了广东（惠州）文化旅游体育产业博览会、2019（第二届）环粤港澳大湾区城市自行车挑战赛（惠州·罗浮山站）等约 40 场文旅体活动，对本地居民和游客都具备一定吸引力。④ 在赛事类活动方面，惠州市在 2019 年先后承办了世界斯诺克冠军挑战赛、亚洲 7 人制橄榄球系列赛（中国站）等 5 项国家级以上赛事以及 13 项省级比赛。⑤

（三）珠中江

珠海市很早就获得过联合国“世界宜居城市”的荣誉，近年来更是对此有了新的诠释和实现。其中在创意活动方面的一个重要举措即举办珠海市民艺

---

① 深圳市人民政府，2019，《UABB 历程：深港城市/建筑双城双年展》，http：//www.szhkbiennale. org. cn/About/，最后访问日期：2020 年 6 月 15 日。

② 东莞市文化广电旅游体育局，2019，《2018 年市文化广电旅游体育局工作总结和 2019 年工作计划》，http：//wglt. dg. gov. cn/gkmlpt/content/0/699/post_ 699605. html#1335，最后访问日期：2020 年 6 月 15 日。

③ 其他轮办城市包括：四川眉山、湖北黄冈、海南儋州。

④ 惠州市人民政府，2020，《惠州市政府工作报告：人民政府发［2020］》，http：//www. huizhou. gov. cn/zwgk/hzsz/zwyw/content/post_ 3054937. html，最后访问日期：2020 年 6 月 15 日。

⑤ 惠州市文化广电旅游体育局，2019，《2019 年惠州市文化广电旅游体育工作要点》，http：//wgltj. huizhou. gov. cn/gkmlpt/content/3/3194/post_ 3194522. html#357，最后访问日期：2020 年 6 月 15 日。

术节，这是面向全市市民开展的一项年度性活动，历时5个月（7~11月），包括歌手大赛暨“同饮一江水”2019广东打工者歌唱大赛（珠海赛区）选拔赛、舞蹈大赛、民乐大赛、经典诵读大赛、摄影大赛）、群众文艺原创作品评选、优秀节目展演及惠民演出等一系列活动。此项活动与特别盛行于广州、佛山、香港、澳门等地且传统上以社区方式组织起来的龙舟竞渡系列活动相映成趣，分别成为现在和过去的民间创意活动的典型代表。在节庆活动类创意活动方面，珠海在2019年还连续举办了第三届珠海莫扎特国际青少年音乐周、2019珠海沙滩音乐节、2019珠港澳合唱音乐会等重要活动。①

在赛事活动方面，珠海网球冠军赛、珠海WTA超级网球精英赛、环粤港澳大湾区城市自行车挑战赛（珠海站）等重要活动均集中于下半年在珠海举办。其中，两项网球赛事分别是男子职业网球（ATP）250冠军积分和女子职业网球（WTA）700冠军积分的赛事，使珠海成为粤港澳大湾区唯一拥有ATP和WTA双赛事的城市，与北京共同成为中国内地仅有的两座同时拥有职业网球男子赛和女子赛的城市。2019年WTA超级网球精英赛开赛前，网坛传奇格拉芙亲临位于横琴新区的珠海华发中心球场，为“珠港澳青少年网球交流基地”揭牌。②

中山市在2019年5月26日举办了粤港澳大湾区（中山·石岐）第二届龙舟邀请赛，吸引了包括香港、澳门在内各个湾区城市的50支队伍报名参赛。③

江门市比较有影响力的创意活动和赛事集中于2019年5月和6月期间。在这段时间之内，江门演艺中心迎来了中国东盟文化艺术－舞蹈节和美食节，而江门体育中心体育馆先后圆满承办了2019年世界排球联赛江门站的男子组、女子组赛事。④ 值得留意的是，台山市水步镇草坪里在12月28日举办了一场颇具特色的稻田音乐节，将市集、篝火晚会、稻田筵席等传统元素与摇滚音乐、艺术

---

① 珠海市文化广电旅游体育局，2019，《2019年下半年珠海市重要大型文化旅游体育活动发布会》，http://wgltj.zhuhai.gov.cn/zwgk/xwfbh/content/post_2392455.html，最后访问日期：2020年6月16日。

② 搜狐体育，2019，《2019珠海WTA超级精英赛圆满收官》，https://www.sohu.com/a/349975741_492605，最后访问日期：2020年6月15日。

③ 中山市文化广电旅游局，2019，《中山市全域旅游发展规划（2018~2035）》，http://www.zs.gov.cn/attachment/0/240/240978/1497620.pdf，最后访问日期：2020年6月16日。

④ 谭少宁，2019，《2019年世界排球联赛广东江门站比赛本月31日开赛》，http://www.jmtv.cn/news/a/f/2019-5-22/1558530281334.shtml，最后访问日期：2020年6月16日。

展、机车装置等现代元素相融合、碰撞，成为对草坪里文旅小镇的一次重点营销活动。①

（四）香港

香港特别行政区康乐及文化事务署（康文署）在2019年主办及赞助了多个艺术节，其中最著名的有国际综艺合家欢、香港艺术节、世界文化艺术节、中国戏曲节以及香港国际电影节。②

国际综艺合家欢于2019年7月5日至8月18日举办。这是康文署在夏季举行的年度盛事，旨在为儿童、青少年及一家大小提供乐趣无穷的表演艺术节目和延伸活动。节目涵盖音乐、舞蹈、音乐剧场、戏剧、偶剧、哑剧、魔术、杂技、形体喜剧及多媒体剧场，旨在培养观众对表演艺术的兴趣。“合家欢”每年均会邀请来自香港及世界各地的优秀艺术家及艺团，展示其艺术视野及非凡造诣，为观众呈献综艺盛宴。“合家欢”的延伸活动除节前学校及小区巡回演出、学校文化日、示范、工作坊、展览及文化之旅外，亦包括康文署辖下博物馆和图书馆举办的夏季儿童及家庭活动。

香港艺术节是全亚洲首屈一指的文化盛事，于2019年2月21日至3月23日举行，共举办100多场演出及200多个节目。自1973年起，香港艺术节每年的节目均式式俱备，既顾及古典传统口味，亦兼具大胆创新的表演形式。此外，艺术节的精彩呈献亦包括由香港本土艺术家创作的室内歌剧、当代舞蹈以及戏剧等众多作品。

世界文化艺术节的定位是精选全球文化圣地，搜罗当地最有代表性的艺术家及艺术演出，提供别样的全球艺术视野和丰富感受。自2005年起，两年一度的世界文化艺术节已分别以拉丁美洲、地中海、丝绸之路、亚洲及东欧为主题，通过连串的精彩节目，展现了各地深厚多元的传统文化及艺术精华以及当代的创新面貌。③

① 江门市人民政府，2019，《水步镇举办草坪里稻田音乐节》，http：//www. jiangmen. gov. cn/home/sqdt/tszx/content/post_ 1889427. html，最后访问日期：2020年6月16日。

② 香港特别行政区政府，2019，《艺术节》，https：//www. gov. hk/tc/residents/culture/performart/festivals/artsfestivals. htm，最后访问日期：2020年6月17日。

③ 香港特别行政区政府，2019，《2019年“世界文化艺术节”圆满结束》。https：//www. worldfestival. gov. hk/2019/tc/index. html，最后访问日期：2020年6月17日。

2019 年的世界文化艺术节于 10 月 18 日至 11 月 17 日期间举行，与往年一样提供了大量的展览、工作坊、讲座、艺人谈、大师班、后台花絮展和学校巡回演出等系列延伸活动。

中国戏曲节自 2010 年起创办，每年均精选不同地方剧种演出，既展现传统戏曲的巧睿，亦展示优秀具创意的作品。中国戏曲节还会举办专题艺术讲座、座谈会、戏曲电影欣赏、导览活动、艺人谈以及展览等延伸活动，以吸引更多观众认识及欣赏中国戏曲。

香港国际电影节是亚洲顶尖的电影制作人及业界专才发布作品的重要平台。观众不仅能欣赏多部来自中国内地、亚洲以及世界各地的顶级电影，更有机会参与由首屈一指的电影制作人举办的研讨会、参观展览及庆祝派对。2019 年 3 月 18 日至 4 月 1 日期间举办了第 43 届香港国际电影节，来自 63 个国家和地区的 232 部电影在香港上映，当中 64 部为世界、国际或亚洲首映，共同促成了亚洲地区电影艺术界的又一场文化盛会。①

在赛事活动方面，香港龙舟赛的热度引人瞩目。虽然由于特殊原因，原定 2019 年 6 月 14 ~ 16 日由香港旅游发展局及中国香港龙舟总会主办的 2019 建行（亚洲）香港国际龙舟邀请赛被取消，但是民间自发组织的业余龙舟赛事依然火热，从当年 3 ~ 12 月，每月均未中断。据不完全统计，2019 年全年的民间赛事一共 56 场，覆盖大龙、中龙、小龙、私家龙等多个龙舟形制，涉及半马、10 千米、3 千米、2.5 千米、1.5 千米、1 千米以及 500 米、400 米、200 米、100 米等多个赛程，遍及港岛、九龙、新界三地如中环、香港仔、大澳、深水湾、浅水湾、荃湾、青衣、沙田、西贡、将军澳、沙头角、屯门、赤柱、梅窝等多个社区，充分展现了全港龙舟竞渡文化深厚的民间基础。② 在龙舟活动之外，最值得关注的是一系列“M－赛事”（M-events）。香港政府咨询机构“大型体育活动事务委员会”是就香港大型体育活动的举办政策及资源分配向政府提出意见和建议的专门机构，它于 2004 年 11 月设立了 M－赛事品牌制度及

① 香港国际电影节，2019，《第 43 届香港国际电影节简介》。http://www.hkiff.org.hk/society/#/AboutUs/archives/information/52，最后访问日期：2020 年 6 月 17 日。

② 划桨走塑，2019，《Dragon Boating-More than a Sport, a Tradition》。https://www.dragonboathk.com/?start=1，最后访问日期：2020 年 6 月 17 日。

支援计划，并开始每年认定和向公众宣布此类赛事。[①] 其2019年认定的所有M－赛事详见表5。

表5 香港大型体育活动事务委员会认定的2019年M－赛事

日期	赛事名称	主办方
2019年1月25～27日	2018/19香港世界场地单车赛	中国香港单车联会
2019年2月15～17日	浪琴表香港马术大师赛2019	香港马术总会
2019年2月17日	渣打香港马拉松2019	香港业余田径总会
2019年4月5～7日	国泰航空/汇丰香港国际七人橄榄球赛2019	香港榄球总会
2019年6月4～6日	FIVB世界女排联赛香港2019	香港排球总会
2019年6月4～9日	菁英航运2019国际乒联巡回赛恒生香港公开赛	香港乒乓总会
2019年7月24日	杰志VS曼城赛马会杰志中心杯足球	香港足球总会
2019年10月5～13日	保诚香港网球公开赛2019	香港网球总会
2019年11月13日	2019世界海岸赛艇锦标赛	中国香港赛艇协会
2019年11月12～17日	2019香港公开羽毛球锦标赛 暨汇丰世界羽联世界巡回赛超级500	香港羽毛球总会
2019年11月29～12月1日	2019～2020世界杯场地单车赛香港站	中国香港单车联会

资料来源：香港大型体育活动事务委员会网站。2019年当年已取消的活动未列入。

（五）澳门

澳门特别行政区对澳门的城市发展定位是“世界旅游休闲中心”，而旅游局作为公共部门，即专门负责分析、协助制定并推行澳门特别行政区的旅游政策，致力为澳门建立优质的旅游形象。在完成常规的旅游对外联系和推介推广之外，旅游局也以宣传、筹办及协办大型旅游活动和盛事为己任。[②] 2019年澳门集中推介的城市旅游创意活动和赛事详见表6。从中可见，澳门的节庆活动几乎覆盖全年，活动主题也十分丰富，从传统的花车巡游、龙舟赛到经典的音乐节、舞蹈节，再到突出地方特色的荷花节（荷花为澳门特别行政区区旗主

① 大型体育活动事务委员会，2019，《品牌活动》，https：//www. mevents. org. hk/tc/calendar－2019. php，最后访问日期：2020年6月16日。

② 澳门特别行政区政府旅游局，2019，《关于我们：澳门特别行政区政府旅游局职能简介》，https：//www. macaotourism. gov. mo/zh－hans/about－us，最后访问日期：2020年6月17日。

要图案）、中葡文化融合、葡韵嘉年华到彰显国际城市吸引力的国际烟花比赛、国际影展等。①

在体育赛事方面，最令人称道的仍然是已有60多年历史的澳门格兰披治大赛车（Grand Prix Macau）。该赛事初创于1954年，全部在市区东汪洋跑道上进行，以多弯、狭窄等因素著名，除著名的三级方程式外，还设有房车赛、摩托车赛、GT3赛等，亦曾举办怀旧的老爷车赛、以明星名人为卖点的成龙杯等，亦设自动波摩托车赛来增加赛事的娱乐性，是公认为世界上最佳的街道赛事。2019年第六十六届赛事于11月14～17日举办，同时还举行了“澳门房车杯”和“大湾区GT杯”两项特殊的本地赛事。

表6　澳门旅游局推介的2019年节日盛事

日期	活动名称	日期	活动名称
2019年1月11～17日	澳门城市艺穗节	2019年8月1～4日	武林群英会
2019年2月7～10日	农历新年花车巡游汇演	2019年9月7,13,21,28～10日/1,5	第30届澳门国际烟花比赛汇演
2019年4月26～28日	第七届澳门国际旅游(产业)博览会	2019年9月27日	世界旅游日
2019年5月3～6月2日	澳门艺术节	2019年10月4日～11月3日	第33届澳门国际音乐节
2019年5月18日	国际博物馆日系列活动	2019年10月18～20日	第22届澳门葡韵嘉年华
2019年5月30日	2019澳门国际排联世界女子排球联赛	2019年11月8～24日	澳门美食节
2019年6月1,2,7日	2019澳门国际龙舟赛	2019年11月14～17日	澳门格兰披治大赛车
2019年6～7月	中葡文化艺术节	2019年12月1日	澳门国际马拉松
2019年6月3～16日	第十九届澳门荷花节	2019年12月1～31日	澳门光影节
2019年7月17～21日	国际青年舞蹈节2019	2019年12月5～10日	第4届澳门国际影展及颁奖典礼

① 澳门特别行政区政府旅游局，2019，《节日盛事表》，https：//www.macaotourism.gov.mo/zh-hant/events/calendar，最后访问日期：2020年6月16日。

续表

日期	活动名称	日期	活动名称
2019 年 7 月 20 ~ 25 日	国际青年音乐节 2019	2019 年 12 月 8 日	澳门国际幻彩大巡游

资料来源：澳门特别行政区政府旅游局网站。一般公众假期和宗教节日未列入，但补录了一些未进入推介名单的商业演出和赛事活动。

（六）“9 +2”合作活动

在粤港澳大湾区发展战略提出以来，多座城市联动促成的第一项重要文化活动即“首届粤港澳大湾区文化艺术节”。艺术节由广东省人民政府、文化和旅游部、香港特别行政区政府、澳门特别行政区政府共同主办，是落实《粤港澳大湾区发展规划纲要》中“共建人文湾区”内容的具体举措。该活动自2019 年起每年举办一届，在香港、澳门和珠三角 9 市中选取 1 个城市为主力承办，以“一地为主、三地联动”的方式开展系列活动。①

2019 年 6 月 24 日晚，艺术节以一场粤港澳三地艺术家于广州共同登台的开幕式汇演拉开序幕。当年艺术节主题定为“湾区花正开”，共包含 100 多项活动，包括开幕式、艺术精品巡演、港澳优秀舞台艺术作品展演季、文学周、小学生诗歌季、戏剧展演周、电影展映周、国际音乐季、国际舞蹈季、美术作品联展、工艺美术博览会、青年演艺人才交流季等 11 个专项活动板块。同时，香港、澳门及珠三角其他城市分会场也将开展富有地方特色的文化艺术活动。香港分会场的联动活动以 6 ~8 月的“中国戏曲节 2019”为代表。澳门分会场的联动活动以 6 月至 7 月的“中葡艺术节”为代表。广州的活动将涵盖广州艺术节 · 戏剧 2019 和“羊城之夏”2019 广州市民文化节、2019 广州星海（国际）音乐季等主题活动，在展现艺术之美的同时体现亲民性、互动性；深圳分会场则将以大湾区（国际）青年艺术嘉年华为主题，展现大湾区年轻人的活力；珠海分会场将举行富有创意的“我和我的祖国”青少年交响乐快闪活动；佛山分会场以“诗意粤

① 中央人民政府驻香港特别行政区联络办公室，2019，《首届粤港澳大湾区文化艺术节在广州开幕》，http://big5.locpg.gov.cn/jsdt/2019 -06/25/c_ 1210168960.htm，最后访问日期：2020 年 6 月 16 日。

港澳·共建大湾区”第九届岭南诗会来突出城市文化底蕴；肇庆分会场以肇庆山水为背景展开富有当地特色的实景演出。此外，惠州分会场将开展群众艺术花会活动，中山分会场和东莞分会场围绕非遗开展展演等活动，江门分会场则以侨乡文化为主题打造一系列高端研讨活动。所有相关活动一直持续到2019年底。[①]

四　活动影响评价

（一）基于传统媒体的分析

1. 资料来源与分析过程

本报告工作小组在2020年6月7～17日的10天时间里搜集了2019年大湾区各城市创意活动及赛事相关的传统媒体（报纸）报道全文，尝试对大湾区各城市的活动影响力进行客观评价。在选取报纸时，综合考虑了报纸的影响力、内容翔实度和政治立场。

内地报纸选取了《南方都市报》。《南方都市报》主要面向广州、深圳两大中心城市，全面覆盖东莞、佛山、珠海、中山、惠州、江门等地区，是为服务珠三角地区主流人群所创办的综合类日报。它作为中国南方的一份旗帜性报纸，在新闻报道上坚持客观、公正的原则，在内地所有报纸当中也具有相当的知名度。

香港报纸选取了《文汇报》。《文汇报》是一份面向香港全社会的综合性大报，也是一份以社会精英为读者定位的香港主流报纸。该报拥有支持中国共产党和祖国统一的悠久而光荣的历史背景，在报道国际及两岸事务有坚定的、正确的政治立场。

澳门报纸选取了《澳门日报》。《澳门日报》服务对象为广大澳门居民，是澳门影响力最大、发行量最多的报纸。该报一贯坚持爱国立场，面向当地群众，开展爱国团结活动，被澳门政府和民间视为代表主流民意的“半官方”报纸。

---

① 广东省人民政府，2019，《首届粤港澳大湾区文化艺术节开幕　三地共同唱响大湾区美好未来》，http：//www. gd. gov. cn/zjgd/sqdt/content/post_ 2521836. html，最后访问日期：2020年6月16日。

在搜索过程中，采用关键词组合进行搜索，形如“广州 + 活动”（在港澳传统媒体上采取繁体字搜索），然后根据相关度和点击量筛选报道并对报道文字本身做内容分析。

在通读 2019 年大湾区各城市创意活动及赛事相关的传统媒体报道全文的基础上，本报告对 2019 年香港创意活动及赛事相关的传统媒体报道进行了筛选，选择了 10 篇报道内容相对全面、文笔质量较高的传统媒体报道进行内容分析（报道数量不足的城市则全部采纳）。分析中，重点关注了报道文字中所涉及和体现的“创意活动的影响及评价”方面，并提炼出“经济效应”“旅游品牌形象”“市民/游客反馈”“政策”“社会效应”五个重要的影响力分析角度。

其中“经济效应”为该创意活动/赛事给本地相关产业带来的促进作用和对当地旅游的推动效益；“旅游品牌形象”指创意活动/赛事所形成的城市对外形象展示、旅游目的地的城市名片，往往以提升城市吸引力和知名度为目的；“市民/游客反馈”是参与者对活动的实际参与反馈，包括报名和观看人数、外地游客/队伍参与比例、活动/赛事参与者对活动的评价和感受；“政策”包含响应大湾区城市联合发展、创意文化熏陶和全民体育素养的完善，即地方政府对中国“精神文明建设”“体育素养培养”的支持；最后，“社会效应”是参加这类创意活动/赛事过程中所附加的促进家庭和谐、集体认同感增强、加深友谊等共同建构和谐社会等积极或消极的社会效应。

需要指出的是，传统媒体报道多为官方或正式的报道，行文风格及内容具有一定限制，内容观点多代表主办方或相关政府机构，更关注宏观要素且数量巨大。因此，本报告使用 ROST CM6 软件对处理后的文本进行词频分析，基于上述编码结果，对相近的词频进行合并，标签云可视化输出结果详后所示。

2. 分析结果

（1）广州

广州的创意活动和赛事注重将传统文化与创新元素相融合，积极发展群众性活动，打造岭南文化之都。

在经济效益方面，传统媒体关注文化旅游产业发展，广州的创意活动和赛事呈现许多新的消费亮点，促进城市文体旅融合以及酒店住宿、旅游、餐饮经济发展，如广州国际灯光节成为广州夜间旅游的知名 IP，促进广州夜经济发展，亚洲美食节带动本地美食旅游市场。据省文化和旅游厅数据显示，2019

年广州游客量和旅游总收入双增长，外地游客贡献近九成旅游收入。

在旅游品牌形象方面，广州亚洲美食节、广州马拉松、国际龙舟文化艺术节、广州国际灯光节等品牌活动已成为广州特别的城市名片，展示着广州城市的文化新活力和“食在广州”“岭南历史文化名城”“广州之夜”的旅游目的地形象。

在市民和游客反馈方面，传统媒体重点关注参与群体和规模，广州通过举办大型群众性活动，吸引广大市民和游客参与，通过强调观众在现场的沉浸式参与、场景式体验与互动交流，为市民和游客打造近距离感受文化创意和体育精神的精神盛宴。

政策方面，重点反映广州积极响应《粤港澳大湾区发展规划纲要》的号召，加强大湾区城市之间在大文化产业上的交流和合作，充分发挥岭南文化的特色建设美食之城，发挥赛龙舟传统精神，加强龙舟文化交流，开展大湾区体博会和打造国际一流马拉松赛事深化体育文化交流，促进大湾区城市文体旅融合发展。

在社会效益方面，广州在创意活动和赛事上凝集社会和民间力量，创新“社会参与”模式举办各类群众性活动、赛事，推进文化创意、体育赛事惠民，关注青少年体育事业发展，引领全民健康生活，增强居民获得感和幸福感。

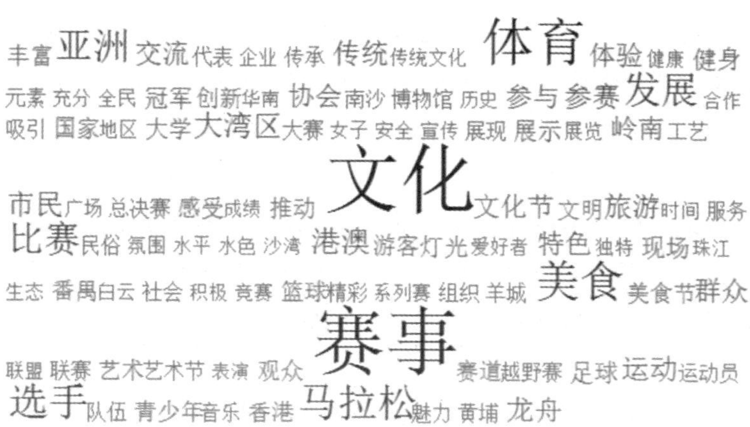

图 1　广州传统媒体报道标签云分析结果

（2）深圳

深圳的创意活动和赛事注重创意设计与数字创新，积淀城市文化内涵，打造具有世界影响力的创新创意之都。

在经济效益方面，深圳传统媒体重点关注文化产业发展，深圳围绕创新创意、设计、动漫、电竞、传统文化等发展数字创意产业，融合现代信息技术推动文化创意产业发展，促进文化产品开发与项目交易，获得直接的经济效益。

在旅游品牌形象方面，深圳通过创意和设计活动打造“创新创意之都”和“设计之都”城市名片，通过国际性赛事品牌打造新的体育名片，通过现代摄影和音乐艺术打造国际性艺术交流平台和新的文化名片，通过传统文化和数字创意的融合逐渐形成新的文化价值和符号。深圳通过文体旅融合发展积极塑造旅游品牌形象。

市民和游客反馈方面，传统媒体重点关注市民和游客的体验、感受和收获，反映出活动通过丰富的形式展示文化魅力，通过参与体验增长人们的见识，通过创新元素激发兴趣，通过科技赋能增强互动的趣味性。

政策方面，深圳响应《粤港澳大湾区发展规划纲要》，围绕“创新”这一城市发展主导战略，通过创意设计驱动创意产业、文化产业发展，驱动大众创业、万众创新，驱动人民创新创意意识的进步，通过冰球运动、网球赛事打造体育产业新高地，提高群众体育文化素养。

在社会效益方面，深圳关注活动及赛事对人民群众生活水平的促进作用，满足其精神文化和体育需求，营造更加宜居的环境，提升社会福祉。重点关注青少年体育事业发展，为深圳体育发展培养优秀体育后备人才。

（3）香港

分析发现，2019 年香港创意活动及赛事相关的传统媒体报道中提及最多的是“旅游品牌形象”和“政策”这两个部分，前者尤其从产业经济角度强调香港设计、艺术和赛事三个类别，后者更重视对市民创意和健身素养的培养。

香港的工业艺术设计、建筑设计产业发达，创意活动的举办促进了香港当地珠宝设计、建筑设计等产业的发展，受益于创意活动对产业的积极作用，香港的创意产业始终走在中国前列，发展相对成熟，较早实现了文创收益。香港的“国际化”标签显著，创意活动侧重在创意的表达与异文化交流上，这在

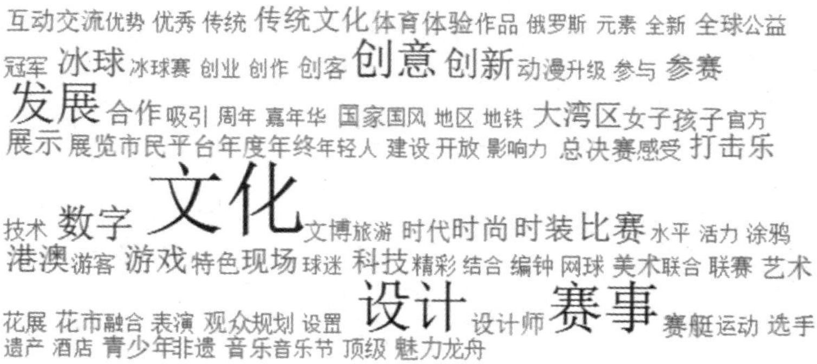

图 2　深圳传统媒体报道标签云分析结果

一定程度上维护了香港“设计之都”的荣誉，自由的交流环境使它得以更频繁地举办跨文化展会、艺术节，这也使它的影响力不仅局限于粤港澳大湾区，而可以辐射法国、英国、美国等文化创意发达的国家和地区，进而对全球的游客都产生吸引力，在报道中往往以“外国队伍比例”“外国报名人数”“国外设计师人数”的形式呈现，建立起了香港作为著名文创赛事城市的旅游品牌形象。它的赛事也以国际化的体育赛事为主，吸引外国队伍一同参与角逐，尤其需要提到的是香港的赛马赛事，因其历史悠久和高额奖金的吸引力，赛马也成为一大旅游吸引物和香港特色，高居不下的热度使游客市民希望更多了解其文化。

在“政策”上，纸质媒体对大湾区城市间合作有所提及，但仅限于地理区位靠近的个别城市，如港深、港澳联合趋势明显，合作的创意活动数量多、影响力大，但香港与其他城市的联动力度有待强化，缺乏对大湾区这一整体影响力的香港宣传。香港相关政府机构和文化组织面向香港市民及部分对文创感兴趣的游客举办了一系列的文化与创意活动，旨在透过一系列的大型活动，向公众呈现最地道的香港文化精髓，以创意、艺术的形式熏陶公众来支持文化保育，因此传统媒体报道会频繁提及市民对活动的参与情况与评价。且由于活动的开放性和公众性，这些活动同样会吸纳一批对创意活动感兴趣的外地游客。

受 2019 年特殊社会局面的影响，香港传统媒体在“社会效应”方面的表现并不显著，许多创意活动甚至受该事件影响而取消、推迟。部分传统媒体对尽快恢复正常公众秩序、恢复外埠游客正常访港做出呼吁。

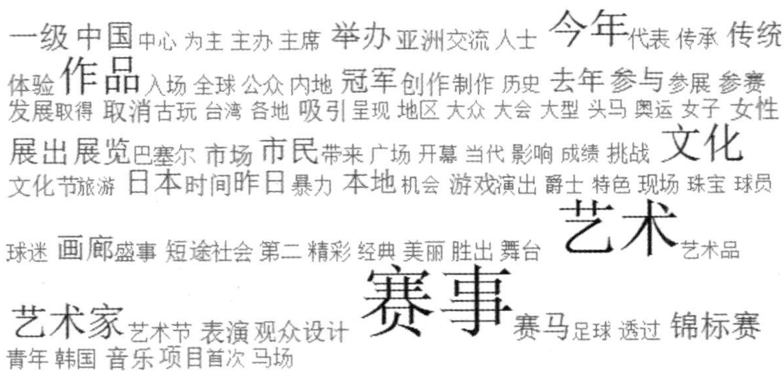

图3　香港传统媒体报道标签云分析结果

（4）澳门

分析显示，2019 年澳门创意活动及赛事相关的传统媒体报道中提及最多的是“旅游品牌形象”“政策”“社会效应”这三个方面，但与香港相比，澳门创意活动与赛事面向的主体变成了澳门市民和游客，澳门更加重视创意活动及赛事对游客旅游体验的影响。

从澳门纸质媒体的报道能够看出，澳门对建设澳门旅游品牌的重视，致力于通过开发设计、维持运营优质的创意活动及赛事吸引更多内地与境外游客，为旅游业及相关产业创收，如澳门国际烟花比赛、澳门美食节等，这些活动的旨在令现场的市民和游客在欣赏视听盛宴、尽享澳门地道美食的过程中，能感受到澳门多元、和谐、包容的文化。在诸如澳门大巡游、国级马拉松等创意活动和赛事的影响下，这些活动赛事的知名度与影响力不断扩大，经过逐年的积累形成品牌活动效应，成为澳门这一旅游目的地的知名标签，以其独具特色的澳门风情吸引着市民与旅客前往。但需要指出的是，澳门在赛事活动方面，同样走的是国际化路线，即不同国家参与者之间的互动交往更为频繁、外国参赛比例较高，但不同于香港赛事强调赛马，澳门赛事的影响范围更加广泛，包括网球、赛车、竞技、足球、排球等更常见的体育赛事，全面开花，能够吸纳更多体育爱好者前来观赛。

在“政策”上，相较于香港，澳门的传统媒体报道同样重视对澳门居民创意素养的熏陶和体育锻炼习惯的培养，但对于粤港澳大湾区的战略政策则会更主动、更频繁地提及。

在“经济效应”上，报道中并未过多提及由赛事和创意活动所带来的旅游收入与经济增长，或是澳门的门票及物价消费问题。在“社会效应”上，传统媒体报道体现出澳门居民及游客非常重视民族团结与祖国统一问题，这些活动的顺利举行，能够为来澳游客和居民增强安全感，同时深化他们对祖国的认同和自豪感。

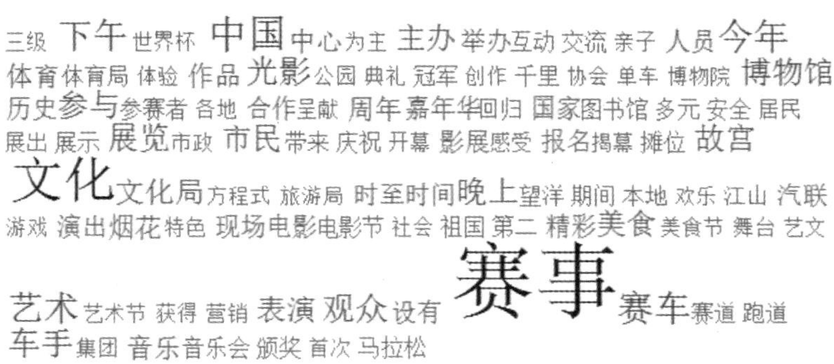

图 4　澳门传统媒体报道标签云分析结果

（二）基于社交媒体的分析

1. 资料来源与分析过程

受限于传统媒体新闻报道的媒体立场和表达新闻材料的手法、口吻和组织材料的结构，传统媒体所反映的活动影响的侧重中观或宏观层面，缺乏或不能完全反映参与者即居民和游客的关注点，以及他们对创意活动和赛事的主观评价，因此本报告选择从社交媒体上搜集非官方的资料，补足参与者微观视角上的活动影响分析。

本报告工作小组在 2020 年 6 月 12～23 日的 12 天时间里搜集了 2019 年大湾区各城市创意活动及赛事相关的社交媒体上的评价。选择社交媒体时重点考虑了其普及率、内容的有效性以及可获得性。

内地社媒选择了微博，微博以文字、图片、视频等多媒体形式为载体，实现信息的即时分享和传播互动。相对于微信朋友圈等其他社交媒体，微博兼具了便捷性、原创性、公开性、传播面广等特点。

针对香港、澳门则以 Instagram 为资料收集来源。Instagram 以一种快速、美妙和有趣的方式将随时拍摄的图片进行分享，图文结合，颇受大众喜爱。

在搜集过程中，采用关键词组合的搜索方式，形如“广州 + 活动”（在港澳社交媒体平台采取繁体字搜索），根据帖子的热度和相关度进行筛选，包括了意见领袖型博主和普通游客用户的社交媒体动态。

在筛选 2019 年内地大湾区城市（主要为广州、深圳、珠海）和香港、澳门相关社交媒体的动态过程中，主要收集了内容相对翔实、文章质量较高的意见领袖型博主和普通游客用户的社交媒体动态，重点关注在社交媒体上作为参与者的游客所反映的活动影响和评价。在充分熟悉材料后，对之加以编码并进行意义单元识别和命名，得到一系列意义单元之后将相似的加以归并，组成意义群，进一步将意义群进行整合，最终提炼出“城市文化特色”“个人体验”“活动吸引力”三个用于综合反映活动影响力的评价方面。

其中，“城市文化特色”主要包括该创意活动或赛事与城市和城市文化特色相关联的方面，如美食、人文风情、非遗、建筑等；“个人体验”指创意活动或赛事的参与者的实际参与动机、体验和行为结果，包括增长见识、个人成长、愉悦体验、社交互动；“活动吸引力”指参与者在创意活动或赛事中的关注点，包括门票价格、活动热度、活动内容和活动形式，其中活动热度通过现场参与规模和媒体报道的评价来反映。

2. 分析结果

（1）广州

在个人体验方面，广州社交媒体的反映中较为突出，所涉及原始材料最为丰富，而分析中发现的意义群也最为多样。游客普遍认为通过创意活动能使自己增长见识和愉悦体验，并满足社交互动需求，而赛事能使个人获得成长。增长见识比如认识新的文化、亲子共同学习、探索新领域、产生新兴趣。愉悦体验比如满足休闲娱乐、购物消遣等需求、做自己喜欢和感兴趣的事情、获得美好回忆和纪念。社交互动比如打卡纪念、认识新朋友、维护人际关系等。个人成长比如突破自我、获得新技能、自我反思、实现个人价值、培养团队精神等。

在城市文化特色方面，游客重点关注广州的传统文化内涵、旅游品牌、赛事品牌，比如广式美食和美食节、非遗文化、广州马拉松赛事。特别的是，意见领袖型博主也会关注活动背后反映的广州城市精神，比如广州同城大使“粤事情报站”介绍“我爱你中国”庆祝新中国成立70周年灯光秀，关注广州这座老城在新中国发展历程中砥砺前行、迸发新活力的精神。

在活动吸引力方面，游客重点关注创意活动内容和形式，比如首屈一指的陶瓷展品、亲身体验、现场互动等。游客通过事前搜集创意活动的信息，认为特色文化、多感官沉浸式体验活动、开放热闹的空间会成为重要吸引力，并通过活动嘉宾及其代表作、影响力、知名度，以及现场参与人数、排队情况、活动氛围来评价活动热度。免费门票或折扣、优惠券对于游客参与活动来说更具吸引力。但少数游客认为某些创意活动过于商业化，形式大于内容，原来的创意或艺术失真，导致体验一般，甚至感到失望。

（2）深圳

在城市文化特色方面，游客重点关注深圳的城市印象和创意产业相关，比如深圳年轻自由、充满文化艺术感的城市魅力和生活态度，关注创意产业园区和相关展览场馆。

在个人体验方面，游客更加突出创意活动和赛事带来的自我提升和人际互动。增长见识比如感受文化的熏陶、探索城市内涵、了解作品的故事。个人成长比如自我反思、保持对生活的热爱、提升能力、改善自己的处事态度、积累经验、突破自我、建立自信。愉悦体验比如放松心情、获得惊喜、形成美好回忆。社交互动比如分享好物、拍照留念、分享经验帖、维护老朋友、认识新朋友。

在活动吸引力方面，嘉宾及其代表作、知名度、现场互动和热情的活动氛围成为游客参与活动的重要吸引力和关注点。活动内容方面游客重点关注视觉艺术、原创作品、有态度的主题。意见领袖型博主和普通游客都会参考官方活动信息来反映现场的体验，重点反映活动内容的丰富性和形式的多样性，比如深圳本地咨询博主“深圳吃喝玩乐全咨询”介绍2019文博会时用较大篇幅介绍展区亮点、展品品类和丰富的配套活动，反而较少描述个人体验。但少数游客关注活动硬件设施不足导致体验感的缺憾，侧面反映活动商业化程度的问题。

（3）香港

在分析2019年香港创意活动及赛事相关的社交媒体信息时发现，游客对活动影响的关注点与纸质媒体存在明显的角度差异。

首先，在“城市文化特色”主类目下，居民对香港美食的认可、对非物质文化遗产的追捧，使香港相关政府机构和创意活动商家，开始倾向于更多地设计和推出这一类型的旅游产品，从而推动香港美食和非遗的传播；但另一方面，在短期内相关活动得到盛行，也容易造成观众的审美疲劳，使某种流行的旅游模式得到“流于形式”“过度商业化”的消极评价。

在“个人体验”上，游客关注创意活动所带来的新鲜事物、与展会活动思想上的碰撞与交融，他们同样重视创意活动本身带来的直观愉悦感受，愿意沉浸在愉悦舒适的创意活动氛围之中。此外，他们并不排斥更具深度、内容的思想人格启发，游客和居民可能经历着不同身份的转换，由单纯的游客观众转向创意活动的摊位参与者，与其他创意/赛事活动爱好者共同交流，抑或是决定投身创意/赛事事业。他们会将逛展、参加马拉松等活动列入一年的必做事件清单，关注一年一度赛事对自己成长经历的促进和仪式化的重要性。个人体验方面还有一个不容忽视的点，即游客居民在参与活动过程中所实现的社交互动，这既包括他们与亲人朋友共同参加活动所增加的共同经历体验，也包括在活动现场结识、认识的有趣的新朋友，甚至囊括创意设计活动中与创意作者直接面对面沟通等。

最后，在活动吸引力方面，活动内容、嘉宾及其知名度是游客参与活动的重要吸引力和关注点，许多游客和居民奔着世界遗产、喜爱的运动员、感兴趣的活动主题前去参加活动，他们更多思考活动本身的内容形式与自己精神需求的融合处。

（4）澳门

在“城市文化特色”上，游客积极探寻澳门城市景点或活动中的独特之处，意在寻找澳门不同于内地旅游城市与香港的人文风情、美食、建筑等，他们积极探索城市的内涵与文化底蕴，渴望了解城市背后的历史故事。

在“个人体验”上，他们同样看重创意活动或是赛事给他们带来的个人激励和思想启发。他们渴望在逛展的同时满足亲近自己喜爱事物的愉悦感，甚至是收获意料之外的活动惊喜，他们会积极互动参与该活动赛事的评价，并且乐于与自己的好友或在社交平台上分享自己的活动经历，推荐他们非常喜欢的环节，同时选择拍照留念；或者是作为近期某项活动的总结，感谢陪伴自己的亲朋好友，感谢自己一路的付出成长，活动的完美结束预示着下一阶段生活的开启。

在“活动吸引力”上，需要指出的是，游客和居民普遍不喜欢商业化气息过重、流于形式而无实质内容的创意活动，他们十分关注活动本身能给他们带来的期望体验和价值，因此创意活动以往的媒体报道资料、社交媒体经验分享会成为他们判断是否实际参与、参与活动评价的一个基础。他们同样关注活动的门票价格，一定程度的折扣优惠能对部分游客的参与意愿形成积极的促进作用，但活动自身的内容和形式，及其与价格、心理预期综合作用下形成的性价比，才是游客做出购买决策和评价的最为重要因素。

五　总结与展望

《粤港澳大湾区发展规划纲要》对湾区文化方面提出的相关目标是“社会文明程度达到新高度，文化软实力显著增强，中华文化影响更加广泛深入，多元文化进一步交流融合”，并最终促进“宜居宜业宜游的国际一流湾区全面建成”。以此为基点，可以认为城市旅游创意活动和赛事发展的目标也不应局限于活动本身带来的城市旅游经济的发达、行业就业的实现，更应放眼于社会文明的提升、文化软实力的增强、中华文化的认同、多元文化的融合。

社会文明的提升得到了大湾区所有城市的重视。本报告未曾涉及各城市社区级别的各类活动，然而，无论是政府还是公益机构、社区居民本身，都在提升社区活动的种类、规模和特色方面投入了越来越多的力量。特别是在重点创意活动和赛事方面表现并不突出的肇庆、惠州、中山、江门，实际上在政府提供必要资助、动员社会力量发起和举办社区活动方面，都有可圈可点的表现。由政府投入力量发起的社区级体育赛事、趣味赛事，在全民健身计划的长期引导和支持下，也覆盖越来越多的社区和普通市民，成为惠及民生的标志性工程。

文化软实力的增强方面，大湾区各城市的表现存在较大的差异。广州、香港两座城市具有比较全面的创意活动和赛事的资源基础，无论在舞台类、场地类还是节庆活动类、赛事类等方面都有突出表现；香港还继续保持着作为区域内国际化程度最高的城市的绝对优势，在举办大型国际性文化艺术主题的创意活动上的地位依然非常稳固。深圳在以多媒体艺术为主题的场地类创意活动中异军突起，充分展现了一个创新创意之都已然具备的雄厚实力和巨大潜力；此外，作为一个以年轻群体为主的城市，偏现代主题或具有多元文化混杂（hybrid）特征的新型创意活动将很可能成为深圳未来的一个新热点和新优势。澳门在向“世界休闲旅游中心”目标迈进的过程中，依托特别行政区政府和大量娱乐休闲企业的雄厚实力支持，节庆盛事十分发达，且多数活动以小而精为特征，对于巩固区域内重游客源市场有重要意义。佛山的龙舟文化独树一帜，非物质文化遗产主题的舞台类、场地类活动也较为发达，这在很大程度上得益于政府的大力支持，以及包括企业、企业家与本地社区的长期自发投入。

然而，除上述五座城市之外，客观地看，大湾区内的珠海、惠州、东莞、中山、江门、肇庆六座城市，其创意活动和赛事在增强城市文化软实力方面的贡献还不够突出。其中一个重要原因在于其定位本身的模糊与既有发展脉络的连续性不强。以近年来逐渐从专业竞技领域逐渐走向大众的马拉松赛事为例，广东全省仅 2019 年就有接近 40 场赛事，其中全马 18 场（获中国田径协会认证的 16 场）、半马 20 场，但还有一些城市在追赶风潮，一度出现仅有寥寥百人参赛或不到 40 人完赛的尴尬。[①] 对这些城市而言，应考虑尽可能集中力量培育有识别度的地方创意活动和赛事，不盲目追求热点活动和潮流活动，而是要确立活动本身的独特性甚至是在大湾区范围内的相对不可替代性。此外，也要注意将专业化筹办和组织工作与充分借助新媒体的传播工作结合起来，迅速提升活动的知名度，强化城市品牌效应。

中华文化的认同和多元文化的融合是同一个问题的一体两面：认同发生于面临冲击的过程中，只有直面文化碰撞才会激发起更强烈的文化自信、推动更自觉的文化创新，并最终实现文化之间的互相包容和融合发展，并且促成新的文化共同体的诞生。粤港澳大湾区城市文化同源、人缘相亲、民俗相近，并且都是中国最早步入经济全球化、社会信息化、文化多样化发展新局面的地区，传统与现代、社区与社会、地方与全球在这里充分碰撞，从近代以来一直是引领中华民族不断吐故纳新、多元包容、创意创新的发展前沿与中坚力量。以龙

---

① 新浪体育，2020，《数据：2019 广东马拉松知多少》，https：//sports. sina. com. cn/run/2020 - 01 - 15/doc - iihnzhha2546617. shtml，最后访问日期：2020 年 6 月 15 日。

舟文化为例，当代龙舟竞渡不但是传统文化、地方精神与现代生活的一种富有激情的对话，因而具有努力彰显地方个性和社区价值的创意活动氛围，同时也是越来越具有从西方传播而来的现代体育赛事的组织感、规则感、制度感的特殊活动。对粤港澳大湾区而言，龙舟竞渡更是充分显现了传统与现代、东方与西方、社区与社会、创意与规则之间的并非绝对冲突但也充满张力的复杂关系，原本应该成为政府和民间实现同根文化交流和对外文化传播的重要领域。然而，在20世纪八九十年代曾经十分频繁的大湾区各城市内部的龙舟邀请赛和友谊赛、龙舟会交流、龙舟社区互访等活动，进入21世纪以来日益衰微乃至逐步消失，目前只有少数重大赛事中才能见到广东、香港、澳门三地龙舟队同场竞技的场面。这样的局面，无论对于促进中华文化的认同还是对于面向世界的多元文化的融合来说都不是有利的，值得特别注意，亟待做出改变。

此外，2019年新创的“粤港澳大湾区文化艺术节”是一次尝试，目前显露出的主要问题是各地各自为阵，并未共同呈现一个统一的、有较高识别度的活动主题；在社会宣传与舆论引导等方面也错失了良机，传统媒体的报告流于形式，社交媒体的记录付之阙如。如果从促进中华文化的认同和多元文化的融合角度着眼，那么这一艺术节以及未来以粤港澳大湾区为名而推出的各类其他创意活动或赛事活动，都应该在组织形式上更强调各方联动与配合，在各地项目的推荐和选拔上更强调围绕当年主题的相互呼应，在宣传上更强调传统媒体和社交媒体的融合并用，从而辅助活动本身获得可持续发展的动力，不断走向成熟。

致谢

感谢中山大学旅游学院本科生李雪涵、刘丹参与了本报告资料数据的搜集整理工作。

政策支撑篇

Policy Support

B.11 粤港澳大湾区智慧旅游发展模式探讨

刘 逸 蒲雪茹*

摘　要： 本文回顾了当前国内智慧旅游的发展现状，提炼了“大数据平台”和“互联网+”两种主要的智慧旅游发展模式，继而分析了粤港澳大湾区四大核心城市发展智慧旅游的进程。研究发现，大湾区核心城市智慧旅游的水平与其经济科技实力不匹配，智慧旅游的制度设计也与大湾区的制度的创新领先地位不匹配。主要原因是旅游产业在大湾区城市的综合地位不高，未能收到城市政府的重视。而智慧旅游的诸多服务内容被高度发达城市交通信息功能所取代，因此大湾区城市的智慧旅游发展程度与国内其他城市相比，显得较为落后。本研究认为，大湾区城市建设智慧旅游项目需要因地制宜，充

* 刘逸，中山大学旅游学院副教授，研究方向为经济地理与全球化、旅游地理与旅游规划、旅游大数据、产业升级创新；蒲雪茹，中山大学旅游学院硕士研究生，研究方向为智慧旅游、旅游大数据、爱国情感。

分考虑城市发展的经济需求和建设需求，发展大数据平台模式的迫切性不大，“互联网+”的智慧旅游发展模式较为适应大湾区的发展。

关键词： 粤港澳大湾区 智慧旅游 大数据平台 互联网+

一 问题的提出

智慧旅游是基于新一代信息通信技术，为满足游客个性化需求，提供高品质、高满意度服务，电子化、智能化、集约化的旅游管理系统（张凌云等，2012）。从内涵来看，智慧旅游强调现代新兴技术在旅游业中的应用，是以增强旅游信息可进入性、便利性，深化旅游体验，丰富旅游内容，提升旅游服务，优化创新旅游管理，降低旅游风险以及有效保护和利用旅游资源为目标。当前对智慧旅游的研究已经从旅游者、企业和政府等多主体的角度进行探讨。从旅游者角度分析，颜敏、丁风芹等提出在智慧旅游系统有利于旅游者实时了解旅游信息，并及时进行信息交换和反馈（颜敏，2012），提升旅游体验（丁风芹，2012）。从旅游企业角度分析，丁风芹、秦良娟等认为智慧旅游建设有助于旅游企业快速、低成本地搭建管理系统（丁风芹，2012），提升实时、有效管理水平以及扩展营销渠道，提高产品竞争力和服务能力等（秦良娟，2012），以此形成企业的可持续竞争优势（黄艺农、吴青青，2012）。从政府角度来讲，提升旅游目的地形象、规范市场行为、提高目的地企业的透明度和信用度（秦良娟，2012：9），提供决策依据，增加就业机会和财政收入以及合理化资源保护和开发等（葛军莲等，2012）。而对于从业人员而言，建设智慧旅游项目有助于提升旅游产业竞争力，增加新就业机会，提升产业附加值，可以更多高新科技型的共享服务、休闲设施，和信息系统（黄思思，2014）。简而言之，当前研究认为智慧旅游是推动旅游产业转型升级优化的重要举措，对旅游从业者和管理者而言均具有极高的应用价值。

国际著名智慧旅游学者 Buhalis 经研究指出，信息通信技术是智慧旅游目的地建设的关键要素，却不是唯一要素（Buhalis et al.，2016）。该研究发现在智慧旅游目的地研究领域具有开创性意义，受到广泛认可。智慧旅游目的地的构成要素还包括领导力、创新、社会资本和人力资本，将信息通信技术看作“硬智慧”，领导力、创新、社会资本和人力资本视为“软智慧”，“硬智慧”和“软智慧”的结合才能为目的地带来可持续竞争优势，即智慧旅游目的地需具备一定条件，才能更好地完善智慧旅游建设（金卫东，2012）。纵观国内外当前对智慧旅游的研究，主要集中于智慧旅游概念及内涵、应用价值、建设、智慧旅游目的地构成要素等方面。但是，现有研究均是以目的地智慧旅游建设是必然趋势为前提的，并未考虑是否所有的城市或者目的地都有建设智慧旅游目的地的必要性，即一个目的地建设应该具备哪些条件才有必要建设智慧旅游。

综观国内智慧旅游试点城市以及新兴的智慧旅游城市或景区，由于其地理位置、经济水平、依托产业、客源市场以及政府支持政策等的差异，各个城市的智慧旅游建设水平参差不齐，有些城市如杭州、南京等已成为全国智慧旅游建设发展的典范，而有些城市智慧旅游建设仍停留在愿景层面，甚至在提出具体建设后迟迟尚未落实。例如粤港澳大湾区，作为改革开放前沿阵地和中国经济发展核心区域之一，其智慧旅游发展相当滞后，与其经济和科技水平不相适应。因此，本文通过评述粤港澳大湾区智慧旅游建设的进展，解释其成因，并探讨如何因地制宜建设智慧旅游。

二　国内主要城市智慧旅游发展模式

自2010年“智慧旅游”概念首次由镇江市提出后，智慧旅游在国内的发展正式拉开帷幕。2012年，国家旅游局公布了第一批18个国家智慧旅游试点城市，包括北京、南京、武汉等在内，以引导和推动全国智慧旅游的发展。随后，于2013年，公布了包括了杭州、天津、广州等15个城市在内的“第二批国家智慧旅游试点城市”名单。至此，全国共33个智慧旅游试点城市，在其发展建设过程中，结合旅游者需求和旅游产业的发展方向，以硬件技术为支撑，从智慧服务、智慧管理和智慧营销三大方面切入，不断提升旅游业的服务以及科技管理水平。近两年，随着自媒体网络的迅猛发展，以及新兴旅游者的不断激增，很多城市和景区成为“网红旅游地”“必去旅游打卡点”，如重庆、西安等，掀起和推动了一股新的旅游热潮，随之而来的便是旅游者过多带来的不确定性。而智慧旅游可以在一定程度上缓解游客激增给景区管理者带来的压力，其存在和发展成为一种必然，很多景区和城市开始加入其建设的行列，以便实现科学化、预见性的管理。

当前国内智慧旅游发展模式可以分为“数据平台模式”和“互联网平台”这两种主要模式。智慧数据平台模式是指由以政府业务部门（一般是旅游局或者旅游委）为主导，将旅游相关数据集成到一个核心业务平台，统一采集、分析和处理，并集中展示，便于政府相关业务部门进行旅游目的地行业综合监测、信息管理和资源调配工作，例如南京、洛阳、淮安等地。“互联网+”模式是指讲智慧旅游内容模块，智慧旅游功能分散到由互联网提供的多形式、多渠道的信息平台中，例如网站、业务数据中心、手机终端App、智慧景区等。智慧旅游的相关业务归属不同模块主体来进行开发建设，互有联系但不统一管理，如杭州和云南（一部手机游云南，一个App主导，多个业务模块嵌入整合）等地。

下文分别以南京和杭州为例，具体介绍“数据平台”和“互联网+”两种智慧化模式。

（一）数据平台模式——以南京为例

江苏省作为中国最早开展智慧旅游建设的省份，至今，其省内7个城市已经建立了智慧旅游城市联盟，如南京、镇江、徐州、淮安等。此外，江苏省已有10个设区市搭建了智慧旅游管理平台，无锡、南通，连云港等3家尚未建设（刘叶飙等，2015）。在平台建设方面，南京市建立了“南京智慧旅游大数据运行监测平台”，作为南京智慧旅游中央管理平台，在整个智慧旅游体系中起到匹配、整合、协调、联动各个前端应用系统和管理系统的作用，该平台与多种配套保障体系相互配合，对景区、酒店、旅行社、游客等旅游应用系统进行统一协同管理，实现多系统间的信息共享、协同联动，并为旅游行政管理单位人员提供统一的入口，以进行旅游行业监控与管理（邓贤峰、张晓海，2012）。

在管理和监控方面，南京实现了对景区的实时客流量、客源结构、驻留时长、出行方式等九个方面的大数据分析功能，并向南京市各区旅游局及重点景区开放了对应的登录窗口，管理部门可随时查看相关情况，了解景区运行状况、客流峰值、游客来源、出行方式等信息。在智慧应用程序方面，南京市已经开发了游客助手手机客户端，包括语音导览、“美丽乡村”“旅游攻略”等特色板块，“一键导航”“点评分享”等特色功能。在智慧景区建设方面，南京市夫子庙建设突出。实现了景区 WiFi 全覆盖，并建立了 RG - MCP 云营销平台，直接对接大数据分析平台，实现易用的广告编辑、灵活的广告推送规则、全面的数据统计和呈现；并开发了智慧夫子庙 App，可用于查询景区的舒适度，查找停车场以及厕所的位置，获取更加智慧化的服务。此外，夫子庙景区利用 VR 技术，开发了 VR 全景虚拟游界面，将 VR 技术与南京夫子庙的风景完美融合，让游客不出门便可享受各个景点 720 度的全景风光，一键掌握景区信息；也可以将旅游景区内景点、餐饮、休憩点、卫生间、询问处等相关信息（包括位置、距离、方向、路线等），与游客当前所在位置与面朝方向的真实环境进行叠加，通过移动终端摄像头进行展示，解决旅游过程中吃喝娱乐游购行的所有问题。

（二）“互联网 +”模式——以杭州市为例

杭州作为中国“第二批国家智慧旅游试点城市”，智慧旅游建设早已步入正轨，取得丰硕成果（杭州市发展和改革委员会，2015）。与南京智慧旅游建设模式不同，杭州有智慧旅游构架体系未在政府的统一指引下，搭建杭州市智慧旅游的中央管理平台，而是由旅游业的各个利益主体，如政府、景区和企业，利用各自资源，进行智慧旅游管理平台、智慧旅游应用项目、智慧景区的建设，以达到创新管理模式、满足游客个性化需求以及丰富游客体验的目标。

从政府层面，杭州市打造了全国首个旅游大数据公共服务平台——“杭州旅游数据在线”，市民、游客可实时查询杭州的实时客流、城市搜索热度、主要景点的实时拥挤度、各类型酒店好评率、主要客源地以及游客画像等与杭州有关的数据。

从企业层面，西湖景区与高德地图联手打造了“西湖一键游”服务应用项目，为游客提供游前、游中、游后全过程的旅游服务，成立了智慧旅游体验中心、杭州云计算与大数据协会，为智慧旅游产品开发、推广提供支撑。此外，杭州旅游 App、现实搜索应用小程序均为游客提供了更为便利的服务，可随时查询周围的景点。

从景区层面，乌镇智慧化程度位居前列，提供 WiFi 全覆盖、“刷脸”进景区、一张地图游乌镇、无人 AI 民宿、一分钟诊所、电子化支付、智慧化叫车与找车、智慧信息亭等智慧化服务，并开发了“乐游乌镇”VR 飞行体感项目，可以 360 度全景体验乌镇的风景人文景观（韩鑫雅、荆春燕，2017）。

从本质上看，南京模式解决了信息孤岛问题，实现了多方信息整合；而杭州模式解决了信息不对称和旅游者个性化需求无法满足的问题，为旅游者提供了更多便利化的渠道。这两个模式都通过将新兴技术与旅游业整合的方式，实现了旅游信息电子化和部分旅游活动智慧化的功能，为这两个城市在旅游产业管理和城市形象方面做出积极的贡献。这两个模式也在国内的其他旅游城市得到良好的实践，例如洛阳采取“大数据平台”模式，而云南采取“互联网 +”模式。

三　大湾区城市在智慧旅游技术应用情况

（一）广州市智慧旅游发展现状

自 2012 年广州市被国家旅游局批准为第二批国家智慧旅游试点城市以来，广州市积极发展智慧旅游建设，取得一定成果。

目前，广州地区全市 400 多家旅行社全面接入广州旅游电子政务商务平台，覆盖率为 100%；50 家 A 级景区已经接入智慧旅游公共数据平台信息采集接口，覆盖率为 100%，实现旅游政务商务服务的全流程电子化（见图 1）。2017 年，旅游政务服务事项网上办理率达到 100%，网上行政事项测试可达网办深度的检查结果一级深度率达到 100%。

1.“互联网 + 旅游”云服务平台

筹备建设“互联网 + 旅游”云服务平台。拟采取企业开发、政府购买服务、第三方监管的模式，引入有实力的“互联网 + 旅游”服务的品牌企业，建设广州旅游的云服务平台，为游客提供全方位的旅游资讯服务，并帮助游客实现吃、住、行、游、购、娱、医、学等全过程各环节的产品在线销售服务。

2. 旅游网站群

目前，广州旅游已形成由广州旅游政务网、广州旅游资讯网、广州旅游官

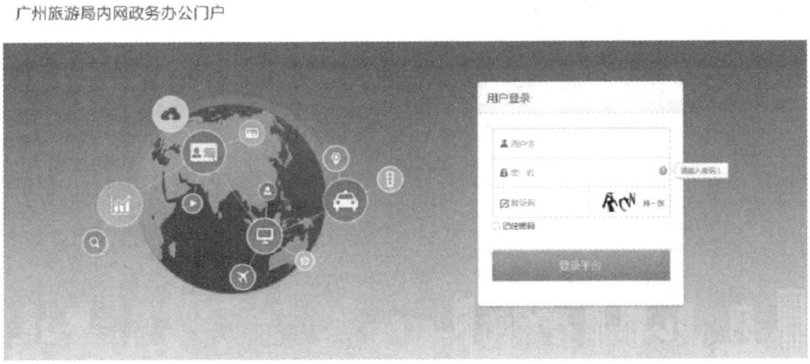

图 1　广州市旅游局内网

方微博、广州旅游微信、广州旅游 App 等共同组成的广州旅游互联网宣传矩阵。其中，广州旅游政务网已完成升级改版，顺利通过全国政府网站普查；广州旅游官方微博在新浪网举办的“2015 金足迹奖项”评选活动中，荣获“全国市级旅游局官方微博 10 大影响力”称号；广州旅游 App 和广州旅游微信于 2015 年 10 月正式上线；广州旅游资讯网，也已委托专业公司对其优化提升，一方面丰富广州旅游的吃、住、行、游、购、娱、医、学等的资讯内容；另一方面在原有中文（简、繁）、英语、日语、韩语四种语言的基础上，增设法语、俄语、西班牙语和阿拉伯语等 8 种语言，扩大旅游资讯内容的受众面，向不同类型的国内外游客和消费者提供专业推介资讯。

3. 智慧旅游公共服务平台

2012 年，广州市被国家旅游局批准为第二批国家智慧旅游试点城市。2016 年，广州市旅游局积极建设广州智慧旅游统一工作服务平台（智慧旅游一期项目），建设内容包括旅游信息发布系统、旅游行业监管系统、旅游交通管理系统、行政审批管理系统、旅游微信移动平台。2017 年，将重点实施广州智慧旅游公共服务平台开发（智慧旅游二期项目），拟建设出入境旅游管理服务系统、诚信旅行社与导游信用评估系统、游客流量实时监测与统计分析系统、旅游电子合同管理系统、旅游短信服务系统、旅游基础公共综合数据平台。

4. 智慧旅游产品的推广和应用

近年来，广州地区旅游景区结合自身实际，按照先急后缓、实际可靠、开放互联的原则，将先进的智慧旅游产品广泛应用于景区宣传、景区管理、景区营销和景区服务。南越王博物馆、宝墨园已实现全景区 WiFi 覆盖。岭南印象园、南沙湿地的智能营销系统，掌握了景区门票直销、分销、结算的主动权。华南植物园、动物园的智能科普应用，提升了景区的文化内涵。白云山风景名胜区和莲花山旅游区的智能监控系统建设，保障了游客的安全和舒适。广州塔和珠江游的智能导览系统，为游客带来了全新的服务体验。目前，广州地区 A 级景区都先后不同程度地应用智慧旅游产品，为景区的营销推广和绿色低碳可持续性发展奠定了坚实基础。2016 年，广州秉承“一机在手、游遍广州”的开发理念，整合融入政府、企业、社会各类信息资源，形成综合性、具有广州特色的旅游服务移动客户端——广州旅游 App、广州旅游微信公众号，该应用不仅提供了吃、住、行、游、购、娱等传统旅游六要素的资讯服务，而且结合广州实际，增添了医、学两个板块的内容，为海内外游客提供健康养生和修学研学方面的旅游资讯。

在此基础上，广州市智慧旅游仍在不断突破，不断推出新的智慧旅游产品，包括旅游公共服务平台、景区管理系统、景区导览系统、门票分销系统、导游管理系统，以及旅游智能服务机器人、旅游微信照片打印、未来智能旅游体验等，并不断传递智慧旅游的概念，提出智慧旅游不仅仅是技术上的智能化，也是理念上的创新，突出游客出行的体验与参与，让游客体验真正的便捷、舒适与乐趣。总体而言，广州市智慧旅游，相较于国内其他大多数城市已处于一个较为先进的状态，但也处于不断探索优化的阶段。

（二）深圳市智慧旅游发展现状

相对于广州，深圳同样拥有发展智慧旅游的良好技术基础，物联网和通信产业在国内发展位居前列，但与广州不同，深圳市智慧旅游建设主要是以主题公园景区为单位实施开展的，深圳东部华侨城是深圳市智慧旅游建设的典范，主要包括华侨城智慧旅游营销管理平台和智慧旅游应用项目。华侨城智慧旅游营销管理平台包括景区无线 WiFi 覆盖、华侨城旅游营销平台、微信应用、淘宝旗舰店等内容。目前，该项目已经为四地六家欢乐谷和东部华侨城实现了 WiFi 网络覆盖，智慧旅游应用项目包括“信用游”先入园后付款、刷脸入园、易游手环、码上游等项目，应用项目不断创新，为更多的旅游者以及管理者提供了便利性。在国家旅游局以及行业信息化建设战略的基础上，深圳市也不断地进行积极资助的研发，不断创新深圳市各个景区的管理和服务模式，提高管理和服务水平，增强景区的核心竞争力。其中，东部华侨城，在2012年11月被评为“全国智慧旅游景区试点单位”；2013年8月31日在广州旅游博览会上被评为“智慧景区优秀组织奖”等。

但是，整个深圳市的智慧旅游仅实现了“互联网+”模式中的部分板块——个别智慧景区（深圳华侨城）的建设，而以深圳为目的地的智慧旅游建设，寥有建树。

1. 电子商务平台

包括OTA营销平台，如携程网、去哪儿网、同程网等，以及B2B平台，将公园、游玩项目、美食餐饮、风情文化等旅游企业产品的网络预定通道连接起来，用统一的网络预订品牌对外经营，建立、发展、经营在线旅游电子商务分销体系（见图2）。

图2　深圳华侨城智慧旅游界面

2. 游园体验系统

利用WiFi信号、短信、手机App提升用户的游园体验。如东部华侨城的手持导游App系统，是打造一个集旅游信息资讯和商务交易为一体的电子商务平台手机在线版；根据实际应用与业务需求，将各平台进行有机整合，实现资源有效利用与调度，成为绿色自助旅游的电子化旅游景点。通过东部智慧旅游的建设，将旅游景点中六大元素（吃、住、行、游、娱、购）进行有序的整合，为游客提供更便捷和优质的服务，促进旅游景区经济效益最大化。另外，深圳市2016年首个VR全景旅游地图上线，通过3D扫描成像、虚拟展示以及VR设备等技术，可以让旅游景点活灵活现地展现在眼前。

3. 智慧景区

深圳东部华侨城已建立智慧旅游营销管理平台，包括景区无线WiFi覆盖、华侨城旅游营销平台、微信应用、淘宝天猫旗舰店等内容。目前，项目已为四地六家欢乐谷和东部华侨城实现了WiFi网络覆盖，为客户管理、营销推广及互动应用等智慧旅游的其他应用奠定了基础，用户可在园区内畅享无线WiFi的时尚便捷（见图3）。

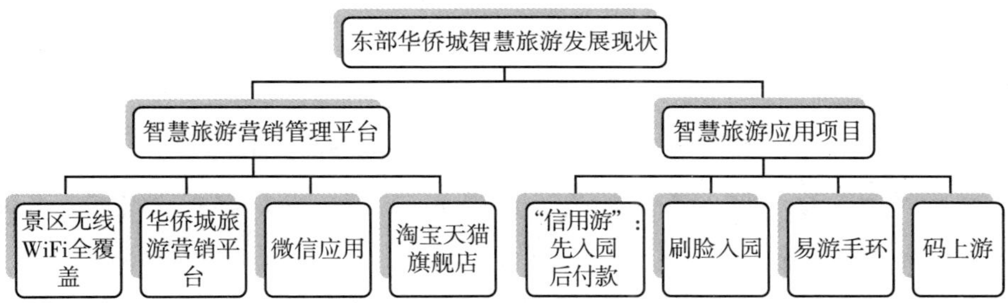

图3　东部华侨城智慧旅游框架

总体而言，深圳市智慧旅游仍处于不断探索的阶段，与广州市相比，深圳市智慧旅游在各景区的普及程度较低，但东部华侨城景区智慧旅游的发展现状在国内遥遥领先，值得借鉴和学习。

（三）香港智慧旅游发展现状

香港作为国际金融、航运、贸易中心和国际航空枢纽，国际化水平遥遥领先，港珠澳大桥、广深港高铁等的开通，使香港与内陆城市之间的连接度不断加深。紧跟中国内陆城市的发展潮流，香港在智慧旅游建设方面不断突破，并取得初步成果。在移动支付方面，微信推出WeChat Pay HK版本，拥有跨境支付、付款功能，并可实现双向跨境支付。在智慧景区建设方面，香港迪士尼整个园区内超过280个接入点均接入微信支付，并可以通过香港迪士尼的官方微信公众号，快速预定园区门票和酒店。在智慧旅游应用项目方面，发布了香港旅游局发展App；香港首个虚拟现实过山车“Samsung Gear VR呈献：越矿飞车”，在海洋公园正式开通。除此之外，天际动感虚拟体验区——透过 VR 时光倒流香港游，重回香港旧时光，也已步入运营阶段。与深圳相似，香港智慧旅游发展也是“互联网 +”模式下，个别景区部分业务的建设，特别是主题公园，如迪士尼和海洋公园等。但是在整个目的地级别，智慧旅游缺乏系统性香港的智慧旅游建设尚未全面开展，处在探索和起步的阶段。当前香港旅游资源、服务设施以及智能技术应用主要如下。

1. WiFi 通

直至 2016 年底，香港有公共及私营机构提供免费或者设有免费使用时段的 WiFi 服务共有 2 万个左右，包括游憩地点和人流畅旺的地点，例如泳滩、主要地区公园及海边长廊等。

2. 移动支付

支付宝在 2017 年就率先推出一款针对香港用户移动支付的独立 App 支付宝 HK，支持绑定香港的 Visa 和 Mastercard 的信用卡，线下扫码付、餐饮优惠、集印花、网购等功能全部齐备。内地用户赴港也可以用支付宝直接人民币付款，按实时汇率转换为当地货币，没有额外手续费。此外，2018 年微信也与香港迪士尼乐园达成企业联盟合作，成为其官方移动支付合作伙伴。

3. 其他智慧旅游相关产品开发

A. VR 虚拟现实过山车

香港首个虚拟现实过山车“Samsung Gear VR 呈献：越矿飞车”在海洋公园正式开通。游客只需戴上 Gear VR 设备，登上“越矿飞车”，通过 Gear VR 内置 Samsung GALAXY 智能手机的亮丽屏幕，即可置身于亚马孙雨林的虚拟现实中，展开一段亚马孙雨林大冒险。除了 VR 过山车，游客还可以在两个 VR 游戏区“VR 至 FUN 专区”及“VR 动感挑战阵”中大显身手，通过极速单车比拼、半空任务及拳击斗法等测试体能、身体协调和反应。“动感天地”还设有 VR 影院，可以通过观赏“VR 森度行”的 360 度影像。

B. 天际动感虚拟体验区

透过 VR 时光倒流香港游，重回香港旧时光。走进 20 世纪 80 年代启德机场一带的楼房天台，感受飞机在头顶飞过的震撼；踏上 20 世纪 60 年代摊贩、人力车夫聚集的荷李活道，看功夫小子施展拳脚。另外，还可以享受 360 度 VR 飞行体验，并利用有趣的 AR 特效，与巨型环球贸易广场合影，于香港天际线翱翔。

4. 迪士尼智慧景区建设

A. 微信支付

整个香港迪士尼园区内超过 280 个接入点均接入微信支付，内地游客无须带钱包或兑换港币，就可以轻松体验乐园提供的一系列吃、住、玩、买等高品质度假区服务。

B. 微信公众号

目前直接用香港迪士尼的官方微信公众号，可快速预定园区门票和酒店（见图 4）。

图 4　香港迪士尼智慧旅游界面

5. 香港旅游发展局 App

香港旅游发展局 App 提供香港的官方旅游指南，包括景点、活动、购物和餐饮介绍及旅游套票、街道地图、虚拟旅程、行程规划等资讯（见图 5）。

（四）澳门智慧旅游发展现状

澳门作为世界旅游休闲中心，近些年接待的国内外游客人数不断增长，智慧旅游建设已成必要，取得了一些初步成果。为了满足游客的需求，澳门在智

图 5　香港官方旅游指南界面

慧旅游建设方面也不断做出新的尝试，并于 2018 年底取得了一些智慧旅游的初步成果。在智慧旅游应用方面，澳门现有的建设主要包括手机应用程序，如“旅游快讯 · 澳门”手机应用程序、“论区行赏”和“感受澳门”等，可以为旅游者提供旅游线路、热门旅游资讯、AR、行程策划等功能，并包含多种语言版本选择，如中文、英文、葡文等。此外，手机应用程序还包括掌中澳 TM——一套关于澳门电子地图的搜索软件，具有多种不同的版本，覆盖澳门 1247 条街道、70 间酒店（3 ~5 星级）、472 间餐厅、121 处观光点，368 巴士站以及其相对应的 55 条巴士路线。在平台建设方面，建设了澳门旅游局官网，可实时查看各个旅游景点的拥挤度，并将其划分为舒适、相对舒适、轻度拥挤、拥挤、非常拥挤五个层次。与广州相似，澳门智慧旅游发展以“互联网 +”模式为主导，现开通了电子信息化网站和手机终端 App 应用项目，但仍有很多业务尚未开展，如智慧景区和数据中心的建设。在支付技术方面，澳门与香港相同，均已开通支付宝和微信等支付功能，现已可以满足国内游客的移动支付需求。

1. 移动支付

支付宝、微信两大移动支付方式，在工银澳门的助力下，已相继在澳门的中小企业开始使用。目前，澳门居民最常用的非现金支付方式是澳门通卡，主要用于乘坐公交车、公共停车场付费、街边泊车位付费和超市购物。澳门也开始有了自己的移动支付 App——澳门钱包（MPay），由于澳门通卡的使用者颇众，澳门钱包 App 也支持绑定多张澳门通卡，以便进行查询及充值。

2. 应用程序

A. “旅游快讯·澳门”手机应用程序

为游客搜罗澳门每月的节庆盛事、表演、展览、活动及最新旅游景点等信息。只须预先下载，便可透过缤纷便捷的界面，离线查阅澳门的精彩盛事。有繁体中文、简体中文及英文三种语言版本。这个 App 另备有语音导赏功能（广东话、普通话、英语）（见图 6）。

图 6　旅游快讯界面

B. “论区行赏”手机应用程序

设繁体中文、简体中文、英文、葡文、日文及韩文版供选择。提供八条建议步行旅游路线（见图 7）。

图 7　论区行赏界面

C. “感受澳门”手机应用程序

提供最新及热门旅游资讯，并设扩增实境（AR）及行程策划功能。设繁体中文、简体中文及英文版供选择（见图8）。

图8　感受澳门界面

D. 掌中澳 TM

专用于个人电子手账上的一套关于澳门电子地图搜索的软件，分别设有 PalmOS、Pocket PC、Symbian S60 smartphones、Symbian UIQ smartphones、iPhone 及 WEB 不同版本。内容覆盖整个澳门境内的 1247 条街道、70 间酒店（3～5 星级）、472 间餐厅、121 处观光点、368 巴士站以及其相对应的 55 条巴士路线。其优势为可显示用户现时的所在位置，各项资讯内容（包括街道、景点及巴士站等）均以中文、英文（葡文）显示、完全免费，并且可以按巴士站名称搜寻其位置，按巴士号码搜寻其所经过的路线（见图9）。

3. 开放电子信息平台

澳门地方细小，旅客量庞大，对通关造成一定的压力，这跟大湾区其他城市相比，通关压力这个现象更为突出。故此，澳门治安警察局多年前已推出“出入境事务站实时信息平台”，以便让居民和旅客立时掌握各个口岸（陆路、海路及港珠澳大桥）通关的拥挤程度。通过网页搜索澳门旅游局官网，便可获得澳门相关旅游景点咨询，并获得各个景点的实时流量和景区拥挤度（见图10）。

4. 智能客流应用

“智能客流应用”能够预测澳门各区域人流密度，通过专题网站，展示不同地区景点（目前率先预测 20 个景点）在 4 小时、24 小时及 7 天内的客流状况，按照结合历史及预测的数据，以 4 小时为例，可以动态地看到过去 2 小时

图 9　掌中澳界面

图 10　澳门开放电子平台界面

及未来 2 小时的预测。并以 5 种不同等级区分，方便旅客安排旅游规划。未来有关信息将通过如旅游局官方网站、手机应用程序、治安警各个出入境口岸的大型信息显示屏等不同渠道发布。

总体而言，澳门智慧旅游较之广州、深圳起步较晚，发展程度也处于初级阶段，普及程度较低，仍在不断探索阶段。

（五）存在问题

通过对粤港澳大湾区四大主要城市智慧旅游发展现状梳理，本文发现广州、深圳、香港、澳门四个城市智慧旅游发展模式的均为“互联网 +”模式，政府未统一进行中央管理平台的建设，均由企业、景区分别进行相关应用项目以及智慧景区的建设。相较于南京、杭州的智慧化程度，大湾区四大城市智慧化水平较低，覆盖范围尚浅。主要存在以下两个方面的问题。

1. 智慧旅游的智慧化水平与湾区城市经济科技地位不匹配

结合上文，我们对大湾区四大城市智慧旅游现状做了详尽的分析，四个城市均具备良好的产业和科学技术基础：广州拥有顶尖的信息基础设施，互联网和物联网产业发展良好；深圳物联网和通信产业发展也位居全国前列；香港则是中国国际金融、航运、贸易中心和国际航空枢纽，国际化水平遥遥领先；澳门作为国际自由港和世界旅游休闲中心，旅游业、娱乐场和酒店业稳步增长，经济发达。四个城市的经济发达水平和产业基础，如物联网、互联网、通信产业、云计算平台等，都可用作发展智慧旅游的技术支撑，但事实状况却并非如此。从智慧旅游管理平台建设、智慧旅游应用项目以及创新性和普及性来说，其发展水平均落后于内陆一些城市。

四个城市现有的智慧旅游产品类型单一、开发深度尚浅，项目仍停留于“互联网+”模式下的电子化阶段，即只开通了“互联网+”模式下某一业务板块，如电子信息化网站（旅游局官网）、微信公众号、WiFi覆盖等产品，均只实现了信息电子化，未达到智能化，即不具备预见性，缺乏更多内容板块的建设——大数据分析平台或者智慧旅游管理平台建设。此外，现有的产品多属于智慧旅游服务产品，未开发智慧旅游体验产品和管理产品，产品类型单一，缺乏核心吸引力。

总之，四个城市的高经济发展水平和创新产业基础与低层次的智慧旅游产品构成对比，反映了四个城市的智慧化水平与该城市在整个湾区甚至全国的经济科技地位不配的问题。导致的结果是尚未能实时掌握这些目的地客流量、游客时空轨迹、客源市场情况等信息，尚未能为游客提供技术领先、高度定制化和智慧化的旅游服务。

2. 智慧旅游的制度设计与湾区的制度创新领先地位不匹配

从世界范围来看，与国际公认的东京湾区、纽约湾区和旧金山湾区不同，大湾区这一城市群处于不同的制度和法律条件下，且发展阶段和发展水平差异较大，为了更好地促进大湾区各城市充分利用各自优势，紧密合作和有机融合，国家正在加紧其制度创新的步伐，广东省出台《粤港澳大湾区建设报告（2018）》，将“一国两制三关税区”多元格局作为其制度优势探索适合粤港澳大湾区建设的新制度和新途径，以此将大湾区建设成具有世界影响力的城市群。由此可见，在制度的顶层设计和创新设计方面，大湾区是承载国家战略先锋载体的重要区域，然而在智慧旅游这项工作中，大湾区不仅没有做到先行先试，更加未能成为智慧旅游技术和制度创新的中心。

自“智慧旅游”成为中国旅游业发展的一股热潮后，各省市均一股脑投入智慧旅游建设中。从国家层面，虽依据相关条件，相继建设了两批“国家智慧旅游试点城市”，然而大湾区的四大城市至今未对智慧旅游建设的统一平台、统一标准、统一架构等问题进行整体设计，也未能为国内其他城市提供借鉴。虽然当前已出台《粤港澳大湾区发展规划纲要》，但此纲要没有涉及智慧旅游的顶层设计，对各个城市智慧旅游建设的分工和特色也尚未做安排，智慧旅游区域一体化和协调建设工作完全处于空白之中。简而言之，当前大湾区智慧旅游的发展和建设水平，与大湾区自身的制度创新地位极不匹配。

结　论

建设智慧旅游项目需要因地制宜，充分考虑城市发展的经济需求和建设需求，避免不必要的资源浪费。智慧旅游建设是一项长期而艰巨的系统工程，需要技术支撑、大量资金投入，更需要系统的管理和统一的指导。唯有在统一的指导体系指引下进行系统、长期的管理、维护和运营，智慧旅游才能使旅游业朝着更加优质化的方向发展。

从湾区四大城市旅游资源的分布特点来看，主要旅游吸引物体系为城市旅游，主要景点分布在城市中心区或者近郊区，均与城市交通干线紧密相连，或者已经开通了旅游专线。特别是深圳和澳门，前者主要的旅游景区更是分布在市中心；而后者主要以“博彩 + 酒店”的旅游模式为主，全岛以酒店为节点提供免费穿梭巴士服务。在这种情况下，景点之间的接驳和串联的交通问题已经得到解决，对旅游交通智慧化的需求并不是很高。此外，景区和旅游企业数量和规模较杭州、南京而言较小，故对于智慧数据平台的需求不够强烈。

本文认为，“互联网 +”模式是比较适宜大湾区的选择。城市本身的交通和通信基础设施已经可以提供相应的服务，粤港澳大湾区的高铁、机场、城际、交通均提供相应的互联网平台和手机终端，如澳门的免费巴士系统、澳门旅游局官网实时查询景区拥挤度的功能、掌中澳 TM 等均可以满足旅游者实时查询信息、便利游览、智慧交通等方面的需求，智慧旅游的存在是可替代的，其他城市系统可以满足其功能，故城市本身不需要太多额外智慧旅游所能提供的技术服务。香港的旅游局发展 App 也具有行程规划、路线导航、旅游资讯查询、线上对话等功能。广州则推行了广州城市旅游卡，实现公交、地铁日通票功能和旅游资源优惠功能的一卡整合，一卡可畅游广州。依托现有成熟的羊城通系统应用平台和技术，在指定时间内具有广州城市公共交通刷卡多次搭乘功能，以及 100 多个特约旅游景点、景区、酒店和餐厅享受优惠折扣功能。旅游卡应用覆盖广州市区 14000 多辆公交车、广州地铁全线网、BRT、水巴轮渡、APM 和有轨电车，以及全市 100 多个旅游景区景点、酒店、旅行社，将旅游观光、商业购物与公共交通出行无缝连接，持卡旅客可享受最大的便利和优惠。

基于上述总结与讨论，本文建议，首先，对于旅游产业地位比较高的城市，适宜选择政府主导统一搭建平台，集中管理的模式，同时尽可能运用互联网技术实现智慧旅游的模式创新和技术创新。其次，对于旅游产业地位较高，但现有城市信息化基础设施发展落后的城市，政府的重点工作在于推动信息通信设备和管理体系的更新升级。最后，对于旅游产业的地位较低，而信息化水平、互联网产业较为发达的城市，建议大力推进“互联网 +”在旅游产业的运用，以智慧旅游功能和业务提升城市的旅游吸引力和服务效率。而两者都不具备的旅游目的地，则不建议开展智慧旅游建设，以免造成低效率投资。

参考文献

邓贤峰、张晓海，2012，《南京市“智慧旅游”总体架构研究》，《旅游论坛》第 5 期。

丁风芹，2012，《我国智慧旅游及其发展对策研究》，《中国城市经济》第 1 期。

葛军莲、顾小钧、龙毅，2012，《基于利益相关者理论的智慧景区建设探析》，《生产力研究》第 5 期。

韩鑫雅、荆春燕，2017，《智慧旅游背景下乌镇景区营销策略研究》，《投资与创业》第 11 期。

杭州市发展和改革委员会，2015，《杭州开启“智慧旅游”新模式》，《问道市县》第23期。

黄思思，2014，《国内智慧旅游研究综述》，《地理与地理信息科学》第3期。

黄艺农、吴青青，2012，《智慧旅游背景下自助游的发展》，《企业家天地》第6期。

金卫东，2012，《智慧旅游与旅游公共服务体系建设》，《旅游学刊》第27期。

刘叶飙、吴儒练、陈楠，2015，《智慧旅游：概念界定与实践发展》，《乐山师范学院学报》第11期。

秦良娟，2012，《旅游云时代的旅游公共信息服务》，《旅游学刊》第2期。

颜敏，2012，《智慧旅游及其发展——以江苏省南京市为例》，《中国经贸导刊》第20期。

张凌云、黎巎、刘敏，2012，《智慧旅游的基本概念与理论体系》，《旅游学刊》第5期。

Kim, Boes, Dimitrios Buhalis and Alessandro Inversini. 2016. “Smart Tourism Destinations: Ecosystems for Tourism Destination Competitiveness.” *International Journal of Tourism Cities* 2: 108 – 124.

B.12
粤港澳大湾区旅游高等教育合作探索

任连萍　徐红罡*

摘　要： 本文以粤港澳大湾区旅游教育合作为主要探索目标，总结了大湾区旅游教育现状和特点，同时梳理了现阶段大湾区旅游高等教育合作的推进工作。在此基础上，本文进一步分析了湾区旅游教育合作发展的问题和优势，并提出湾区未来旅游教育深度合作的有关建议。本文研究发现大湾区旅游教育合作仍处于探索阶段。尽管大湾区旅游教育合作已经获得国家和三地政府的共同推进和支持，仍然需要克服诸如教育体制、办学体制、教学语言和通关限制等障碍。本文建议三地在合作办学、学分互认、师资交流、学生/青年互动与交流等方面进一步探讨深化合作的必要和可能。

关键词： 粤港澳大湾区　旅游高等教育　旅游教育合作

一　背景

教育合作发展是《粤港澳大湾区发展规划纲要》（以下简称《纲要》）中的重要内容，其中旅游教育合作更是重点。《广东省推进粤港澳大湾区建设三年行动计划（2018～2020年）》更进一步明确了教育和人才合作的重要性。

早在20世纪90年代，国内学者就意识到加强粤港澳高等教育合作的重要

---

* 任连萍，澳门旅游学院教授，旅游零售及市场推广管理课程主任，主要研究方向为旅游者行为、旅游及款待业战略以及款待业教育。徐红罡，博士，中山大学旅游学院院长，教授，研究方向为旅游可持续发展、系统动力学。

性，认为粤港澳三地有必要在教学体制、科学研究、教育资源、高教理论研究等方面相互借鉴，以实现优势互补（杨移贻，1996）。但总体来看，粤港澳大湾区教育合作目前还处于探索阶段。其中，旅游高等教育是大湾区教育合作的重要内容。大湾区高等院校在酒店与旅游管理学科方面具有独特优势，部分大湾区高等院校在世界一流学科排名中占据高地并享誉全球。因此，在粤港澳三地共同追求国际一流教育这一目标中，旅游高等教育的合作将得到更好的支撑，同时也能成为促进大湾区教育合作的重要媒介和最具潜力的合作途径。为此，本文研究总结了大湾区旅游高等教育的现状和特点，同时梳理了现阶段大湾区旅游高等教育合作的推进工作，以进一步明晰旅游高等教育深度合作的必要和可能。

二　数据来源

本文数据主要来源于官方网站数据，以及大湾区旅游高等教育的管理者和教师。官方网站数据主要包括政府部门相关网站（如中华人民共和国教育部官方网站：http：//www. moe. gov. cn；澳门高等教育局官方网站：www. dses. gov. mo）和大湾区各高等院校官方网站（如澳门旅游学院官网、中山大学官网、香港理工大学酒店及旅游业管理学院官网等）。

三　大湾区旅游高等教育的现状

（一）大湾区旅游高等教育的层次和结构

1. 旅游院校数量及分布情况

粤港澳大湾区内 11 城开设旅游类专业的高等院校共有 95 所，占大湾区内普通高等院校总数（156 所）的 61%，大湾区内 11 城各地区的旅游院校总数在本地区普通高等院校总数中的占比约 50%，这在一定程度上说明了粤港澳大湾区内各地区对于旅游教育的重视度较高。从粤港澳大湾区内旅游院校空间分布情况来看（见图 1），广州市拥有的旅游院校数量最多，包含 58 所旅游院校，占整个大湾区内旅游院校总数的约 61%；其次是香港和澳门两个特别行政区，分别拥有 8 所和 6 所旅游院校，占比约为 8% 和 6%；珠海市拥有 4 所旅游院校，占比约 4%；深圳、佛山、东莞、惠州、江门等 5 个城市各拥有 3 所旅游院校，分别占比约 3%；肇庆市和中山市则各拥有 2 所旅游院校，分别占比约 2%。

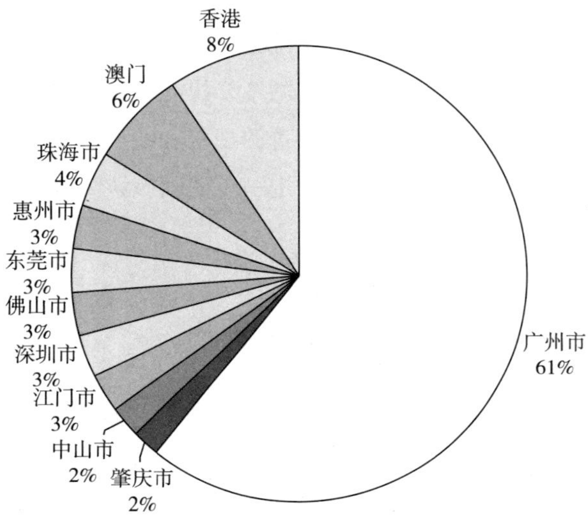

图 1　大湾区内 11 城旅游院校数量在其旅游院校总数中占比情况

资料来源：根据中华人民共和国教育部数据和各院校官网数据整理。

粤港澳大湾区内 11 城具有独立旅游院系的普通高等院校有 17 所，分别为香港中文大学酒店及旅游管理学院、香港理工大学酒店及旅游业管理学院、香港高等教育科技学院工商及酒店旅游管理学院、澳门旅游学院、澳门城市大学国际旅游与管理学院、澳门科技大学酒店与旅游管理学院、中山大学旅游学院、暨南大学深圳旅游学院、华南理工大学旅游与酒店管理学院、华南师范大学旅游管理学院、广东财经大学地理与旅游学院、广州大学旅游学院（中法旅游学院）、广州商学院旅游学院、肇庆学院旅游与历史文化学院、广东南华工商职业学院旅游管理系、惠州学院地理与旅游系以及广东生态工程职业学院生态旅游系。

2. 办学层次

粤港澳大湾区内旅游教育可分为两个层次。第一个层次为专科职业院校，专门面向有意接受以实践为主导的高等教育的中学毕业生，粤港澳大湾区区域内共拥有54所专科院校，占旅游院校总数的57%。第二个层次为本科及以上（研究生）层次的大学教育，大湾区内能够颁发学士学位的旅游高等院校共有41所，占旅游院校总数的43%（见表1）；其中，能够颁发学术型硕士学位的旅游高等院校共有13所，能够颁发专业型硕士学位（MTA）的旅游高等院校有5所，能够颁发博士学位的旅游高等院校有8所。

表1　大湾区内11城旅游院校数量

单位：所，%

地区	总计	本科			专科		
		总计	公办	民办	总计	公办	民办
广州市	58	22	14	8	36	22	14
深圳市	3	0	0	0	3	2	1
佛山市	3	1	1	0	2	2	0
珠海市	4	2	0	2	2	1	1
东莞市	3	0	0	0	3	1	2
惠州市	3	1	1	0	2	1	1
肇庆市	2	1	1	0	1	0	1
江门市	3	1	1	0	2	1	1
中山市	2	1	0	1	1	1	0
香　港	8	6	4	2	2	2	0
澳　门	6	6	3	3	0	0	0
总　计	95	41	18	11	54	31	21
占　比	100	43	19	12	57	33	22

资料来源：根据中华人民共和国教育部数据和各院校官网数据整理。

3. 专业设置

粤港澳大湾区在粤部分9个城市（广州、深圳、珠海、佛山、中山、东莞、肇庆、江门、惠州）内29所本科及以上层次的旅游院校中，其专业设置主要分为三大类，即旅游管理专业（21所）、酒店管理专业（11所）和会展经济与管理专业（10所），各专业下再细分出不同研究方向，主要涉及旅游规划和景观设计方向、酒店与会展管理方向、旅游信息化与电子商务方向、国际旅游管理方向、俱乐部管理方向、高尔夫管理方向、节事旅游与会展管理方向、游艇休闲管理方向、国际邮轮管理方向、旅行社管理方向、文化休闲产业管理方向等。在粤部分9个城市内52所专科层次的旅游院校中，其专业设置则主要包括旅游管理专业（25所）、酒店管理专业（27所）、会展策划与管理专业（15所）、旅游英语专业（5所）、烹调工艺与影响专业（2所）、餐饮管理专业（1所）、生态旅游专业（1所）、国际酒店管理专业（1所）以及休闲服务与管理专业（1所）。

粤港澳大湾区内港澳地区的14所旅游院校根据行业需求以及酒店和旅游教育的最新发展动向更加重视酒店管理学科和博彩业管理的建设，开设了酒店管理、酒店及餐饮管理、酒店与房地产、国际酒店管理、国际旅游及会展管理、旅游会展及节目管理、国际葡萄酒管理、国际住宿及景区管理、国际综合度假村管理、国际旅游管理、服务业管理、款客服务及博彩管理、博彩与娱乐管理、旅游娱乐业管理、旅游企业管理、旅游零售及市场推广、旅游及项目管理、运动及康乐管理以及厨艺管理等多个旅游专业及方向。

4. 院校的国际排名

从院校属性来看，粤港澳大湾区内本科及以上（研究生）层次的41所旅游高等院校中，内陆地区有4所院校属于国家“双一流”建设高校。此外，根据“世界大学学术排名（ARWU）”发布的中国版图范围内的高校排行榜——2019年中国两岸四地大学排名，粤港澳大湾区内有8所大学进入两岸四地大学100强，分别是香港中文大学（第3名）、中山大学（第16名）、香港理工大学（第17名）、澳门科技大学（第20名）、华南理工大学（第34名）、澳门大学（第39名）、香港浸会大学（第43名）、暨南大学（第92名）。

（二）办学特点

1. 国际排名高

湾区旅游教育的综合水平较高。就旅游休闲管理（Hospitality and Tourism Management）学科而言，2020年上海软科世界一流学科（Shanghai Ranking's Global Ranking of Academic Subjects）排名前列的旅游院校，包括香港理工大学（第1名）、中山大学（第4名）、澳门大学（第42名）及澳门旅游学院（第

45 名）位列全球前 50。另外，澳门城市大学和澳门科技大学表现也不逊色。以上排名情况充分彰显了大湾区旅游教育的实力。大湾区的内地、澳门和香港的部分高校采纳世界旅游组织教育质量认证（UNWTO TedQual Certification）。2000 年，澳门旅游学院成为首家获 UNWTO TedQual 的教育机构，之后有香港理工大学、中山大学、暨南大学旅游学院确认了学院的教育及培训质量符合国际水平。

2. 注重体验式教学

Bruner（1966）指出教育的目的在于激发在知识获得过程中的探索与技能，而非记忆大量知识：学习是个过程，而非产物。这也是体验式学习的特征与本质。体验式学习是学习者从实践活动中获得直接经验，注重其在情境中的连续体验以及个体与情境的相互作用（李文君，2012）。根据 Hoover 和 Whitehead（1975）的研究，体验式学习存在于参与者高度积极参与学习情境并从认知、情感和行为上加工知识、技能和/或态度的学习过程当中，并有助于深度学习。这种学习方法非常适合旅游和酒店专业学生的偏好和能力（King and Zhang，2017）。

粤港澳大湾区内本科及以上层次的旅游高校注重学生的体验式教学。香港中文大学、香港理工大学、澳门大学、澳门旅游学院、中山大学、暨南大学、华南理工大学、广东财经大学等本科（及以上）层次的高等院校也建立起多个教学实验室和校外实习基地，通过创建更加完备的实验室等硬件设施来实现研究与实践并重的体验式教学，促进教学与实践共同发展，在提高学生的实践能力和技能水平，也为进一步的科学研究提供良好的平台和基础。

行业内各旅游企业、目的地政府对院校的支持为旅游院校实训基地的建设提供了基础，粤港澳大湾区内多所高校与旅游企业联合，充分利用粤港澳大湾区的地区优势，建立起多个实训基地，形成了一个全方位、多形式、交叉式的实践学习网络结构。多个重点院校所开发的专业课程立于行业发展趋势潮流，学生有良好的机会可以到顶尖的酒店和旅游服务单位实习，从而帮助他们开展实习和实训，将理论与实践相结合。学生能够在相关行业获得丰富经验，通过实际工作经验开发并习得技能，了解行业实践和服务质量的重要性，通过与同行、下属和主管的互动增强人际交往能力，并将课堂理论应用到现实情况中。此外，旅游院校也会聘请企业高管作为客座教师与学生分享战略与见解，使学生能够与行业思想领袖讨论行业的挑战、趋势和机遇，其最终目的是帮助学生成为具有适当实践经验和了解行业运作和管理决策制定的全方位专业人才。

同时，高等院校的教学实验室也被用于创新科学研究。其中较为典型的是香港理工大学酒店及旅游业管理学院所拥有的世界级的教学设施——唯港荟（Hotel ICON）。该酒店开了世界上同类教学和研究酒店之先河，是一所独一无二的专用教学和研究酒店，致力于开展酒店及旅游教育和研究，并将研究成果应用于酒店服务和培养业界领袖。一方面，唯港荟体现了全新的综合教学模式，为学生提供了一个学习平台，培养他们的创业精神，创意思维及创新能力。另一方面，唯港荟致力于促进绿色文化及可持续发展，提供真实的试验平台。

3. 国际化视野的培养

由于劳动力流动性和社区文化多样性的增强，旅游业和酒店业的全球化将越来越多地要求学生能够在本国或国外与多样文化的劳动力一起工作（Hsu，2017）。因此，培养学生参与全球经济、了解多元文化、培养对不同观点的敏感性、具备与来自世界各地的人工作和沟通的能力，以及培养全球公民意识，是当今高等教育的核心（Stoner et al.，2014）。国际化已经成为全球大学的一个关键战略要素。为了在日益互联的世界网络环境中蓬勃发展，粤港澳大湾区内以香港理工大学、香港中文大学、澳门旅游学院、澳门大学、中山大学、暨南大学、华南理工大学、华南师范大学、广州大学等为首的高等院校尤其重视为学生提供充满活力的全球化的学习研究机遇，为学生提供多渠道的学术交流机会，致力于促进学生的全面发展，并加强学校的国际化、多元化和包容性。

例如，中山大学旅游学院与澳大利亚格里菲斯大学从2019年开始并将连续3年启动的“中澳创新型旅游人才培养合作项目”，是基于双方优势的旅游学科开展的强强合作项目，旨在培养更多创新型、紧缺型、复合型国际化人才。此外，香港理工大学酒店及旅游业管理学院在学生培养方面长期重视全球旅游教育与培训的素质，在承认亚洲背景重要性的同时以国际焦点为核心，通过鼓励学生参加海外交流计划以发掘和开发学生潜能。香港理工大学酒店及旅游管理学院与洛桑酒店管理学院、休斯敦大学希尔顿酒店管理学院三所著名院校合办了全球酒店管理硕士培养项目。学生将体验三个世界一流的校园和研究中心，并接触到来自世界各地精英，同时了解酒店和服务行业的最新趋势，构建自己国际化的管理工具。

目前粤港澳大湾区内旅游院校已经建立起多个海外学习与交流的有关项目，包含学生联合培养项目、国际交换项目以及海外实习项目等三个主要项目，与世界多个国家和地区（见表2）的精英院校建立长期互利的战略合作联盟。这些多样的海外交流计划能够提高学生自信心，有助于进一步探索和发展学生潜力，提升学生职业发展竞争力。与世界多个地区的知名院校合作提供各种本科和研究生层次的国际课程，能够有效增强学生商业敏锐度、文化流畅性和敏感性以及全球视野。海外实习项目则主要涉及美国佛罗里达大学罗森学院的迪士尼项目，新加坡、巴厘岛、龙目岛等地实习，英国苏格兰皇家高尔夫球场实习、圣地亚哥大学 J1 专业实习项目以及 SDSU 酒店实习项目。

表 2　粤港澳大湾区内旅游院校国际交流项目合作国家情况

国际交流项目	合作国家或地区
联合培养项目	阿联酋、奥地利、澳大利亚、丹麦、德国、荷兰、美国、挪威、日本、泰国、西班牙、新西兰、意大利、英国、瑞士
国际交换项目	爱尔兰、澳大利亚、比利时、丹麦、德国、俄国、法国、韩国、荷兰、加拿大、美国、瑞士、泰国、西班牙、新加坡、新西兰、意大利、印度、英国
海外实习项目	日本、德国、美国、新加坡、英国、新西兰、马尔代夫、西班牙

资料来源：根据各院校官网数据整理。

4. 旅游科研研究成果丰硕

粤港澳大湾区内 41 所本科院校中，有 9 所高等院校（香港理工大学、澳门旅游学院、澳门城市大学、中山大学、暨南大学、华南理工大学、广东财经大学、广州大学和广东金融学院）建立起 40 余个科研平台，涉及多个不同的研究重点，如酒店与旅游研究中心、公共政策研究所、旅游博彩研究所、旅游发展与规划研究中心、旅游影响研究基地等，为高校科学研究和行业服务做贡献。2019 年区内高等院校以其雄厚的科研实力为依托，举办多场学术会议活动（见表3），促进国内不同院校以及国际学者的学术交流与合作，成为学术创新与合作的重要科研平台。

表 3　粤港澳地区主要旅游院校部分重要会议举办情况

学校	序号	国际学术会议
香港理工大学	1	葡萄酒市场和消费文化的国际会议 2019
	2	APacCHRIE and EuroCHRIE 联合会议暨全球旅游及款待业会议 2019
	3	第 18 届亚太地区旅游研究生学术论坛
	4	中国旅游论坛 2019
	5	第二届“一带一路”—旅游“发展、营销和可持续”国际会议
	6	第十三届联合国世界旅游组织/亚太旅游组织旅游趋势与前景论坛
香港中文大学	7	旅游与可持续发展目标国际学术会议 2019
中山大学	8	乡村旅游国际学术研讨会
	9	饮食文化生产国际学术会议暨第五届食文化发展大会
	10	中山大学会展与节事学术沙龙暨《旅游学刊》第六届青年学者沙龙
	11	2019 年中国酒店管理学术会议“酒店创新与高质量发展”
	12	粤港澳暨东盟旅游研究与人才培养论坛会议
	13	第二届健康与流动性学术研讨会暨 2019 年中国康养产业发展论坛
澳门旅游学院	14	遗产旅游国际研讨会 2019
	15	智慧餐饮服务趋势论坛
	16	“智能旅游、智能目的地”公众论坛
华南师范大学	17	第三届“东南亚论坛”国际会议旅游分论坛——“一带一路”倡议下中国与东南亚旅游交流与合作

资料来源：根据各院校官网数据整理。

5. 高等院校提供了大量优质的社会服务

粤港澳大湾区内重点高等院校紧跟行业发展需求，取得了一定的科研成果，为私人和公共组织提供高级咨询和专业咨询服务，包括市场研究、可行性研究、酒店管理、旅游总体规划、环境影响研究、经济影响研究、教育培训和信息技术应用等多个专业领域。同时，粤港澳大湾区内重点高等院校也更加注重科研成果的创新与发展，以能够为行业带来巨大的经济和社会效益，更好地服务于社会。例如香港理工大学酒店及旅游业管理学院同公共政策研究中心合作开发了香港旅游预测报告网上系统，该系统的主要目标是对旅游业的相关需求做出预测，包括访港旅客人数、各类消费、酒店房间数目的需求等。系统可预测 10 个主要旅客来源地的需求，也可预测未来 10 年香港居民出境游数目及旅游热门地等。系统一经推出后便推介给旅游业界及其他有关机构使用，为业界提供有用数据，以预计未来需求。旅游满意度指数与旅游服务质素指数旨在解决旅游业和世界经济面临的两大全球性挑战。香港理工大学的 TSI 和 TSQI 框架则能够较好地管理旅游者满意度和服务质量，帮助旅游目的地变得更具竞争力并确保游客享受他们的旅游体验，从而为旅游业的可持续发展做出重大贡献。香港理工大学旅游满意度指数（PolyU TSI）及其框架自 2009 年起由澳门采用，并应用到对广东省三大城市目的地（广州、深圳和珠海）的旅游满意度的评估当中。

中山大学旅游学院亦积极参与到由联合国世界旅游组织发起的“全球旅游可持续发展观测（INSTO）”项目中，通过包括旅游的社会文化、经济发展、环境保护等多个方面的旅游影响监测，以指导旅游目的地的科学发展，促进旅游业与城市经济、社会、生态、文明的融合发展，推动旅游目的地与世界旅游组织的深度交流与合作，并实现地方旅游国际化建设和可持续发展。中山大学自 2006 年开始，已经根据世界旅游组织 GOST 项目的指标与方法成功完成了中国阳朔 2006～2008 年的监测报告，得到世界旅游组织的好评。2010 年，中山大学与世界旅游组织在西班牙马德里达成共识。2010 年 9 月 28 日，联合国世界旅游组织与中山大学签署合作协议，成立“联合国世界旅游组织旅游可持续发展观测点管理与监测中心”，负责中国乃至将来的亚太地区旅游可持续发展观测点的管理与监测等技术工作，以保障监测工作持续、全面、有效地进行。经过 14 年的发展，中国已陆续成立桂林阳朔、张家界、黄山、喀纳斯、成都、河南、西双版纳、常熟、江门 9 个中国观测点（站），是世界范围内观测点数量最多、成果最丰硕、经验最丰富的国家。

四　大湾区高等旅游合作进展

（一）政策推进

除了前述提及《纲要》中的具体要求以外，三地亦陆续出台各类政策。在合作办学方面，“教育局与广东省教育厅在 2019 年 6 月签署《粤港资历框架合作意向书》，内容包括共同推动粤港资历框架合作、探索建立大湾区各级各类教育与培训学分互认机制，以及推动大湾区人才交流”（粤港澳大湾区网，2019）。广东省推出港澳居民在广东省就业读书的便利政策。香港方面，鼓励香港各校在广东省开办分校或者建立校区并给予优惠政策和各类支持。继2005年浸会大学与北京师范大学于珠海合办联合国际学院之后，香港中文大学于2014年与深圳大学合办香港中文大学（深圳），香港科技大学正积极筹备在广州开设分校，目标是2021年9月开校，香港理工大学也有类似举动。

在科研方面，国家及三地政府在不同程度上对粤港澳大湾区的研究或者三地合作研究给予大力度支持。比如，澳门高等教育局自2019年起设立“粤港澳大湾区旅游教育培训专项资助”项目，鼓励三地之间在教育、培训和科研方面紧密合作。符合资助的项目包括三地间合作开展的旅游教育及相关范畴之学术科研或调研项目、三地间合作开展的高校旅游教育相关教学、师资培训、专业认证等提升人员专业质素及专业能力的培训项目及相关论坛及研讨会等学术活动。

（二）现有合作机制

三地的旅游高等院校也积极搭建了一些合作机制，其中“粤港澳旅游教育联盟”和“大湾区旅游职业教育联盟”的成立和发展，以及“大湾区旅游教育培训基地”的成立为湾区旅游教育合作进一步发展奠定了较好的基础。

1. 粤港澳旅游教育联盟

2018年11月，中山大学旅游学院、香港理工大学酒店及旅游业管理学院及澳门旅游学院签署《成立粤港澳大湾区旅游研究联盟合作备忘录》。与此同时，三校牵头，联同大湾区内其他旅游院校进行各类科研、教学及培训等方面的合作，并定期开展论坛及学术会议，以带动更多更广泛的交流活动。例如：2018年5月8日三校牵头并邀请湾区各院校、行业、政府负责人参与的“大湾区旅游研究合作论坛”。该论坛在澳门旅游学院进行，主要探讨湾区研究优先议题。2019年10月31日至11月1日在中山大学开展粤港澳暨东盟旅游研究与人才培养论坛。该论坛将参与对象扩展至东盟各国，并探讨新形势下如何开展旅游合作研究共同提升学术竞争力，同时如何共同培养适应时代需求的旅游人才。

2. 湾区旅游职业教育联盟（2019年12月成立）

由澳门旅游学院与粤港澳大湾区内七所职业院校及三所企业共同发起的粤港澳大湾区旅游职业教育联盟于12月10日正式成立。联盟的成立是为了进一步推进落实《纲要》中关于“推进粤港澳职业教育方面的合作”。联盟发起成员单位希望通过组建“粤港澳大湾区旅游职业教育联盟”能为区内旅游职业教育院校、企业及行业协会创造人员交流、资源及信息共享的平台，共同推动旅游职业教育和培训，共建旅游行业技能标准，携手提升粤港澳大湾区的旅游竞争力。仪式后，联盟成员随即召开首次成员大会，推选主席、副主席等，并制定2020年度的工作计划。首届主席单位由澳门旅游学院出任。

3. 湾区旅游教育培训基地

国家文化和旅游部在2019年9月批准以澳门旅游学院为依托单位，在澳门设立“粤港澳大湾区旅游教育培训基地”。培训基地主要承担文化和旅游部示范培训项目和重点专项培训项目；承担各地旅游主管部门、行业协会、企事业单位委托的培训项目；面向旅游行业开展市场化培训及开展旅游人才培训理论研究。“粤港澳大湾区旅游教育培训基地”于2019年12月13日在澳门旅游学院举行揭牌仪式，仪式由中华人民共和国文化和旅游部部长雒树刚、澳门特区政府社会文化司司长谭俊荣、澳门中联办副主任姚坚及澳门旅游学院院长黄竹君主持。澳门旅游学院作为依托单位，将协同大湾区区内外的合作伙伴，针对旅游部门和行业发展需求，提供不同类型的培训、研讨会、论坛及交流活动，发挥“粤港澳大湾区旅游教育培训基地”功能，推动大湾区旅游教育发展，助力建设世界级旅游目的地。

4. 广东省高等旅游教育指导委员会

根据《广东省普通高等学校教学指导委员会章程》，高等教育指导委员会属非常设专家咨询、指导和服务机构，在广东省教育厅的领导下，对广东省高等学校的人才培养和教学管理，开展教育教学的研究、咨询、指导、评估和服务等工作。广东省也成立了广东高等旅游教育指导委员会，围绕广东省内旅游高等教育的人才培养和教学管理开展研究、咨询、指导、评估和服务工作。香港理工大学、澳门旅游学院都有学者担任委员。

（三）典型合作项目

自2014年起，中山大学旅游学院和香港理工大学酒店及旅游业管理学院共同倡议举办了“中国旅游管理博士学术训练营”。截至2019年，已成功举办6届博士学术训练营，旨在利用双方合作院校在旅游研究团队和学术资源上的优势，打破区域和校际界限，为全国旅游管理专业的博士生提供一个学习旅游研究方法、提升旅游研究能力、洞悉旅游研究前沿的学术交流平台，提高旅游学术研究的规范性，培养新一代中国旅游管理博士的学术使命感，让全国旅游学界的新秀能够更好地把握现代旅游的学术发展动态和最新研究成果，拓宽国际学术视野和提高研究创新能力，由此加快中国旅游研究与全球主流学术圈接轨的进程。

（四）需要克服的障碍

大湾区旅游教育总体水平较高，且资源丰富，但是在旅游教育合作的开展方面存在诸多劣势。首先，大湾区三地属于不同行政区域，三种不同教育管理体制，在合作过程中需要克服诸多障碍。

从教育体制来看，香港高校多实行董事会领导下的校长负责制，各所学校对学生、老师、教育方针皆有较高的自主权。教育管理部门只是负责分配资源和监察学校的工作。从学校的专业设置、课程设置到课程内的教学材料选择都给予学校和教师较大的自主权。澳门的教育体系，同香港有部分相似之处，是一个相对开放的系统（制度）。政府、私人、教会、街坊会、同乡会等，形成澳门办学团体及学校的多元化，他们之间，正如香港的办学团体，各有其办学宗旨和特色，在课程方面也各有其侧重和差异。澳门近 25 年的高等教育体制承袭了葡萄牙双轨制教育体系，即学生完成中等教育后通过一定方式分流，或到综合大学接受以一般学术理论为主的教育，或到职业培训院校接受技职教育。前者具有很强的理论基础并以研究为导向，后者通常设立理工学院类型的大学。旅游学科作为一个以职业为导向的专业，通常出现在理工类型的学院。内地教育体制（大湾区广东 9 市）主要由教育部及各级教育行政机构管理，趋向集中模式。

在具体办学细节上，香港的高校多沿用英式办学体制，澳门的高校则受葡萄牙影响较多，因此在具体操作上存在诸多不同之处。无论是招生制度、考试制度、评价体系还是升学及就业都存在很大的差异。在课程设置上，香港澳门的高校与国际接轨程度高。例如，香港理工大学的酒店与旅游业管理学院的部分课程与其他国际名校联合办学；澳门旅游学院的多个课程可与国际上多间学校进行学分互认、并每年互送交换生。从教学及办学的质量认证来看，广东 9 市院校主要向国内的质量体系看齐。

从教学语言来看，香港、澳门的多数旅游院校以英语为主要授课语言。学生所读课本、参考资料及课堂案例均以英文文献为主。而广东9市的旅游院校以中文授课为主，参考文献亦多以中文为主。教学语言的差异还影响到知识涉猎的范围，以英语为授课语言的区域参考全球范围的做法，而以中文为授课语言的区域则多数以中文区域的案例和做法为主。三地在日常语言方面也存在很大的差异，比如香港是一个两文（中文和英文）、三语（粤语、普通话和英语）的地方，再比如澳门的官方语言是中文和葡语，但是在日常生活中则使用四种语言——粤语、普通话、英语和葡语。语言环境的不同导致三地之间的顺畅沟通受到一定程度的阻碍。香港、澳门多校均是在全球招聘师资，因此教职人员的国籍多样化，在官方沟通方面通常采用英语。因此在教师交流方面，不懂普通话的教师很难融入大湾区的深度合作对话中。

此外，三地属于不同地域行政管辖区域，这使人员流通在通关上也存在诸多不便。且不说通关的时间和条件，人员在三地间流通需要申请通关手续，而通关的申请对部分人员来说限制颇多。这也相应为三地教学及研究人员开展紧密合作设置了障碍。

（五）未来合作探索

总体而言，大湾区旅游高等教育已经有了一些好的基础，但要实现深度合作甚至是融合，依然任重道远。

首先，在合作办学方面，应充分发挥大湾区内处于领跑地位的院校的优势，如香港理工大学的酒店及旅游业管理学院、澳门旅游学院和中山大学进行强强联合，在现有合作的基础上探索更加紧密的合作模式。

其次，根据《纲要》的要求，积极探索三地旅游高校开展学分互认的特定课程。三地课程设置虽然不尽相同，但是存在颇多共通之处。这些课程容易发展成学分互认的课程。同时，三地旅游院校应发挥各自所长，共同打造教学资源和共享平台，从而提升湾区整体旅游教育水平。

再次，三地旅游院校在师资交流方面，为三地教师提供更多交流的激励措施，并将合作和交流的成果纳入教师评价激励机制中（比如澳门旅游学院自2018年始实施“大湾区研究成果额外加分”的鼓励措施）。三地充分发挥旅游教育联盟的作用，规划并实施恒常项目，促使交流合作的常规化。此外，在三地教育部门的引领下，湾区旅游院校应积极探索三地教师互访互换的可行性。

在学生/青年互动和交流方面，建议在三地政府和院校的共同规划下逐渐建立三地见常规交流项目。单次项目的建立和执行很容易，但是在长远效果和品牌名声建立方面，常规项目更具辐射力和影响力。建立常规项目还能克服资源不对等的缺点，在项目运行方面给予充分的保障。在吸引港澳学生/青年赴广东9市进行交流方面，建议广东9市院校连同港澳院校共同策划和设计能够真正吸引港澳学生的交流项目，使港澳学生能体验到在港澳体验不到的学习机会，并大大增强他们在湾区城市工作生活的意愿和能力。

三地旅游教育的深度合作和融合是以三地拥有共同的发展目标、共通的教育资源、共赢的教育策略、相互认可的评价机制为前提的。这对大湾区的教育制度和机制创新提出新的要求。建立合作备忘录和建立合作联盟为未来的深度合作奠定良好的基础，但是真正的深度且长久的实施则依赖切实可行的制度和运行机制。类同 CEPA 协议，教育交流合作方面同样也需要有一定的法规作为依据。另外，以下诸多事宜虽超出旅游教育合作探讨的范畴，却是三地教育长期合作必须考虑的。

在跨境协调方面，建议三地政府积极协商并出台相关物流、人流及信息流方面的便捷互通机制。

为三地人员流动建立完善的保障体系，即包括保险、医疗、子女教育等在内的一系列的保障体系，使三地人员无后顾之忧。

结　论

粤港澳大湾区是国家重大发展战略。推动大湾区教育合作发展，是推进粤港澳大湾区建设的重点领域，也是事关教育现代化全局的关键节点。教育合作为实现建设世界一流湾区奠定了坚实的教育基础，并提供了强大的人才、智力支撑。粤港澳大湾区建设如火如荼，为大湾区旅游教育带来机遇，但也对大湾区旅游教育合作提出新的要求。近年来，粤港澳三地旅游高等教育合作交流机制不断完善，高校之间合作项目不断增加，合作平台建设不断拓展，但三地旅游高等教育交流合作的广度深度和层次水平仍需拓展提升，合作发展的体制机制和共建共享平台仍需创新完善。如何在“一国两制”和基本法的前提下进行旅游教育合作，并开启资源共享、优势互补、合作共赢的创新之路是当前最需探讨的议题。

通过本文内容的探讨，我们对粤港澳三地的高校旅游教育资源和现状进行了梳理，亦回顾了三地间现有的合作基础，并为将来更加紧密的合作进行探讨。粤港澳三地旅游高等教育资源丰富，在总量95所旅游高等院校的布局中，旅游学科专业水平高居全球前列，体量大；同时湾区的旅游也高度发达。在粤港澳大湾区建设中，借助粤港澳教育全面合作契机，需充分发挥旅游学科优势的基础支撑和动力引领作用，发挥粤港澳三地旅游高等教育的各自优势，构建优势互补、联系紧密、沟通高效、协调有力的教育合作机制。支持三地旅游院校合作办学，鼓励联合共建实验室和研究中心，为旅游人才培养搭建更加完善、更为开放的平台。鼓励三地旅游院校探索开展学分互认的课程设置，满足学生的多样化学习需求。激励实施更灵活的交换生安排以及更加常规化的师资交流，并积极推动科研成果分享转化等方面的合作交流。

参考文献

李文君，2012，《体验式学习理论研究综述》，《教育观察》第4期。

杨移贻，1996，《互补与对接——21世纪粤港澳高等教育合作展望》，《高教探索》第3期。

Bruner, Jerome S. 1966. *Toward a Theory of Instruction*(Harvard University Press).

Hoover, J. Duane, and Carlton J. Whitehead. 1975. "An Experiential – Cognitive Methodology in the First Course in Management: Some Preliminary Results." *Simulation Games and Experiential Learning in Action* 2: 25 – 30.

Hsu, C. H. 2017. "Internationalization of Tourism Education." In *Handbook of Teaching and Learning in Tourism*(Edward Elgar Publishing).

King, Brian, and Hanqin Qiu, Zhang. 2017. "Experiential Tourism and Hospitality Learning: Principles and Practice." In *Handbook of Teaching and Learning in Tourism* (Edward Elgar Publishing).

Stoner, Krystina R., Michael A. Tarrant, Lane Perry, Lee Stoner, Stephen Wearing, and Kevin Lyons. 2014. "Global Citizenship as a Learning Outcome of Educational Travel." *Journal of Teaching in Travel and Tourism* 14: 149 – 163.

B.13
对广东、香港、澳门三地旅游规划的分析评估

John Ap　周　勇 *

摘　要： 本文对粤港澳大湾区所涉及的广东省及香港、澳门两个特别行政区的旅游规划进行了评估。我们采用了一套包含多个指标的评估框架对这三个区域的现行旅游规划进行了比较分析。分析发现，在广东、香港、澳门这三个旅游业活跃发展的区域，其旅游规划的性质和类型各不相同。有趣的是，这三个区域现有的旅游规划中均没有直接提及涵盖 2015 年联合国可持续发展目标。本文还对三地目前的旅游规划情况进行了评价，并注意到三地的旅游规划中大都对各自的旅游业采取了“促进”或经济发展的方针，而强调可持续发展的理念的内容较少。本文也对三地未来旅游规划的发展提出建议。

关键词： 旅游规划　广东旅游规划　香港旅游规划　澳门旅游规划

一　旅游规划的背景介绍

随着 20 世纪 50 年代末至 60 年代现代旅游业的出现和发展，社会对旅游规划的需要日益迫切，以期通过规划使旅游发展能适应不同利益相关者的需

* John Ap，澳门旅游学院世界旅游教育及培训中心主任，教授，博士，研究方向为旅游影响及社区感知分析；周勇，澳门旅游学院副教授，博士，研究方向为目的地旅游发展及影响分析、旅游发展与社区参与及居民感知分析，会展及盛事活动管理。

求，西方社会出版了第一部由 Gunn（1979）撰写的关于旅游规划的著作——《旅游规划》。这份著作与随后出现的由 Inskeep（1991）撰写的《旅游规划：一种综合的可持续发展方法》（*Tourism Planning—An Integrated and Sustainable Development Approach*）二者都是早期的偏向规划技术方面、由实际从事规划工作的专业人员撰写的旅游规划专著。其后的旅游规划书籍，如 Hall（2000，2008）和 Dredge、Jenkins（2007）等，大都是由一些学者撰写的，他们通过将规划纳入政策背景，扩大了旅游规划书籍的范围。

内地的现代旅游业是在 1978 年实行开放政策后开始的，当时旅游业被视为具有巨大增长潜力的经济发展活动。因此，直到今天，内地的许多省份和目的地制定了旅游发展整体规划。鉴于内地是传统的中央规划体系，旅游规划是在各自的国家级、省级或城市级经济发展规划的“大伞”下制定的。早期由内地作者撰写的旅游规划书籍包括由吴承照（1998）编著的《现代旅游规划设计原理与方法》、吴必虎（2001）所著的《区域旅游规划原理》、保继刚（2003）所著的《旅游规划案例》以及马勇（2002）所著的《旅游规划与开发》等。

从国际合作方面看，鉴于旅游业的突出地位及其对国际经济的贡献以及许多目的地和接待社区的福祉，联合国世界旅游组织（UNWTO）一直是旅游业总体规划的倡导者。该组织在世界很多国家通过技术咨询和提供资源等方式参与并助力各地的旅游规划活动。

宏观上来讲，旅游规划主要是为了回应如下这两个方面的问题：平衡旅游业和旅游业发展的供求关系；解决旅游业发展中出现的（特别是与大众旅游有关的）问题。要消除旅游业发展带来的负面影响，以及越来越多的国家或地区认识到需要对旅游业的性质和发展方向进行管理。这些因素都促使了社会对旅游规划的需要不断增加。旅游业在当地经济中起着重要作用，这促使越来越多的国家或目的地开始制定旅游规划。必须承认，当考虑到规划的水平和规模/范围（即国家、地区、地方或地点）或其性质（如政策、战略、活动或开发项目）时，各种旅游规划的复杂性是具有很大差异的。如果没有恰当的旅游规划为旅游业的可持续发展提供方向和指导，任何一个具有旅游业这一经济类型的国家或目的地都很难有效地管理其旅游业，进而真正实现该行业的长期的可持续的发展。

本文旨在分析和评估粤港澳大湾区概念所涉及的广东省和香港特别行政区及澳门特别行政区三地现有的旅游规划。我们相信进行这种比较分析能为学术界提供一套评价标准，进而审视现有的旅游规划的性质及其现状。

二　三地旅游规划评估的方法

本文对广东省及香港、澳门两个特别行政区的旅游规划进行分析与评价，本文主要基于对现行旅游规划的回顾汇总分析，所选定的规划文件分别是：《广东省旅游业发展“十三五”规划》《香港旅游业发展蓝图》《澳门旅游业发展总体规划》。上述广东和澳门的规划文件详尽而全面，而香港的蓝图则由12张幻灯片组成，这些图可在相关各旅游机构的网页上查阅。三项规划的基本情况请见表1。

表1　研究对象：三份规划的基本情况

	广东	香港	澳门
规划名称	广东省旅游业发展“十三五”规划	香港旅游业发展蓝图	澳门旅游业发展总体规划
负责机构	广东省旅游局	香港旅游委员会	澳门旅游局
发布日期	2017年	2017年	2017年
规划时间范围	5年 （2016～2020年）	未有明确标识	15年 （2015～2030年）
规划起草主体	政府机构	政府机构	顾问咨询机构
规划地理范围	省级/区域规划	特区/目的地规划	特区/目的地规划

在本文中，一些有限的口头和书面通信也被用来寻求关于相关规划的额外信息。可以想见，从政府机构取得资料所需要的资料一般都是不容易的，而获取所需资料的途径也会各不相同。例如，澳门特别行政区政府旅游局以中文、葡萄牙文（法定语文）及英文提供全面及简要的报告版本，方便市民查阅。全文版本共有近300页。但有关香港的规划资料是十分匮乏的，本文所用的蓝图仅有12页的篇幅，包括4项发展战略、13项实施目标和72项倡议。尽管本文笔者两度致函香港特别行政区政府的旅游事务署，书面要求提供有关蓝图的

更多公开资料，但该署的答复仍未能直接提供相关资料。广东省的《广东省旅游业发展“十三五”规划》资料取自其旅游行政管理部门的网站，整个篇幅有 70 多页，但相关该规划的背景、起草过程等内容未有公开信息可以参考。

我们以联合国世界旅游组织的可持续旅游的关键要素及 Godfrey（1996）的技术规划要素等两套标准为基础，提供一个系统的方案来评价上述的旅游规划。具体的评价准则包括：

1）可持续性元素

- 基于联合国可持续发展目标和 Godfrey（1996）倡导的可持续旅游发展的关键要素的可持续措施（1996）

2）技术方案的元素

- Getz（1987）和 Hall（2008）提出的旅游规划方法
- 有明确的规划指导原则（有明确的指导有助于体现其规划方法）
- 有明确的规划规模范围等。
- 明确规划类型（战略/政策规划、地理总体规划、项目、活动等）
- 直接反应联合国可持续发展目标（即#8、#11、#12、#15、#17）
- 明确提出规划需要解决的问题，明确反映市场或社区对规划的需求
- 提供清晰、适当和相关的战略和目标
- 基于需求导向（而非供给导向）的市场研究
- （若是）供给导向的规划应针对景点、基础设施、便利设施及服务
- 通过调查或公众咨询来了解社区需求
- 提出的行动计划包含有形的、无形的或两者兼而有之的具体动议
- 以开发发展或项目发展为规划导向
- 以公开咨询来征集公众对规划的意见建议或反馈
- 明确具体的机构来跟踪计划的执行情况
- 建立监测计划执行情况的机制

本文所采用的这个对比分析三地旅游规划的方法将立足我们最初的研究目标，即从更实践的角度而不是纯粹的学术角度来分析审视这些规划。通过对相关的规划的评估，我们期望可以鉴别出各规划的利弊及可能存在的问题，以便为日后的规划活动提供一些可能进一步完善的空间。

三　三地旅游规划评估的结果分析

针对本文所研究的三份旅游规划，我们对其可持续发展策略的遵循情况进行了比较分析，其结果见表2。

表2　各旅游规划中对关键可持续发展指标的体现情况

关键可持续发展指标 *	广东	香港	澳门
全面性(comprehensive):包括社会、文化、环境及政治等各方面的实施策略	√	×	√
互动/动态性(Interactive/dynamic):有能灵活响应、应对环境及政策变化的安排	×	×	?
综合性(Integrative):能与其他的社区发展战略协调共存发挥作用	√	×	?
社区主导(Community Oriented):所有的利益相关者的需求关切都能通过社区参与得以包含和体现	×	×	√
未来视野可更新性(Renewable):规划内容体现并包含出对未来后代发展需要的关注	×	√	√
目标导向(Goal Oriented):所包含的各类规划目标切合实际并能体现公平的利益分配	√	?	√

说明：＊所包含的关键可持续发展指标基于 Godfrey（1996）及 Simpson（2001）。

在分析过程中，我们观察到虽然所有三个规划均有提及“可持续发展”一词，但细致地对各个文本进行详细审查还是有必要的，以确认是否有足够证据显示上述 Godfrey（1996）和 Simpson（2001）所建议的可持续发展要素在各个规划中均已被采纳，而非只给予象征性的认可。

由于公开可获得的资料十分有限，我们所研究的香港的规划并没有提供足够的证据表明可持续发展的要素在其中已被体现，而更似是象征性的表达。《澳门旅游业发展总体规划》包含了一些可持续发展的元素，但该规划是否能随时回应不断变化的动态环境，是否能足够整合，以实现社区发展的功能，仍是一个问题。《广东省旅游业发展“十三五”规划》与澳门的类似，强调了一些可持续发展的元素，但对规划的动态性、社区主导及未来视野可更新性等方面较为欠缺。当然，上述因素本身在就其本质而言也是“理想化”的，很多人也会认为其难以实际操作。

另外，我们还评估了所研究的旅游规划在体现相关的联合国可持续发展目标，特别是与旅游业相关的可持续发展目标方面的效果。我们发现，这些规划没有直接或具体提到这些可持续发展目标。但是，在某种程度上，它们已被间接提及或包含，如表 3 所示。

表 3　各规划中对联合国可持续发展目标的体现情况

与旅游发展有关的联合国可持续发展目标	广东	香港	澳门
8 – 体面的工作及经济增长	√	√	√
11 – 可持续的城市及社区	√	√	√
12 – 负责任的消费和生产	√	×	√
14 – 水下生命	×	×	×
17 – 为实现目标而建立的伙伴关系	√	√	√

通过分析，我们发现所有的三线规划都间接地涵盖了第 8 项、第 11 项和第 17 项可持续发展目标。尽管本文所针对的粤港澳三个地区都处于南中国海，都拥有相应的海岸线，但没有一个规划明确针对提出有关第 14 项可持续发展目标——水下生命。虽然这三份旅游规划中分别提到相关的海洋旅游产品（如广东的规划中提到了“山海互动”、滨海海岛旅游等），但针对水下生物及水质保护等的内容比较缺乏，这可能是因为这三个地区的原始水体并不多，尽管如此，由于广东的地理面积要大得多，因此对这一发展目标的关注以及与之相关的开发利用是具有很大潜力的。至于负责任的消费和生产（可持续发展目标#12），有关能源、水、废物和生物多样性等事宜，香港的规划中并没有提及。虽然可持续的旅游规划方法被普遍提倡为首选方法，但我们所对比的粤港澳目前的规划表明，经济方法仍占优先地位。2019 年，香港和澳门分别接待游客 5600 万人次和 3900 万人次，两地有部分居民对旅游业和旅游经济过度发展而对社区产生的负面影响已表示担忧。

表 4 展示了对所研究的三项规划在具体技术方面的比较分析。其中广东和香港的规划由相关政府机构拟订，而澳门的规划则是由顾问咨询机构起草的。我们注意到，长达 297 页的《澳门旅游业发展总体规划》提供了非常深入的资料，使我们有机会对该规划进行合理而全面的评估。香港的蓝图规划所提供

的信息有限，没有提及时间表，但它提到了延续至 2022 年以后的长期举措，而广东和澳门的计划提供了明确的时间表。由于实行的是全国性和集中化的计划体系，广东的计划将与国家和省级的五年经济发展计划相一致。

表 4　具体规划指标比较

评价指标表述	广东	香港	澳门	备注
规划方式:推进式/经济/实体空间/社区/可持续发展规划	经济	经济	经济	
明确的规划指导原则	√	×	√	
规划类型:战略/地理区域/项目	战略	战略*	地理区域	*基于有限的资料分析
明确规划问题	√	×	√	
包含联合国可持续发展目标	×	×	×	仅限于间接提及(见表3)
包含明确的规划战略目标	√	√	√	
规划基于需求主导的市场研究	×	×	√	
供给导向的规划	√	√	√	
明确提及本地社区需求	×	×	√	
行动计划类型——有形/无形/有形及无形	有形及无形	有形及无形	有形及无形	
以开发发展或项目发展为规划导向	√	√	√	
公共咨询	√	√	√	广东及香港的公共咨询限于专业机构及专业人士
有明确具体的机构来跟踪计划的执行情况	×	×	√	
有建立监测计划执行情况的机制	×	×	√	

在根据 Hall（2008）提出的五种旅游规划方法来分析相关规划的技术指标时，我们发现所研究的三个规划都采用了经济规划方法。当然，采用这种方式进行规划的做法是可以理解的，特别是澳门，旅游业是当地最大的行业，而香港旅游业则是当地三大行业之一。虽然旅游业在广东省不像其邻近的港澳地区那样具有突出的地位，但它仍被作为一项经济活动得到其各级政府机构的推进发展。

一般来说，规划的指导原则是在规划过程的开始时就确定的。它们表明最初的规划目标是什么，然后为将要制定的规划的性质、方向和类型提供明确的指示。这些原则在广东和澳门的规划中得到了强调，但在香港的蓝图中却没有体现。例如，澳门的规划的主要原则是推动一个整体旅游目的地的发展，以将其定位为“世界旅游和休闲中心”。进而，其规划指出“因此，计划的发展目标是使澳门的产品和体验多样化，提高旅游业的质量，并培育城市的文化产品”。本研究使用的有关香港的规划文件中并未明确提到具体的指导原则。如果其规划果真没有这一指导原则存在，我们不禁要问，这个规划蓝图在多大程度上是经过深思熟虑而制定的。

我们分析的广东和香港的规划属于战略类的规划，提供总体的发展战略和方向；而澳门的规划则是典型的以地理范围为基础的总体规划，提供了较为详细的行动计划。总体规划往往会列出新的景点或基础设施等大型开发项目，但澳门的规划在这方面并不完善。因此，这项规划遭到了一些批评。此外，像广东和香港这样的战略规划往往缺乏细节，这也是常见的。尽管如此，它们还是能够为旅游业的发展方向提供了一些指引。

从根本上来讲，规划的主要功能主要就是平衡供求关系。当需求超过供给时，就产生了需求，这从而将引发制订下一步的行动规划。在编制旅游计划时，一开始就对规划主题所存在的问题和需要有清晰的理解是非常必要的规划步骤，因为这突出了有哪些具体的问题或需要应该通过规划行动来解决。对问题和需要的明确陈述这一点在广东和澳门的规划中有所体现，但在香港的规划蓝图中没有体现。这会不禁使人发问，香港的规划蓝图是为了应对哪些问题和需要而制定的呢？

在很多国家，联合国可持续发展目标现在成为包括旅游规划在内的各类规划需要参考的必要基准，因而未来有必要将其纳入当今及未来所有的旅游规划中。如前所述，可持续发展目标并没有在我们研究的三个规划中直接体现。公平地说，对于那些制定规划的人来说，在联合国 2015 年宣布其可持续发展目标随后的一两年间，我们所研究的规划的准备工作可能已经开始，就像澳门的规划那样，这导致这些规划中未能直接体现这些推荐的发展目标的内容。另外，这些可持续发展的目标是容易理解的，但在实施及评估方面并未有标准的单一方法存在。这也会影响其如何能与具体的规划相融合。因此我们在对这些规划进行评估时，采用了间接的方法以确定这些发展目标是否被涵盖。正如报道中所说，其中的一些发展目标得到间接的提及或涵盖。

正如预期的那样，所对比的三个规划都提供了规划的战略目标。但是，我们也必须认识到，战略目标即使存在也不能代表其实际是否可行或可实现。因此，必须防止制定过于笼统的战略或目标，最终成为没有人会不同意、价值不高的“笼统”陈述。

前面已经提到，计划是关于平衡供求的。如果一个规划是为了解决某个特定的问题或需求而设计的，那么就有必要针对该规划问题或需求进行直接的市场调研，以便能够直接理解并响应游客的需求和偏好等，并确定可能阻碍潜在游客的障碍或制约因素。因此，一项全面的旅游规划一般应该包括这样的直接市场调研调查环节，以确定不仅是现有游客的需求，而且是潜在游客的需求。在本次分析的三个规划中，澳门的规划是这样做的，但广东和香港计划没有这样做（至少在规划文本中未有报告这一环节）。这种未基于直接市场调研的规划往往会引起人们对其规划有效性的质疑。一般来讲，不包括任何直接市场调研的规划往往会被称为以供应为导向的计划。在本文中，这一词句可以用来描述广东和香港的规划的性质和类型。

在分析当地社区需求这一指标时，我们发现澳门的规划是唯一将这一点明确纳入了规划的内容，澳门的做法包括召开社区咨询会议，征求有关规划应解决哪些问题的意见，然后再征询公众对计划草案的意见。在规划中，确定和解决东道社区的需要是可持续性发展规划方法的基本要素之一，因为它力图整合社区发展并寻求社区参与。如果缺少这一环节，就可能会产生这样的问题：该规划是否能够满足关键的利益相关者的要求，是否对他们都有利？

公共咨询也是规划过程中十分必要的一环，它能促使规划过程保持一定程度的透明度。我们研究的三份规划也分别或多或少地提及了公共咨询。不过，就广东省及香港的规划而言，我们发现其公共咨询范围有限，只涵盖业界组织及相关专业人士；而澳门的规划中的公共咨询亦包括社会公众人士。这一点也可能与我们所研究的广东、香港的规划是属于战略性规划，而澳门的规划属于目的地整体规划有关。

至于规划中的行动计划的类型：有形的、无形的或两者兼而有之方面，我们发现所有三地规划中的行动计划属于有形、无形二者兼而有之的。有了具体的行动计划，这自然会导致以开发或项目为导向的计划，无论这些后续的计划规模或大或小。

决策者或者规划制定者自然希望其主导的规划能得以批准实施。一旦旅游规划被批准，重要的是它不能被束之高阁，积满灰尘。计划的实施必须有人力和资金的支持，这意味着必须指派一个机构和机制来监督规划的实施。但这通常是规划中很容易被忽视的部分（策略型规划更容易发生此类情况）。广东、香港的规划资料中就存在这样的情况，而在澳门的规划中则指定了澳门特区政府旅游局负责该规划的实施，并监察计划的进度。澳门特区政府旅游局并为此指派了一名副局长及一个工作小组负责这项工作。

四　对三地旅游规划的建议

通过对粤港澳三地的旅游规划的具体技术方面的比较和系统评价，本文分析点评了相关旅游规划的性质和质量。广东和香港两地的旅游规划是由各自的行政机构制定的策略性规划，但有多项相关的技术评估指标未被包含其中。这可能会引起对其整体规划质量的质疑。不过我们要指出的是，旅游规划不单单是一份简单的包含特定的几个技术指标的文件，其背后的不可直观的规划背景，规划目的等往往反映诸如政治、权力关系和社会压力等外部影响的复杂性。另外，我们特别强调在制定战略规划时，规划者必须谨慎行事，不要仓促在没有从细致直接的市场调研、当地社区调查和公众咨询中获得可靠数据或证据的情况下制定战略和行动计划，从而损害其规划价值和有效性。此外，有专业顾问咨询机构为澳门拟备的这份规划可以看作一份比较全面的旅游总体规划，遵循公认的专业规划实务，它的内容是详细的，其编制过程是规范透明的。

另外，由于所研究的澳门的规划在规划性质、类型方面与广东、香港的规划不同，各个规划总体质量上存在的差异较为明显。由这一点引出了我们的一个思考：良好的旅游规划的标准应该是什么？三个规划虽然存在明显差异，但也存在一些共性，如三个规划都采用了经济规划方法来进行旅游规划，以开发发展或项目发展为规划导向，而非以可持续发展标准进行规划等。很明显，如果我们确实认同并希望朝着可持续发展的方向发展，那么在准备未来的旅游规划时，就需要有所改进而不仅仅是停留在口头上。

基于此，我们对今后制定旅游规划提出如下一些建议。首先，应该尝试将相关的联合国可持续发展目标纳入规划内容，而不是主要关注旅游发展在经济方面的可持续性，而是将其与社会文化和环境的可持续性结合起来。其次，在准备规划时要综合考虑收集直接市场调研调查数据。再次，寻求更广泛的公众咨询，确定和回应社会社区的需要和关切。复次，提高透明度，使公众能更容易地获取规划和相关信息。最后，确保有专门机构和机制来监督规划的执行和实施。

本文仅限于评估了与粤港澳三地目前存在并在实行的三个旅游规划的技术方面，而并没有详尽深入这三个具有迥异的司法管辖体系的地区的旅游规划传统及其政治、行政体制框架。当然，这一点可以作为对这一领域后续研究的一个方向。另外，本文所依托的三地规划资料量差异巨大，展示形式不尽统一，获取资料方面的困难也导致我们的很多分析不够深入准确。企望读者在理解参考本文时应特别注意。

本文期望能对旅游规划中一个不常被提及的方面提供一次探索的分析，希望这里分享的见解能有助于大家对“良好的旅游规划实践的本质”有更好的理解。

参考文献

保继刚，2003，《旅游规划案例》，广东旅游出版社。

广东省旅游局，2017，《广东省旅游业发展“十三五”规划》，http：//whly. gd. gov. cn/open_ newjcgk/content/post_ 2797839. html。

马勇，2002，《旅游规划与开发》，高等教育出版社。

吴必虎，2001，《区域旅游规划原理》，中国旅游出版社。

吴承照，1998，《现代旅游规划设计原理与方法》，青岛出版社。

Dredge, D. , J. Jenkins, eds. 2007. *Tourism Planning and Policy*(John Wiley).

Getz, D. 1987. “Tourism Planning and Research: Traditions, Models and Futures.” Paper presented at The Australian Travel Research Workshop, Bunbury, West Austrlia, 5 – 6 November.

Godfrey, K. 1996. “Towards Sustainability? Tourism in the Republic of Cyprus.” In L.

Harrison and W. *Husbands Practicing Responsible Tourism: International Case Studies in Tourism Planning, Policy and Development*(John Wiley & Son).

Gunn, C. 1979. *Tourism Planning*(Crane Russak).

Hall, M. 2000. *Tourism Planning: Policies, Processes and Relationships*, 1st ed. (Prentice Hall).

Hall, M. 2008. *Tourism Planning: Policies, Processes and Relationships*, 2nd ed. (Prentice Hall).

Inskeep, E. 1991. *Tourism Planning: An Integrated and Sustainable Development Approach*(Van Nostrand Reinhold).

Simpson, K. 2001. "Strategic Planning and Community Involvement as Contributions to Sustainable Tourism Development." *Current Issues in Tourism* 4: 3 – 41.

B.14

粤港澳大湾区遗产保护和可持续利用

张朝枝　胡　婷*

摘　要： 粤港澳大湾区文化遗产保护与可持续利用是塑造大湾区人文精神的重要路径。通过粤港澳大湾区各级政府门户网站、新闻门户网站等收集相关的二手资料，综合利用粤港澳地区相关文献资料，梳理并总结粤港澳三地的文化遗产现状以及保护与可持续利用经验。粤港澳地区非常重视文化遗产的保护与开发，但在“一国两制三法域”的法秩序框架下，三地还是实行相对独立的文化遗产保护模式，各有自己相对适用的文化遗产保护利用经验与方法。在未来的文化遗产保护工作中，粤港澳应加强交流互鉴，共同致力于通过权威创建增强传承保护，通过文化传承增强文化认同，通过创新利用增强文化遗产的生命力。

关键词： 粤港澳大湾区　文化遗产保护　广府文化

粤港澳大湾区包括香港、澳门以及珠三角9市（广州、深圳、珠海、佛山、惠州、东莞、中山、江门、肇庆），是广府文化的核心地带，保存了一大批具有岭南特色的古迹、历史建筑、民俗技艺等，同时传统广府文化在与英国、葡萄牙等西方文化的不断交流碰撞中也出现了多元化的演变与延伸。同属广府文化区的粤港澳大湾区拥有共同的文脉基因，这也成为

* 张朝枝，博士，中山大学旅游学院教授，研究方向为文化与自然遗产旅游、国家公园管理、旅游目的地发展、管理与规划；胡婷，博士，中山大学旅游学院博士后，研究方向为遗产旅游与遗产地数字化管理、旅游地理。

大湾区提升软实力的关键突破口。近年来，粤港澳大湾区加大探索文化遗产的保护与利用力度，增加人、财、物的投入，推动遗产游径建设、古驿道活化等，保证“优质生活圈”充足且优质的文化供给，这对人文湾区、世界文化高地的建设意义重大。但是，粤港澳三地存在明显的文化和行政差异，在文化遗产保护的法规制度、名录体系建设以及利用方式等方面均有所不同。

鉴于此，本文将通过粤港澳大湾区各级政府门户网站、新闻门户网站等收集相关的二手资料，综合利用粤港澳大湾区相关图书资料，梳理粤港澳三地的文化遗产现状，并分别总结三地文化遗产保护与可持续利用的经验，以期促进大湾区三地间的交流互鉴。

一　珠三角9市文化遗产保护利用现状与经验

（一）文化遗产分布概况

1. 物质文化遗产

在不可移动文化遗产方面，广东拥有江门开平碉楼世界文化遗产，省级及以上的文物保护单位 888 处、历史文化名城 24 处、历史文化街区 11 处、历史文化名镇 34 处、历史文化名村 81 处、传统村落 449 处、水下文物保护区 2 处、大遗址 11 处。在可移动物质文化遗产方面，广东省登记文物线索 37156 处，核定公布 25159 处；全省建有 403 家文物收藏国有单位，其中 38 个国有博物馆，博物馆藏品总数 2414022 件/套，其中文物藏品 900766 件/套，珍贵文物 84113 件/套；另外，广东省大力发展非国有博物馆事业，超过 100 家非国有博物馆备案登记，其藏品总数突破 15 万件（套）。

其中，珠三角地区拥有世界级文化遗产 1 处、国家级文化遗产 185 处，其中文物保护单位 72 处，历史文化名城、名镇、名村 27 个，传统村落 84 处，大遗址 2 处。此外，珠三角地区是广东省博物馆主要分布区，包括 39 家国有等级博物馆、87 家未评等级的国有博物馆、82 家非国有博物馆，珠三角地区的博物馆总量占到了全省博物馆总量的 61.53%（见表 1）。

表1　珠三角9市重要的物质文化遗产名录

类别	名录
世界文化遗产	江门:开平碉楼与村落
全国重点文物保护单位	东莞:林则徐销烟池与虎门炮台旧址、蒋光鼐故居、东莞可园、却金亭碑、广九铁路石龙商桥、蚝岗贝丘遗址、大岭山抗日根据地旧址、南社村和塘尾村古建筑群、东莞村头遗址 佛山:佛山祖庙、康有为故居、古椰贝丘遗址、西樵山采石场遗址、南风古灶与高灶陶窑、颠穗糖厂早期建筑、东华里古建筑群、清辟园 广州:陈家祠堂、光孝寺、广州大元帅府旧址、广州沙面建筑群、广州圣心大教堂、国民党"一大"旧址(包括革命广场)、洪秀全故居、怀圣寺光塔、黄花岗七十二烈士墓、黄埔军校旧址、秦代造船遗址 & 南越国宫署遗址及南越文王墓、三元里平英团遗址、广州公社旧址、中华全国总工会旧址、广州农民运动讲习所旧址、粤海关旧址、五仙观及岭南第一楼、清真先贤古墓、六榕寺塔、中山纪念堂、镇海楼与广州明城墙、中国共产党第三次全目代表大会会址、万木草堂、中国共产党广东区执行委员会旧址、广东省农民协会旧址、南汉二陵、广东谘议局旧址、沙湾留耕堂、余荫山房、南海神庙、莲花山古采石场、广裕祠 惠州:冲虚古观、龙门鹤湖围、叶挺故居 江门:梁启超故居、开平碉楼、司徒美堂故居、开平风采堂、陈白沙祠 深圳:中英街界碑、土洋村东江纵队司令部旧址、大鹏所城 肇庆:德庆学宫、梅庵、悦城龙母祖庙、肇庆古城墙、七星岩摩崖石刻、叶挺独立团团部旧址 中山:孙中山故居、茶东陈氏宗祠群、申山纪念中学旧址 珠海:宝镜湾遗址、三灶岛侵华日军罪行遗迹、陈芳家宅
国家历史文化名城	广州市、肇庆市、佛山市、中山市、惠州市
中国历史文化名镇	广州:沙湾镇;江门:赤坎镇;珠海:唐家湾镇、斗门镇;东莞:石龙镇;惠州:秋长镇;中山:黄圃镇;佛山:西樵镇
中国历史文化名村	三水区乐平镇大旗头村、龙岗区大鹏镇鹏城村、东莞市茶山镇南社村、开平市塘口镇自力村、顺德区北滘镇碧江村、番禺区石楼镇大岭村、东莞市石排镇塘尾村、中山市南朗镇翠亨村、恩平市圣堂镇歇马村、佛冈县龙山镇上岳古围村、南海区西樵镇松塘村、广州市炭步镇塱头村、江门市棠下镇良溪村、台山市斗山镇浮石村
中国传统村落	珠海:斗门南门村、排山村 中山:南朗镇翠亨村、三乡镇古鹤村、黄圃镇鳌山村、沙溪镇龙头环村、南朗镇榄边茶东村、大涌镇安堂村 肇庆:端区白石村、封开杨池古村、广宁大屋村、怀集孔洞村、怀集扶溪村、怀集邓屋村、德庆金林村、德庆古蓬村、德庆罗洪村、高要黎槎村、德庆武垄村、广宁里仁村 深圳:龙岗鹏城村

续表

类别	名录
中国传统村落	江门:开平自力村、恩平歇马村、蓬江良溪村、台山浮石村、台山浮月村、开平马降龙村、鹤山田心村、蓬江卢边村、开平仓前村、龙口霄南村、台山横江村、海阳村东宁村 惠州:博罗旭日村、惠城墨园村、惠阳茶园村、惠阳周田村、龙门绳武围村、惠东范和村、惠东皇思扬村、惠东溪美村、龙门鹤湖围村、龙门功武村 广州:番禺大岭村、荔湾聚龙村、海珠黄埔村、海珠小洲村、番禺沙湾北村、花都塱头村、萝岗莲塘村、增城新围村、从化钟楼村、花都港头村、增城瓜岭村、从化钱岗村、黄埔长洲岛深井村 佛山:南海松塘村、三水大旗头村、顺德碧江村、南海茶基村、禅城孔家村、南海烟南烟桥村、顺德沙滘村、顺德逢简村、顺德马东村、三水岗头村、三水长岐村、高明深水村、南海仙岗社区、狮山璜溪村、狮山黎边村、里水汤南村、里水赤山村、三水独树岗村、高明阮埇村、照明榴村村、江湾上湾村、更合朗锦村 东莞:企石江边村、茶山南社村、石排塘尾村、茶山超朗村、寮步西溪村、塘厦龙背岭村
国家大遗址	越国宫署遗址、明清海防
国家一级博物馆	广州:广东省博物馆、西汉南越王博物馆、广州博物馆、广东民间工艺博物馆;深圳:深圳博物馆;中山:孙中山故居纪念馆
国家二级博物馆	广州:广东革命历史博物馆(广州近代史博物馆)、毛泽东同志主办农民运动讲习所旧址纪念馆、广州艺术博物院、孙中山大元帅府纪念馆、番禺博物馆、南越王宫博物馆、广东中医药博物馆、中山大学生物博物馆、辛亥革命纪念馆;珠海:珠海市博物馆;佛山:佛山市顺德区博物馆;惠州:惠州市博物馆;东莞:东莞市博物馆、东莞展览馆、鸦片战争博物馆、东莞市可园博物馆;江门:江门市博物馆(江门五邑华侨华人博物馆);肇庆:肇庆市博物馆(叶挺独立团团部旧址纪念馆)
国家三级博物馆	广州:邓世昌纪念馆(海珠博物馆)、广州市花都区洪秀全纪念馆(广州市花都区博物馆)、广州市越秀区博物馆;深圳:中英街历史博物馆、深圳(宝安)劳务工博物馆、大鹏古城博物馆、南山博物馆、古生物博物馆;佛山:祖庙博物馆、南海区博物馆;惠州:博罗县博物馆、惠东县博物馆;中山:中山市博物馆;江门:新会区博物馆、台山市博物馆

数据来源：笔者整理。

2. 非物质文化遗产

广东成功申报了粤剧、古琴艺术、中国皮影戏、中国剪纸 4 项世界级非物质文化遗产代表性项目（下文简称“非遗项目”），创建了 147 项国家级非遗项目、554 项省级非遗项目，选拔了省级以上非遗传承人 861 位。此外，广东重视非物质文化遗产保护平台建设，对本土的广府文化、瑶族文化、潮汕文化、雷州文化、侨乡文化实行严格的保护与开发，打造了1个国家级文化生态保护实验区（梅州）、9个省级文化生态保护实验区（梅州、雷州、越秀、小榄、乳源、连南、湘桥、潮阳、江门），建立了4个国家级非遗生产性保护示范基地、45个省级非遗生产性保护示范基地以及143个省级非遗传承基地、24个省级非遗研究基地。

其中，珠三角9市拥有3项世界级非遗项目（古琴艺术、中国剪纸、粤剧）、70项国家级非遗项目（具体名录见表2）、230项省级非遗项目，省级以上非遗总数约占全省的50%。此外，珠三角9市也是全省非遗保护与传承格局的核心板块，新石湾美术陶瓷厂有限公司（佛山）、端州区华兴端砚厂（肇庆）被授牌为国家级非遗生产性保护示范基地（占全省的50%），境内还拥有21个省级非遗生产性保护示范基地（占全省的46.7%）、53个省级非遗传承基地（占全省的37.1%）、15个省级非遗研究基地（占全省的62.5%）。珠三角9市围绕广府文化、侨乡文化创建了广州越秀、中山小榄、江门3个省级文化生态保护实验区，占到全省的33.3%（见表2）。

表2　珠三角9市重要的非物质文化遗产名录

城市	世界级非遗数量与名录	国家级非遗数量与名录	省级非遗数量
广州	2(粤剧、古琴艺术)	(21)玉雕(广州玉雕)、木偶戏(广东木偶戏)、传统中医药文化(潘高寿传统中药文化)、古琴艺术(岭南派)、灰塑、家具制作技艺(广式硬木家具制作技艺)、广彩瓷烧制技艺、粤曲、粤绣(广绣)、广东音乐、狮舞(广东醒狮)、粤剧、象牙雕刻、月饼传统制作技艺(安琪广式月饼制作技艺)、凉茶、粤剧、传统中医药文化(陈李济传统中药文化)、中医传统制剂方法(保滋堂保婴丹制作技艺)、七夕节(天河乞巧习俗)、民间信俗(波罗诞)、核雕(广州榄雕)	57
深圳	0	(7)祭祖习俗(下沙祭祖)、灯舞(沙头角鱼灯舞)、狮舞(松岗七星狮舞)、麒麟舞(坂田永胜堂舞麒麟)、麒麟舞(大船坑舞麒麟)、中医诊疗法(贾氏点穴疗法)、中医正骨疗法(平乐郭氏正骨法)	22
珠海	0	(4)装泥鱼习俗、汉族传统婚俗(斗门水上婚嫁习俗)、鹤舞(三灶鹤舞)、中医诊疗法(一指禅推拿)	10
佛山	2(粤剧、中国剪纸)	(14)十番音乐(佛山十番)、龙舞(人龙舞)、灯彩(佛山彩灯)、彩扎(佛山狮头)、中秋节(佛山秋色)、庙会(佛山祖庙庙会)、佛山木版年画、石湾陶塑技艺、狮舞(广东醒狮)、粤剧、剪纸(广东剪纸)、香云纱染整技艺、锣鼓艺术(八音锣鼓)、龙舟说唱	30

续表

城市	世界级非遗数量与名录	国家级非遗数量与名录	省级非遗数量
惠州	0	(2)中医传统制剂方法(罗浮山百草油制作技艺)、惠东渔歌	19
肇庆	0	(2)民间信俗(悦城龙母诞)、端砚制作技艺	20
江门	0	(7)灯会(泮村灯会)、抬阁(芯子、铁枝、飘色)(台山浮石飘色)、广东音乐、蔡李佛拳、新会葵艺、龙舞(荷塘纱龙)、白沙茅龙笔制作技艺	21
东莞	0	(8)龙舟制作技艺、麒麟舞(樟木头舞麒麟)、木鱼歌、彩扎(麒麟制作)、传统香制作技艺(莞香制作技艺)、寮步香市、灯彩(东莞千角灯)赛龙舟	34
中山	0	(5)龙舞(醉龙)、抬阁(芯子、铁枝、飘色)(南朗崖口飘色)、龙舞(六坊云龙舞)、中山咸水歌、小榄菊花会	17

数据来源：笔者整理。

（二）保护利用的主要经验

1. 设立遗产保护专项经费进行文化遗产保护

设立文物保护专项经费。自 2015 年开始，广东省设立文物保护专项经费并逐年增长，从 2015 年的 6000 万元增加到 2019 年的 1.6 亿元。2019 年省财政设立红色革命遗址专项经费，连续 5 年总共投入 15 亿元，并统筹各项相关资金，实施遗址保护、建设、展陈、管理提质，实行免费开放，开展红色志愿服务行动，打造红色教育基地，促进红色文化传播。2019 年广东省财政面向省级以上文物保护单位增设“岁修”专项资金，每年每处 3 万元，主要用于文物的保养与维护。

同时，非遗保护专项经费逐年增长。2007 年广东省争取到国家级非遗保护专项资金 100 万元，2019 年增至 2428 万元，至今累计投入 1.7 亿元；省级非遗保护专项资金由 2008 年的 1000 万元增加到 2019 年的 3424 万元，累计投入 2.37 亿元。珠三角各市县的非遗保护专项经费也在不断增加，2017 年全省市县级非遗保护经费累计达 7849.6 万元。另外，广东省非遗传承人补助标准高于全国大多数地方，自 2016 年开始，国家、省两级非遗传承人的补助标准提高了，其中国家级非遗传承人的补助标准为 3 万元/人·年、省级的补助标准为2万元/人·年，极大地鼓舞了各级非遗传承人。

2. 创新活化利用形式推动文化遗产传承

在文化遗产的活化利用方面，广东省进行了积极尝试。2016年，广东省启动南粤古驿道的挖掘、修复、活化工作，不破坏沿线的生态格局，推动文化、体育、农业与旅游的融合发展，让更多的城市人走进了解广东的乡村文化；以南粤古驿道系列品牌赛事为抓手，整合南粤古驿道资源，推出人们喜闻乐见的体育、文创、教育活动，释放南粤古驿道文化价值的潜能，在满足人们美好生活需要的同时强化人们对南粤古驿道价值的认知与积极传播；通过文化传承和发展，强化沿线村民的共识与认同，提升参与家乡建设、保护乡村文化的积极性。2019年广东省发布《粤港澳大湾区文化遗产游径建设工作方案》，将通过游线串联、三地共建、文化交流等方式来强化三地文化遗产的保护利用合作，共建古驿道、孙中山、海上丝绸之路、华侨华人、商埠开放、西学东渐、海防史迹以及美食、民俗、历史街区等主题文化遗产游径。

此外，珠三角建立了越秀、小榄、江门生态保护实验区，对广府文化、侨乡文化的载体以及孕育环境进行区域性的整体保护，并大力振兴传统工艺。自2010年以来，非物质文化遗产进入深圳文博会，2019年成立了第一家省级非遗工作站——广东省振兴传统工艺工作站。

3. 宣教研培增强文化遗产活力

积极创新开展各类遗产教育进校园的活动。自2016年以来，广东省先后开展了“非遗课外时”“非遗进校园”等系列活动，开发形式多样的非遗课程与体验活动，培育非遗传承师资力量，制定非遗教育学术标准。同时，打造品牌节事活动推动非遗传承与发展，如“南粤古驿道文化创意大赛”“南粤古驿道定向大赛”“艺道游学·少儿绘画大赛”等。2019年“文化和自然遗产日”，广州用“一本会刊”“一个IP形象”“一张创意门票”“一个手势”“一首主题歌”向全世界展示、传播本土非遗文化。

重视非遗传承人研培。2016年开展了全省的雕刻、刺绣类传承人培训，2017年又组建了陶瓷手工成型研培班，同时也会不定期地推荐传承人“走出去”参加研培，开阔视野。

二　香港文化遗产保护利用现状与经验

（一）文化遗产分布概况

1. 物质文化遗产

在香港，《古物及古迹条例》《城市规划条例》《建筑物条例》《环境影响评估条例》《市区重建局条例》均涉及文物及其保护的相关规定，文物分为可移动和不可移动两大类，其中不可移动的文物包括古迹、历史建筑物以及考古或古生物地点或构筑物。同时，特定地方、建筑物、地点或构筑物被纳入法定古迹名录，历史建筑的评定等级包括三个级别。

截至 2020 年 5 月，香港境内分布历史建筑 1757 处。从保护等级来看，一级历史建筑 225 处、二级历史建筑 419 处、三级历史建筑 660 处、不评级历史建筑 336 处；从所有权来看，私人所有的历史建筑（包括土地）1141 处、私人所有的历史建筑（不包括土地）5 处、个人与政府共同所有的历史建筑 3 处，由非营利组织所有的历史建筑（医管局、庙委会）36 处，由部队所有的历史建筑 58 处，完全由香港政府所有的历史建筑 374 处。此外，截至 2012 年 11 月，香港具有考古研究价值的地点 208 处。截至 2019 年 10 月，香港认定了法定古迹 123 处。

2. 非物质文化遗产

自 2006 年《保护非物质文化遗产公约》生效以来，香港开展了非物质文化遗产普查，2014 年公布香港首份非遗清单，共 480 个项目（详见表 3）。2017 年，香港康乐及文化事务署公布了首份香港非遗代表作名录，包括粤剧、西贡坑口客家舞麒麟、全真道堂科仪音乐、南音、长洲太平清醮、大澳端午龙舟游涌、香港潮人盂兰胜会、中秋节—大坑舞火龙、黄大仙信俗、宗族春秋二祭、香港天后诞、中秋节—薄扶林舞火龙、正一道教仪式传统、食盆、凉茶、古琴艺术（斫琴技艺）、港式奶茶制作技艺、扎作技艺、香港中式长衫和裙褂制作技艺、戏棚搭建技艺 20 个具有高文化价值和急需保存的项目。其中，粤剧、凉茶、长洲太平清醮、大澳端午龙舟游涌、香港潮人盂兰胜会、大坑舞火龙、全真道堂科仪音乐、古琴艺术（斫琴技艺）、西贡坑口客家舞麒麟、黄大仙信俗10个项目成功申报为国家级非遗项目，2009年粤剧进入世界非遗名录。

表3　香港非物质文化遗产清单

类别	主项目	次项目	总数	国家级非遗项目名录
口头传统和表现形式	10	14	21	—
表演艺术	21	18	34	粤剧、西贡坑口客家舞麒麟、全真道堂科仪音乐、南音
社会实践、仪式、节庆活动	74	248	292	长洲太平清醮、大澳端午龙舟游涌、香港潮人盂兰胜会、中秋节—大坑舞火龙、黄大仙信俗、宗族春秋二祭、香港天后诞、中秋节—薄扶林舞火龙、正一道教仪式传统、食盆
有关自然界和宇宙的知识和实践	4	3	6	凉茶
传统手工艺	101	36	127	古琴艺术(斲琴技艺)、港式奶茶制作技艺、扎作技艺、香港中式长衫和裙褂制作技艺、戏棚搭建技艺
总数	210	319	480	

资料来源：香港非物质文化遗产普查。

（二）保护利用的主要经验

1. 成立非遗咨询委员会

2006年，香港开始实行《保护非物质文化遗产公约》，并专门成立非遗工作组，委任本地专家学者、社区代表为委员，就非遗普查、保护等方面向政府建言。2008年非遗咨询委员会正式成立，负责为全港非遗普查、清单编制、申报以及保护提供专业意见。

2. 多方联动保护非遗

全民参与是香港非遗保护的重要特色。香港政府委托香港科技大学编制了非遗清单，完成了全港的非遗普查。香港政府大力推行艺术教育、社区推广及观众拓展计划，如“学校戏曲教育计划”“社区粤剧巡礼”“高中生艺术新体验计划”“戏棚粤剧齐齐赏”等，增强他们的民俗传统认同及社区归属感，最终实现传承。专家学者也是非遗文化传播的重要力量，他们开展全面的文献、图书和档案等数据搜集，研究成果转化为公众教育的素材。民间团体也积极参与到非遗的传承与保护之中，在特区政府的支持下，香港的著名社团长春社成立了文化古迹资源中心，该中心开展的活动包括社区文化遗产导赏团、专题讲座和展览、社区文化遗产工作坊、口述历史采集，以及与学校合作推动文化遗产教育活动。

3. 保护与利用有机结合

香港在非遗的保护与利用问题上，曾就“是‘原汁原味’的保留还是创新加入现代元素”产生过争论。但相关部门逐渐认识到，只有“活的”非遗才能真正得到传承和发展。香港非常重视遗产活化，2008 年推出“活化历史建筑伙伴计划”，先后预留 24 亿港元，邀请非营利机构提交建议书，将历史建筑活化利用，并以社企形式营运，向公众开放，让历史建筑重新产生经济、社会效益。香港旧中区警署（Central Police Station）的活化利用是一个很典型的公私合作案例。旧中区警署历史建筑群及土地权属归政府，非营利性组织通过租借使用权进行改造，解决了政府的文物活化的资金压力。

三　澳门文化遗产保护利用现状与经验

（一）文化遗产分布概况

澳门《文化遗产保护法》对文化遗产有明确的定义，即具有重要文化价值的文明或文化见证，且应特别加以维护和弘扬的财产，可分为物质文化遗产、非物质文化遗产两大类。其中，物质文化遗产包括不动产与动产以及其他符合国际公约的文化财产，不动产又分为纪念物、具有建筑艺术价值的楼宇、建筑群、场所；非物质文化遗产是以“拟订清单”和“制定名录”的方式对其做出保护，通过普查和识别，拟订非物质文化遗产项目保护清单，并将“清单”中具有重要价值、社会影响力较大及保护状况良好的项目列入“名录”。

1. 物质文化遗产

澳门历史城区于 2005 年 7 月 15 日被列入世界文化遗产名录，成为中国第

31 处世界遗产。澳门历史城区包括妈阁庙前地、板樟堂前地、耶稣会纪念广场、白鸽巢前地等多个广场空间，以及妈阁庙、港务局大楼、郑家大屋、圣老楞佐教堂、圣若瑟修院及圣堂、岗顶剧院等 20 多处历史建筑。目前澳门共有 147 项被评为文物建筑（不动产），其中 600 多座建筑物，包括教堂、炮台、庙宇、公共建筑、中西式住宅、别墅、墙体、广场、山体、公园等不同类型，是澳门珍贵的文化资源。此外，《古树名木保护名录》收录了 558 棵古树名木。

2. 非物质文化遗产

澳门拥有 1 项世界非物质文化遗产代表作（粤剧）、8 项国家级非物质文化遗产代表作（粤剧、凉茶配制、木雕－神像雕刻、南音说唱、道教科仪音乐、鱼行醉龙节、妈祖信俗、哪吒信俗）。另外，澳门出台的《文化遗产保护法》规定，拟订清单是保护非物质文化遗产的基础，具有重要价值的清单项目又可入选《非物质文化遗产名录》。截至 2020 年 5 月，澳门文化局拟订的非物质文化遗产项目清单包括粤剧、南音说唱、道教科仪音乐、土生土语话剧、妈祖信俗、哪吒信俗、鱼行醉龙节、苦难善耶稣圣像出游、花地玛圣母圣像出游、凉茶配制、木雕－神像雕刻、土生葡人美食烹饪技艺、土地信俗、朱大仙信俗、搭棚工艺 15 项，其中粤剧等前 12 个项目入选了澳门的《非物质文化遗产名录》。

（二）保护利用的主要经验

澳门的文化遗产，使其在城市面貌和文化逐渐趋同的全球化过程中，展现出独特的城市价值和文化差异性，城市形象走向多元化，城市文化地位得以提升，对于推动当地经济与社会的可持续发展大有裨益。

1. 立法明确文化遗产的保护工作

2005 年“澳门历史城区”申遗成功后，“澳门历史城区”的保护范围、东望洋灯塔周边区域的建筑高度在特区政府行政长官批示中得到了明确，进一步加强对历史城区景观的保护，切实维护世界遗产的价值。

为遵守《保护世界文化和自然遗产公约》的相关要求，并让澳门文化遗产永葆魅力，特区政府于 2014 年 3 月 1 日开始实施《文化遗产保护法》，由此开启了澳门文化遗产保护的新时代。这个法律不仅涵盖了对建筑遗产的保护，还涉及动产、非遗、考古遗产及古树名木等项目的保护，同时建立了不动产类文化遗产的评定程序与文化遗产保护的鼓励、支持和惩罚机制。《文化遗产保护法》的实施，把澳门的文化遗产保护工作提升到一个新的高度。

2. 创新文化遗产保护利用形式

在澳门，单纯冻结建筑遗产的功能，一律采取博物馆式的保护方法并不现实，也不符合建筑遗产保护的国际理念。基于建筑遗产的不同价值特征，澳门基本采取三种保护方式，一是冻结功能，采取博物馆式的保护；二是保护外观及内部格局，创新活化内容；三是仅保护外观，创新活化形式。不同的保护方式，赋予了建筑遗产不同的意义，践行了不同的保护利用形式。

早在 1984 年，澳门就开始探索建筑遗产的保护和活化利用，根据建筑遗产的不同保护方式，采取不同的再利用策略：对于具有绝对价值的建筑遗产，如对“纪念物”不轻易进行改造，但对仅限于建筑物质空间的遗产，或不具有深层次历史文化遗产的历史建筑采用注入现代功能的方式进行活化利用，如历史建筑德成按修复后就被活化为典当业展示馆，向市民及游客展示澳门典当行业的发展历程；望德堂 20 世纪初的联排住宅被活化利用成演艺学院、音乐学校，新古典主义风格的住宅建筑群则被改造成中央图书馆、历史档案馆，等等。

3. 推动全民参与文化遗产保护

澳门文化遗产保护工作有赖全民的参与，只有每一个人都认识到文化遗产的保护是与自己息息相关的共同事业，自觉尊重文化遗产，积极参与到文化遗产的相关保护工作之中，才能实现文化遗产的有效保护与科学利用。

特区政府从 2001 年开始启动澳门历史城区的世界遗产申报与创建工作，开展文化遗产保护的宣传教育工作。无论在申遗过程中，还是成功申遗之后，针对全民积极普及文化遗产知识。通过民间社团、私人机构合作等多种渠道，努力促成与民间力量在文化遗产推广方面的良性互动，并通过举办研讨会和展览、奖励研究、出版刊物、开展学界比赛等一系列活动，宣传推广文化遗产的保护。

特别值得一提的是 2001 年由特区政府发起的“文物大使”计划。该计划面向青年学生，致力于培养澳门文化遗产保护的生力军。2004 年，首批完成培训的“文物大使”更自发地组织了民间社团“文物大使协会”，致力于持续加强青少年的文化遗产教育，并通过举办各种活动，帮助澳门市民及游客深化对澳门历史城区的认识，强化大众的文化归属感、凝聚力、向心力，从而有效推广文化遗产保护工作。

4. 支持文化遗产教育推广与研究

澳门的文化遗产专业教育早在2005年伴随“澳门历史城区”的成功申遗而展开。申报世界遗产成功后，历史城区综合管理、保护和利用等重大议题需要相关的专业人才，故此，在澳门申报世遗期间，澳门旅游学院着手筹办“文化遗产管理”相关的高等教育课程。

为有效促进非遗传承，澳门文化局大力扶持澳门的非遗项目，自2011年起，先后与内地不同的文化部门联合主办名为“根与魂”的中国非遗展演。文化局还组织粤、港、澳三地的青少年粤剧培训，并进行三地巡回演出，推广粤剧文化，亦为青少年粤剧学徒提供展演平台。此外，引领非遗项目和知识走进校园，增进年轻一代的认知，举办“细说遗城”——澳门文化遗产知识专题讲座，让学生从不同的视角认识澳门的文化瑰宝。澳门非遗传承工作的有效开展得到了国家非遗保护机构的认可和肯定。澳门关伟铭先生坚持推广“鱼行醉龙节”，并被授予中华非物质文化遗产传承人薪传奖。

非遗的保护工作有赖于传承人、政府部门、专家学者等多方面的配合。以澳门道教科仪音乐为例，澳门道教协会开办了道教文化科仪研习班和澳门道乐团，定期举行道教音乐欣赏会，录制光盘，邀请学者进行整理及研究，推动了道教音乐记谱工作。同时，在文化局及澳门基金会的支持下，出版了《澳门道教科仪音乐》系列著作，该著作介绍澳门道教科仪及道教科仪音乐、澳门道乐的敲击乐、澳门道乐团的发展，整合编辑国家级非遗的申报书、曲谱、学者的研究论文。

结　语

粤港澳大湾区文化遗产保护与可持续利用是塑造湾区人文精神的重要路径。大湾区非常重视文化遗产的保护，目前已成功申报世界文化遗产2处、世界级非遗项目4项、国家级非遗项目165项，文化遗产保护与利用工作在完备的组织机构与法律规范的指导下有序推进，并联合民间力量积极开展了文化遗产保护利用的创新探索。但从遗产数量来看，大湾区的遗产名录还有较大的扩充空间，三地应该加快推进遗产创建工作，让大湾区更多优秀的文化遗产走向世界。

粤港澳不断践行文化遗产保护与利用的合作创新。自 2002 年以来，每年一度的粤港澳文化合作会议成为粤港澳三地非遗、文创等文化领域交流互鉴的重要平台；粤港澳三地联合申报了粤剧、凉茶配制 2 个非遗项目，联合举办了粤港澳粤剧群星荟、粤港澳青年戏剧交流等活动；连续 10 年推出“粤港澳青年文化之旅”，吸引了三地千余名青年学生参加；在粤港澳大湾区建设的契机中，粤港澳三地通过音乐、戏剧、舞蹈等形式展开了更为深入的文化交流互动。但总体上来看，粤港澳三地还是实行相对独立的文化遗产保护模式，各有自己相对适用的文化遗产保护利用经验与方法，如何交流互鉴、取长补短是今后推进大湾区文化遗产保护与开发的重要路径。

通过梳理粤港澳三地文化遗产保护利用的主要经验可以发现，在“一国两制三法域”的法秩序框架下，珠三角 9 市、香港、澳门的文化保护规范差异明显，在文化遗产的认定、分类以及保护资助体系等方面尚未完全对接；在文化遗产保护工作中，珠三角强调政府投入及其运营主导，港澳地区注重遗产保护理念的宣传教育，鼓励民间组织、社区公民主动参与；在文化遗产的利用实践中，澳港地区的理念相近，重视将文化遗产利用与城市生活相融合，重视文化遗产的保护利用方式创新。在未来的文化遗产保护工作中，粤港澳三地应加强交流互鉴，共同致力于通过权威创建增强传承保护，通过文化传承增强文化认同，通过创新利用形式增强文化遗产的生命力。

参考文献

澳门特别行政区政府文化局，2015，《庆祝“澳门历史城区”成功申遗十周年专辑》，《文化杂志》（夏季刊）。

陈恩维，2019，《促进人文湾区建设》，《中国社会科学报》8 月 2 日，第 5 版。

邓正恒，2015，《民间组织保育非物质文化遗产的实践——以广东开平市仓东教育基地及香港长春社文化古迹资源中心为例》，《文化遗产》第 6 期。

冯泽华，2020，《粤港澳大湾区非物质文化遗产保护行政资助机制建构》，《文化遗产》第 2 期。

傅玉兰，2009，《澳门朱大仙水面醮和非物质文化遗产保护》，《博物馆研究》第 2 期。

计巍巍、吴伟鸿，2017，《香港的发展型考古遗址及出土文物保护政策》，《香港考古学会会刊》第 17 卷。

徐勇志、周媛，2019，《基于民俗文化的广东生态文化建设思考》，《岭南学刊》第 5 期。

张鹊桥，2014，《澳门文化遗产保护的回顾及展望——从〈文物保护法令〉到〈文化遗产保护法〉》，《城市规划》第 1 期。

区域篇

Region

B.15

广州城市旅游的发展思路与实践探索

保继刚　梁增贤 *

摘　要： 广州是中国传统旅游城市。近年来随着全国各城市旅游的快速发展，广州城市旅游面临诸多挑战和竞争。在粤港澳大湾区建设的背景下，老广州旅游需要谋求新发展。本文通过整体分析广州城市功能和地位、主题特色和旅游核心要素建设，评估其比较优势，分析其对广州城市旅游在总量和结构上的具体影响，找到广州城市旅游重点发展的领域，重点弥补的短板，重点开发的潜力。本文指出，广州城市旅游的发展应该有更高的格局和更高的定位，要沿着"一带一路"寻找广州在全球旅游产业中的定位，要从中国国家中心城市的未来布局中寻找定位，要从粤港澳大湾区核心城市所应具备的规

* 保继刚，中山大学旅游学院教授，研究方向为旅游地理学与旅游规划；梁增贤，中山大学旅游学院副教授，研究方向为主题公园与城市旅游、旅游与房地产、旅游移民与生活质量、会展、节事与演出、景区（旅游企业）经营管理。

模、结构和功能中寻找定位。本文建议，广州应该进一步提升城市地位和功能，加快建设具有中远程市场吸引力的旅游核心要素，重塑与创新广州城市旅游的主题形象与空间载体，巩固和提升广州城市旅游相关产业发展的品质，探索和发展广州城市旅游的新市场和新业态，重视和发展本地及周边居民的城市旅游需求。

关键词： 广州　城市旅游　粤港澳大湾区　旅游形象

一　广州城市旅游发展的机遇与挑战

广州是中国传统旅游城市，改革开放40多年来一直位居中国各个旅游中心城市前列。广州又是“海上丝绸之路”的起点城市之一，在国家“一带一路”倡议背景下，正迎来新的发展机遇。广州与香港、澳门、深圳同为粤港澳大湾区的重要核心城市，在国家粤港澳大湾区战略契机下，依托原有的旅游组织集散中心功能和旅游吸引力体系，与大湾区其他城市互联互通，形成中国最具吸引力的旅游目的地城市之一。广州传统的“千年商都”“食在广州”“南国花城”“海上新丝路”等城市形象具有强大的城市功能和载体依托，形成了广泛的知名度。总体上，广州作为中国一线大都市，拥有深厚的旅游发展历史和扎实的旅游经济基础，并得到了强大的城市地位和功能的支持，欣欣向荣。

作为一线大都市，广州城市旅游发展的重点应该是城市功能和地位，其次是城市主题特色和核心要素的建设。今天，来穗旅游者中，很大一部分是商务、会展旅游者，这些人并不见得会游玩广州的旅游景区，却在酒店、会议场馆、商业街区产生巨大消费。每年“广交会”就吸引成千上万来自100多个国家和地区的商务客人。可以说，正是广州城市功能和地位的提高，才促进了广州城市外来旅游市场的增长。

然而，近年来广州城市功能和地位在各项排名中面临其他城市的竞争。中国过去30多年一线城市——“北上广深”正在转变为“上北深广”，广州在国家中心城市的地位和功能竞争中面临激烈挑战。与此同时，新一线城市如重庆、杭州、成都、天津等也在积极挑战广州的城市地位，在商贸会展、创新创业等领域开展积极竞争。广州城市旅游赖以生存的城市地位和功能正面临全国多个城市的激烈竞争。

在粤港澳大湾区区域内，广州也面临激烈竞争。随着港珠澳大桥、广深港高铁、深中通道以及城市间的轨道交通系统等重大交通基础设施的建设，加之出入境政策的便利化，港澳与内地城市之间的联系愈加紧密，广州在大湾区内的核心城市地位面临香港和深圳的直接竞争，在城市金融、航空交通、技术创新等领域相对落后于港深，直接导致这些领域的商务会展等常规较高消费客流的损失。

除了城市功能和地位外，广州在过去10年也缺乏能够吸引中远程市场的城市核心旅游要素的建设。上海建设了迪士尼度假区，北京也上马了环球影城等能带来中远程市场的重大旅游项目。在粤港澳大湾区及周边地区，香港迪士尼乐园和海洋公园不断扩建；澳门正在从传统的“博彩业中心”转型为国际休闲中心城市，澳门旅游人数和收入快速增长；珠海长隆已经开业，每年吸引将近千万人次游客，成为珠海最重要的核心吸引物；清远也在建设新长隆，谋划打造中国的“奥兰多”；惠州、江门、佛山等地依托自身旅游资源也在不断投入新的开发，上马大型核心吸引物。

广州城市的主题形象也相对固化、陈旧，对新市场的吸引力有所下降。支撑广州“千年商都”的载体较为老旧，缺乏旅游吸引力；“食在广州”印象已经弱化，其他城市在“吃”的形象上大为创新；“南国花城”的形象过于本地化，节庆时间短，对中远程市场缺乏吸引力；“海上新丝路”目前只停留在概念上，缺乏实际旅游产品的转化。广州在城市功能和地位、城市旅游核心要素和城市主题形象特色方面面临诸多挑战和竞争。在粤港澳大湾区建设的背景下，老广州旅游需要谋求新发展。本文以期达到以下三个目的。

第一，整体分析广州城市功能和地位、主题特色、旅游核心要素建设在粤港澳大湾区、全国乃至全球的相对优势和劣势，找到优点，发现短板，标明问题，制定政策。

第二，综合评估广州城市功能和地位、主题特色、各个旅游核心要素建设对广州城市旅游在总量和结构上的具体影响，找到广州城市旅游重点发展的领域，重点弥补的短板，重点开发的潜力。

第三，针对上述分析，结合广州城市旅游发展的基本现实和资源禀赋，依据广州城市发展总体战略，提出广州城市旅游发展的政策、措施等建议。

本文主要采用实地调查、小组座谈、深度访谈等定性研究方法，结合文献法和文本分析法对期刊、报纸、网络资料进行统计、分析。课题组组织力量重点考察能够为广州吸引外部市场的旅游景区、旅行社、高星级酒店和进行调研，了解市场客源结构和发展趋势、营销策略和效果、面临的主要困难和政策限制，以及相关建议和意见。

本文的数据来源如主要包括广州统计年鉴（2017~2019）；广州市旅游企业名录详细，包括广州市旅游景区名录（按A级分类）；2017~2018年（截至6月）广州市旅游统计月报；广州及其下属各区县旅游发展新实施的政策、法规、条例和指导意见；广州发展旅游的国家级纲要文件、省级纲要文件、市级纲要文件、旅游局领导重要发言稿；广州市旅游局2019年终工作总结和2020年工作计划报告；广东省各旅游相关行业协会、组织，以及广州市各旅游相关行业协会、组织介绍材料（含成立时间、规模、主要职责、人员、2017~2019年主要活动）；广州市及其下属各个区县的最新的旅游规划，以及重点景区的规划文本和图件；《广东省参与建设"一带一路"的实施方案》；2017~2019年入境旅游市场月度数据（入境游客规模、入境旅游市场结构、入境外国客源地）；粤港澳大湾区相关研究与报告、粤港澳大湾区相关的领导讲话，发展纲要、计划；2019年各景点各相关行业游客满意度数据、游客电话/信函投诉情况；广州市旅游局近5年参与的国内外旅游推介会详情及推介会相关资料；广州市酒店业（按星级分类）、旅行社、餐厅、景区、娱乐场所2019年接待情况月度数据（过夜游客量、海外游客量、国内游客量）；广州市酒店业（按星级分类）、旅行社、餐厅、景区、娱乐场所2018~2019年经营情况月度数据（营业收入、营业成本、营业费用、营业税金及附加、经营利润、管理费用、财务费用、营业利润、投资收益、营业外收支净额、利润总额、开房率）；广州市各月酒店、旅行社、餐厅、景区、娱乐场所收入前十统计；《广州市国民经济和社会发展统计公报》（近五年）；广州市下属各区县国民经济和社会发展统计公报（近五年）；《广州市国民经济和社会发展第十三个五年规划纲要

(2016～2020 年)》；广州旅游客情监测与分析（2017 年和 2018 年春节）；百度、谷歌、携程、艺龙、马蜂窝等网站的针对广州及其主要景区的评论、热点、检索量分析；等等。本文所使用的数据将会在文中标注其来源。

二　广州城市旅游发展的现状与趋势

（一）广州城市旅游的市场需求：格局与趋势

目前，广州与粤港澳大湾区其他城市相比，旅游中心地位仍然相对稳固，但面临巨大挑战。广东省旅游一直保持着增长态势，其中广州占据比例最重。对比 2010～2018 年大湾区广东省九市的旅游年收入及变化情况，从 2011 年的 1254.61 亿元到 2018 年的 4008.19 亿元，广州始终保持着总量第一和增速第一的地位，且与第二名深圳（2018 年旅游收入 1609.31 亿元）之间存在较大差距（见图 1）。

在粤港澳大湾区建设的背景下，未来粤港澳城市群间将会建立起以轨道交通为主的发达网络。珠三角将形成“三环八射”城际轨道交通网络构架，最终形成以广州、深圳、珠海为主要枢纽，覆盖区内主要城镇，便捷、快速、安全、高效的城际轨道交通网络。广深交通走廊内形成广深铁路、广深港客运专线、穗莞深城际、佛莞深城际组成的 4 条 10 线轨道交通线路格局。广珠交通走廊内形成广珠城际、广佛珠城际、广珠铁路组成的三条 5 线轨道交通线路格局。通过高铁、城际轨道和城市轨道，粤港澳大湾区从原来广深双中心结构走向网络结构，城市行政边界影响减弱，广州城市地位相对下降。近年来粤港澳大湾区城市群越来越呈现多极化趋势，原有的深广两极格局正在遭受冲击，粤港澳大湾区内的旅游格局逐步向网络型格局转变。

从入境市场看，广州入境旅游市场规模近年来总体呈上升趋势，以港澳游客为主。一直以来港澳同胞游客都占据了广州过夜入境游客的较大比例，2016 年达到 496.86 万人次，占过夜入境游客总量的 55.17%。与总体接待过夜入境游客数变化趋势相同，港澳过夜入境游客量也从 2015 年开始出现大幅度回升，上涨明显，创历史新高（见图 2）；而从 2017 年增长幅度开始放缓，上涨不再明显。其中，美国已连续保持广州市第一大客源国地位。2017 年欧洲主要大

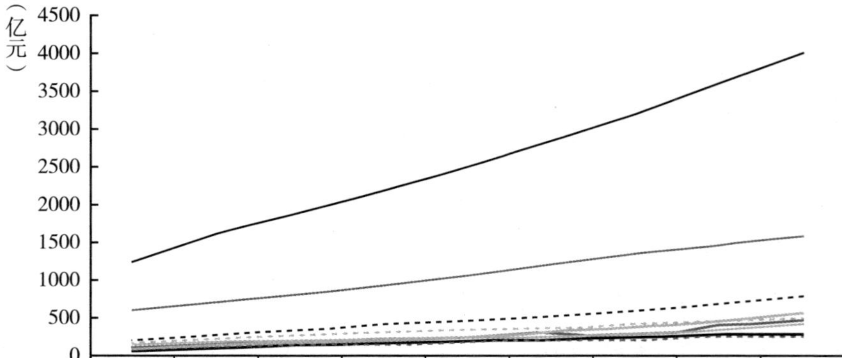

	2010年	2011年	2012年	2013年	2014年	2015年	2016年	2017年	2018年
广州	1254.61	1630.80	1911.09	2202.39	2521.82	2872.18	3217.05	3614.21	4008.19
深圳	628.77	737.32	839.97	955.99	1091.65	1244.96	1368.66	1485.45	1609.31
珠海	219.34	222.83	235.83	241.80	270.65	276.76	317.08	367.70	466.16
佛山	231.30	296.46	365.72	431.09	496.27	546.29	624.73	710.84	809.14
中山	125.17	151.41	180.70	198.00	210.23	227.44	247.00	287.40	294.10
东莞	191.32	249.37	306.35	346.43	374.60	395.18	445.40	488.90	529.37
肇庆	102.78	142.32	179.49	205.87	221.17	241.62	285.75	308.28	322.99
惠州	140.82	161.19	184.16	212.65	273.20	330.23	264.14	439.28	500.36
江门	120.10	154.43	185.28	223.28	279.00	339.62	409.90	492.53	586.84

图1　2010～2018年粤港澳大湾区九大城市旅游收入历年变化情况

资料来源：2011～2019年《广东省统计年鉴》。

国来穗游客均呈现两位数增长，英、法、德、俄四国来穗游客人数分布同比增长12.77%、14.54%、15.20%、16.60%。同时，伴随广州往返美洲、大洋洲国际航班的进一步加密和推广力度的增大，2017年美洲、大洋洲来穗游客分别同比增长8.64%和8.49%。其中拉美国家增幅较大，墨西哥、巴西、智利、厄瓜多尔等拉美国家来穗游客增幅都达两位数，可见拉美地区正在逐步成为广州的重要客源国。自2014年以来，广州市旅游外汇收入也一直呈现上升状态。2017年实现平稳增长，按实际汇率比较同比增长10.11%，达到63.14亿美元；2018年从63.14亿美元增长到64.82亿美元，同比增长2.66%，增长略有放缓。

从国内市场看，广州境内旅游者数量从2013年的4273.72万人次增长到

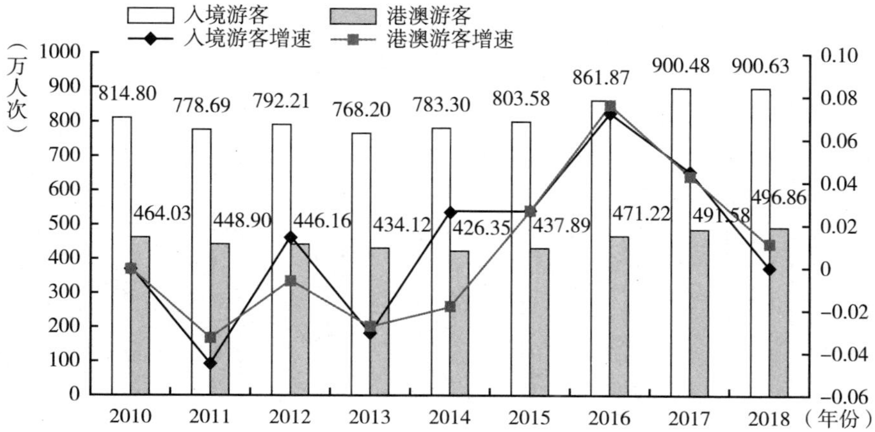

图2　2010～2018年广州接待过夜入境游客与港澳游客规模与增速历年变化

资料来源：2011～2019年《广州市统计年鉴》。

2019年的5873.72万人次，年平均增长率为5.443%（见图3）。据《2018年广州旅游大数据报告》的数据显示，广州市接待旅游者中有63.26%为省内游客（包括本市游客），占全市过夜游客的一半以上。《广州旅游客情监测与分析——2017年度电信大数据分析报告》的数据显示，2017年在广佛同城化发展及地铁交通的带动下，佛山访穗游客量达1705.03万人次，占比25.68%，稳居省内跨市游客第一位。因经济交合作频密、地域邻近、交通便利等因素，深圳、东莞访穗游客量分别1074.28万人次、1019.67万人次，分列第二、三位。而到了2018年，深圳访穗游客数量上升反超佛山，成为省内跨市游客第一位，而佛山、东莞分别列第二、三位。

2018年，广州市接待省外游客量为6092.03万人次，湖南、广西、江西等高铁沿线省区来穗游客排名居前三位，来穗游客依次为855.32万人次、734.70万人次、379.53万人次。其中，来自湖南和广西的游客已经连续多年排名广州接待省外游客前两位。根据《广州旅游客情监测与分析——2017年度电信大数据分析报告》，外地游客到访广州平均停留时间2.32天，其中省外游客平均停留时间2.69天，省内跨城市游客平均停留时间2.07天，而春节期间，省外游客停留时间为3.27天，明显高于平时（见表1）。

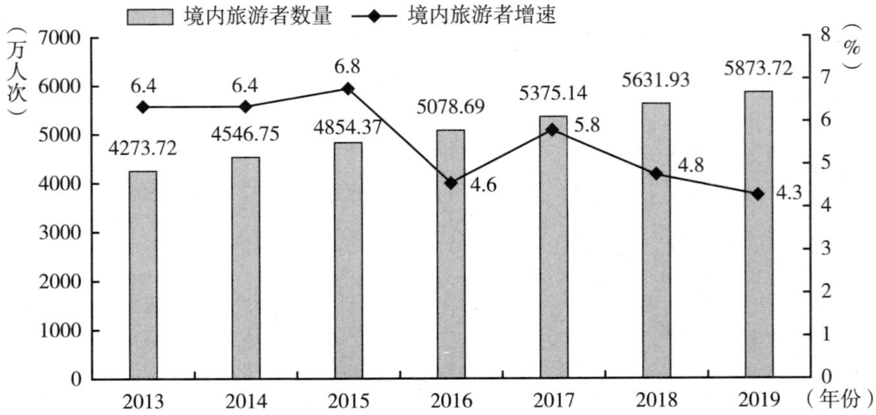

图 3　2013～2019 年广州市境内旅游者数量及增速

资料来源：2013～2019 年《广州市国民经济和社会发展统计公报》。

表 1　不同时段广州游客停留天数

平均停留天数	春节	暑假	交易会	平时
省内	2. 27	2. 10	2. 08	2. 05
省外	3. 27	2. 58	2. 63	2. 52
总平均停留	2. 69	2. 34	2. 35	2. 28

资料来源：《广州旅游客情监测与分析——2017 年度电信大数据分析报告》。

从出境游看，广州的出境游不仅承担本地居民出境旅游的功能，还是中国重要的出境旅游中转基地。根据中国旅游研究院、携程旅游大数据联合实验室发布的《2018 上半年出境旅游大数据报告》，2018 年三大出境旅游出发城市分别是上海、北京、广州。白云机场已奠定了面向东南亚及澳洲的第一门户枢纽地位，以亚太、大洋洲和非洲地区为主、逐步覆盖欧美等全球地区的航线网络布局已经初具雏形，是全国范围内重要的出境组织中心和中转基地。截至 2016 年，在白云机场运营的航空公司 69 家，其中国外航空公司 44 家；共开通航点超过 200 个，其中国际及地区通航点超过 80 个；年国际旅客吞吐量达到 1358 万人次，同比增长 19. 5%，国际中转旅客量达到 606. 6 万人次，同比增长 22. 8%。自 2014 年以来，广州出境游市场一直处于迅猛增长的状态。2017 年，广州市抓住了出境签证利好政策、航线开通等机遇，加大了对出境旅游线路的开拓力度，组团出境游达到了 287.02 万人次，组织出国游 179.46 万人次。然而，同时需要注意的是，受自由行政策放宽和两岸关系影响，广州市旅行社组织前往港澳台三地自 2013 年以来一直呈下降趋势（见图 4）。

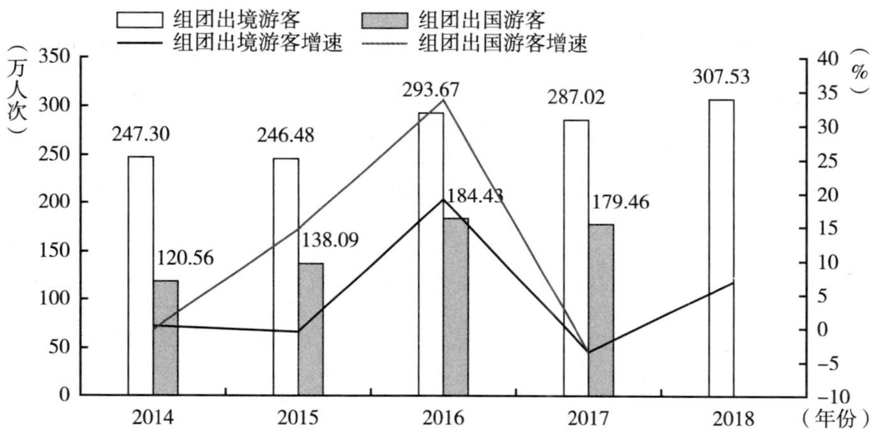

图 4　2014 ~ 2018 年广州旅行社组织出国游规模与增速历年变化

资料来源：2011 ~ 2019 年《广州统计年鉴》，缺 2018 年组团出国游客量。

在粤港澳大湾区的背景下，广州旅游的发展能够与粤港澳大湾区内的城市合作，通过区域合作汲取旅游城市建设经验与联合推销，同时也能够扩大广州旅游形象在港澳地区的影响力与知名度，为广州旅游争取更多客源。与此同时，伴随着粤港澳大湾区的共同开发，广州周边城市的旅游发展正在提速。受惠于港珠澳大桥、深中通道、虎门二桥等交通设施的建设，深圳、珠海、佛山等城市的旅游市场纵深将会得到延伸，对广州在珠三角区域内的旅游地位产生挑战，珠三角区域的旅游格局将从广深双核向多核格局拓展，对广州旅游的影响力产生挑战。

（二）广州城市地位与旅游发展：强化与提升

城市的地位决定了大都市城市旅游在各个尺度空间的位置，而强化与提升广州城市地位对促进广州城市旅游发展至关重要。

1. 从全球尺度看广州城市旅游

从全球尺度看，世界城市研究机构 GaWC 发布的 2016 年世界级城市名册显示，广州首次入围 Alpha - 级，成为全球 49 个世界一线城市之一，在中国内地仅次于北京和上海。《广州市城市总体规划（2017 ~ 2035 年）》提出，广州市未来城市性质定义为国际综合交通枢纽、商贸中心、交往中心、科技产业创新中心，并将逐步建设成为中国特色社会主义引领型全球城市。

广州正处于由国家中心城市迈向世界城市的阶段，全球城市的旅游业发展需要以城市主体功能和地位为主要吸引力。广州应当利用当前国际综合交通枢纽的巨大优势，进一步完善对外交通体系的发展，发挥广州旅游在海上丝绸之路品牌建设中的引导作用，形成全方位开放新格局。广州要利用现有历史文化底蕴沉淀和雄厚的商贸基础，发挥“旅游 +”强大渗透力，实现社会资源广泛旅游化，进一步推进城市公共空间、公共旅游资源的扩充与提质，实施旅游全域化、国际化发展，将广州打造成为世界知名的国际商贸会展旅游目的地、国际都市观光旅游目的地。

2. 从亚太尺度看广州城市旅游

从亚太尺度看，《广州市城市总体规划（2017 ~ 2035 年）》提出，广州市未来将成为“一带一路”建设的重要枢纽城市，需要全面加强与丝绸之路经济带和 21 世纪海上丝绸之路沿线国家和地区的务实合作。广州的空港应进一步辐射亚太，打造前往东南亚的第一门户。白云机场作为面向东南亚及大洋洲市场的第一门户枢纽，与国内、东南亚主要城市形成“4 小时航空交通圈”。与粤港澳大湾区内其他三个机场（香港国际机场、澳门国际机场、深圳宝安国际机场）相比较可以看出，广州在亚洲航线市场上具有极大的优势，远超深圳与澳门，与世界级门户枢纽香港相比也不落下风，在东南亚部分航线上甚至赶超香港。

广州应该积极推动与国内“海上丝绸之路”沿线城市合作，拓展航空航线数量和运力，做强交通功能，带来更大商务会展客流。广州应进一步串联“海上丝绸之路”文化遗址，开发海上丝绸之路旅游带中不同文化主题的精品邮轮旅游线路，重温古代海上丝绸之路对外贸易的繁荣，加强与“海上丝绸之路”沿线城市和港口合作，形成旅游区域合作网络，共同打造面向国际市场的“海上新丝路”跨境精品旅游网络，与海上丝绸之路沿线国家、“东盟”

自由贸易区等区域初步建立旅游合作平台。未来，广州需继续推进产业融合，形成国际品质的旅游产品和服务体系，全面扩大开放、构建国内外旅游合作平台。

3. 从国家尺度看广州城市旅游

从国家尺度看，广州是中国明确建设的五大中心城市（北京、天津、上海、广州、重庆）之一。作为引领华南开放发展、辐射带动西南和中南腹地的国家重要中心城市，广州市需要提升城市核心功能和全球资源配置能力，代表国家深度参与全球社会经济文化交往，携领珠江三角洲地区一体化发展，共建粤港澳大湾区，辐射带动粤东西北与泛珠三角地区发展。广州不仅是中国内地三大航空枢纽城市。广州的陆路交通枢纽也一直保持全国领先位置，属于国家铁路主枢纽。广州的高铁班次数量是全国第一，高铁通道数量有6条，排名全国第六。广州日发超过800次列车，高铁枢纽等级较高。商贸业是广州市传统优势产业，国内贸易额处于全国领先行列。《福布斯》杂志曾经6次（2010年、2011年、2013年、2014年、2015年、2016年）将广州评为“中国内地最佳商业城市”第一名。

广州应该进一步扩大中心城市的辐射带动作用，更好地落实“率先转型升级、建设幸福广州”的战略任务。广州可以通过提升建设旅游空港、邮轮码头、旅游服务中心三大门户，带动建立国际标准的旅游公共服务体系，以中心城市的服务集散功能强化内外旅游联动。在发展旅游业的过程中，广州应当把握商贸优势，与深圳合作建立国际性交通枢纽，发挥“+旅游”效益，用“商贸+交通+旅游”促进广州城市旅游业发展。

4. 从大湾区尺度看广州城市旅游

从大湾区尺度看，目前粤港澳大湾区各城市经济联系强度分为五个等级，最强的为广州—佛山，其次为香港—深圳、广州—东莞—深圳，再次为广州—香港、珠海—澳门、广州—江门、佛山—东莞。作为粤港澳大湾区A字形结构顶端和中部重要城市，广州将会成为大湾区的核心城市。广州要承担起在大湾区的主导作用，需要五大定位予以支撑，即广州要成为粤港澳大湾区科技创新与产业转型的引领者、粤港澳大湾区经济增长的驱动者、粤港澳大湾区管理体制改革的先行者、粤港澳大湾区经济与社会融合的推动者和粤港澳大湾区城市群空间形态的优化者。

2017年底，粤港澳大湾区城市旅游联合会签署了题为《粤港澳大湾区城市旅游联合会章程》的协议。在区域旅游格局中，广州的最大优势在于兼具两千年历史文化底蕴和国家中心城市集聚效应，可与周边城市互补互利发展。广州将发挥与佛山、肇庆、东莞、清远的邻近效应和现有交流基础，进一步深化旅游一体发展格局；差异化整合广州、深圳、珠海的城市品牌，全面合作构建旅游金三角；突破行政界限，积极对接香港、澳门，借力打入国际市场；同时带动惠州、中山、江门等地旅游跨越式发展。

（三）广州城市功能与旅游发展：优化与拓展

城市功能是大城市旅游发展的关键。一个城市拥有在全国第一的城市功能，将会给城市带来巨大的专程市场。其中，交通、商贸、会展、服务、金融、文化、教育和医疗等城市功能，往往被认为是具有专程市场的核心功能。

1. 交通功能与广州城市旅游

广州交通既重视对外辐射能力的提升，又重视内部效率的改善，更将精细化管理理念贯穿在交通发展的过程之中，对社会经济发展起到重大的支撑作用。承认前文所述，广州突出的城市交通功能为广州带来巨大的旅游流。然而，广州的交通功能仍具有较大的提升空间。目前，广州与国家中心城市功能定位相适应的综合交通体系尚有差距，战略型基础设施和软环境有待增强。例如，白云国际机场的吞吐能力不足，并且空域航权受到限制，机场的集疏散体系有待完善；港口吞吐能力不足，联运码头、航道设施以及集疏散体系能力有待提升；部分铁路线路能力紧张（广深Ⅲ、Ⅳ线广州至广州东段利用率为108%），随着新建铁路及城际的引入，区间通过能力紧张问题将更为突出，并且广州火车站等铁路枢纽旅客发送能力日趋饱和，到发线能力已利用至极限，以及货运枢纽布局不尽合理、集中化程度相对较低；部分道路通道交通压力大，机场高速、广深高速、北环高速等通道平均饱和度超过0.9，与周边城市衔接度有待提升，外围地区骨架路网有待完善等问题。未来，在上述交通瓶颈突破后，广州交通功能对城市旅游的促进作用会更大。

2. 商贸功能与广州城市旅游

广州作为中国对外贸易的优良港口，其商贸发展拥有悠久的历史，地位突出。广州的商贸业一直是广州经济的主要支柱之一。根据广州市社会科学院、广州市商务委员会、广州商业总会、社会科学文献出版社共同发布的《广州蓝皮书：广州商贸业发展报告（2018）》，在国内城市的综合比较中，广州的商贸创新、客流物流功能排名相对靠前，分别名列第一位和第二位，具有比较优势；在21个全球城市的比较中，广州在国际消费中心、客流物流枢纽、国际会展中心等核心商贸功能等方面表现出一定的比较优势，广州在服务贸易、国际货物贸易规模、新型市场等方面存在明显的短板。另外，虽然广州的会展功能排名较为靠前，得益于展览业比较优势明显，国际会议发展明显滞后。

与国内主要中心城市比较，广州商贸流通规模持续稳居全国主要城市第三位，并且与北京、上海的差距在逐步缩小。对比2018年北京、上海、广州的出口货物额排名前十的商品种类可以发现：上海出口货物额排名前十的商品种类均为科技器械类产品；北京的出口产品偏向于工业器械类；而广州出口货物的组成以机电产品、电器以及电子产品、高新技术产品以及纺织类产品为主。广州的繁荣的国际贸易吸引了大量外国商客，商贸往来甚至部分的商客定居广州，而兴起形成了族裔经济区现象。广州商贸功能吸引省外和国外入境商务游客的主要方式是会议展览和大型专业批发市场，省外及国外入境商务游客的主要居住点集中在地铁换乘点、商圈、珠江新城、琶洲展馆等附近。广州的历史商业街区和综合购物体主要是吸引市内及部分省内的游客，以市内游客消费为主。

3. 会展功能与广州城市旅游

广州作为华南地区政治、经济、文化中心，是国内会展业发展最早、会展经济最活跃的城市之一。2018年，广州市重点场馆共举办展览场次628场，占全国展览数量比重5.77%；广州市展览面积1020万平方米，占全国展览总面积7.06%，居全国第二。在众多的会展中，广交会无论从历史、规模、地位、受行业关注的热度、涉及产业的广度、对地方影响的深度等考虑，都是不可忽略的龙头品牌。在广交会的带动下，众多展馆落户琶洲地区，琶洲成为名副其实的国际会展中心。中国进出口商品交易会展馆是目前亚洲第二大的现代化展览中心。然而，广州会展业在取得巨大成就的同时，也面临一些问题，如全球会展业的竞争加剧。并且广交会自身规模难以持续上涨，广交会影响力较以往有所下降。未来，广州应该进一步巩固广州会展功能，加强与周边的合作；积极挖掘与会客商的旅游消费潜力，提高会展展馆、酒店等地方的旅游信息覆盖程度，充分推广广州的旅游资源；完善并提高酒店等标准住宿产品以及民宿、短租等非标准住宿产品的供给和服务。

4. 服务功能与广州城市旅游

广州市服务业呈现总体平稳、结构优化、稳中提质的良好态势，产业发展规模进一步扩大，产业结构进一步优化，其中电子商务、健康服务、融资租赁、检验检测、互联网金融等新兴服务业态发展态势良好。广州以物流、会展、商务、信息为代表的现代服务业快速发展，且呈现分类集聚态势，服务业功能区数量迅速增长。广州服务业功能区分布逐步呈现明显的空间特性。其中，中央商务区（CBD）、会展会议区、商业中心区、文化艺术区、创意产业园、历史文化旅游区等主要分布于中心城区，大学城、科学城、体育城、批发园区、软件园、高技术服务区等专业性服务区主要布局在城市中圈层，而国际物流园区、汽车产业服务区、生态旅游度假区等则主要分布在城市外圈层。从旅游视角来看，广州服务业发展主要存在两个突出问题：一是供给能力和水平有待进一步提高，现代服务业发展相对滞后，与旅游的融合程度仍较低，还不能满足产业转型升级和居民生活水平提升的需要，服务业有效供给需进一步增加；二是应用“互联网+”等新技术，结合旅游改造提升传统服务业任务依然艰巨，新兴和高端服务业发展速度虽快，但总量规模不大、发展不够充分。未来，广州应促进文商旅融合，以文化为灵魂、以旅游为载体、以商业为驱动力，通过合理有效的产业化组织和政策促进，将文化资源潜力转化为旅游魅力和产业实力，形成特色突出、优势互补的文商旅一体化产业链。同时，广州应深入实施“互联网+”战略，融合文化旅游，形成独特的现代服务业与旅游的创新模式。

5. 文教功能与广州城市旅游

广州拥有83所高校，集结了广东省97%的国家重点学科、80%的高校，是中国高等教育最发达的城市之一，是华南地区的科教中心。高等教育院校可以每年为城市带来一定规模的人流，促进地区消费。广州市一共有6家科普旅游景点，其中较为出名的是广州科学馆、广东科学中心、广东青少年科技馆等展馆。广州是一座具有2200多年悠久历史的文化名城，是国务院1982年公布的第一批24座历史文化名城之一，具有深厚的文化底蕴和鲜明的文化特色，是“海上丝绸之路的发祥地、岭南文化的中心地、近代革命的策源地、改革开放的前沿阵地”。根据永乐场馆官网对国内主要城市演出场馆数量的统计显示，目前广州市拥有263家演出场馆，远不及北京（918家）和上海（762家），与深圳（265家）水平相当。根据大麦网上2018年第四季度的演出信息整理，对比主要国家中心城市的话剧歌剧、音乐会、演唱会和曲艺杂谈四类演出数量（见图5），从整体上看，北京市和上海市的各类演出数量要远高于其他城市，而广州在演唱会和音乐会的数量上略高于天津市和重庆市，歌剧话剧和曲艺杂谈的演出数量在五个城市中都相对较低。

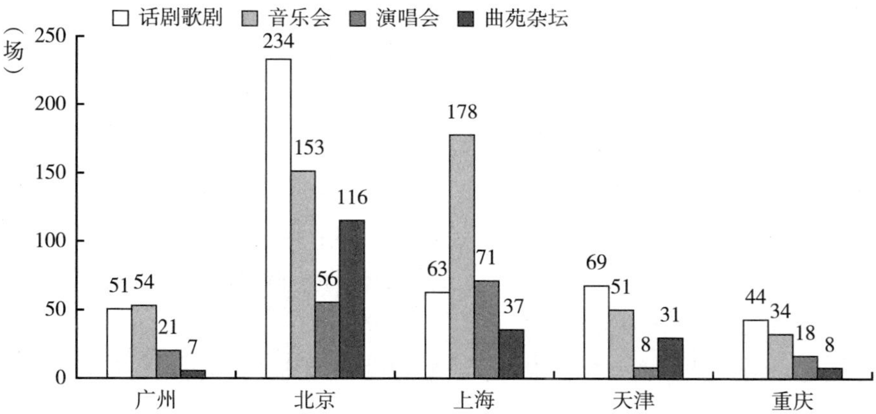

图5　2018年9～12月广州与主要中心城市各类演出数量

资料来源：大麦网。

广州并没有充分发挥教育功能对城市旅游的促进作用。在文化功能对旅游的带动发展上，广州应注重人文资源保育和活化，打造专题博物馆、艺术馆、名人故居和非遗文化传承保护旅游产品线路。同时，广州要鼓励景区引入影院、剧场、书店等文化业态，打造文旅创客基地，支持旅游文化商品开发，实施旅游文化商品品牌建设工程，提升旅游商品的文化内涵和附加值。广州应通过推动“海上丝绸之路·中国史迹”申遗，建设“海上丝绸之路”旅游核心门户，打造世界级文化遗产旅游产品。

6. 医疗功能与广州城市旅游

广州的医疗功能，尤其是康复医疗功能是名列全国前茅的。尽管广州的医疗资源总量在中国内地主要中心城市中不占优势，但人均水平和医疗资源的质量都居前三位。在广东省，广州的医疗条件遥遥领先，具有较强的区域辐射能力，可辐射到云南、贵州、广西、福建等省份。2018 年末，广州全市共有医疗卫生机构 4598 个，而医疗卫生机构床位数为 9.51 万张。其中，医院（含妇幼保健院和专科疾病防治院）为 8.61 万张（其中中医类医院 1.36 万张），而基层医疗卫生机构有 0.53 万张。广州每千常住人口拥有医疗卫生机构床位 6.38 张。全市社会办医院床位 1.71 万张，占医院床位总量的 18.01%。尽管广州的医疗资源在总量上并不占优势，但广州的医疗资源质量和人均水平都相对较高。从三级医院的数量来看，广州拥有三级医院 54 个，仅次于北京（93 个），高于上海（47 个）；且广州三级医院的比重很高，达到了 22.2%，远高于北京（14.6%）和上海（13.5%）。另外，广州的每千人口医疗机构病床数为 6.38 张，与重庆并列第一。广州千人口医生数为 3.6 人仅次于北京的 5.1 人。广州作为建设粤港澳大湾区世界级城市群核心城市、辐射带动泛珠地区合作的龙头城市，无论从医疗资源总量还是结构上，都要领先于珠三角其他城市，具有重要的区域性功能。

医疗旅游应该包括两部分内容：一是以纯粹的治疗疾病为目的的狭义医疗旅游，分为基本无生命危险的项目（如牙科、整容、皮肤病、生育疾病等）、有生命危险且医疗资源较为稀缺的项目（如器官移植等）、客源国尚未开发或被法律禁止的医疗项目（如堕胎、干细胞治疗瘫痪、安乐死等）三大类。这种旅游以治病为主，旅游活动多表现为病愈后的即兴活动，是医疗旅游的起源和主力。二是以康体、休闲为目的的保健旅游，如温泉疗养、香薰水疗、人工按摩等。然而，目前广州的医疗功能对城市旅游的带动作用不强，主要带动形式维持在传统的以治疗疾病为目的的医疗旅游，新兴的保健旅游规模较小。即相对比广州其他的旅游形式，广州市医疗旅游的发展程度不高。广州医疗旅游发展潜力巨大，市场前景广阔。广东地区社会竞争大，亚健康、有职业病人群庞大，人们接受整形等新事物的能力强，医疗旅游需求旺盛，广州医疗旅游的潜在消费人群多。拥有丰富的、具有区域性辐射能力的医疗资源和中医院养生文化的广州，应该加强医疗功能对旅游的带动作用。

（四）广州旅游要素与旅游发展：完善与整合

1. 酒店业与广州城市旅游

自从改革开放以来，广州市的酒店业主要经历了四个发展阶段：初始发展阶段（1978～1991），改革开放带来酒店业的兴起，高档酒店开始出现，同时大力利用外资建设改造酒店；快速增长阶段（1992～2003），邓小平南方谈话之后，广州酒店业抓住机遇快速发展；二次发展阶段（2004～2011），外资和地产热衷于投资酒店业，高星级酒店数量增长迅速但是存在“虚热”现象，新型的经济型酒店兴起；平稳发展阶段（2012 年至今），酒店业发展速度相对放缓，低星级酒店被市场淘汰，但是广州酒店业发展潜力巨大。

目前，广州的主城区酒店数量较多，基本饱和。广州星级酒店以中高档酒店为主，低档酒店在所有酒店中占绝对多数；高档酒店集中分布于广州主城区及旅游景区，低档酒店全市均有分布。广州的主要商圈中经济型酒店占多数，天河体育中心商圈的高档酒店数量最多。广州酒店市场内品牌酒店超四成，国际化程度高。就酒店经营现状而言，广州星级酒店营业状况良好，呈现上升趋势，但存在一定的波动性。广州的经营状况与三亚、北京、上海等城市差距较大，五星级酒店房价波动最大，且与三、四星级酒店差距较大。广州四、五星级酒店入住率稳定，三星级酒店整体发展不如前两者。广州价格水平以 150～450 元为主，属于中低档水平。广州各区以提供中低价位酒店为主，主城区的价格高于郊区，定价明显受附近旅游景区所影响，主要商圈的酒店价格水平以中端价位为主。就酒店业的影响因素特征而言，广州的酒店业在分布上受到很多因素的影响，既有地理位置、人口、GDP、交通、景点等内部因素，也有旅游人数等外部因素。经济增长促进酒店业发展，但二者并非绝对关系。广州旅游增长也促进酒店业发展，但作用在减小。广州旅游景区附近酒店数量较多且成倍向外扩展。广州会展业带来大量的客源，但酒店业对广交会的依赖性在减小。相比之下，广州重要的交通枢纽带来更多的客源，其附近酒店数量也较多。就酒店业市场而言，市场竞争格局回归理性，遵循市场规律。游客住宿偏好白云区和番禺区，番禺区节假日游客住宿量明显高于平时，省外游客春节停留时间明显高于平时。就入境游客而言，入境游客比例下降，主要来自美国、亚洲等。境外游客使用手机客户端的比例较低，五星级酒店客源主要来自美国、中国香港、澳大利亚。广州高星级酒店需求下降，客栈民宿需求上升；中高端酒店客群集中在 30～49 岁的男性，华南地区、河南郑州、上海等，游客较关注酒店排名和已知酒店。就市场竞争现状与特征而言，广州酒店业基本饱和，竞争压力大，与北上深相比还有一定差距。

根据上述发展现状和特征的分析，本文发现广州酒店业目前主要存在两方面的问题。一是人才方面，员工流动性大，人才短缺尤其是高端人才匮乏；二是在经营方面，营业收入、利润额等增速缓慢，旅游业对酒店的拉动作用变小，且酒店产品细分也不能满足消费升级的需求。因此，针对以上问题，广州市可以从薪酬体系、校企合作、培训等方面解决人才问题；为改善现有经营状况，可以倡导酒店采取集团化战略、品牌竞争战略等。广州需要发展多品牌细分市场，尤其是亲子酒店是未来的重要发展趋势；实现核心资源和核心竞争力共享的跨界经营，努力达到共赢；合理利用政府的优惠政策，抓住政策带来的机遇，尤其是将人工智能与酒店业、旅游业进行深度融合发展至关重要。

2. 旅游景区与广州城市旅游

改革开放后，随着旅游业的发展，广州市旅游景区逐步得到恢复和开放。1999 年，黄金周制度实施后国内旅游全面爆发，需求的爆发直接推动广州市旅游景区数量的快速增长。截至 2017 年，全市已建成主要旅游景区 143 家，景区类型涵盖主题公园、市政公园、历史文化、休闲度假、高尔夫、农业观光、科普旅游、珠江游、工业旅游及商业城、步行街等各种类型，旅游产品体系丰富。为促进广州市旅游景区现代化、规范化、特色化、专业化发展，广州市旅游局严格按照国家《旅游景区质量等级的划分与评定》和国家、广东省旅游局各项规定，指导全市景区开展 A 级景区创建工作，广州市 A 级景区数量稳步上升。2017 年，全市共建成 A 级景区 52 家，其中包括长隆旅游度假区、白云山风景名胜区 2 家 5A 级景区，26 家 4A 级景区、23 家 3A 级景区和 1 家 2A 级景区，不同类型景区的比例详见图 6。

然而，广州城市核心旅游吸引物较为单一，近年来新建项目相对滞后。广州城市旅游中，白云山、广州长隆、广州塔、沙面、上下九、北京路、广州动物园、岭南印象园等景区景点颇受游客青睐，但大部分景区主要面向广州本地游客和周边城市游客。广州景区中能够吸引中远程客源市场的主要是广州长隆

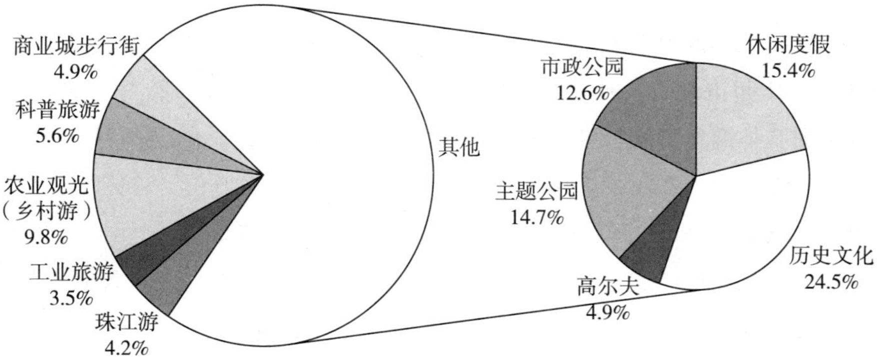

图 6　广州市主要旅游景区类型结构

资料来源：《广州年鉴·2017 旅游》。

旅游度假区，但广州长隆度假区建设已久，周边拓展用地较少，近年来更新不足，整体吸引力相对于周边地区的发展有所下降。广州塔作为广州市地标性景区，也拥有较高的知名度及美誉度，但受到高塔景区容量限制，其游客接待力相对较低。在全国旅游业呈现消费大众化、需求品质化、发展全域化、产业现代化、竞争国际化的大趋势下，广州健康旅游、养老旅游等新兴业态发展滞后，核心产品缺乏。

广州旅游景区发展应围绕将广州市建成世界旅游名城和重要国际旅游目的地、集散地的总体目标，加快景区行业从数量增长阶段进入质量提升阶段。一方面，通过 A 级景区创建工作促进广州市旅游景区现代化、规范化、特色化、专业化发展，从景区的面积、规模、产品、服务等多方面提升旅游景区供给质量。另一方面，紧密结合广州市全域旅游发展，优化全市旅游景区规划布局，全力推进全域旅游建设，整体提升广州旅游吸引力。按照广州依山、沿江、滨海的城市脉络，突出岭南文化内涵，推动从景点旅游模式到全域旅游模式转轨。此外，应对广州当前城市核心旅游吸引物单一的问题，广州未来发展中应加快能够吸引中远程客源市场的重大旅游建设项目的规划布局，促进广州城市旅游竞争力的提升。广州的健康旅游、养老旅游、邮轮旅游等新兴产业的发展具有良好的资源基础、市场基础，广州未来发展中应抓住旅游消费转型升级的机遇，加快规划布局。

3. 旅行社业与广州城市旅游

广州是中国改革开放的前沿城市，其旅游业的发展一直走在全国前列。2017 年，广州市全市共有旅行社 605 家，其中出境游组团社 128 家，台湾游组团社 7 家，外商投资旅行社 7 家。旅行社分社（省内外合计）445 家，旅行社服务网点 672 个。然而，广州旅行社产业营业收入持续增长，总体增速趋缓。2016 年，全市纳入统计范围的 461 家旅行社营业收入 280.18 亿元，同比增长 3.32%。传统旅行社的常规产品进入利微时代，行业利润率低。2016 年全市旅行社旅游业务的毛利润共 224136 万元，较 2015 年有所下降，降幅 4.6%。2017 ~ 2018 年全市纳入统计范围的旅行社数量从 514 家增长到了 701 家，营业收入从 282.91 亿元增到 326.49 亿元，同比增长从 0.97% 增长到 15.4%，旅行社业务得到较大发展。2017 ~ 2018 年全市旅行社旅游业务的毛利润分别为 228441 万元和 255717 万元，较前一年皆有所上升，升幅分别为 1.9% 和 11.9%。

从行业竞争形势来看，全市旅行社业的竞争加剧，业务总体上呈同质化态势，行业平均利润率很低。自 2007 年以来，全市旅行社利润率不足 1%。且自 2013 年以来，呈现新一轮的下降趋势，2016 年整体行业负利润，利润率为 -0.2%。全市旅行社整体上规模较小、业务雷同、竞争力较弱，尚未形成行业合理的分工体系。从旅行社的供给结构上看，广之旅、南湖国旅、省中旅、中国国旅（广东）、广州酷旅等 10 家规模较大、实力较强的旅行社营业收入占全市旅行社营业收入的 60% 以上。而 2017 年旅游业开始回春，利润率重新升为 1.5%；2018 年旅游业整体行业利润率为 3.1%。

在旅游消费转型升级和产业结构调整的大背景之下，传统旅行社产业必须相应地加快转型，积极调整服务定位，改变“我的资讯最新、我的票价最低”的心态，加强旅行社品牌化、精细化、标准化管理，升级旅行社信息化水平。致力于旅游产品、服务及游客体验的升级完善，积极开拓个人游、自驾游等新兴市场，创新发展定制化旅游产品。积极推动广州旅行社差异化、定制化、品质化和在线化发展，进一步发挥旅行社产业在促进广州旅游业发展中的综合作用，为把旅游业培育成国民经济的战略性支柱产业和人民群众更加满意的现代服务业做出更大的贡献。

4. 餐饮业与广州城市旅游

食在广州的概念家喻户晓。广州是粤菜的发源地，粤地独有的地域、历史和文化赋予了生活在这里的人群独有的饮食习俗。广州菜，又名广府菜，是中国八大菜系中粤菜的代表，以用料广博，选料精细，技艺精良，善于变化，品种多样而享有“食在广州”的美誉。无数游客慕名而来，品尝美食佳肴，感受着独特的岭南饮食文化，餐饮业发展对广州旅游发展的作用不言而喻。

横向比较来看，广州在一线城市中具有最鲜明的地方饮食文化特色，粤菜优势地位突出。粤菜消费大众化成为市场主流，广州粤菜消费价格在一线城市中最具优势。食在广州形象突出，但与北京、上海、深圳的比较优势下降。广州早茶、夜市颇有名气，但对城市旅游的贡献较低，消费群体以广州本地居民为主。当前，广州大量传统美食品类依然存在无品牌、不标准、体验差等问题，无法满足人们消费转型升级的需要。未来应加大餐饮企业品牌建设力度，一方面，充分发挥广州餐饮业区域、地方品牌特色，展示国际美食之都的品牌特色，努力培育一批特色餐饮企业、“老字号”餐饮企业；另一方面，大力发展餐饮业龙头企业品牌，支持、引导大型品牌餐饮龙头企业通过推行连锁化、规模化等经营方式做大做强。推动广州餐饮企业走向全国、面向世界，展示独具魅力的广州餐饮品牌，扩大广州餐饮文化的知名度和影响力，擦亮“食在广州”的金字招牌。

5. 购物业与广州城市旅游

广州市的主要发展现状与特征有：批发与零售业稳步增长；外资企业市场份额增加；零售业销售总额集中于汽车类，服装鞋帽、针、纺织品类；专业店为主要零售业态；不同零售业态存在空间分异；强势的互联网零售带来实体零售新业态——智慧零售。这些发展特征有一些是贯穿整个购物零售业发展的，有一些是具有时代特征的。就旅游零售业而言，广州的主要发展现状与特征包括四个方面。第一，“旅游新零售”正在兴起。第二，在旅游购物供给层面，多功能的旅游商品销售网络已形成；旅游购物场所硬件建设居国内领先水平，软件建设取得一定成绩；全方位、立体的旅游购物信息扩散渠道已形成。第三，在游客市场层面，外地游客多选择天河路商圈和北京路商圈游玩购物，其他游客还青睐珠江新城商圈；广州市本市游客占多数，其次是省外游客；游客购买的商品基本集中在土特产、美食和工艺品；旅游购物花费大多在3000元以内，主要集中在美食、特产方面；境外游客旅游购物消费存在差异。第四，广州老字号商品主要吸引本地及周边城市、北京、上海的游客，与港澳相比，在吸引年轻消费者、扩大客源群体方面存在问题。此外，将广州与深圳、香港、澳门进行购物零售业的横向比较，发现广州社会消费品零售总额还是有很大优势的；广州、深圳、香港、澳门零售额较高的社会消费品都有服装类，广州、深圳更高的则是汽车类、食品类，港澳更高的是珠宝首饰、钟表类；广州在食品类商品上有优势，但在价格、品牌、服务方面处于劣势。

然而，广州的购物零售业与旅游发展也存在一些问题。首先，外资企业市场份额增加尽管有诸多好处，但可能使传统业态受到冲击，抢占本土企业市场份额，压榨利润空间；其次，零售业销售总额集中于少数商品种类，但缺乏有地方特色的商品类型；再次，强势的互联网零售带来实体零售新业态，使零售业面临着狭义的零售领域走向泛零售领域的趋势，目前旅游业未能将这种新的零售业态有效结合起来；最后，“商业 + 旅游”的模式出现了同质化现象。因此，广州应该适度的市场准入政策和贸易保护政策，发展有地方特色文化的商品类型，发展“旅游 + 智慧零售”“旅游新零售”，促进商业、文化与旅游融合协调发展。

三　关于促进广州城市旅游发展的建议

广州城市旅游在当前中国“一带一路”倡议和粤港澳大湾区发展战略契机下，迎来新的历史机遇。广州城市旅游的发展应该有更高的格局和更高的定位，要沿着“一带一路”寻找广州在全球旅游产业中的定位，要从中国国家中心城市的未来布局中寻找定位，要从粤港澳大湾区核心城市所应具备的规模、结构和功能中寻找定位。

（一）提升城市地位和功能是广州城市旅游发展的关键

作为中国的一线大都市，广州城市旅游的关键在于城市功能和地位的提升。对于广州而言，目前能够真正为广州城市旅游带来大规模商务、会展和城市休闲观光客流的城市地位主要是其在粤港澳大湾区所扮演的角色，其次是作为国家中心城市的地位以及在亚太地区尤其是亚非拉国家经济发展中所具有的商贸中心地位。从城市功能看，广州的交通功能、商贸功能、会展功能、服务功能和教育功能、医疗功能和科技创新功能都能带来较大规模的旅游市场或产生相应的旅游需求。然而，各个城市地位和功能在目前和未来广州城市旅游所扮演的角色正在发生变化，为此要制定相应的政策建议。例如，城市地位不断提升，但要迎接竞争，发挥城市位势优势。城市交通功能良好，但要改善结构，优化旅游的软连接。城市商贸功能突出，但要提升品质，促进旅游需求转化。城市会展功能强大，但开辟新展会，做大会展旅游市场。城市服务业增长快，但需拓展领域，促进旅游需求的转化。城市金融功能较弱，但仍具有优势，发展旅游金融市场。城市文教功能较强，但旅游转化低，相关产品开发缺乏。城市科技功能较强，但需拓展领域，开发有针对性的产品。城市医疗功能较强，但无深度开发，缺乏旅游产品转化。

（二）加快建设具有中远程市场吸引力的旅游核心要素

广州城市传统的旅游核心要素已经呈现相对衰退迹象，对年轻市场的吸引力减弱。近年来，广州缺乏能够吸引中远程市场的重大旅游核心项目建设，广州塔和正佳海洋馆等产品主要吸引已经来到广州后的游客，很难吸引中远程专程游客。总体上，广州的旅游核心要素在吸引力发展方面处于停滞阶段，市场增长主要来自相关需求的增长，而非景区自身吸引力的增强。目前，广州各个旅游核心吸引物中，能够吸引中远程专程游客的目前主要是广州长隆旅游度假区，并在未来一段时期内也主要依靠广州长隆吸引中远程市场。因此，广州应该通过政策、投资和土地等方式，支持广州长隆核心吸引力的建设，并拓展相关配套，强化这一能够吸引中远程市场的核心要素。与此同时，在广州所有景区中，支撑广州城市形象的是广州长隆、广州塔、沙面、上下九北京路；游客量较大的白云山、莲花山、正佳海洋馆、动物园、百万葵园等主要是面向本地居民，及周边城市居民，对城市整体旅游吸引力促进有限。广州新旅游核心要素的建设相对缺乏，未来广州万达文化旅游城的建成开业有望在一定程度上缓解城市吸引力下降的压力，但要在根本上提升广州城市旅游核心要素的吸引力水平仍然任重道远。

（三）重塑与创新广州城市旅游的主题形象与空间载体

广州城市的主题形象也相对固化、陈旧，对新市场的吸引力有所下降。支撑广州“千年商都”的载体较为老旧，缺乏旅游吸引力；“食在广州”印象已经弱化，其他城市在“吃”的形象上大为创新；“南国花城”的形象过于本地化，节庆时间短，对中远程城市缺乏吸引力；“海上新丝路”目前只停留在概念上，缺乏实际旅游产品的转化。与此同时，广州现有的主要旅游核心吸引物在舆情分析中仍存在较大的负面口碑。广州的历史形象厚重老旧，新的城市形象模糊，旅游者感知较弱。在新的历史时期，广州需要重塑老形象，创新形象，明确广州在全国一线城市竞争中旅游特色，构筑扎实和适应时代需求的形象载体。广州应该打造一个符合新时代需求的多元城市旅游形象，更新广州“千年商都”的形象内涵和载体，丰富提升“食在广州”的形象品质和要素，打造“海上丝绸之路”的形象载体，丰富产品线。

（四）巩固和提升广州城市旅游相关产业发展的品质

广州的酒店、景区、旅行社、餐饮、购物和娱乐等旅游直接相关的产业发展类型齐全、产品丰富、规模较大、经济实惠，非常注重民生需求，体现广州务实的文化氛围。然而，与北京、上海和深圳，乃至全球城市相比，广州在上述相关产业上仍存在高端品牌较少、收入规模较小，高端的上不去，中端的很稳定，低端的竞争大等问题。未来一段时期，广州旅游相关产业的发展，还是要巩固现有规模，提升产业的品质，把“广州服务”的牌子打响。一是鼓励国际一线酒店品牌继续落户广州，做大做强广州高端酒店产业。鼓励一批精品酒店进驻，创新酒店产品，发展新的旅游吸引力。二是规范发展分享型酒店，如 Airbnb、沙发客等。广州应率先制定相关规范和标准，确保房东和租户的权益和体验。三是提高酒店产业的消费品质，丰富相关消费体验，增加酒店的收入，提高酒店产业的收入规模。四是重点鼓励本地旅行社的地接业务和跨省组团业务。一方面，吸引省外、境外游客访问广州；另一方面，鼓励外地或外国游客以广州为基地游玩其他城市。五是培育旅游电商企业，重点发展针对专类市场的如户外探险、自驾车等细分市场的电商平台，与携程等走差异化道路。六是重点发展提供定制化旅游产品的旅行社或俱乐部，提高旅游产品的附加值和体验性。

（五）探索和发展广州城市旅游的新市场和新业态

广州城市旅游需要有新的发展，不仅仅体现在新的旅游核心要素的建设上，还体现在旅游新业态上：一是开辟邮轮旅游市场和建设邮轮母港。二是发展医疗、健康、养老市场和产品。三是积极推动游艇旅游发展，破解政策和产业瓶颈。更为重要的是，广州要在这些文化旅游新业态培育出吸引中远程市场和外来旅游者的核心旅游项目。

（六）重视和发展本地及周边居民的城市旅游需求

广州本地旅游市场对广州旅游经济的促进作用很大，在广州旅游景区、酒店、旅行社等部门产生很大比例的消费。“广州人游广州”对广州旅游发展也具有重要意义。广州旅游发展主要关注外来游客，也要重视和发展本地及周边地区居民的旅游需求。珠三角地区，尤其是广州居民是中国旅游需求最大的群体之一，旅游经验丰富，出游次数多，体验和服务品质要求高。从某种程度上说，做好广州人市场，就能够做好全国人市场。广州人喜好的旅游产品，很有可能成为全国人青睐的产品。

B.16 澳门世界休闲中心的发展思路与实践探索

黄业坚　黄国琼　伍丽珊*

摘　要： 本文在回顾澳门旅游发展历程的基础上，以博彩旅游、文化旅游和美食旅游为核心，从博彩、文化和美食三大视角剖析澳门的多元发展战略。本文研究发现澳门博彩业发展的策略主要是在传统博彩项目的基础上开发多样化的旅游产品和休闲娱乐项目，形成集博彩、娱乐、观光、购物、度假、会展为一体的多元化体系。澳门的文化旅游是“中华文化为主流、多元文化共存”的旅游载体。本文研究发现澳门的美食旅游以美食文化活动、产品和服务的多菜系共同发展，鼓励美食创新及保存澳门传统饮食文化特色，弘扬多元美食文化。同时，澳门的美食旅游亦逐渐重视游客线上了解美食、分享美食的新形式。

关键词： 娱乐场旅游　文化旅游　美食旅游　旅游发展战略　澳门

澳门（葡萄牙语：Macau；英语：Macao）曾是中国和欧洲之间重要的贸易中转站，亦是中西文化最早交汇的地方，盛极一时。自澳葡政府将澳门确定为旅游区并宣布博彩合法化后，博彩就是澳门经济发展的支柱行业。随着中国

---

* 黄业坚，中山大学旅游学院教授，研究方向为智慧旅游及社交媒体、旅游营销、文化遗产旅游、娱乐场旅游、目的地品牌、会展及节庆；黄国琼，中山大学旅游学院博士后；伍丽珊，中山大学旅游学院研究生。

对澳门恢复行使主权，博彩经营权进一步开放，国际资本涌入，大量填海造楼，澳门兴建了多座富丽堂皇的度假村式娱乐场。与之形成强烈对比的是，在由多座建筑群和相邻的前地所组成的历史城区中，保存着四百多年的中西式建筑，它们错落交叠，是中西文化交流的历史见证，也是中西文化交流互补、多元共存的结晶。如果说建筑是中西文化交融的有形印记的话，那美食就是在这片土地世世代代传承下来的无形遗产。那些藏在市井中的风味，隐于老街的美食，都能轻易地撩拨起食客的味蕾。正是当地匠人般的精神让原本平平无奇的食材氤氲出迷人的香气和独特的味道。

如今，澳门的博彩业年收入超3000亿澳门元，已成为世界第一的博彩中心；承载着四百年历史印记的古城区亦被列入世界文化遗产名录；而中西强烈的文化冲击和惊心动魄的历史进程中还形成了一种独特的饮食文化体系，助力澳门成为世界美食之都。在未来的发展规划之中，澳门以建设世界旅游休闲中心为目标，形成以中华文化为主，多元文化共存的合作基地，并以博彩、世遗和美食共同驱动城市发展。本文在回顾澳门旅游发展历程的基础上，以博彩旅游、文化旅游和美食旅游为核心，从博彩、文化和美食三大视角剖析澳门的多元发展战略。

一　澳门旅游发展历程

澳门以博彩业闻名于世，是财政收入的主要来源。澳门旅游发展主要得益于博彩业的合法化专营化经营、四百多年中西文化交融留下的文化遗产以及优越的区位条件。在澳门旅游产业中，博彩业占据主导地位，澳门旅游业是在博彩业的带动下发展（高胜文，2018）。但是，澳门的经济结构和旅游业结构存在过于单一化的问题，不利于可持续发展，亟须转型。2013年，国家提出“一带一路”倡议，这为澳门经济发展带来了契机，将有效推动澳门经济适度多元化发展（赵殿红，赵新良，2019）。2016年，“一带一路”倡议首次写入澳门特区行政长官的年度施政报告，报告指出，“特区政府将把握国家‘十三五’规划、‘带一路’建设机遇，以及内地自贸试验区建设的契机，提升特区在国家经济发展、对外开放中的地位和功能，进一步创造更多有利的条件，增加澳门未来经济发展的新动力”。2017年3月，澳门设立“一带一路”建设工作委员会。粤港澳大湾区的建设也为澳门发展指明了方向。2019 年 2 月 18 日，中共中央、国务院印发的《粤港澳大湾区规划纲要》将澳门定位为“世界旅游休闲中心、中国与葡语国家商贸合作服务平台，促进经济适度多元发展，打造以中华文化为主流、多元文化共存的交流合作基地”。

表 1　澳门旅游发展大事记

1847 年	澳葡政府正式许可博彩业合法经营，推行专营制度
1865 年	英商创办的“省港澳轮船公司”在省、港、澳三地建立码头，省港、省澳之间有了定期的航班
1890 年	有葡资创立的好景酒店、镜海酒店等西式酒店开业
1919 年	成立旅游委员会，研究制定吸引游客的各种措施；澳门旅游司成立，标志官方意义上澳门旅游业正式形成
1930 年	为发展旅游业，澳葡政府宣布在经济局内创立游历经理处
1958 年	加入亚太旅游协会
20 世纪 60 年代	澳门旅游业全面兴起，1965 年到澳门的外地游客首次突破 100 万人次大关
1981 年	成为世界旅游组织联系会员
1995 年	澳门国际机场正式启用
1997 年	亚洲金融风暴，经济衰退
1999 年	中国对澳门恢复行使主权，实行“一国两制”
2002 年	特区政府实行赌权开放，结束赌权专营
2003 年	中国内地实施试点个人港澳自由行政策
2005 年	澳门历史城区被列入联合国“世界遗产”
2006 年	博彩业超过拉斯维加斯
2008 年	金融危机爆发
2013 年	国家提出“一带一路”倡议
2014 年	中国反腐风暴，澳门博彩收入负增长
2016 年	“一带一路”倡议首次写入澳门特区行政长官的年度施政报告
2017 年	获评联合国教科文组织“创意城市美食之都”；设立“一带一路”建设工作委员会
2019 年	《粤港澳大湾区规划纲要》明确澳门发展定位
2020 年	全球新冠肺炎疫情持续发展，澳门经济、博彩业收入下跌严重

资料来源：笔者整理。

二　数据来源与方法

为了更深入地理解澳门的发展，本文主要针对现有文献进行定性分析，对发表在排名靠前的酒店业和旅游业期刊上的澳门发展策略文献进行了系统性回顾。这个过程要求搜索现有的相关研究，评估它们与当前研究的适用性，并对结果和发现进行分类解析，以产生逻辑上形成的结论（Denizci and Mohammed, 2015）。通过主要的在线数据库，包括 ScienceDirect、EBSCOhost 和谷歌学术，以及中国知网，来查询期刊论文信息。检索词刻意简洁，包括“澳门”、“发展”和“战略”的任何组合。我们对标题、摘要和关键词进行了搜索，并对结果进行了过滤，以去除不注重澳门发展战略或不包括原创性研究的结果，如评述性文章，共搜集并筛选出 56 篇。尽管采用了系统化的搜寻方法，但文献检索难以完全详尽。

三　澳门娱乐场旅游：世界博彩中心的多重吸引力

世界级娱乐场领导者，如美高梅、永利和金沙集团，大多发迹于美国，并成就了北美最大的赌城拉斯维加斯。随着亚洲经济的崛起，澳门不但吸引了大量的世界级娱乐场领导者入驻，也发展了多个本土的娱乐集团，并不断对传统的娱乐场项目进行改革，摆脱对博彩项目的绝对依赖，逐渐向主题式综合度假村转型，最终成功吸引了大量的旅游者到访（Prentice et al., 2017；Wong, 2015；唐娟，2009）。

娱乐场旅游是一个新的研究领域，重点关注度假村式娱乐场如何通过自身改革逐渐扭转游客对娱乐场的认知和旅游动机，为娱乐场持续吸引游客，使经营模式可持续化，并实现娱乐场旅游吸引物化。综合型度假村式娱乐场资金雄厚规模庞大，拥有各类休闲娱乐设施，包括水疗中心、儿童和家庭娱乐室、户外娱乐项目、现场表演、会议和会议场所、豪华住宿、购物商店和休闲和精致的餐厅。博彩作为娱乐场收入最重要的来源，通常位于娱乐场的中心，可以从场内的任何地方进入。此外，娱乐场建筑群常在美学上凸显出和谐、美丽和优雅等特质。这种宫殿式的环境对游客来说极具吸引力，它们不仅独特，还满足了游客的多元化娱乐需求。因此，许多游客将娱乐场视为吸引物，大量涌向澳门。游客甚至提出，如果不去娱乐场旅游，他们的旅游体验是不完整的（Wong，2013a；Wong and Rosenbaum，2012）。

（一）游览娱乐场的动机

娱乐场旅游的兴起也离不开中国内地游客旅游需求的崛起（陈章喜、张小平，2010；纪春礼、聂元昆，2017）。现有研究结果表明内地游客涌向澳门娱乐场的动机主要有五类（Wong and Rosenbaum，2012），娱乐新奇动机指的是旅游者想要体验娱乐场、博彩、夜生活和更多地了解博彩目的地的欲望；娱乐场观光动机是指游客享受娱乐场设施和参观娱乐场的意愿，类似于观光其他类型的景点；休闲活动动机是指游客对高质量的娱乐、购物和住宿设施的偏好；逃避动机和社交动机则是指游客希望利用娱乐场作为逃离世俗生活的休闲场所，或与朋友和家人的社交场所。研究结果表明，尽管博彩仍是游客到访娱乐场的最重要原因，但许多人仅将博彩视为娱乐的一部分，将有限的旅游支出用于博彩，并将其视为参观娱乐场和体验博彩目的地的一部分。因此，大多数游客到访娱乐场的动机逐渐多元化，已从纯粹的博彩拓展为体验娱乐场中各式各样的服务。

娱乐场在满足游客购物需求方面也起着重要作用，国人的购物偏好已在大量文献中得到充分研究。研究结果表明，中国游客购买的商品在产品类别、品牌和价格范围上有显著差异（Wong，2013b；Wong and Lam，2016）。精明的娱乐场经营者也认识到了这一重要商机。因此，度假村式娱乐场多都设有大型购物场所，以满足游客的购物需求。尽管多数娱乐场瞄准的是高端消费者，并设有高端奢侈品门店，但一些娱乐场也逐渐意识到，中低端品牌也存在大量的市场需求。不同层次的品牌组合有助于吸引不同类型的游客。例如，澳门威尼斯人娱乐场有两个相邻的购物中心：大运河购物中心和四季购物中心。在大运河购物中心有 Zara、Esprit、Nike 和 Mango 等中低端商店入驻，而四季购物中心则拥有 Hermès、Louis Vuitton、Dior、Gucci、Rolex、Cartier 等专门的设计师和顶级奢侈品店。实际上，澳门的四家 Louis Vuitton 精品店全都设于娱乐场内。在娱乐场内购物甚至已成为一种流行趋势（Wong，2013b；Wong and Lam，2016）。因此，购物中心的设计成为吸引赌客和游客的关键因素。大运河购物中心的设计呈现了威尼斯浪漫之旅的主题，包括拱桥、广场和贡多拉船。这类以威尼斯为原型的度假村仿制设计备受游客青睐，每年吸引超过2000万人次购物者。

主题娱乐场及其优质的服务对中国游客具有极大的吸引力。许多游客甚至认为娱乐场的风景是独一无二的，精心打造的宫殿式环境、优雅而宏伟的设计让他们可以沉浸其中尽情享受。游客对娱乐场精致的设计、设施和氛围非常着迷（Rosenbaum and Wong，2015），这意味着娱乐场可以像其他服务提供商一样，为人们提供休憩的场所，继而实现恢复性治疗（Rosenbaum，2009）。有研究表明服务环境对提升博彩者游览娱乐场的意愿、延长在娱乐场停留时间以及加大赌资方面发挥着重要作用（Johnson and O'Leary-Kelly，2003；Wong and Fong，2010）。这些环境属性包括娱乐场的背景音乐、灯光、配色、气味、清洁度、舒适度、室内装饰、建筑设计、陈设、座椅舒适性、标牌和硬件设施等。这些都是环境刺激，作用于游客的感官，并进一步增加愉悦的体验。因此，对于游客而言，娱乐场不仅仅是博彩的场所，也是一个可以令他们短暂脱离琐碎的日常生活实现身心修复的地方。

（二）澳门娱乐场中的“惊喜”元素

许多旅游团的行程中将娱乐场列为重要的一站，精明的导游甚至会对参观娱乐场额外收取约20美元/人次的费用。尽管如此，娱乐场每天还是吸引了成千上万的游客到访。例如，威尼斯人度假村的设计和建造是以威尼斯水乡为原型，设有人工运河和湖泊，提供豪华的住宿、诱人的晚餐和休闲娱乐表演。工作人员甚至会依照欧洲习俗进行现场表演，游客在游览时常常会受到文化冲击并体验到很多惊喜。银河度假村因其宏伟壮观的建筑设计而被誉为亚洲新宫殿。这里有世界上最大的屋顶冲浪浴池和巨大的人造海滩，与植物茂密的室内花园相连，二者相映相衬，宛如城市绿洲；而它的钻石和激光表演进一步增加了游客的“惊喜”因素。美高梅则将惊喜因素推到了一个新的高度。它将娱乐场内的天幕广场（娱乐场的中心广场）设计成一个水上仙境，天幕广场的圆柱状巨型水族馆让游客可以观赏不同品种的稀有活鱼，这些鱼象征着运气和财富。游客可以沉浸在一个令人叹为观止的水下宫殿里，周围环绕着鱼类和珊瑚。游客还可以欣赏展览、美人鱼表演和壮观的“海景”。永利娱乐场为游客提供了另一种形式的“惊喜”。其著名的喷泉表演虎散发着水火交融的独特魅力，在财富之龙节目中，冉冉升起的巨龙也象征着生命力、好运和幸福，吸引大量游客驻足观赏。以上这些创意性设计每年吸引数百万的游客到访，使澳门在博彩行业中始终处于领先地位。

娱乐场经营者现致力于推出差异化的产品，并将其与博彩业务进行区隔，以促进多元化发展。每家娱乐场都通过精心设计，不断融入“惊喜”的元素，让游客感到惊讶并提升满意度。这些非比寻常的产品，不仅有助于提升目的地的形象还可以吸引大量游客到访。实证研究进一步表明，现代综合型度假村式娱乐场凭借优越的环境和多样化的服务比传统娱乐场更具竞争优势（Wong，2013a；Wong and Wu，2013）。

Wong（2013a；2013b）进一步研究了娱乐场服务体验的服务属性，研究发现服务属性最重要的六大属性，即有形设施、员工服务、服务便利性和价值、享乐性服务、品牌体验和独特的服务产品。尽管服务环境中的体验仍然是决定客户满意度的关键因素，但享乐性服务（例如现场表演、娱乐和街头氛围）正变得越来越重要。与服务环境一样，享乐和其他独特的产品与服务为娱乐场提供了区别竞争对手的独特优势，并提升了娱乐场的品牌形象和品牌资产。游客对度假村式娱乐场，诸如威尼斯人、永利、美高梅、新濠天地和银河等，所提供的服务和体验赞不绝口。这些规模庞大的综合型度假村，为游客提供了一片可以让人短暂逃离俗世并令人流连忘返的城市绿洲。在吸引大规模游客到访的同时，也拥有较高的客户资产和顾客忠诚度（Prentice and Wong，2016；Wong and Wu，2013）。

综上所述，尽管越来越多的目的地期望建设娱乐场来吸引游客，但澳门仍将是世界博彩之都。为更好地与中国大湾区的战略目标保持一致，澳门以“世界休闲中心”为发展目标，在现有博彩业务的基础上致力于开发多样化的旅游产品，提升澳门在世界旅游休闲行业中的竞争优势，增强全球旅游竞争力。

四　澳门文化旅游：东西方文化的碰撞交融下的世界文化遗产

澳门是东西方文明碰撞交融的地方，文化多元性是文化创新的源泉，不同文化间的碰撞能创造出新型多元文化。这种多元文化吸引了全球游客的目光，不仅吸引了大量的内地游客到澳门观光游览，也使澳门成为国际游客探索亚洲文明的窗口。在以往的旅游目的地研究中，学者多关注目的地的差异，对于多元文化对旅游产品的塑造并没有给予应有的重视。本研究主要以澳葡文化为例，剖析多元文化的旅游价值。

澳门多元文化的发展和保护离不开中央政府在方针、政策、制度上的大力支持。澳门的历史城区于2005年被联合国教科文组织列为世界遗产，是中国境内现存最古老、规模最大、保存最完整和最集中的东西方风格共存建筑群，包括中国最古老的教堂遗址和修道院、最古老的基督教坟场、最古老的西式炮台建筑群、中国第一座西式剧院、第一座现代化灯塔和第一所西式大学等。这些无一不见证了澳门400多年来中华文化与西方文化互相交流、多元共存的历史。因为中西方文化交融的缘故，城区中的大部分建筑具有中西合璧的特色，城区内的建筑大部分到现在依然保持着原有的功能。在澳门，无论是东方游客还是西方游客，只要穿梭在澳门的大街小巷，既可以找到自己平日生活中熟悉的印记，又能轻易发现不同类型建筑所彰显的异域风情。

中国对澳门恢复行使主权后，承诺保护澳门的文化遗产，并坚持澳门的发展应该在东西方文化的碰撞之中保持文化的多元性和融合性，为保护这座城市多元文化的血脉提供强有力的支持。而多元文化使澳门成为一座座桥梁，连接起中国与葡语系国家之间在贸易、文化、旅游和体育活动等的交流（代魁，2017；罗浩等，2015）。

多元文化的学术研究主要围绕享乐旅游动机模型（Goossens，2000：301－321）、休闲限制模型（Crawford et al.，1991：309－320；Hubbard and Mannell，2001：145－163）和心理连续模型（Funk and Jeff，2001：119－150）展开，并以Goossens（2000）的享乐旅游动机模型为基础，结合文化旅游动机、旅游目的地限制因素、文化兴趣及享乐反应等变量发展出本研究框架，并提出游客过往的旅游经历作为调节变量对模型中三条路径的调节作用。此外，本研究还参考了另外两个模型，一个是休闲限制模型（the leisure constraint model）（Crawford et al.，1991；Hubbard and Mannell，2001），主要调查游客动机对文化兴趣和游客满意度的正向影响和旅游目的地限制对文化兴趣和游客满意度的负向作用，旨在从旅游兴趣和行为的角度了解正负两种因素对于游客决策的影响。另一个是心理连续模型（the psychological continuum model）（Funk and Jeff, 2001），描述的是从认知到吸引，再到依恋，最后到忠诚的心理连续过程，本研究在这个模型的基础上拓展了游客被吸引的过程，并提出个人对于旅游产品或旅游目的地的兴趣是受旅游动机和旅游地限制共同作用的结果。

多元文化是长时期社会文化碰撞交融的产物，既可以让游客感受到熟悉的生活又可以感受到异域风情。多元文化的存在使澳门别具一格，也可以让游客感受到独特的旅游体验。丰富的多元文化对于游客有很强的吸引力，可以让体验历久弥新。

五　澳门的美食旅游：世界美食之都

澳门是一个多种产品的旅游目的地，其旅游产品具有独特的多元文化特征。在这座城市的众多旅游产品中，美食是这座城市最具代表性的。澳门美食历史悠久，中西美食在这里交融荟萃，并吸引了大量游客。澳门独特的美食内涵与美食文化，是四百多年来中西文化在澳门交融荟萃的结晶。澳门自开埠起已是广府文化的核心区域之一，长期受着广府文化的熏陶，粤菜、饮茶、大排档小炒是常见的饮食模式，虽然这种文化并非澳门独有，却蕴含粤菜的精华。此外，澳门独特的历史文化还孕育出弥足珍贵的澳门独有土生葡菜。作为澳门的非物质文化遗产，土生葡菜因受葡萄牙及其他国家的影响而夹杂着非洲、印度等多地元素，与葡萄牙本地的菜系，甚至与其他国家的土生葡菜都有所不同。此外，在澳门的大街小巷亦不难寻出地道的欧美菜系。自 20 世纪 70 年代，东南亚缅甸、印度尼西亚等地发生大规模侨迁，大批华侨迁到澳门三盏灯区定居，同时为澳门带来了一系列如椰汁鸡面、鱼汤粉等华缅或华尼融合的菜式，为澳门饮食文化增添了不同的风味。此外，在高士德、三盏灯一带亦先后增了不同类型的东南亚美食，如新加坡、泰国、韩国、日本等地特色美食。氹仔银河百老汇还设立一条美食街，除了东南亚美食之外，逐渐注重并增加澳门怀旧美食，如：鸡蛋仔、碗仔翅、凉茶等。如此种种，都彰显出澳门多元的美食文化吸引力。

美食在传统旅游“六要素”中居首位，是游客旅游体验的最重要组成部分（Amuquandoh and Asafo-Adjei, 2013）。饮食在旅游中主要有两类作用，即满足游客日常需要发挥支持性作用，或促成旅游者的高峰体验（Quan and Wang，2004）。后者意味着美食资源本身可成为独立的旅游吸引物，美食资源包括特色饮食、知名厨师、农牧渔业特产以及饮食文化等（Kivela and Crotts，2006）。也就是说，美食不仅是旅游者体验旅游地特色饮食和地方文化的重要途径或载体（Germann，2007），也是旅游目的地重要的吸引物（Hjalager and Richards，2003）。虽然旅游者对美食的兴趣很早就有，但美食旅游却是21世纪才兴起的一种特殊旅游形式（管婧婧，2012）。进入现代社会，人们工作生活节奏加快，花在烹饪上的时间与精力减少，日常用餐变得简单随意，而外出就餐、参观食品加工、参加美食节和学习烹饪等逐渐成为休闲活动（Sharples，2003）。

（一）美食旅游研究的发展

美食旅游的研究始于21世纪初。首届关于本土美食与旅游的国际会议召开，美食旅游研究相关的书籍发表，一系列探讨美食旅游产品、美食旅游者以及美食和旅游业关系的论文出现在旅游研究主流期刊上（管婧婧，2012）。国际上旅游食物消费研究除对旅游食物安全风险、食物旅游产品开发和市场营销进行广泛探讨外，更在游客食物消费行为、旅游食物消费综合效应等领域取得了系统成果（王灵恩等，2017）。

美食旅游通常被定义为通过食物体验他者文化的一种方式（Long，2003），使游客能够更直接地感受目的地独有的社会文化特征。从旅游者的角度来看，食物和其他旅游产品如住宿、交通一样，是旅游中不可缺少的一部分（Croce and Perri，2010；Telfer and Wall，1996）。大量的文献证实了美食和旅游之间存在错综复杂的关系，因为饮食会激活大脑的新陈代谢（Spence et al.，2016），并产生积极的情绪效价，进而创造一种享受和饱足感（Quan and Wang，2004）。游客往往会发现自己对所消费的食物有一种亲切感，这种亲切感与食物提供的目的地有密切关联（Ji et al.，2018；Kivela and Crotts，2006）。因此，从旅游经营者的角度来看，美食是目的地营销和产品组合中的关键组成部分，因为它可以直接影响旅行满意度，好的食物可以塑造目的地的良好形象并吸引更多的游客（Chi et al.，2013；Ji et al.，2016）。

（二）美食节与目的地品牌形象

美食已经成为增加目的地品牌价值的重要工具，许多地区在利用美食进行目的地营销宣传。例如，韩国政府大力推广韩系美食，就全球知名度而言，它已成为增长最快的地区美食之一，与之并行推广的还有韩国的历史和文化礼仪（Phillips et al.，2013）。在以“美食天堂”著称的香港，旅游目的地组织倾向于促进东西方风味的融合，形成全球化的菜肴（Horng and Tsai，2010）。与香港类似，新加坡也提出“亚洲美食之都”的口号，用各种各样的美食来促进美食旅游业的发展（Henderson，2004）。融合葡萄牙和中国烹饪技术的澳门美食已使美食活动已成为澳门的主要旅游景点之一。澳门目的地管理组织正寻求通过其跨文化交流来宣传这座城市。特别值得一提的是，澳门餐饮商会自2001年以来一直将澳门美食节作为澳门一年一度的重要活动之一。澳门美食节不仅提供丰富多样的用餐体验，还提供令人兴奋的现场娱乐、游戏和比赛。主办单位竭尽全力打造本地餐饮行业的特色，为澳门提供良好的美食形象，并吸引更多游客到澳门旅游（Wan and Chan，2013）。

美食旅游资源包括多种形式，主要分为设施、活动、节庆和组织四类（Horng and Tsai，2012）。其中，美食节非常受欢迎，近年来获得了极大的关注（Lee et al.，2017；Vajirakachorn and Chongwatpol，2017；Wong et al.，2015）。美食节向游客提供的不仅仅是实物或外部促销；还对游客身份和生活方式产生了深远的影响（Hall and Sharples，2008；Lau and Li，2019）。研究人员认为，通过美食活动（Park et al.，2008）开发目的地景点的潜力巨大，因为这些活动为游客提供了品尝本土风味、参与文化活动、体验当地特色生活方式和接触目的地传统文化的机会（Wan and Chan，2013；张涛，2010）。此类活动将转化为对目的地文化的更深层次的欣赏，进而通过情感认同将游客与目的地联系起来（Hall and Sharples，2008）。因此，美食节为旅游发展和目的地形象塑造提供了主题，成为美食旅游和可持续旅游发展的催化剂（Smith et al.，2010）。

对于活动设计者和目的地管理组织而言，美食节在打造美食目的地品牌中的作用巨大。以澳门美食节为例，学者调查了参与者的动机、时间压力和之前的知识如何在塑造一个令人满意的美食目的地形象，进而吸引旅游者重访旅游目的地时发挥重要作用，以及食物参与的调节作用（Yang et al.，2020）。研究结果表明，美食节参与者的美食动机和美食节的已有知识有助于游客对目的地形成积极的美食目的地形象。这种积极的形象反过来会促进目的地的忠诚度，并吸引游客重游目的地。而时间压力仅产生微弱的影响，这是因为对于以食物为主题的节日来说，参与者的满足感主要在于他们直接的味觉体验，即一瞬间的味觉兴奋。因此，美食节常被用作为塑造美食目的地品牌的一种重要手段。

（三）美食网络社交

为食物拍摄照片并将其发布在社交网站上已经成为一种普遍的社交现象。这一现象被称为“美食自拍”（Blanchette，2013），食客通过社交媒体传播他们的食物自拍。换言之，食客们热衷于首先通过技术中介的视觉感知来满足自己的美食体验（Spence，et al.，2016）。这种以技术为中介的现象在旅游过程中尤为突出，可不断刺激游客的观感，激发游览目的地的意愿（Dinhopl and Gretzel，2016；Yu et.，2018）。美食一直是旅游体验的一部分，也是重要的旅游动机（Ab Karim and Chi，2010）。认知心理学中有大量研究表明，可以通过数字食物图像来增强我们的感官体验（Delwiche，2012），而旅游研究也在关注和探索照片和技术如何影响一个人的旅行体验（Lo et al.，2011；Wang et al.，2016；殷章馨，夏赞才，2018；赵亚柯，王艳平，2016）。Wong et al.（2019）探索了为什么自我表达、丰富的用餐体验、社交联系、虚拟社区参与和特殊场合记忆是食物自拍现象的基础，以及它们是如何获得积极的旅行结果。研究发现，尽管图像的生动性和美学质量仍对内容创建者和观看者有吸引力（Pérez-Vega et.，2018），但它们对用户的重要性是有限的。食物自拍和共享超越了用户生成内容的个人和社会动机（例如，利他主义和社区相关的动机）（Munar and Jacobsen，2014），它们还能表达游客的身份和喜好，丰富自己和他人的就餐和旅行体验，并成为记录旅行点滴的载体。

澳门获得创意城市美食之都这一殊荣，离不开中央政府的重视、支持以及澳门政府和业界各机构的全力配合。经过数年筹备申报后，2017 年，联合国教科文组织（UNESCO）发布公报，宣布澳门成为全球创意城市网络中的新晋美食之都。自此，澳门成为为继中国成都、顺德之后第三个获此殊荣的中国城市。澳门美食在获得肯定的同时，亦必须负起相应的责任，包括加强美食文化活动、产品和服务的发展；弘扬多元美食文化，拓宽美食领域创意人员和专业人士的发展机遇；增加人们接触和体验美食的线上模式；整合现有资源完善美食餐饮设施，鼓励美食创新及保存澳门传统饮食文化特色。

六　澳门城市旅游发展建议

澳门的博彩业一直在澳门经济中占据着举足轻重的地位。但随着周边区域和国家竞相开放赌权，过度单一化的产业结构的弊端越来越严重，澳门旅游业和经济都需要转型，向多元化方向发展。澳门需要融入国家“一带一路”倡议和“粤港澳大湾区”战略中，以博彩、世遗和美食共同驱动城市发展，增强多元化的旅游产品和体验。

在博彩上，游客到访娱乐场的动机逐渐多元化，已从纯粹的博彩拓展为体验娱乐场中各式各样的服务。综合型度假村式娱乐场拥有各类休闲娱乐设施、大型购物中心、宫殿般的环境和精心设计的“惊喜元素”能满足游客的多元化娱乐需求。澳门应该充分利用其博彩业现有的优势，在现有博彩业务的基础上开发多样化的旅游产品和休闲娱乐项目，形成集博彩、娱乐、观光、购物、度假、会展为一体的多元化体系。

在文化遗产上，澳门是东西文化融合的地方，多元文化是澳门仅次于博彩的另一大特色。澳门在中西文化碰撞交融的基础上产生独特的多元文化。因此澳门应倡导并促进跨国的文化交融，打造“以中华文化为主流、多元文化共存的旅游体验胜地”。

在美食上，澳门美食是四百多年来中西文化在澳门交融荟萃的结晶，不仅有粤菜、葡菜、独有土生葡菜，还有欧美菜系和东南亚美食。美食不仅是旅游中不可缺少的一部分，美食资源本身可成为独立的旅游吸引物。美食已经成为目的地营销和产品组合中的关键部分，而美食节为旅游发展和目的地形象塑造提供了地方主题。另外，游客为了自我表达、丰富用餐体验、社交联系、虚拟社区参与和特殊场合记忆，越来越热衷通过社交媒体分享他们的食物自拍。因此，澳门的美食旅游以美食文化活动、产品和服务的多菜系共同发展，鼓励美食创新及保存澳门传统饮食文化特色，弘扬多元美食文化。同时，澳门的美食旅游亦逐渐重视游客线上了解美食、分享美食的新形式。

参考文献

陈章喜、张小平，2010，《澳门博彩旅游业客源“内地化”趋势的研究》，《产经评论》第4期。

代魁，2017，《“一带一路”建设背景下澳门的发展机遇》，《现代管理科学》第12期。

高胜文，2018，《“一带一路”，澳门的机遇、优势与发展策略》，《行政》第31期。

管婧婧，2012，《国外美食与旅游研究述评——兼谈美食旅游概念泛化现象》，《旅游学刊》第27期。

纪春礼、聂元昆，2017，《中国游客博彩消费行为意向及其影响因素——基于MGB理论的实证检验》，《旅游学刊》第32期。

罗浩、黄思齐、黄富文，2015，《论澳门的旅游业转型：以博彩旅游带动文化旅游》，《经济管理》第6期。

唐娟，2009，《澳门旅游形象的优化——基于文化内涵的探讨》，《旅游科学》第23期。

王灵恩、王磊、钟林生、成升魁，2017，《国内外旅游食物消费研究综述》，《地理科学进展》第36期。

殷章馨、夏赞才，2018，《旅游自拍需求维度及人格解释》，《旅游学刊》第33期。

张涛，2010，《美食节感知质量及提升策略研究》，《旅游学刊》第12期。

赵殿红、赵新良，2019，《近代澳门财政转型、城市建设与旅游业的兴起》，《暨南学报》（哲学社会科学版）第41期。

赵亚柯、王艳平，2016，《旅游自拍现象及其背后的宾格我理论》，《旅游研究》第8期。

Ab Karim, S., and C. G. – Q. Chi. 2010. “Culinary Tourism as a Destination Attraction: An Empirical Examination of Destinations' Food Image.” *Journal of Hospitality Marketing & Management* 19: 531 – 555.

Amuquandoh, F. E., and R. Asafo – Adjei. 2013. “Traditional Food Preferences of Tourists in Ghana.” *British Food Journal* 115: 987 – 1002.

Blanchette, A. 2013, February 6. “Social Networks Savor Food Photos.” Assessed June 25, 2020. https://www.startribune.com/social – networks – savor – food – photos/189875901/.

Chi, C. G. – Q., B. L. Chua, M. Othman, and S. A. Karim. 2013. “Investigating the Structural Relationships Between Food Image, Food Satisfaction, Culinary Quality, and Behavioral Intentions: The Case of Malaysia." *International Journal of Hospitality & Tourism Administration* 14: 99 – 120.

Crawford, D. W., L. J. Edgar, and G. Geoffrey. 1991. "A Hierarchical Model of Leisure Constraints." *Leisure Sciences* 13: 309 – 320.

Croce, E., and G. Perri. 2010. Food and Wine Tourism: Integrating Food, Travel and Territory: Cabi.

Delwiche, J. F. 2012. "You Eat with Your Eyes First." *Physiology & Behavior* 107: 502 – 504.

Denizci, G. B., and I. Mohammed. 2015. "Revenue Management Research in Hospitality and Tourism: A Critical Review of Current Literature and Suggestions for Future Research." *International Journal of Contemporary Hospitality Management* 27: 526 – 560.

Dinhopl, A., and U. Gretzel. 2016. "Selfie-taking as touristic Looking." *Annals of Tourism Research* 57: 126 – 139.

Funk, D. C., and J. Jeff. 2001. "The Psychological Continuum Model: A Conceptual Framework for Understanding an Individual's Psychological Connection to Sport." *Sport Management Review* 4: 119 – 150.

Germann Molz, J. 2007. "Eating Difference: The Cosmopolitan Mobilities of Culinary Tourism." *Space and Culture* 10: 77 – 93.

Goossens, C. 2000. "Tourism Information and Pleasure Motivation." *Annals of Tourism Research* 27: 301 – 321.

Hall, C. M., and L. Sharples. 2008. *Food and Wine Festivals and Events around the World: Development, Management and Markets* (London: Routledge).

Henderson, J. C. 2004. "Food as a Tourism Resource: A View from Singapore." *Tourism Recreation Research* 29: 69 – 74.

Hjalager, A. -M., and G. Richards. 2003. *Tourism and Gastronomy* (London: Routledge).

Horng, J. – S., and C. – T. S. Tsai. 2010. "Government Websites for Promoting East Asian Culinary Tourism: A Cross – national Analysis." *Tourism Management* 31: 74 – 85.

Horng, J. – S., and C. – T. Tsai. 2012. "Constructing Indicators of Culinary Tourism Strategy: An Application of Resource – Based Theory." *Journal of Travel & Tourism Marketing* 29: 796 – 816.

Hubbard, J., and R. C. Mannell. 2001. "Testing Competing Models of the Leisure Constraint Negotiation Process in a Corporate Employee Recreation Setting." *Leisure Sciences* 23: 145 – 163.

Ji, M., I. A. Wong, A. Eves, and A. M. W. Leong. 2018. "A Multilevel Investigation of China's Regional Economic Conditions on Co – Creation of Dining Experience and Outcomes." *International Journal of Contemporary Hospitality Management* 30: 2132 – 2152.

Ji, M. , I. A. Wong, A. Eves, and C. Scarles. 2016. "Food – related Personality Traits and the Moderating Role of Novelty – Seeking in Food Satisfaction and Travel Outcomes." *Tourism Management* 57: 387 – 396.

Johnson, J. L. , and A. M. O'Leary – Kelly. 2003. "The Effects of Psychological Contract Breach and Organizational Cynicism: Not All Social Exchange Violations Are Created Equal." *Journal of Organizational Behavior* 24: 627 – 647.

Kivela, J. , and J. C. Crotts. 2006. "Tourism and Gastronomy: Gastronomy's Influence on How Tourists Experience a Destination." *Journal of Hospitality & Tourism Research* 30: 354 – 377.

Lau, C. , and Y. Li. 2019. "Analyzing the Effects of an Urban Food Festival: A Place Theory Approach." *Annals of Tourism Research* 74: 43 – 55.

Lee, W. , H. Sung, E. Suh, and J. Zhao. 2017. "The Effects of Festival Attendees' Experiential Values and Satisfaction on Re-visit Intention to the Destination." *International Journal of Contemporary Hospitality Management* 29: 1005 – 1027.

Lo, I. S. , B. McKercher, A. Lo, C. Cheung, and R. Law. 2011. "Tourism and Online Photography." *Tourism Management* 32: 725 – 731.

Long, L. M. 2003. *Culinary Tourism* (University Press of Kentucky).

Munar, A. M. , and J. K. S. Jacobsen. 2014. "Motivations for Sharing Tourism Experiences Through Social Media." *Tourism Management* 43: 46 – 54.

Park, K. S. , Y. Reisinger, and H. J. Kang. 2008. "Visitors' Motivation for Attending the South Beach Wine and Food Festival, Miami Beach, Florida." *Journal of Travel & Tourism Marketing* 25: 161 – 181.

Phillips, W. J. , A. Asperin, and K. Wolfe. 2013. "Investigating the Effect of Country Image and Subjective Knowledge on Attitudes and Behaviors: US Upper Midwesterners' Intentions to Consume Korean Food and Visit Korea." *International Journal of Hospitality Management* 32: 49 – 58.

Prentice, C. , and I. A. Wong. 2016. "Embracing or Fighting the Urge: A Multilevel Investigation on Casino Service, Branding and Impulsive Gambling." *International Journal of Hospitality Management* 56: 109 – 118.

Prentice, C. , I. A. Wong, and D. Lam. 2017. "Uncovering the Service Profit Chain in the Casino Industry." *International Journal of Contemporary Hospitality Management* 29: 2826 – 2846.

Pérez – Vega, R. , B. Taheri, T. Farrington, and K. O'Gorman. 2018. "On Being Attractive, Social and Visually Appealing in Social Media: The Effects of Anthropomorphic Tourism Brands on Facebook Fan Pages." *Tourism Management* 66: 339 – 347.

Quan, S. , and N. Wang. 2004. "Towards a Structural Model of the Tourist Experience: An Illustration from Food Experiences in Tourism." *Tourism Management* 25: 297 – 305.

Rosenbaum, M. S. , and I. A. Wong. 2015. "When Gambling Is Healthy: The Restorative Potential of Casinos." *Journal of Services Marketing* 29: 622 – 633.

Rosenbaum, M. S. 2009. "Restorative Servicescapes: Restoring Directed Attention in Third Places." *Journal of Service Management* 20: 173 – 191.

Sharples, L. 2003. "The World of Cookery – School Holidays." In *Food Tourism around the World: Development, Management and Markets* (*Vol. One*), edited by Hall, C. M. , R. Sharples, and N. Mitchell (Oxford: Butterworth – Heinemann).

Smith, S. , C. Costello, and R. A. Muenchen. 2010. "Influence of Push and Pull Motivations on Satisfaction and Behavioral Intentions Within a Culinary Tourism Event." *Journal of Quality Assurance in Hospitality & Tourism* 11: 17 – 35.

Spence, C. , K. Okajima, A. D. Cheok, O. Petit, and C. Michel. 2016. "Eating with Our Eyes: From Visual Hunger to Digital Satiation." *Brain and Cognition* 110: 53 – 63.

Telfer, D. J. , and G. Wall. 1996. "Linkages Between Tourism and Food Production." *Annals of Tourism Research* 23: 635 – 653.

Vajirakachorn, T. , and J. Chongwatpol. 2017. "Application of Business Intelligence in the Tourism Industry: A Case Study of a Local Food Festival in Thailand." *Tourism Management Perspectives* 23: 75 – 86.

Wan, Y. K. P. , and S. H. J. Chan. 2013. "Factors That Affect the Levels of Tourists' Satisfaction and Loyalty Towards Food Festivals: A Case Study of Macau." *International Journal of Tourism Research* 15: 226 – 240.

Wang, D. , Z. Xiang, and D. R. Fesenmaier. 2016. "Smartphone Use in Everyday Life and Travel." *Journal of Travel Research* 55: 52 – 63.

Wong, I. A. 2013a. "Exploring Customer Equity and the Role of Service Experience in the Casino Service Encounter." *International Journal of Hospitality Management* 32: 91 – 101.

Wong, I. A. 2013b. "Mainland Chinese Shopping Preferences and Service Perceptions in the Asian Gaming Destination of Macau." *Journal of Vacation Marketing* 19: 239 – 251.

Wong, I. A. 2015. "Chinese Outbound Tourists' Gaming Behaviors: The Emergence of Casino Tourism." *Chinese Outbound Tourism 2. 0*, edited by Li X. R. (Weartown, NJ: Apple Academic Press).

Wong, I. A. , and I. K. V. Lam. 2016. "A Multilevel Investigation of the Role of Retail Stores in Cross – Border Shopping." *Journal of Travel & Tourism Marketing* 33: 837 – 853.

Wong, I. A. , and J. S. Wu. 2013. "Understanding Casino Experiential Attributes: An Application to Market Positioning." *International Journal of Hospitality Management* 35: 214 – 224.

Wong, I. A. , and M. S. Rosenbaum. 2012. "Beyond Hardcore Gambling:

Understanding Why Mainland Chinese Visit Casinos in Macau." *Journal of Hospitality & Tourism Research* 36: 32–51.

Wong, I. A., and V. H. I. Fong. 2010. "Examining Casino Service Quality in the Asian Las Vegas: An Alternative Approach." *Journal of Hospitality Marketing & Management* 19: 842–865.

Wong, I. A., D. Liu, N. Li, S. Wu, L. Lu, and R. Law. 2019. "Foodstagramming in the Travel Encounter." *Tourism Management* 71: 99–115.

Wong, I. A., Y. K. P. Wan, and S. Qi. 2015. "Green Events, Value Perceptions, and the Role of Consumer Involvement in Festival Design and Performance." *Journal of Sustainable Tourism* 23: 294–315.

Yang, F. X., I. A. Wong, X. S. Tan, and D. C. W. Wu. 2020. "The Role of Food Festivals in Branding Culinary Destinations." *Tourism Management Perspectives* 34: 1–11.

Yu, X., G. J. Anaya, L. Miao, X. Lehto, and I. A. Wong. 2018. "The Impact of Smartphones on the Family Vacation Experience." *Journal of Travel Research* 57: 579–596.

B.17
香港城市旅游的发展思路与实践探索

朴志娜　宋海岩*

摘　要： 本文通过1997～2019年香港旅游相关的旅游和酒店业统计、会展奖励和跨境旅运统计等时间序列数据的分析，探析了香港旅游产业的竞争优势和短板，以及应对危机的恢复对策。基于粤港澳大湾区的整体发展规划与政策指导，为香港旅游产业的未来发展和创新路径提出政策与管理上的建议。

关键词： 粤港澳大湾区　香港旅游　酒店业　会展奖励

引　言

自1997年中国恢复行使香港的主权以来，特区的旅游经济整体呈现稳定增长的趋势，但按个别年份来看，旅游需求因社会内部的决定性因素和来自外部的干扰性因素，导致旅游产业经历了多次的转折波动。就如刘杰武（2013）曾对粤港地区旅游做了概括分析，并总结为三个发展阶段：初步探索期（1997～2002）、核心推进期（2003～2007）及全面协调期（2008～2013），而目前香港旅游产业正处于新时代、新技术、新挑战的全新阶段。在20多年的发展历程中，入境客源市场的结构变化、金融危机等全球性因素，以及重症急性呼吸综合征（非典）、港澳个人游计划等地区性因素，都对旅游产业造成巨大影响。特别是近几年的局势变化，香港旅游整体上面临着积极性与消极性因素交

---

* 朴志娜，博士，香港理工大学酒店及旅游业管理学院酒店及旅游研究中心研究助理教授，研究方向为旅游地理学。宋海岩，博士，香港理工大学酒店及旅游业管理学院酒店及旅游研究中心副院长，首席教授，研究方向为旅游经济学。

织在一起的复杂状态，旅游产业由此陷入进退维谷的情况，2015～2019年的平均数据也显示了负年增长率。更需要关注的是，1997年以来一直保持正增长的中国内地市场也在2015年首度出现了负增长。面临着访港游客人数的下降，2019年底新型冠状病毒肺炎大流行的突袭对香港旅游产业无疑是雪上加霜，因此旅游产业相关的决策者、管理人员和学者更需要总结过去的经验并摸索未来的发展路径。

为了回顾香港旅游产业的历史沿革，并评估发展历程中的危机与恢复战略，以及为香港旅游产业可持续发展提供可行的政策建议，本文针对香港旅游发展局①和香港政府统计处②的纵向数据进行了全面分析。在粤港澳大湾区的顶层设计下，我们将探讨香港作为大湾区旅游发展的核心城市之一，如何融入区域性整体旅游规划，同时发挥自身的竞争优势与城市特征，以满足客源市场未来的多样性与可持续性需求。

二　数据来源和方法

数据主要来源于官方数据的全面收集与交叉分析，包括：香港旅游业统计年度报告；入境游客相关的总消费年度报告；访港旅客统计；访港游客分析年度报告；香港酒店业回顾年度报告；酒店入住率月度报告；酒店供应情况季度报告；会展奖励旅游统计年度报告；跨境旅运统计调查等。

基于香港旅游发展有关的时间序列数据，本文主要以两个维度展开数据的分析讨论：旅游需求的阶段性和城市旅游产业的元素性。旅游需求包括了1997年以来的入境游客总数和旅游支出的纵向调查，也包括市场组别、消费组别等特征。而旅游产业的元素性分析将通过酒店和会展旅游产业发展的相关数据，阐述其抵御衰退的弹性对香港城市旅游的平衡发展非常有利。

---

① 香港旅游发展局、香港旅业网《研究及统计》：https：//securepartnernet. hktb. com/en/research_ statistics/research_ publications/index. html。

② 香港特别行政区政府统计处，香港统计资料（运输、通讯及旅游）刊物及统计表：https：//www. censtatd. gov. hk/gb/? param = b5uniS&url = http：//www. censtatd. gov. hk/hkstat/sub/sp130_ tc. jsp。

三　1997 ~2019年香港旅游产业发展

基于22年的旅游需求数据（见图1），香港旅游发展的整体趋势可以概括为四个特征：第一，香港旅游发展同时存在脆弱性和复原力。时间序列数据表示，香港旅游发展容易受到内、外部事件的影响，但抵御不同危机并回到正常发展轨道的恢复速度也很快。第二，在全球化背景下，香港入境旅游产业的供需两方面都具备了竞争优势。在需求方面，香港旅游产业一直从中国内地市场获得稳定而大幅度的增长动力。在供应方面，香港多元化的旅游产品支持了旅游产业的可持续发展，包括酒店供应在地理和评级布局的合理适中，休闲、观光、商务旅游等多种旅游产品的平衡开发等。值得注意的是，会展旅游产业较不易受外部影响，而它的稳定性被视为整体旅游经济弹性中有力杠杆之一。第三，香港旅游发展过度强调“购物天堂”的形象和依赖单一客源市场，致使来自内地的游客购物在旅游消费中所占的比重过高，未来可以将“购物天堂”转变为“创意之城”或重塑新的旅游城市品牌形象，使游客消费体验能更加丰富。第四，香港作为国际游客访问内地城市的中转站作用逐渐消退，访港游客的多目的地旅游也不断减少，未来需要重新定位。比如：成为粤港澳大湾区的首发站，连接区内另外10座城市，提供跨市、跨境、不同目的地的旅游体验，有助于提高客源市场的多元化和满意度。考虑到现代游客体验需求的多样性，香港与粤港澳大湾区其他旅游城市之间的合作战略可成为香港未来旅游发展中的新型引擎。

（一）香港入境旅游需求及支出

1. 入境游客总数与增长率

自从1997年回归祖国，香港旅游在稳定发展的大趋势下，经过了几次的市场波动。从时间序列数据的特征来看，香港旅游发展历程可分为三个阶段。

第一阶段（1997 ~2003），内地游客人数的大幅增长成为香港旅游发展的主要引擎。1998 ~2003年期间，访港内地游客的平均年增长率达到24.37%。2002年的增长率甚至达到54.03%，由前一年的4448583人次增加到6852199人次，此时内地游客市场的增长幅度达到了总增长率（20.70%）的2倍以上。在香港旅游产业面临危机情况，内地市场的迅速增长继续提供一定的支撑作用。在2003年非典暴发时期，香港入境游客总增长率出现了-6.21%的负增长，但内地市场还保持着23.57%的正增长。在此期间，内地游客的持续增长有力地扶持了香港旅游，并跨越考验之年。

第二阶段（2004~2014），可称为香港旅游产业的稳定繁荣期，在这10年期间香港入境旅游需求一直维持了正数的年增长率。经历过2003年非典所带来的严峻挑战之后，香港旅游业重新振奋起来。2004年，入境游客总数得到了迅速的恢复，当年1月的访港游客已创出历年同月的最高纪录，最后总年增长率也达到了40.38%，成为香港旅游发展历程中的一个里程碑。2008~2009年金融海啸的发生，使2009年的总增长率跌至0.28%，但值得关注的是，其增长率还能保持着正数的水平。从非典和经济危机等负面事件来看，内地市场始终是香港旅游产业克服局部性和全球性危机的大靠山。具体而言，随着非典和经济危机的稍息，香港积极与内地相关部门协调，放宽了针对内地主要城市居民的入境和停留政策，比如：2003年7月的“港澳个人游计划”和2009年4月的“一签多行”政策。通过提高内地游客和深圳跨境游客的访港便利性，香港能够迎接大量的内地游客，大大促进了香港旅游及相关产业的迅速恢复和发展。

第三阶段（2015~2019），香港旅游经济陷入持续低潮。在2015年，全球经济不景气、货币汇率波动、韩国暴发中东呼吸综合征等外部因素，以及“非法占中”事件、“一周一行”政策等引起的影响，使香港旅游发展进入了低迷阶段。保持近10年正增长的理想业绩终究在2015年被打破了，而入境旅游总增长率下降了-2.52个百分点。尤其这一年是，1997年回归以来内地访港游客年增长率出现记录负数的第一次。2015年4月“一签多行”调整为“一周一行”也减少了内地访港游客人次，从2014年的47247675人次下降到2015年的45742360人次。经过2015年和2016年的负增长（-2.52%和-4.47%），2017年和2018年终于显示了香港旅游经济恢复的兆头（3.21%和11.42%），但2019年下半年发生的香港社会风波又导致了访港游客数量出现负增长（-14.18%）。雪上加霜的是，新冠肺炎在2020年上半年的暴发及迅猛发展对全球旅游业的打击巨大，而香港也不例外。近年来，香港旅游经济面临越来越严峻的挑战。按香港旅游发展局的最新数据显示，2020年3月的访港游客总数已跌至 82285 人次，与前一年同期相比，下降了 -98.6%，虽是极端情况但整体趋势仍不乐观。

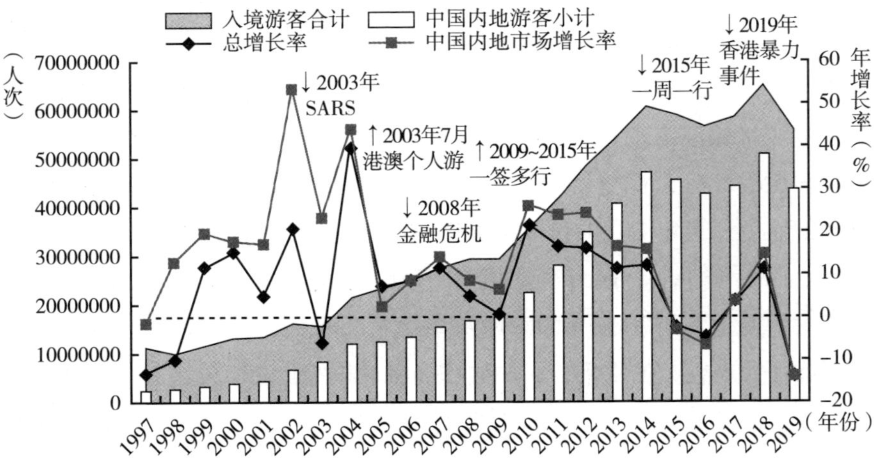

图 1　1997～2019 年香港入境旅游和中国内地需求趋势

2. 入境旅游总支出与增长率

基于旅游需求理论，旅游支出是与游客总数具有紧密关系的另一个核心指标。如图 2 所示，整体来看，旅游总支出和入境游客总数的年增长率显示了相似的发展趋势，但旅游总支出的波动性相对较大。当 2001 年游客总数还维持着 5.1% 的较低增长时，同年旅游总支出却呈现小幅度的下跌（-3.3%）。但 2003 年非典结束后，2005～2007 年旅游总支出的恢复速度反而比游客总数更快。

访港入境游客的支出特征可以从目的地消费类型和不同客源市场特征进行比对。首先，从香港的旅游消费类型来看（见图 3），“购物”历来是访港游客消费的最主要项目。1998 年，入境游客购物消费为 1849789 万港币，占了总消费的 12.8%。2014 年购物消费金额创造了最高数值，达到 13644937 万港币。“酒店消费”是访港外国游客消费中的另一个重要组成部分，一直保持在 20% 左右。1998 年酒店消费值为 1169050 万港元，2018 年创历史新高，达到 4153621 万港元。还有，香港作为美食之都，“餐饮消费（酒店除外）”位列入境游客主要消费内容的第三项。另外，游客在“娱乐”项目方面的消费支出总额也呈现持续

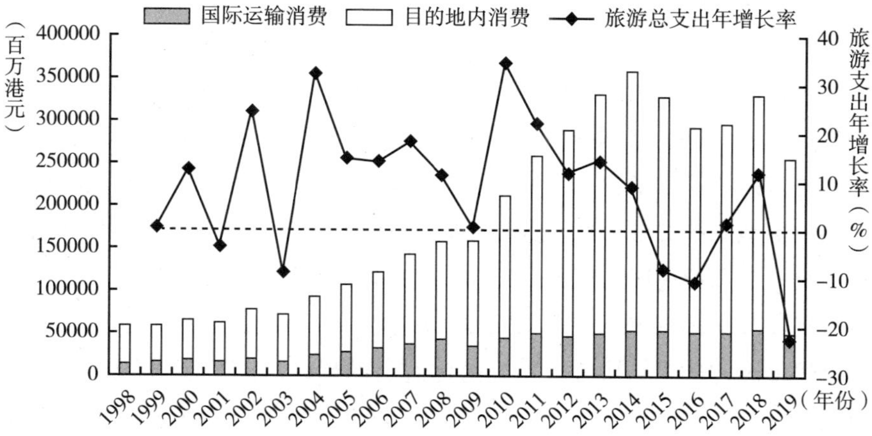

图 2　1998～2019 年香港旅游总支出与增长率

增长的趋势，1998 年游客在娱乐方面的消费仅有 74050 万港元，但到了 2018 年，却大幅上升到 847269 万港元，入境过夜游客的娱乐消费金额在 20 年间增长了 10 倍以上。相反，在此 20 年间，“观光”消费反而从 144506 万港元减少到 60235 万港元，由此可见访港游客的旅游目的和消费特征均发生了明显变化，尤其倾向于体验性旅游产品，而不再是传统单一的观光旅游。

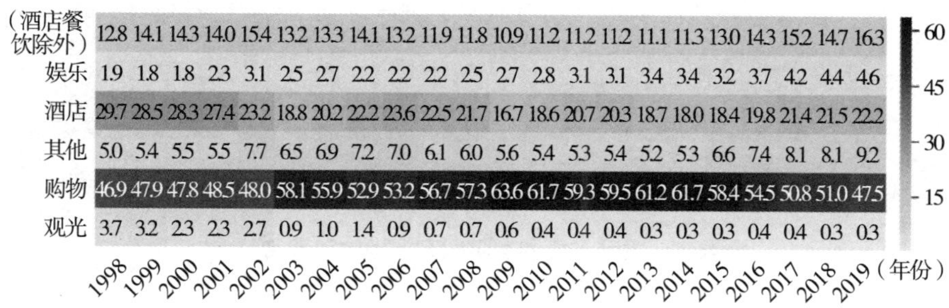

图 3　香港入境游客消费类型

从不同客源地在旅游总支出所占的比例来看（见图 4），1998 年以来内地游客的消费增长趋势十分明显，与内地游客在入境游客总数所占比例的变化相符合。2013 年，内地游客在香港旅游的总支出上升到 70% 以上，证明了内地客源市场对香港旅游发展的重要作用。香港与内地之间具备了跨境旅游的良好环境，不断壮大内地访港游客在数量与消费上的大幅增长。跨境旅游的发展与优化不仅仅是来自两地之间的地理接近性或自然与人文的相连性，还有赖于深圳通往香港的口岸数量的增加、通关效率的提高，以及“港澳个人游”、“一周一行”、口岸落地签证等有利政策的扶持。

从更宽广的视角来看，内地与香港之间的相连性和政策支持给国际游客提供了多目的地旅游的可行性。从香港早期的旅游发展中可见，大多数外国访港游客，会顺道选择去周边旅游目的地，其中以内地城市和澳门为主。多目的地出游特征在长途旅游市场中更加明显，2001～2018 年的数据指出，平均 85% 的长途访港游客还会到访香港以外的旅游目的地，这比短途国际游客的 49% 明显高出许多。但值得关注的是，在整体多目的地游客的选择中，中国内地的访问比例从 2002 年的 21% 跌至 2018 年的 5%，从中受益最多的是澳门。具体而言，2002 年 15% 的访港游客会顺道访问澳门，但在 2015 年和 2016 年接近 1/3 的访港游客会把澳门视为紧接的旅游目的地（具体比例分别为 28% 和 27%）。从此可知，香港作为中国门户城市的地位越来越弱，随着时间的变化更多国际游客把“香港＋澳门”看作一个多目的地的产品组合。

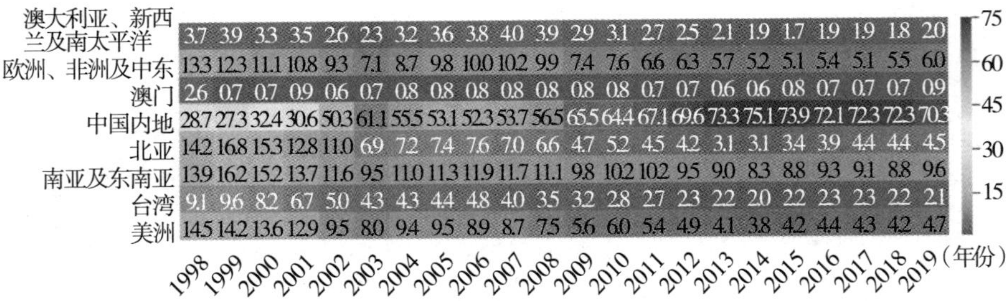

图 4　香港入境游客不同客源地的消费特征

（二）香港酒店行业业绩和供应

1997 年回归以来，香港酒店总数每年稳定增加，至 2019 年共有 303 家酒店供应。每日可供应的客房数量也保持着增长的趋势，从 2002 年的 38949 间客房增加到 2019 年的 84089 间。另外，按图 5 所示，香港酒店的平均入住率一直以来维持在 70% 以上，2018 年的数值更达到了 91%，反映香港旅游与住宿需求的稳定上升。只有 2003 年、2009 年、2017 年和 2019 年的客房率有所下降，这也反映了非典和金融危机等非传统安全风险对酒店入住率的影响。

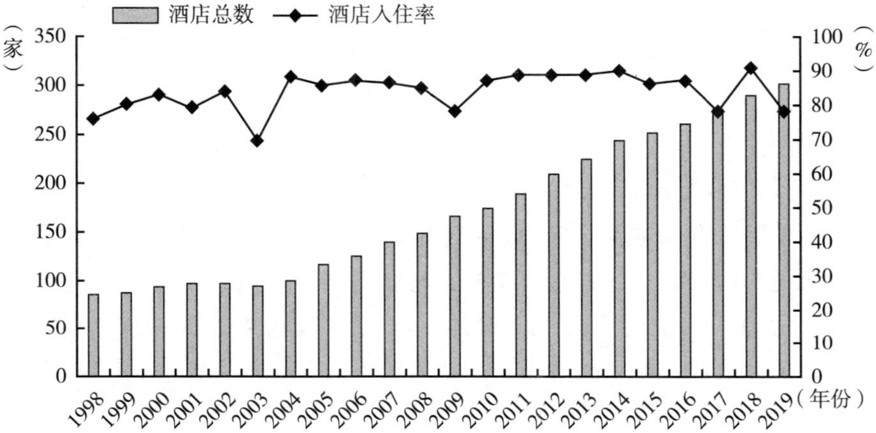

图 5　1998 ~ 2019 年香港酒店总数与入住率

基于地区和评级分类的香港酒店分布与结构的变化并不明显。按 2018 年的数据所示（见图 6），地理分布主要在港岛和九龙半岛（分别为 129 家和 131 家），其中港岛中西区（55 家）和九龙尖沙咀一带（60 家）是酒店供应最密集的地区。另外，新界和离岛地区的酒店数量分别为 32 家和 11 家。从酒店评级来看，中价酒店（相等于 3 星级酒店）和乙级高价酒店（相等于 4 星级酒店）各有 128 和 105 家，甲级高价酒店（相等于 5 星级或 6 星级酒店）有 38 家。

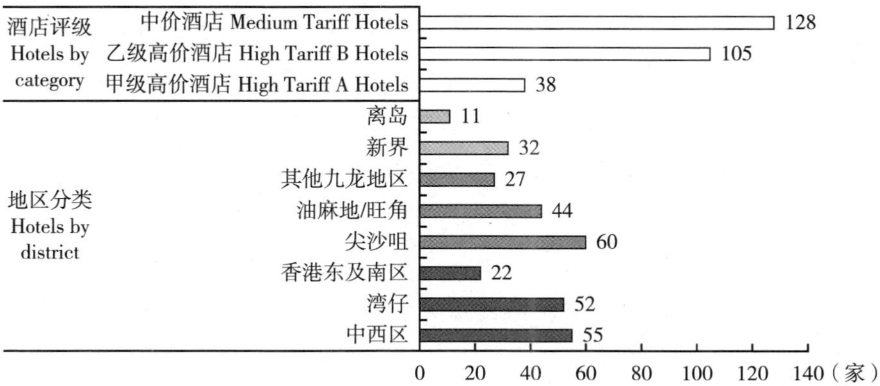

图 6　2018 年香港酒店供应分布特征

（三）会展奖励旅游及其市场结构

近10年（2008～2019年）的数据显示（见图7），会展旅游的客源地分布比较平均。与内地客源占整体入境旅游人数高达七成比较，会展旅游中内地市场占比最高只有53.9%。而且，欧美和东南亚游客在会展旅游所占的比例不低，反映了香港作为会展旅游目的地能够吸引短途和长途的会展游客。具体数字而言，来自美洲、欧洲、非洲及中东等长途会展游客在2018年和2019年分别为347302人次和299977人次，长途客源市场分别占同年会展旅游人数的19%和17.8%，与此类客源市场在入境游客总数中所占的比例7.3%和8%相比，高出两倍多。南亚及东南亚市场也是，短途客源地在2019年香港入境旅游总数只占9.6%，但在会展旅游所占的比例达到14.2%。

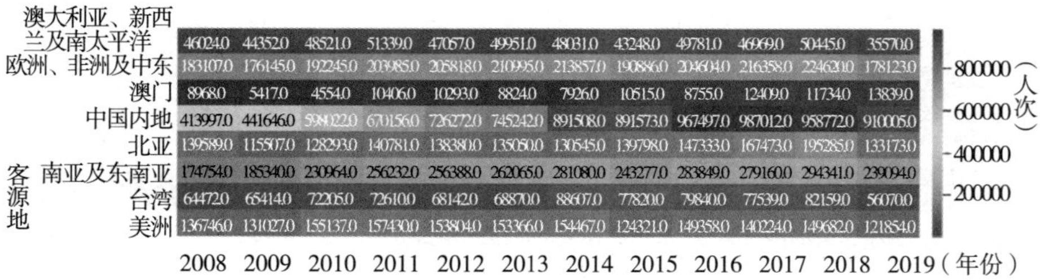

图7　2008～2019年香港会展旅游不同客源地结构变化

另外，透过香港整体入境旅游和会展旅游的时间序列数据的比较发现，会展游客人数的变化并不完全跟随整体游客人数的年线。如图8所示，2016年香港旅游整体市场还在U形曲线底部时，会展旅游产业更迅速地恢复增长，这可能与本地会展旅游市场的均衡结构有关。尽管受到2014年"非法占中"和2015年"一签多行"改为"一周一行"等政策变化的影响，但会展旅游依靠会展活动的需求刚性和客源市场的多样性，显示了与大趋势有所差异的稳定发展。由此可知，香港旅游产业通过会展旅游既可以减少对内地客源市场的过度依赖，也可以缓解危机所带来的不利影响。

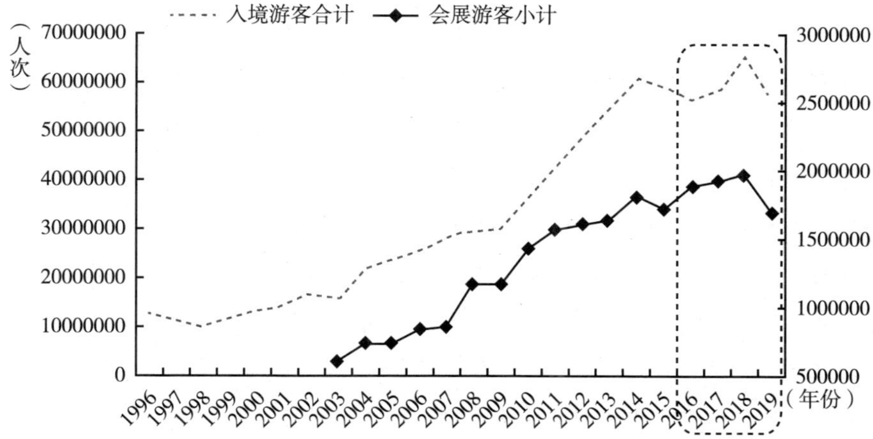

图 8　香港入境旅游与会展旅游需求比较

四　结论：粤港澳大湾区与香港城市旅游发展之路径创新

通过对 1997 年回归以来旅游发展的历程分析，本文探析了香港旅游产业中所存在的竞争优势和脆弱短板，以及应对危机的恢复对策。在这 22 年间，香港旅游产业露出了它的脆弱性，也证明了它的复原力与坚韧性。但最近几年面对低迷的旅游经济及暗藏在内、外部的矛盾因素，香港旅游产业需要在原来的优势基础上探索新的发展路径，另辟新的增长点。基于前述的纵向数据分析，我们深信粤港澳大湾区可以作为香港旅游持续发展的合作共赢平台，以下是关于香港旅游未来发展的四个建议。

第一，通过与粤港澳大湾区其他旅游城市的协调合作与共同营销，建立“香港 +”的多目的地旅游布局。根据上述数据的分析，目前香港和内地城市的多目的地网络链接一直在弱化，大多数国际游客会拣选“香港配澳门”的多目的地旅游产品，可见香港逐渐失去中国门户城市的地位。至于与澳门的旅游合作，澳门的旅游城市定位主要以休闲娱乐为主，难以满足访港游客所需的更丰富、更多样的旅游体验。而且，现有研究也指出了，香港和澳门对国际游客而言具有相似性较高的目的地形象（Kirillova et al.，2020），澳门作为访港游客的下一个目的地并没有新颖之处。香港需要与粤港澳大湾区其他成员城市合作是基于一定的可行性和必要性：首先，坐拥港珠澳大桥、广深港高铁和多口岸开通等完善的基建布局，大幅提高了粤港澳地区内部的可达性及旅游便利性。其次，现有研究也指出广州、深圳、中山、珠海等地具有与港澳特区不同的目的地形象（Kirillova et al.，2020），有利于合作互补。研究发现游客和大湾区居民都认为广州和深圳比港澳更充满活力，而中山和珠海比港澳更让人放松、愉快，感觉干净、友善。在旅游目的地的感知差异方面，香港和广东其他城市之间具有如此的互补作用，跨境、跨城市的多目的地产品开发将会提升和丰富国际游客的旅游体验，实现互利共赢。

第二，从旅游产业的整体生态系统考虑，旅游相关产业需要多元化与综合性的发展，以实现香港旅游的可持续发展。正如分析结果所示，会展旅游等旅游产品细分战略将保障整体旅游产业的健康发展。为了这一目标，城市休闲、购物为主的香港旅游除了依靠已有的城市旅游资源和巩固相关产业的“管理”以外，需要更加侧重于开发新的旅游资源及相关产业，并建立新的市场定位。为了克服香港作为城市旅游目的地的刻板印象，在“高楼森立的前沿城市”“匆忙无情的香港人”“购物天堂”等传统形象上再加“美食之都”“会展之都”“创意之城”等多彩的目的地形象，也可以充分利用香港已有的可替代性旅游资源。比如，强化城市郊区自然景观和登山步道为核心的生态旅游地、户外游憩目的地等形象，或者利用香港传统与现代混搭的艺术与饮食文化为主题的旅游目的地形象等。更重要的是，由于内地市场、短途和长途游客市场对香港旅游形象、动机与需求都存在差异，所以新形象的宣传幅度和方式都需要采取具有针对性的营销战略。旅游目的地的新形象和吸引物的开发，不仅把具有特殊体验需求的游客与香港各个特色的空间和吸引物进行有效配对，还有助于解决香港面临的城市拥挤、反旅游情绪等“过度旅游”所带来的问题。

第三，与上述论点相关的就是香港旅游的持续发展必须兼顾社会的和谐稳定。香港旅游产业面临的问题不只来自外部环境，香港社会的内部矛盾对旅游产业也产生了消极影响。这不仅涉及香港旅游发展或游客满意度，还与本地居民的生活质量（包括幸福感、获得感和安全感等指标）有着密切关系。从粤港澳大湾区居民的跨境流动及对旅游发展态度中发现，香港居民对内地游客的不满情绪日渐高涨，这已成为近期旅游研究的重要话题（Tung et al.，

2020；Zhang et al.，2018）。在粤港澳大湾区的顶层设计下，香港旅游组织及相关的政府部门和产业机构都要思考如何同时促进大湾区城市间的伙伴关系，又能保障社区的和谐稳定。在建立大湾区旅游圈的共同目标下，开发多目的地联合营销策略不但可以吸引更多的国际游客到大湾区，粤港澳三地的居民还可成为相互旅游的主要客源。正如图9所示，香港和内地之间的跨境旅客量越见增加，香港居民到内地城市最多，而内地旅客跨境访港的数量也在不断上升。2017年的香港居民平均每日跨境出行统计数据①（见图10）显示，香港居民往内地的跨境出行达到每日319800人次，主要动机为休闲、走亲访友、商务和通勤，当中91.8%的香港居民访问珠江三角洲，大多以深圳（68.9%）、东莞和广州（分别为8.0%和6.2%）为主要目的地。

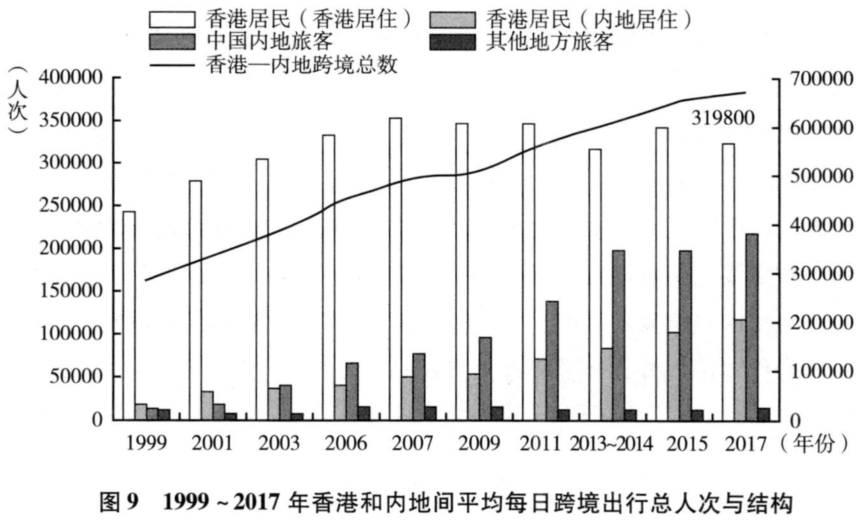

图9　1999～2017年香港和内地间平均每日跨境出行总人次与结构

总而言之，香港和大湾区其他城市的合作共商战略不只着眼于如何吸引湾区外部的游客，还要积极构建粤港澳内部居民之间访港、访澳、赴粤出行，以及和谐平等交流的良好机制，并形成良性的竞合关系。由于历史文化条件、语言习惯和物理边界等因素可能会使粤港澳居民之间产生社会认知距离，因此营

① 香港特别行政区政府统计处，香港统计资料（运输、通信及旅游）：《2017年跨界旅运统计调查》，2019年8月，https://www.censtatd.gov.hk/gb/?param=b5uniS&url=http://www.censtatd.gov.hk/hkstat/sub/sp130_tc.jsp?productCode=FA100267。

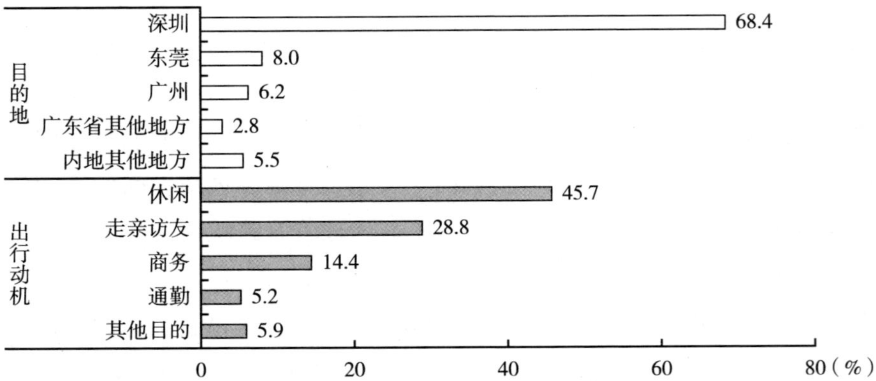

图 10　2017 年香港居民跨境出行特征

造一个具有共同信念价值的生活圈、旅游圈时，需要全面考虑各种社会经济关系，如对社会群体或组织的信任，推动文化理解和缩减感知距离，以及清除物质消费、投资和商业合作机会等在社会文化、经济方面的障碍和阻力（Robins，2018）。如何跨越城市间居民心目中的象征性边界是粤港澳大湾区一体化和旅游产业持续发展中的关键挑战。至于本次新冠肺炎疫情的暴发，及因疫情防控需要而限制游客过境的临时措施为大湾区全域旅游上了宝贵的一课。为了大湾区整合发展，除了完善交通基础设施、拉进心理距离、加强目的地营销合作与协调外，还需要建立互相认可的公共卫生标准和信息管理体系等。

参考文献

刘杰武，2013，《香港回归后粤港地区旅游政策演变研究》，《中国人口·资源与环境》第 5 期。

Kirillova, K. , J. Park, M. Zhu, L. D. Dioko, & G. Zeng. 2020. "Developing the Coopetitive Destination Brand for the Greater Bay Area." *Journal of Destination Marketing & Management* 17, DOI: https://doi.org/10.1016/j.jdmm.2020.100439.

Robins, D. 2018. "Imagining London: The Role of the Geographical Imagination in Migrant Subjectivity and Decision - Making." *Area* 51: 728 - 735.

Tung, V. W. S. , B. E. M. King, & S. Tse, 2020. "The Tourist Stereotype Model: Positive and Negative Dimensions." *Journal of Travel Research* 59: 37 – 51.

Zhang, J. J. , P. P. Y. Wong, & P. C. Lai. 2018. "A Geographic Analysis of Hosts' Irritation Levels Towards Mainland Chinese Cross – Border Day – Trippers." *Tourism Management* 68: 367 – 374.

Abstract

Guangdong – Hong Kong – Macao Greater Bay Area consists of the Hong Kong Special Administrative Region, the Macao Special Administrative Region) as well as the municipalities of Guangzhou, Shenzhen, Zhuhai, Foshan, Huizhou, Dongguan, Zhongshan, Jiangmen, and Zhaoqing in Guangdong Province. As one of the most open and economically vibrant regions in China, it occupies an important strategic position in the overall development of the country. On February 18, 2019, the Central Committee of the Communist Party of China and the State Council issued the Outline Development Plan for the Guangdong – Hong Kong – Macao Greater Bay Area (the New GBA Plan) . A significant objective of this plan is to develop a high-quality living circle for living, working and traveling through vigorously developing culture, tourism, leisure, health care and related educational undertakings. To this end, the Greater Bay Area Tourism Research Alliance, initiated by Sun Yat-sen University, Hong Kong Polytechnic University and Macao Institute for Tourism Studies, takes the study of tourism development in the Greater Bay Area as an important mission. After organizing experienced experts to conduct research on important issues raised in the Plan, in particular the progress of regional cooperation, this blue book consisting of five parts is written. The first part is a general introduction, with a focus on the characteristics of the tourism development in the Greater Bay Area, the development process of regional cooperation in the tourism industry, and the challenges. The second part introduces the market, which investigates the image of tourism destinations in the Greater Bay Area, analyzes the flow of tourists in the Bay Area, and the tourism demand in the Greater Bay Area from 2020 to 2024 is forecast. The third part focuses on product co-creation, introducing relevant research on MICE tourism, yacht cruise and island tourism products proposed in the Plan. This part also studies theme parks with outstanding advantages and tourism creative activities and competitions. These studies show that the Greater Bay Area is rich in tourism products. Urban tourism products such as

MICE tourism and theme parks are competitive, and cruise and Yacht tourism have also developed, but the potential of island and marine tourism has not been fully developed which can be the focus of the next step. The fourth part is regarding policy support. The sustainable development of tourism in the Bay Area depends on technology, talents, heritage resources and planning. Research suggests that higher tourism education in the Greater Bay Area is an advantage. Guangdong, Hong Kong and Macao also pay attention to cultural heritage conservation and development as well as tourism planning. However, the cooperation between the three places needs to be further. Overall, smart tourism in the Greater Bay Area has not been fully developed. The fifth part focuses on the three core cities in the Greater Bay Area, including Guangzhou, Macao, and Hong Kong. It analyzes the characteristics and problems of urban tourism development in the three cities and proposes future innovation paths.

Keywords: Greater Bay Area; Tourism Development; Tourism Cooperation, Regional Tourist Destination

Contents

I General Report

Abstract: The Guangdong-Hong Kong-Macao Greater Bay Area is an area with highly developed tourism. It occupies an important position in the global tourism industry chain. In the past 10 years, the number of inbound tourists in the Greater Bay Area has been increasing year by year. The tourism income of 9 cities of Guangdong Province in Greater Bay Area has steadily increased, while the tourists consumption in Hong Kong and Macao has fluctuated in recent years. In 2019, major breakthroughs were made in the development and cooperation of tourism in the Greater Bay Area. In terms of policy and planning, *Outline Development Plan for the Guangdong-Hong Kong-Macao Greater Bay Area* identified the building of a "A quality living area suitable for living, working and traveling" as one of the five strategic positioning of the Greater Bay Area. In terms of infrastructure, the built and used of Guangzhou-Shenzhen-Hong Kong high-speed rail, Hong Kong-Zhuhai-Macao Bridge, Nansha Bridge and other projects promote the regional integration of tourism. In terms of tourism products, cities in the Greater Bay Area are gradually integrating tourism resources and developing "one journey, multiple stops" tourism products. At the same time, the tourism development of the Greater Bay Area also has problems such as the difficulty of cross-regional tourism cooperation, the uneven development of tourism within the region, and the insufficient development of marine island tourism. With the support of the Plan, the cultural exchanges and the integrated development of culture and tourism will be further promoted, and characteristic products such as marine tourism will be vigorously developed.

Keywords: Guangdong-Hong Kong-Macao Greater Bay Area; Bay Area Tourism; Regional Tourism Cooperation; Integrated Development of Culture and Tourism

Ⅱ Market Demand

B. 2 Research on Construction of the Tourism Image of GBA

Zeng Guojun et al. / 032

Abstract: Under the background of actively building a world-class tourism area in the Guangdong-Hong Kong-Macao Greater Bay Area (GBA) and promoting "One Belt And One Road" with regional tourism cooperation policy supports, the assessment of destination image level of GBA plays an important role in the construction, promotion and dissemination of the overall tourism image of GBA. In this study, a questionnaire survey method was adopted to investigate tourists and local residents. The research team collected a total of 2137 valid questionnaires in Hong Kong, Macao and the four cities in Guangdong province—Guangzhou, Shenzhen, Zhuhai and Zhongshan. This study finds that the assessment levels of tourists and residents on tourism image of GBA cities are uneven, and there are some significant perception biases between them. By this, it puts forward targeted measures and communication strategies for the construction and improvement of tourism image, which can provide decision-making guidance for the integrated shaping, promotion and external communication of GBA tourism image.

Keywords: Guangdong – Hong Kong – Macao Greater Bay Area; Tourism Industry; Tourism Image

B. 3 Forecast of Tourism Demand in Guangdong-Hong Kong-Macao Greater Bay Area from 2020 to 2024

Abstract: This paper establishes a long-term growth forecast model for domestic and inbound tourism demand of 11 cities in Guangdong-Hong Kong-Macao Greater Bay Area by using econometric methods, and analyzes the possible impact of COVID −19 epidemic on tourism demand. The prediction and evaluation results show that the tourism demand of Greater Bay Area cities is expected to drop sharply due to the impact of the epidemic in 2020, but it is expected to rebound significantly in 2021; The decline of inbound tourism demand is generally greater than that of domestic tourism demand. The evaluation of the impact of the epidemic and the recovery trend of tourism demand provides a theoretical and empirical reference for the formulation of policies to cope with the epidemic and promote the recovery of tourism industry in Greater Bay Area.

Keywords: Tourism Demand; Scenario Analysis; COVID −19

B. 4 Characteristics of Tourist Flow in Tourist Destinations in the Guangdong-Hong Kong-Macao Greater Bay Area

Abstract: The coordinated development of the tourism industry is a powerful way to form a world-class city cluster in the Guangdong-Hong Kong-Macao Greater Bay Area. Tourism flow network analysis can understand the spatial pattern and cooperative and competitive relationship of tourism destinations in a region effectively, and further provide in-depth interpretation and effective suggestions for promoting regional tourism integration. Based on social media big data, this report constructs and analyzes the tourism flow network of the Guangdong-Hong Kong-Macao Greater Bay Area from the perspective of tourists' destination selection behavior. The results show that: 1) The mobile tourists in the Guangdong-Hong Kong-Macao Greater Bay Area have obvious demographic characteristics. 2) The spatial distribution of tourist destinations in the Guangdong-Hong Kong-Macao Greater Bay Area presents a form of competition and cooperation network of six subgroups. The six subgroups are Guangzhou subgroup, Zhuhai subgroup, Hong Kong and Macao subgroup. Shenzhen subgroup, and Huizhou-The Dongguan subgroup and the Foshan-Zhaoqing subgroup have obvious competition and cooperation within the subgroups, while it is relatively independent between subgroups. 3) There are obvious barriers to the flow of tourists between cities on the east and west banks of the Pearl River and between Hong Kong, Macao and Guangdong; the tourist flow network in Guangzhou has formed destination mobile network with the core of the Guangzhou Chimelong Tourist Resort and the Guangzhou Tower Scenic Area, Guangzhou Grandview Plaza Commercial and Tourist Area and Guangzhou Baiyun Mountain Scenic Area. During the process of flowing, tourists mostly choose post-modern tourism complex as the core tourist destination.

Keywords: Tourists Flow; Space Structure; Space Competition; Big Data; Guangdong－Hong Kong－Macao Greater Bay Area

Ⅲ Product Co-creation

Abstract: This paper first sorts out the development status of the event industry of the "9 +2" city cluster in the Guangdong-Hong Kong-Macao Greater Bay Area, and analyzes the competition pattern of the event industry in the Greater Bay Area from eight indicators including number of exhibitions, total exhibition area, average exhibition area, number of exhibitions above designated size, exhibition theme, number and area of exhibition halls, and the number of members and exhibitions certified by the Global Association of Exhibition Industry. This paper then analyzes the development status of green events tourism, as well as the market background and future development trend of green events tourism in the Greater Bay Area. It reviews the development history of green events tourism in the Greater Bay Area in detail through the case of Canton Fair. The study finds that the "9 +2" city cluster in the Guangdong-Hong Kong-Macao Greater Bay Area currently presents a pyramid-shaped development structure in which Hong Kong and Guangzhou stand in the first echelon, Shenzhen, Dongguan, and Macao stand in the second echelon, Zhuhai, Zhongshan, and Foshan stand in the third echelon, and Huizhou, Jiangmen, and Zhaoqing are the fourth echelon. Green events in the Greater Bay Area have entered a growth period. A series of exhibitions represented by the Canton Fair are stepping up the implementation of green event practices, saving exhibition resources and improving the participation experience. In the future, with the improvement of the infrastructure of Guangdong, Hong Kong and Macao, the upgrade of transportation and logistics and the deepening of cooperation, the events tourism industry in the Greater Bay Area will show the development trend of internationalization, specialization and digital high-tech, and comprehensively improve efficiency and benefits. Events tourism will enter a new period of development.

Keywords: Events Tourism; Green Events; The China Import and Export Fair

B. 6 Future Direction of Environmental Protection Facilities Planning of Greater Bay Area Convention and Exhibition Centre

Abstract: There are many participants in conference and exhibition activities, and a large number of direct and indirect continuous resource consumption will bring environmental pressure to the operation of each convention and exhibition center, so the industry needs to continuously push forward the planning and practice of its environmental protection facilities. This paper discusses the innovative environmental protection practices adopted by 11 international famous convention and exhibition centers with green certification, and through interviews with 12 experts in the field of environmental protection, creates a reference framework for the planning of environmental protection facilities for convention and exhibition centers in the Guangdong-Hong Kong-Macao Greater Bay Area and the nearby regions.

Keywords: Convention and Exhibition Center; Environmental Protection Facilities; Planning and Design; Guangdong-Hong Kong-Macao Greater Bay Area

Abstract: In the context of creating a world-class tourist destination in the Guangdong-Hong Kong-Macao Greater Bay Area, developing a modern marine economy, and highlighting the advantages of the "one country, two systems" system, this study aims to explore the development trend of cruise and yacht tourism in the Guangdong-Hong Kong-Macao Greater Bay Area, which is of great significance for promoting the transformation and upgrading of tourism industry and high-quality development of the "9 +2" urban agglomeration. To do so, a mixed methods design was employed, including a questionnaire about the cruise and yacht travel experience of tourists, on-site observation and interviews with key tourism companies in Guangzhou, Shenzhen, Zhuhai, Zhongshan, Huizhou and Hong Kong. After fully evaluating the current industrial base, market structure, corporate behavior and social-economic effects of cruise and yacht tourism development in the Greater Bay Area, improvement measures on enterprise management and suggestions on Release-Management-Service reform are proposed, which provide decision-making reference for the internationalization and standardized development of marine tourism in the Guangdong-Hong Kong-Macao Greater Bay Area.

Keywords: Guangdong-Hong Kong-Macao Greater Bay Area; Cruise Tourism; Yacht Tourism; Release-Management-Service Reforms

Abstract: This paper focuses on island tourism, and analyzes and compares the two typical cases of Wanshan Islands in Zhuhai city and Shangxiachuan Island in Jiangmen city by means of the multi-case comparison method, so as to conduct an overall study and judgment on the development status of island tourism in the Greater Bay Area of Guangdong, Hong Kong and Macao. In general, at present, the importance of island tourism in the development of Marine industry in Guangdong-Hong Kong-Macao Greater Bay Area is far from enough, and the driving effect of island tourism on the society, economy and culture of Guangdong-Hong Kong-Macao Greater Bay Area is actually relatively weak.

Keywords: Guangdong - Hong Kong - Macao Greater Bay Area; Island Tourism; Regional Tourism Cooperation; Wanshan Island; Shang Xia chuan Island

Abstract: Guangdong-Hong Kong-Macao Greater Bay Area is an area where the development of China's theme park industry started earlier, with the most complete industrial system, and the most concentrated brands and headquarters. It is also the area with the most mature development of theme park industry in China. In recent years, the theme park industry in Guangdong-Hong Kong-Macao Greater Bay Area is facing many challenges. The theme parks in the Yangtze River Delta have gathered in scale, and the international theme park brands have entered the China Great Bay Area. The development of the national brand theme park in the China Great Bay Area still needs innovation. This paper reviewed and reflected on the history of the theme park industry in the China Great Bay Area, analyzing the major development opportunities faced by the regional theme park industry, reexamined the current and future pattern, and looked at the future from the perspective of development. Result indicates that the industrial chain of the theme park in the China Great Bay Area is still imperfect, high-end manufacturing and high-value-added formats are still lacking; the development of theme parks still lacks the overall planning and supporting formats required by the destination system; the multi-level theme park system in China Great

Bay Area has initially formed, but there is still a lack of overall planning and brand cultivation; there are still speculative risks in the capital logic behind the theme park development lack of market rationality. The study further believes that the integration, coordinated development of the Guangdong-Hong Kong-Macao Greater Bay Area will bring two major opportunities to the theme park industry in the Greater Bay Area: one is the interconnected high-quality of life and tourism circle will promote the market integration of the theme park; the other one is the industrial value chain sharing the interests of Guangdong, Hong Kong and Macao will enhance the competitiveness of the theme park.

Keywords: Theme Park; Amusement Park; Urban Tourism; Guangdong-Hong Kong-Macao Greater Bay Area

Abstract: Tourism creative events and sports events are important fields for major cities in the Greater Bay Area to shape their overall image and enrich their cultural heritage. Most cities in the Greater Bay Area have a good foundation in terms of tourism creative events and sports events, and have cultivated some distinctive events. This report will be based on the actual situation of each city in 2019. On the one hand, taking cities as units, it will focus on sorting out the tourism creative events and sports events in Guangzhou, Shenzhen, Hong Kong and Macao, and summarize their outstanding characteristics, while giving consideration to the introduction of key events and cultural characteristics of other cities. On the other hand, according to the distinction between traditional media and social media, this paper analyzes the media communication of tourism creative events and sports events in these cities to preliminarily judge their social influence.

Keywords: Guangdong – Hong Kong – Macao Greater Bay Area; Urban Tourism; Creative Events; Sport Events

Ⅳ Policy Support

B. 11 Discussion on the Development Model of Smart Tourism in the Guangdong－Hong Kong－Macao Greater Bay Area

Liu Yi, *Pu Xueru* / 232

Abstract: This paper reviews the current development status of domestic smart tourism, refines two main smart tourism development models, "Big Data Platform" and "Internet +", and then analyzes the development of smart tourism in the four core cities of the Guangdong-Hong Kong-Macao Greater Bay Area. The study finds that the level of smart tourism in the core cities of the Bay Area does not match its economic and technological strength, and the institutional design of smart tourism does not match the innovation leadership of the Bay Area. The main reason is that the overall status of the tourism industry in the cities of the Bay Area is not high, and it has not received the attention of the city government. And many services of smart tourism have been replaced by traffic information functions of highly developed cities. Therefore, the development of smart tourism in Bay Area cities is relatively backward compared with other cities in China. This study believes that smart tourism projects in the Bay Area need to be adapted to local conditions and fully consider the economic and construction needs of urban development. There is little urgency to develop a big data platform model. The "Internet +" smart tourism development model is more suitable for the Bay Area.

Keywords: Guangdong-Hong Kong-Macao Greater Bay Area; Smart Tourism; Big Data Platform; "Internet +"

B. 12 Exploration of the Tourism Higher Education Cooperation in the Guangdong-Hong Kong-Macao Greater Bay Area

Ren Lianping, *Xu Honggang* / 252

Abstract: This paper aims at exploring the tourism education cooperation of

Guangdong-Hong Kong-Macao Greater Bay Area, summarizes the current situation and characteristics of tourism education in the Bay Area, and outlines the promotion of the Bay Area's tourism higher education cooperation at the current stage. On this basis, this chapter further analyzes the problems and advantages of the development of tourism education cooperation in the Bay Area, and gives relevant suggestions for the in-depth cooperation. It finds that the cooperation of tourism education in the Bay Area is still in the exploratory stage. Although the tourism education cooperation has been jointly promoted and supported by the governments of the three places, obstacles such as the education system, school system, teaching language and customs clearance restrictions still need to be overcome. This chapter suggests that the three places can further explore the necessity and possibility of deepening cooperation in terms of in running schools, mutual recognition of credits, teacher and student exchanges.

Keywords: Guangdong-Hong Kong-Macao Greater Bay Area; Tourism Higher Education; Tourism Education Cooperation

Abstract: This paper evaluates the tourism planning of Guangdong Province, Hong Kong and Macao Special Administrative Regions involved in Guangdong-Hong Kong-Macao Greater Bay Area. We have adopted a set of evaluation framework with multiple indicators to compare and analyze the current tourism planning in these three regions. It is found that the nature and types of tourism planning in Guangdong Province, Hong Kong and Macao are different. Interestingly, the existing tourism plans of these three regions do not directly mention the coverage of the United Nations Sustainable Development Goals in 2015. This paper also evaluates the current tourism planning of the three places, and notes that most of the tourism planning of the three places adopts the policy of "promoting" or economic development for their respective tourism industries, while less emphasis is placed on the concept of sustainable development. The article also puts forward some suggestions on the future development of tourism planning in the three places.

Keywords: Tourism Planning; Tourism Planning in Guangdong; Tourism Planning in Hong Kong; Tourism Planning in Macao

B. 14 Conservation and Sustainable Utilization of Cultural Heritage in the Guangdong-Hong Kong-Macao Greater Bay Area

Zhang Chaozhi, *Hu Ting* / 280

Abstract: The conservation and sustainable utilization of cultural heritage is a significant way to shape the humanistic spirit in GBA. Collecting relevant statistics from new portals and government portals at all levels as well as related references on GBA, this research summarized the practices and experience on conservation and sustainable utilization of cultural heritage in GBA. It found that Guangdong, Hong Kong and Macao attach great importance to the protection and development of cultural heritage. However, the three places still implement relatively independent protection modes of cultural heritage under the legal order framework of "One Country, Two Systems and Three Legal Fields". Each of them has its own applicable methods of cultural heritage protection and utilization. Therefore, Guangdong, Hong Kong and Macao should strengthen their communication and learn more from each other in the future. In addition, the three places should jointly commit to improving the inheritance and protection of cultural heritage through creating authority as well as strengthening cultural identity through cultural inheritance. At the same time, the vitality of cultural heritage should be enhanced through innovative utilization.

Keywords: GBA; Conservation of Cultural Heritage; Guangfu Culture

V Region

Abstract: Guangzhou is a traditional tourism city in China. In recent years, with the rapid development of tourism in cities across the country, urban tourism in Guangzhou has faced many challenges and competitions. In the context of the construction of the Guangdong-Hong Kong-Macao Greater Bay Area, tourism in Old Guangzhou needs to seek new development. Through an overall analysis of Guangzhou's urban functions and status, theme characteristics and core elements of the tourism construction, this study evaluated its comparative advantages and analyzed its specific impact on the total amount and structure of Guangzhou's urban tourism, so as to find the key areas of Guangzhou's urban tourism development, focus on making up for the shortcomings, focus on the potential of development. The research pointed out that the development of Guangzhou's urban tourism should have a higher pattern and a higher positioning. It is necessary to find Guangzhou's position in the global tourism industry along the "One Belt and One Road", to find a position from the future layout of China's national central cities, from the scale, structure, and function of the core cities in the Guangdong-Hong Kong-Macao Greater Bay Area. The paper suggests that Guangzhou should further enhance the status and functions of the city, accelerate the construction of core elements of tourism with the attractiveness of the medium and long-range markets, reshape and innovate the theme image and spatial carrier of Guangzhou urban tourism, and consolidate and improve the quality of the development of Guangzhou's urban tourism related industries, to explore and develop new markets and new formats of urban tourism in Guangzhou, and to attach importance to and develop the urban tourism needs of local and surrounding residents.

Keywords: Guangzhou; Urban Tourism; Guangdong-Hong Kong-Macao Greater Bay Area; Tourism Image

B. 16 Exploring the Development of Macau as the World Leisure Center *Huang Yejian et al.* / 320

Abstract: This article utilizes a qualitative research approach to review 53 articles that germane to tourism development in Macau with emphasis on casino tourism, cultural tourism, and food tourism. Our findings reveal that casino tourism goes beyond mere gambling; tourists are looking for a wide array of casino experiences such as entertainment, shopping, leisure, event, and sightseeing. Tangible cultural heritage is entwined with different lifestyle and traditions to co – create symbiotic culture offerings and hence, they improvise a unique East – meets – West touristic experience that can only be found in the city. Food tourism represents a third pillar of Macau's tourism attraction. Food not only imbues meanings for the local culture and destination image, but it also galvanizes tourist interest in consuming and sharing this importance legacy of Macau.

Keywords: Casino Tourism; Cultural Tourism; Food Tourism; Tourism Development Strategies; Macau

B. 17 Urban Tourism Development in Hong Kong and Its Implication for GBA *Park Jinah, Song Haiyan* / 338

Abstract: This paper comprehensively analyzes the time series data from 1997 to 2019 and evaluates the development of the tourism industry in Hong Kong. The dataset consists of statistics of tourist arrivals, tourist expenditure, hotel rooms, MICE (meetings, incentives, conferences and exhibitions) and cross-border travels. These statistics show the competitive advantages and disadvantages of Hong Kong's tourism industry, as well as the recovery countermeasures in responding to the crises. In relation to the development plan for the Guangdong – Hong Kong – Macao Greater Bay Area, this paper puts forward policy and management suggestions for the future development and innovation path of the tourism industry in Hong Kong.

Keywords: Guangdong – Hong Kong – Macao Greater Bay Area; Hong Kong Tourism; Hotel Industry; Exhibition Awards

皮 书

智库报告的主要形式
同一主题智库报告的聚合

皮书定义

皮书是对中国与世界发展状况和热点问题进行年度监测，以专业的角度、专家的视野和实证研究方法，针对某一领域或区域现状与发展态势展开分析和预测，具备前沿性、原创性、实证性、连续性、时效性等特点的公开出版物，由一系列权威研究报告组成。

皮书作者

皮书系列报告作者以国内外一流研究机构、知名高校等重点智库的研究人员为主，多为相关领域一流专家学者，他们的观点代表了当下学界对中国与世界的现实和未来最高水平的解读与分析。截至 2020 年，皮书研创机构有近千家，报告作者累计超过 7 万人。

皮书荣誉

皮书系列已成为社会科学文献出版社的著名图书品牌和中国社会科学院的知名学术品牌。2016 年皮书系列正式列入“十三五”国家重点出版规划项目；2013~2020 年，重点皮书列入中国社会科学院承担的国家哲学社会科学创新工程项目。

中国皮书网

（网址：www.pishu.cn）

发布皮书研创资讯，传播皮书精彩内容
引领皮书出版潮流，打造皮书服务平台

栏目设置

◆ **关于皮书**

何谓皮书、皮书分类、皮书大事记、
皮书荣誉、皮书出版第一人、皮书编辑部

◆ **最新资讯**

通知公告、新闻动态、媒体聚焦、
网站专题、视频直播、下载专区

◆ **皮书研创**

皮书规范、皮书选题、皮书出版、
皮书研究、研创团队

◆ **皮书评奖评价**

指标体系、皮书评价、皮书评奖

◆ **互动专区**

皮书说、社科数托邦、皮书微博、留言板

所获荣誉

◆ 2008 年、2011 年、2014 年，中国皮书网均在全国新闻出版业网站荣誉评选中获得“最具商业价值网站”称号；

◆ 2012 年，获得“出版业网站百强”称号。

网库合一

2014年，中国皮书网与皮书数据库端口合一，实现资源共享。

S 基本子库
SUB DATABASE

中国社会发展数据库（下设12个子库）

整合国内外中国社会发展研究成果，汇聚独家统计数据、深度分析报告，涉及社会、人口、政治、教育、法律等12个领域，为了解中国社会发展动态、跟踪社会核心热点、分析社会发展趋势提供一站式资源搜索和数据服务。

中国经济发展数据库（下设12个子库）

围绕国内外中国经济发展主题研究报告、学术资讯、基础数据等资料构建，内容涵盖宏观经济、农业经济、工业经济、产业经济等12个重点经济领域，为实时掌控经济运行态势、把握经济发展规律、洞察经济形势、进行经济决策提供参考和依据。

中国行业发展数据库（下设17个子库）

以中国国民经济行业分类为依据，覆盖金融业、旅游、医疗卫生、交通运输、能源矿产等100多个行业，跟踪分析国民经济相关行业市场运行状况和政策导向，汇集行业发展前沿资讯，为投资、从业及各种经济决策提供理论基础和实践指导。

中国区域发展数据库（下设6个子库）

对中国特定区域内的经济、社会、文化等领域现状与发展情况进行深度分析和预测，研究层级至县及县以下行政区，涉及地区、区域经济体、城市、农村等不同维度，为地方经济社会宏观态势研究、发展经验研究、案例分析提供数据服务。

中国文化传媒数据库（下设18个子库）

汇聚文化传媒领域专家观点、热点资讯，梳理国内外中国文化发展相关学术研究成果、一手统计数据，涵盖文化产业、新闻传播、电影娱乐、文学艺术、群众文化等18个重点研究领域。为文化传媒研究提供相关数据、研究报告和综合分析服务。

世界经济与国际关系数据库（下设6个子库）

立足"皮书系列"世界经济、国际关系相关学术资源，整合世界经济、国际政治、世界文化与科技、全球性问题、国际组织与国际法、区域研究6大领域研究成果，为世界经济与国际关系研究提供全方位数据分析，为决策和形势研判提供参考。